数字经济
前沿问题及司法实务研究

第二卷

Research on the Frontier Issues and Judicial Practice of Digital Economy

主编 / 毛译宇

副主编 / 顾军伟　陆文嘉　吴　晶　章国栋

人 民 法 院 出 版 社

图书在版编目（CIP）数据
数字经济前沿问题及司法实务研究. 第二卷 / 毛译宇主编 ; 顾军伟等副主编. -- 北京 : 人民法院出版社, 2025. 5. -- ISBN 978-7-5109-4506-9
Ⅰ. D922.290.4
中国国家版本馆CIP数据核字第2025Y6Z838号

数字经济前沿问题及司法实务研究（第二卷）

毛译宇　**主编**
顾军伟　陆文嘉　吴　晶　章国栋　**副主编**

责任编辑　白　鸽
出版发行　人民法院出版社
地　　址　北京市东城区东交民巷27号（100745）
电　　话　（010）67550662（责任编辑）　67550558（发行部查询）
65223677（读者服务部）
客服QQ　2092078039
网　　址　http：//www.courtbook.com.cn
E-mail　courtpress@sohu.com
印　　刷　保定市中画美凯印刷有限公司
经　　销　新华书店

开　　本　787毫米×1092毫米　1/16
字　　数　392千字
印　　张　26.5
版　　次　2025年5月第1版　2025年5月第1次印刷
书　　号　ISBN 978-7-5109-4506-9
定　　价　88.00元

编辑委员会

Preface 序言

习近平总书记指出："发展数字经济意义重大，是把握新一轮科技革命和产业变革新机遇的战略选择。"① 当前，数字科技正以前所未有的方式重塑社会运行模式，人工智能技术和大数据在促进社会发展的同时，也在深刻重塑经济形态和社会生活方式，其伴随的风险与安全问题也成为当前社会治理的焦点。司法如何参与数字治理，如何在鼓励科技创新与产业繁荣的同时有效防止和约束技术滥用，如何为数字经济的高质量发展提供有力法治保障，成为当前司法必须回应的"时代之问"。

上海是中国经济的重要引擎，上海法院充分发挥司法职能作用，着力为推动上海国际数字之都建设提供更好的服务保障。上海法院数字经济司法研究及实践（嘉定）基地（以下简称研究基地），作为国内数字经济与司法实践的重要研究平台，紧紧围绕数字经济领域的法律难点问题和司法实务需求，持续开展理论研究与实践探索。通过"前沿问题联合研究、矛盾纠纷多元共治、裁判规则会商共认、复合人才联合培养、市域治理数助决策"五大配套机制探索，旨在建立符合市场发展需要和审判规律的研究和实践平台，全面树立适应数字化转型的司法理念，为数字经济市场健康发展提供有力的法治保障。

《数字经济前沿问题及司法实务研究》系列丛书作为研究基地系列"数智"成果之一，是展示研究基地运行以来孵化的理论研究和司法实务成果的重要窗口，也是推进数字经济前沿问题研讨交流的重要平台，更是充分发挥规则引领作用和社会治理效能的重要载体。为及时总结司法实践经验，全

① 习近平：《不断做强做优做大我国数字经济》，载《求是》2022 年第 2 期。

面展示司法研究成果，发挥司法裁判引领作用，2024 年研究基地汇编出版《数字经济前沿问题及司法实务研究（第一卷）》，突出时代特征和应用价值。2025 年研究基地汇编出版《数字经济前沿问题及司法实务研究（第二卷）》，聚焦前沿交流和典型案例，全面展示研究基地在数字经济司法实践中的创新成果和智慧结晶。

在实务研究部分，本书汇编上海司法智库“数字经济司法”专项调研课题研究成果，围绕人工智能和数据治理等法律前沿问题开展联合研究，深入探讨人工智能时代的网络游戏知识产权问题、人工智能生成内容的权利归属和保护、大模型技术下的知识产权保护、“XR 技术普及应用场景”法律规制、人工智能时代人格权保障、普惠金融服务中算法推荐的法律责任、数据产品的法律属性与刑法保护、数据交易合同权益分配、数据资源配置及交易机制、新能源汽车数据交易及资产化法律问题等前沿热点问题，形成一批具有法学理论深度和成果转化价值的研究成果。在典型案例部分，本书汇编研究基地发布的两批共 20 个典型案例，覆盖上海市并拓展至长三角地区的涉数字经济典型案例以及上海法院服务保障数字经济发展典型案例，展示了司法实践对于数字经济案件在裁判规则提炼和法律适用问题研究方面的经验总结。本书收录的典型案例，延续研究基地首创的数字经济案件四大分类研究体系，涉及个人信息保护、数据时代隐私权保护、游戏玩家言论自由、AI 换脸算法侵权、新业态用工就业者权益保护、网络社交平台账号使用、数据处理行为认定、互联网不正当竞争行为认定、平台算法推荐侵权、网络灰黑产业链规制等热点难点问题，这些案例均经过来自“理论 + 产业 + 司法”智库联合体专家的研讨论证，凝练出的规则不仅代表了理论界与司法界的观点，也尊重和体现了产业界的需求，对审判实践和理论研究具有一定的参考和借鉴价值。

本书的编写出版不仅是上海法院涉数字经济案件专业化审判工作的缩影，也凝聚了“理论 + 产业 + 司法”智库联合体集体智慧的结晶。随着司法研究和实践的不断深入，期待《数字经济前沿问题及司法实务研究》系列丛书能够为数字经济提供坚实法治保障，也期待涌现更多的“数智”成果，为服务保障数字经济高质量发展和促进网络空间治理法治化水平作出积极贡献！

Contents 目录

前沿交流

典型案例

前沿交流

人工智能时代的网络游戏知识产权问题研究

课题组成员

主持人： 刘　维　上海交通大学知识产权与竞争法研究院副院长

执笔人： 俞　璐　上海市嘉定区人民法院民事审判庭法官

参与人： 徐　俊　上海市高级人民法院知识产权审判庭第二合议庭副庭长

郑　磊　上海市嘉定区人民法院执行局局长

张晓莉　上海市嘉定区人民法院商事审判庭副庭长

内容摘要： 本课题研究聚焦人工智能时代网络游戏知识产权问题，深入分析了网络游戏知识产权案件的概况与特征，归纳总结一般网络游戏知识产权案件的审理思路，并针对“换皮游戏”规制路径和网络游戏商业秘密保护痛点这两个网络游戏知识产权案件中的难点问题进行探讨分析。对于“换皮游戏”案件，在归纳分析现有“换皮游戏”案件规制路径的基础上，提出构建新的规制路径。对于网络游戏商业秘密保护，在分析司法现状的基础上，提出明确商业秘密定性规则、采取多重举措化解定损难问题、巧用行为保全降低取证难度等建议。此外，人工智能技术在网络游戏领域的应用带来了新的法律问题，包括文本、图像、音频、视频等内容的生成，以及人工智能生成系统间的交互问题。建议参考欧盟《人工智能法》等国际立法，结合我国实际情况，制定相应的监管措施，以适应网络游戏领域人工智能应用的快速发展。本课题旨在为网络游戏行业的健康发展提供法律建议，平衡各方主体的合法权益，并探索知识产权保护的新路径。

关键词： 网络游戏　知识产权　人工智能　“换皮游戏”　商业秘密

引言

网络游戏是指依托互联网能够满足玩家在线交互或下载的互联网游戏的总称。[①] 随着互联网技术的进步和相关硬件的升级，近年来我国游戏产业迅速发展，游戏经济体量快速增长。2023 年，国内游戏市场实际销售收入 3029.64 亿元，同比增长 13.95%，用户规模 6.68 亿人，同比增长 0.61%，为历史新高点。[②] 传统网络游戏的开发周期通常以年为单位，游戏企业需要投入大量人力、物力和财力。人工智能在诞生之初，开发者就利用游戏来测试人工智能技术的性能。2023 年，随着 GhatGPT[③]、Stable Diffusion[④] 等人工智能应用越加成熟，人工智能生成内容和商业价值出现革命性进步。随着人工智能技术在网络游戏策划、制作、宣发等阶段的应用不断深入，网络游戏的研发效率得以全面提升。现阶段，人工智能技术已经深度融入网络游戏产业，诞生了独立研究分支，即游戏人工智能（Artificial Intelligence in Video Games）研究。

2023 年 7 月，国家互联网信息办公室联合国家发展改革委、教育部、科技部、工业和信息化部、公安部、广电总局共同制定《生成式人工智能服务管理暂行办法》，促进和规范人工智能生成内容（AI Generated Content，以下简称 AIGC）产业发展。《生成式人工智能服务管理暂行办法》主要着重于对于 AIGC 的管理，提供了行政法层面的保护，对于知识产权法层面的规定较少。2023 年 11 月，包括中国、美国在内的 28 个国家和欧盟签署《布莱切利宣言》（Bletchley Declaration）。该宣言为全球第一份针对人工智能技术的国际性声明，呼吁人工智能科研机构、企业等以负责任的方式，开发和使用人工智能。2024 年 9 月，全国网络安全标准化技术委员会发布《人工智

① “网络游戏”的定义来源于 2009 年新闻出版总署、国家版权局、全国“扫黄打非”工作小组办公室联合制定的《关于贯彻落实国务院〈“三定”规定〉和中央编办有关解释，进一步加强网络游戏前置审批和进口网络游戏审批管理的通知》。

② 《〈2023 年中国游戏产业报告〉正式发布》https：//www.cgigc.com.cn/details.html?id=08dc0035-f61e-48e5-8e5a-ce3d25ec6f00&tp=news，2024 年 10 月 16 日访问。

③ Chat Generative Pre-trained Transformer，人工智能技术驱动的自然语言处理工具。

④ Stable Diffusion 是基于 Amazon Bedrock 平台的文本转图像模型。

能安全治理框架》1.0 版，针对模型算法安全、数据安全等内生安全风险和网络域、现实域等应用安全风险，提出技术应对措施。伴随人工智能的迅猛发展，将涌现更多类型的网络游戏知识产权案件。本文将探讨人工智能时代的网络游戏知识产权问题，明确典型案件的裁判思路，探索平衡各方主体合法权益的司法路径，为网络游戏行业健康发展提供建议。

一、网络游戏知识产权案件的基本概况与特征分析

（一）网络游戏知识产权案件的基本概况

涉网络游戏知识产权纠纷主要为民事案件与刑事案件。其中民事案件根据案由划分主要包括著作权侵权纠纷、侵害商标权纠纷、不正当竞争纠纷、知识产权合同纠纷等。刑事案件包括侵犯著作权罪、侵害商业秘密罪等。

1. 著作权侵权纠纷

著作权侵权纠纷是涉网络游戏知识产权案件中占比较多的一类，主要涉及游戏元素模仿、“换皮游戏”、网络游戏直播等。

游戏元素涉嫌抄袭导致的著作权侵权是网络游戏著作权侵权的常见情形，包括模仿其他网络游戏的角色形象、场景设计、他人权利歌曲、游戏宣传文案等。司法实务中，早已认可网络游戏中单个画面为美术作品。在某游信息科技有限公司诉广州某星信息科技有限公司等侵害商标权及不正当竞争纠纷案[①]中，上海市浦东新区人民法院认为网络游戏中的场景图、角色技能图标、怪物、NPC 等的设计均属于具有独创性的美术作品。广东省高级人民法院审理的深圳市某讯计算机系统有限公司与某游云端（北京）科技有限公司等游戏地图案具有较大影响力。在该案中，原告主张“穿越火线”网络游戏中的游戏地图受《著作权法》保护，认为被告开发、运营、推广的“全民枪战”游戏涉嫌抄袭“穿越火线”游戏中多个游戏地图、小地图的游戏设计表达以及多个枪械、刀、手雷等游戏道具的美术形象。法院认为，游戏地图的整体构图、内部结构和布局安排，属于可以被感知的具体表达，而非抽象思想，将抽象战术场景进行形象化、具体化表达的属性，与地图、示意图实

① 上海市浦东新区人民法院（2015）浦民三（知）初字第 529 号民事判决书。

质性特征相同，应当被归入图形作品，其独创性的整体构图、内部组合结构和布局安排，属于应受法律保护的图形作品具体表达。[①]

“换皮游戏”案件则是另一种较为典型的网络游戏著作权侵权案件。在部分“换皮游戏”案件中，原告将会同时主张被告的行为构成不正当竞争，将此作为备位诉讼请求。“换皮游戏”是指对原游戏的实质玩法、规则、情节设置等进行高度相似的模仿或完全照搬，而仅将原游戏美术风格、文字表达、音乐氛围进行替换而制作成的一类游戏。[②]司法实践中，现已达成可将网络游戏作为视听作品加以保护的基本共识。虽然网络游戏画面具有一定的随机性，与一般的视听作品不同，但这并不能否认网络游戏创作者对于游戏画面的确定性贡献。如在某雪娱乐有限公司等诉上海某易网络科技有限公司著作权权属、侵权纠纷案[③]中，上海市第一中级人民法院认为原告请求保护的视频和动画特效，由一系列画面组成，符合类似以摄制电影的方法创作的特征后，在某雪娱乐有限公司、上海某之易网络科技发展有限公司诉广州某三九九科技公司、某三九九股份公司著作权侵权及不正当竞争纠纷案[④]中，上海知识产权法院认为：“通过过滤效率支配因素、软硬件标准等外部条件决定因素以及公有领域等，被控侵权游戏在前述要素方面与主张著作权作品构成实质性相似，侵犯了原告网络游戏整体作为视听作品享有的著作权。”同样地，在某游云端（北京）科技有限公司诉上海某舜信息技术有限公司等著作权权属、侵权纠纷案[⑤]中，北京知识产权法院认为：“游戏的运行过程中，随着用户的登录、操作，游戏不断向玩家呈现动态、连续的画面。网游游戏就其已经固定、可以借助适当装置（对移动网络游戏而言是搭载了适当应用系统的智能手机）向用户呈现连续画面方面，与传统类电作品并无本质区别。”综合不同案件对“换皮游戏”中网络游戏作品种类的认定可以发现，法院通常将游戏规则作为网络游戏的思想，而将网络游戏中的地图、角色设

---

① 广东省高级人民法院（2020）粤民终 763 号民事判决书。

② 何培育、李源信:《“换皮游戏”司法规制的困境及对策探析》，载《电子知识产权》2020 年第 9 期。

③ 上海市第一中级人民法院（2014）沪一中民五（知）初字第 23 号民事判决书。

④ 上海知识产权法院（2020）沪 73 民终 148 号民事判决书。

⑤ 北京知识产权法院（2021）京 73 民终 4804 号民事判决书。

置、武器设置等不同元素视作承载游戏规则的具体表达。

随着网络直播的兴起，因主张网络游戏画面构成视听作品而引发的侵权也频频发生。游戏直播是“以视频内容为载体，以电子竞技比赛或网络游戏为素材，主播实时展示、解说自己或者他人的游戏过程或游戏节目的服务”[①]。网络游戏主播通过网络直播向观众展示其网络游戏的操作过程进行获利。网络游戏直播画面，通常包含游戏画面本身，以及主播的解说、观众发送的弹幕等。网络游戏公司认为网络游戏呈现出来的画面构成视听作品，其权利由网络游戏公司享有，玩家将其操作形成的游戏画面进行直播侵犯其著作权。该类似案件的争议焦点在于网络游戏直播行为是否构成《著作权法》规定的限制情形，是否构成合理使用或转换性使用。在广州某易计算机系统有限公司诉广州某多网络科技有限公司侵害计算机软件著作权纠纷案[②]中，广东省高级人民法院认为，“梦幻西游 2”网络游戏连续动态画面整体构成“以类似摄制电影的方法创作的作品”，被诉游戏直播行为不符合《著作权法》第 22 条规定的权利限制情形，不能认定为合理使用行为。

2. 侵害商标权纠纷

网络游戏知识产权案件中的侵害商标权纠纷集中于网络游戏的宣传环节。部分游戏厂商为吸引更多玩家点击、下载其游戏，攀附他人商誉，将他人注册商标用来设置为网络链接显性关键词，或者用于网络游戏的宣传、推广、介绍、充值页面等显著位置，或者将他人注册商标作为网站域名、游戏名称使用。

竞价排名本身是一种商业行为，企业向搜索引擎平台付费，将特定词语设定为搜索关键词，当消费者通过该平台使用关键词进行搜索时，付费的网站链接会在搜索结果中靠前展示。一旦搜索引擎的结果因竞价排名出现偏差，就有可能导致消费者对商品或服务来源混淆或者误认，给消费者权益造成损害。部分游戏运营商为了提高自身游戏的曝光度，将他人商标设置为搜索关键词，攫取本应属于他人的用户流量。游戏厂商未经授权将他人商标设

① 《2015 年中国游戏直播市场研究报告（行业篇）》，载《艾瑞咨询系列研究报告》2015 年第 2 期。

② 广东省高级人民法院（2018）粤民终 137 号民事判决书。

置为搜索关键词，在搜索结果中该游戏网站即会出现在前列，客观上能够起到识别商品或服务来源作用的，构成商标性使用。此种设置关键词的行为容易使公众误认链接指向的游戏源自商标权人或者认为涉案游戏与商标权人存在特定联系。如在深圳市某讯计算机系统有限公司诉广州某三九九信息科技有限公司、某三九九网络股份有限公司商标侵权及不正当竞争纠纷案①中，广州知识产权法院认定被告在搜索引擎中将原告持有的“地下城与勇士”与“DNF”注册商标设置为搜索关键词，且在公开网页中进行直接使用等行为构成商标侵权。该类行为可分流权利商标对应游戏的潜在用户，降低侵权行为人的广告成本，具有较强的恶意。

将他人注册商标作为网络游戏名称亦可能构成侵权。网络游戏开发商或运营商通常会在第9类“计算机软件”、第41类“（在计算机网络上）提供在线游戏服务”等类别上将游戏名称注册为商标。待游戏上线运营后，部分网络游戏厂商为攀附该游戏的知名度，吸引该游戏受众的注意力，将其游戏名称设定为包含前述商标的名称。如在游戏名称中突出使用他人注册商标，以实现区分游戏来源的作用，一般认定该使用行为构成商标性使用。在上海某蟾网络科技有限公司诉江西某玩信息技术有限公司侵害商标权纠纷案②中，原告为“蜀门”系列商标的专用权人，在其自行研发、运营的游戏上使用“蜀门”作为游戏名称，在原告将游戏移植入手游端之际，发现被告开始运营一款名为“绝世蜀门”的手游，并进行宣传。上海市普陀区人民法院认为，被控侵权标识“绝世蜀门”“蜀门传奇”等的使用实质发挥了区分游戏来源的商标性功能，被告使用上述标识，与权利商标构成近似，容易导致相关混淆误认，构成商标侵权。

3. 不正当竞争纠纷

网络游戏知识产权案件中，不正当竞争纠纷与著作权侵权或侵害商标权纠纷常复合出现。当相关权益无法满足《著作权法》或《商标法》保护条件时，当事人一般以网络游戏投向市场的特征，向《反不正当竞争法》寻求

---

① 广州知识产权法院（2018）粤73民终1184号民事判决书。

② 上海市普陀区人民法院（2017）沪0107民初16605号民事判决书。

救济。

除此以外，网络游戏不正当竞争案件还常见虚假宣传的情形。部分网络游戏厂商在宣发过程中，对游戏与其他知名游戏、小说、电影等的关联关系作虚假或者引人误解的宣传，影响游戏玩家作出购买选择，构成虚假宣传的不正当竞争。在上海某岱网络科技有限公司诉广州某来互动网络科技有限公司侵害企业名称权及不正当竞争纠纷案[①]中，上海市浦东新区人民法院认为原、被告均从事游戏开发行业，被告主观上应当明知著作权登记号、出版服务单位名称、审批文号、网络游戏出版物号等信息归属于原告，却在自行开发的被控侵权游戏的页面进行相关信息标注，构成虚假宣传。

4. 知识产权合同纠纷

网络游戏知识产权合同纠纷主要包括计算机软件著作权许可使用合同纠纷和计算机软件开发合同纠纷，争议主要涉及 IP 的游戏改编权以及游戏开发导致的合同款项支付问题。由于 IP 具有较高商业价值，通常权利人在授权时会对授权期限、授权范围进行明确约定，以确保改编后的网络游戏能够持续运营。游戏在运营过程中往往会进行版本更迭，著作权许可使用的交易双方通常会约定授权期限内已完成或已上线的改编后作品仍可使用原作品内容，超出授权期限或授权范围的改编则需另行授权。在北京某天互娱科技有限公司诉吉某某著作权许可使用合同纠纷案[②]中，被告授权某投资公司享有独家将《三生三世十里桃花》文字作品改编、制作、开发游戏的权利。双方签订补充协议，约定将某投资公司享有的游戏改编权等权利转授给原告，被告亦出具授权书确认。随后，被告声称其签名被冒用，否认全部授权文件的真实性，导致原告部分合作方终止合作。北京市海淀区人民法院认为，根据协议中的相关约定，原告对协议期间制作完成并上线运营的游戏，可继续运营游戏的现有版本，无需再向被告支付版权使用费，对于未在授权期限内开发完成并上线运营的其他游戏，以及已上线游戏的更新版本，则需要另行签订授权协议，否则将侵害被告享有的改编权。

① 上海市浦东新区人民法院（2019）沪 0115 民初 92596 号民事判决书。
② 北京市海淀区人民法院（2017）京 0108 民初 39569 号民事判决书。

5. 刑事案件

近年来，网络游戏知识产权刑事案件主要集中于“私服”和“外挂”[①]两种类型。一般而言，“私服”行为系将未经授权的游戏服务端程序架设在自己的服务器上，向玩家提供，源代码具有高度同一性。在某石在线（北京）科技有限公司、黄某侵犯著作权罪案[②]中，被告人作为被告单位的经营管理者，未经著作权人许可，通过其经营管理的被告单位运营与“闲徕琼崖海南麻将”游戏源代码具有高度同一性的“巨石海南麻将”游戏，为被告单位进行非法营利。法院认定被告单位和被告人犯侵犯著作权罪。司法实践中，对于制售网游外挂行为以何罪名定性，存在一定争议，以非法经营罪，侵犯著作权罪，提供侵入、非法控制计算机信息系统程序、工具罪等罪名定性的情形均存在。2021 年《刑法修正案（十一）》出台，新增《刑法》第 217 条第 6 项，将故意避开或者破坏技术措施的侵权行为纳入著作权犯罪规制范畴。

（二）网络游戏知识产权案件的特征分析

1. 复合行为案件比重较大

网络游戏作为复合型作品，涉及软件、画面、音效、故事情节、核心玩法等多重权利客体。争议标的涵盖游戏创作、运营、衍生产品开发全产业链条。网络游戏知识产权案件所涉事实和法律关系呈现复杂、交叉的特点，当事人面临诉讼策略选择困境，从而造成涉复合行为案件多发。原告就同一被控侵权行为同时主张构成著作权侵权及不正当竞争或商标侵权及不正当竞争的情形，常见于“换皮游戏”案件中。根据模仿程度的不同，在美术资源存在相似之处的案件中，原告通常主张被告侵犯其享有的复制权、信息网络传播权、改编权等著作权权利，将《反不正当竞争法》第 2 条、第 6 条作为备位诉请的依据，以期达到规制“换皮游戏”的诉讼目的。另外，在部分涉网络游戏图标案件中，被告将原告美术作品作为游戏软件图标使用，原告主张

① 新闻出版总署、信息产业部、国家工商行政管理总局、国家版权局全国“扫黄”“打非”工作小组办公室联合发布的《关于开展对“私服”、“外挂”专项治理的通知》将“私服”“外挂”定义为“未经许可或授权，破坏合法出版、他人享有著作权的互联网游戏作品的技术保护措施、修改作品数据、私自架设服务器、制作游戏充值卡（点卡），运营或挂接运营合法出版、他人享有著作权的互联网游戏作品，从而谋取利益、侵害他人利益。”

② 北京市海淀区人民法院（2018）京 0108 刑初 1932 号刑事判决书。

该行为构成对原告作品信息网络传播权的侵害，同时主张该行为构成仿冒类型的不正当竞争。对于该情形，若该行为已构成著作权侵权，法院通常不再以不正当竞争进行评判。

2. 诉讼主体较多

网络游戏运营主体众多，除游戏开发商、运营商外，还分化为不同的部门责任主体，如收款主体、直播主体、推广主体、上架平台等，从而造成网络游戏知识产权案件诉讼主体较多的客观局面。尤其是在大标的额案件中，原告一般选择将被控侵权网络游戏的开发商、运营商、渠道商、上架平台收款方等主体在一案中一并提起诉讼。

网络游戏的授权链条也异常复杂。在涉网络游戏知识产权合同案件中，层层授权易引发超过合同范围、期限授权、授权书涉嫌造假等合同类纠纷，给法院查明案件事实增加客观难度。如在上海某乐互娱网络科技有限公司诉上海某冠网络科技有限公司等侵害商标权及不正当竞争纠纷案[①]中，被告主张涉案游戏的版权声明及授权书涉嫌伪造公章虚假授权，怀疑他人冒用其公章并盗用登记证书，向公安机关报案。

3. 专业属性较强

不同于其他传统知识产权案件，涉网络游戏知识产权案件呈现技术性强、主体众多、链条复杂、证据固定难、迭代更新快、损害扩散广的特征。如在游戏推广中，被告通过广告公司以水军账户在微博、微信公众号等平台投放广告，原告取证固定侵权主体较为困难；游戏类委托创作合同纠纷中，涉及模型制作、2D 绘图、3D 渲染等工序是否满足合同成果认定标准；流量劫持、网络游戏外挂等网络黑灰产渠道隐蔽、收费模式复杂。网络游戏知识产权案件事实查明难度大，法律问题与技术问题相互交织，这些因素对于专业化审判提出较高要求。

4. 数字化程度较高

随着数字技术的日益成熟和普及，云计算、大数据、人工智能等技术的应用为网络游戏开发提供了更加丰富的选择。网络游戏作为数字经济的重要

① 上海市嘉定区人民法院（2023）沪 0114 民初 13216 号民事裁定书。

组成部分，网络游戏知识产权案件呈现十分明显的数字经济特征。

以流量经济为例，不少案件中被告在开屏广告、游戏推广视频中使用他人美术形象，或在游戏推广视频中照搬热门影视剧的人物关系及妆化场景，或以他人商标作为游戏名称，或在搜索链接的标题及内容描述部分使用他人注册商标，或以他人已具有一定影响力的美术形象为蓝本创建游戏角色，以期获取更大流量。

与此同时，权利人固定证据方式的数字化程度显著提升。如今，在过半数的网络游戏知识产权案件中，当事人通过时间戳等电子化存证技术进行证据固定。

5. 对于行为保全的态度较为审慎

涉网络游戏知识产权案件审理难度大、诉讼周期长、程序复杂，然而多数网络游戏的生命周期较短，盈利主要集中于游戏发布初期和节假日等特定时期。由此，权利人寻求通过诉前、诉中行为保全的方式，以求被控侵权行为立即停止，如停止推广、运营游戏、停止提供“外挂”插件等，从而最大程度保护自己的利益。然而，由于行为保全具有强时效性，对游戏的上线、推广可能产生极大影响，甚至异化为某些游戏厂商打击竞品游戏的手段。司法实践中，只有极少部分的行为保全得到法院支持。在深圳市某讯计算机系统有限公司等诉佛山市南海区某笙网络科技有限责任公司等其他不正当竞争纠纷非诉行为保全审查案件[①]中，申请人请求裁定被申请人佛山市南海区某笙网络科技有限责任公司立即停止通过“代练帮”App允许未成年人进行“王者荣耀”游戏代练，被申请人上海某三四五网络科技有限公司立即停止为“代练帮”App提供宣传、推广和分发服务。上海市浦东新区人民法院认为，被诉行为破坏了“王者荣耀”游戏的公平竞技匹配机制，损害了游戏消费者的游戏体验和合法利益，干扰了游戏管理秩序，给申请人的商誉造成损害，且及时采取保全措施可保障未成年人“防沉迷”机制的有效落实，故裁定准许上述行为保全措施。

审查行为保全时，须审慎考量原、被告双方当事人的利益和公共利益，

① 上海市浦东新区人民法院（2021）沪0115行保1号民事裁定书。

以若不采取行为保全措施是否会对申请人的合法权益造成难以弥补的损害作为考量标准，从而形成准确的判断。

6. 新类型行为性质难以界定

随着网络游戏产业不断外扩张、新技术和新业态不断涌现，滋生大量新类型被控侵权行为，包括涉游戏租号服务、游戏外挂、游戏直播、云游戏等行为。受共享经济和市场需求的影响，出现大量以出租游戏平台账号为业的出租平台。游戏玩家注册该平台账号后，即可付费在游戏平台内下载安装游戏，无需另行注册游戏账号。对于租号行为的法律定性，司法实务中存在不同观点，或认为应按照出租游戏软件的行为处理，或认为该行为属于规避技术措施，或认为该行为实质属于许可他人行使游戏软件著作权，或认为该行为构成不正当竞争。尤其是针对未获得版号游戏的租号行为是否受到《反不正当竞争法》的规制，司法实务中尚未有明确定论。网络游戏直播主要涉及游戏开发者、玩家、主播和直播平台等主体。对于游戏玩家和直播平台的表演者身份，司法实务中尚未有明确界定。云游戏是以云计算为基础的游戏方式，游戏主机在云端，玩家游戏设备无需高端处理器和显卡。对于云游戏模式下的权利保护方式、边界和数据权益保护问题乃司法实务中面临的新问题，需进一步探索。

二、网络游戏知识产权案件裁判的一般逻辑

（一）著作权侵权纠纷

著作权侵权及不正当竞争纠纷是网络游戏知识产权案件中占比最多的一类案件。如前所述，网络游戏作为复合型作品，涉及软件、画面、音效、故事情节、核心玩法等多重权利客体。在网络游戏中，单一元素或多元素使用他人享有著作权的作品，或在游戏推广环节模仿、抄袭他人作品，均可能构成著作权侵权。对于该类型的案件，可通过“思想与表达二分法”和一般著作权侵权认定标准“接触 + 实质性相似”进行判断。

首先，“思想与表达二分法”是界定著作权法保护内容的重要判断原则。著作权法对于思想并不提供保护，只保护对思想的表达。在思想与表达难以

界定时，可用“抽象概括法”寻找思想与表达的分界线。对于网络游戏著作权侵权及不正当竞争案件，思想与表达区分的难点在于对游戏规则的把握。一般认为，游戏的规则表达方式有限，属于思想范畴。如在某雪娱乐有限公司等诉上海某易网络科技有限公司著作权权属、侵权纠纷案中[①]，法院认定游戏中卡牌与套牌的组合系思想，无法给予著作权法上的保护。

其次，在判断权利作品构成著作权法意义上的作品的前提下，即若被控侵权作品与权利作品构成实质性相似，权利人又举证证明侵权人具备了接触权利作品的较大可能或已经实际接触权利作品的情况下，侵权人的行为构成对权利人作品著作权的侵犯。判断是否构成实质性相似的核心在于对比核心表达部分，可分三个步骤进行：首先，明确被控侵权作品与权利作品之间的相似之处；其次，从这些相似部分中筛选出具有独创性的表达；最后，判断这些相似的独创性表达是否构成了作品的基本表达。在网络游戏著作权侵权及不正当竞争纠纷中，被告常提出游戏内容与在先内容相似、游戏画面系基于玩家操作形成等抗辩意见。基于相同文化背景、相似主题所制作的网络游戏不可避免地可能使用类似的游戏元素，但在创作中有独创性的部分仍可成为著作权法保护的对象。在海南某网先锋网络科技有限公司诉深圳市某娱网络科技有限公司等著作权侵权及不正当竞争纠纷案[②]中，被告辩称，部分权利游戏的装备、人物形象与在先游戏相关元素构成实质性相似，不具有独创性。上海市徐汇区人民法院认为，仙侠神话主题的游戏多以传统文化作为游戏创作背景，对于经典神话人物及常见古代兵器，不同游戏设计师均可按照自己的理念进行创作，权利游戏以“西游”为主题，按照特定风格，对场景、装备、人物形象进行个性化设计，具有独创性。网络游戏中产生的不同连续动态画面，其实质是玩家在游戏开发者创设好的场景中，按照设计好的游戏规则进行操作，产生的游戏画面未超过游戏预设的内容，著作权仍归属于游戏开发者。在广州某星信息科技股份有限公司等诉上海某游信息科技有限公司等著作权权属、侵权纠纷案[③]中，上海知识产权法院认为，网络游戏

① 上海市第一中级人民法院（2014）沪一中民五（知）初字第 23 号民事判决书。

② 上海市徐汇区人民法院（2021）沪 0104 民初 1562 号民事判决书。

③ 上海知识产权法院（2016）沪 73 民终 190 号民事判决书。

中因玩家操作不同而产生的不同连续活动画面，并未超出游戏设置的画面，不是脱离游戏之外的创作。

（二）侵害商标权纠纷

目前，对于商标侵权行为已形成较为统一的裁判思路。首先，考察权利商标的核定使用范围、是否处于有效状态以及原告是否有权就权利商标提起诉讼等相关情况。权利商标仅核定使用在第 9 类或第 41 类，一般不影响对被控侵权网络游戏与权利商标核定使用的商品或服务是否属于相同或类似类别的判断。

其次，依照《商标法》《最高人民法院关于审理商标民事纠纷案件适用法律若干问题的解释》等相关法律规定审查被控侵权行为是否成立，是否属于在同种或者类似的商品或服务上，使用相同或近似的商标。将与他人注册商标相同或近似的标识，或在相同或类似商品或服务上作为游戏名称使用，或设置为显性关键词，容易导致相关公众混淆的，构成商标侵权。将与他人游戏商标相同或近似的字母组合作为域名，并通过该域名进行相关商品或服务的电子商务活动，容易造成相关公众误认，又无注册、使用该域名的正当理由的，构成商标侵权。在处理游戏名称涉嫌侵犯他人注册商标案件时重点在于首先要准确界定游戏名称是否起到商标的区分功能，游戏名称是否仅作为作品名称。可通过对商标权利人有无进行广告宣传、推广等行为，是否将游戏名称注册为文字商标使得游戏名称可以与游戏作品提供者产生来源上的联系等因素，判断游戏名称是否具有商标的识别功能。当游戏名称不再是简单的作品名称而具有商标的识别功能后，应当给予商标法保护。

再次，审查被告的抗辩是否成立。倘若被告能够证明被控侵权标识属于通用名称，或被控侵权标识系出于描述、说明游戏内容目的合理使用，并非表明商品或服务来源的商标性使用，难以造成游戏玩家等相关用户混淆误认，或被控侵权标识为在先使用且有一定影响等情形，被告的抗辩可能成立。在陕西某唐在线网络信息有限公司诉深圳市某讯计算机系统有限公司、深圳市某讯计算机系统有限公司西安分公司侵害商标权纠纷案[①]中，原告于

① 陕西省西安市中级人民法院（2013）西民四初字第 00247 号民事判决书。

2010年在第41类“（在计算机网络上）提供在线游戏服务”核准注册“三代”商标，被告在网站上提供标识为“3代”和“三代”的网络棋牌游戏，原告主张被告构成商标侵权，被告辩称“三代”系一种牌类游戏通用名称。陕西省西安市中级人民法院认为，“三代”游戏源自渭南本土，其与“斗地主”“挖坑”均属于牌类游戏的通用名称，被告将“三代”作为一般的游戏名称进行使用，并非商标性使用，属于善意、正常使用。

最后，确定民事责任的承担方式。主要适用停止侵害和赔偿损失的民事责任。在确定赔偿金额时，应当遵循填平原则。在恶意侵权且情节严重的情形下，法院可适用惩罚性赔偿，赔偿数额的确定需要考虑侵权行为的性质、期间、后果、商标的知名度等因素。法院应正确分配举证责任，引导原告充分举证，提供其因侵权行为遭受损失、被告侵权获利、权利商标授权许可使用费等证据。若相应证据难以举证，与被控侵权行为相关的游戏收入流水、渠道分成、游戏下载充值转化率、公司财务账簿等由被控侵权人所掌握，受侵权方可以利用文书提出命令、举证妨碍制度等民事诉讼规则，法院可责令被控侵权人在限期内提供相应证据。在上海某点乐信息科技有限公司诉上海某牛互动网络科技有限公司、上海某梦移动网络科技有限公司侵害商标权纠纷案[①]中，上海知识产权法院以证据出示令的方式责令两公司提交有关被控游戏营收的证据，上海某梦移动网络科技有限公司拒不提交任何证据，上海某牛互动网络科技有限公司所提交的证据不能真实反映被控游戏的营收情况。上海知识产权法院认为，上海某梦移动网络科技有限公司作为被控游戏的运营方，理应掌握相关游戏的收入数据，但拒不提供，存在刻意隐瞒游戏收入的主观故意，综合权利游戏的知名度、营收情况以及被控侵权游戏的下载数量、侵权故意等因素，酌定赔偿金额为300万元。

（三）不正当竞争纠纷

司法实践中已经逐渐达成共识，《反不正当竞争法》只具有有限补充保护知识产权的功能，并非广泛的兜底保护。《最高人民法院关于适用〈中华人民共和国反不正当竞争法〉若干问题的解释》第24条亦明确规定，对于

① 上海知识产权法院（2019）沪73民终130号民事判决书。

同一侵权人针对同一主体在同一时间和地域范围实施的侵权行为，人民法院已经认定侵害著作权、专利权或者注册商标专用权等并判令承担民事责任，当事人又以该行为构成不正当竞争为由请求同一侵权人承担民事责任的，人民法院不予支持。

对于无法通过《著作权法》《商标法》等保护的法益，也可通过《反不正当竞争法》予以保护。《反不正当竞争法》第12条①是针对互联网领域新型不正当竞争行为增设的条款，采取“概括+列举+兜底”的立法模式，规制了“流量劫持”“干扰他人产品或服务”及“恶意不兼容”三类不正当竞争行为，被称之为“互联网专条”。“互联网专条”兜底条款的适用应符合以下条件：（1）被诉侵权行为系利用技术手段干扰他人网络产品或服务正常运行的行为；（2）被诉侵权行为不属于该条明确列举的互联网不正当竞争行为；（3）反不正当竞争法保护的法益因被诉侵权行为受到实际损害；（4）被诉侵权行为基于互联网商业伦理而具有不正当性。对实际损害的判断，应综合考虑被诉侵权行为对游戏市场经营秩序、权利人竞争利益和竞争优势以及游戏玩家游戏体验的影响等因素。对不正当性的判断，应综合考虑被诉产品或技术是否具有实质性非侵权用途、行为人是否存在实施不正当竞争行为的故意以及权利人可否通过适当技术手段消除行为人行为所带来的影响等因素。

（四）知识产权合同纠纷

涉网络游戏知识产权合同纠纷主要包括计算机软件著作权许可使用合同纠纷和计算机软件开发合同纠纷。涉网络游戏知识产权合同纠纷对于合同的审查与一般的合同性纠纷并没有实质性区别，在事实查明和法律适用方面较为复杂。

第一，对于游戏软件著作权许可使用合同纠纷，应当注意区分游戏的技

① 《反不正当竞争法》第12条规定：“经营者利用网络从事生产经营活动，应当遵守本法的各项规定。经营者不得利用技术手段，通过影响用户选择或者其他方式，实施下列妨碍、破坏其他经营者合法提供的网络产品或者服务正常运行的行为：（一）未经其他经营者同意，在其合法提供的网络产品或者服务中，插入链接、强制进行目标跳转；（二）误导、欺骗、强迫用户修改、关闭、卸载其他经营者合法提供的网络产品或者服务；（三）恶意对其他经营者合法提供的网络产品或者服务实施不兼容；（四）其他妨碍、破坏其他经营者合法提供的网络产品或者服务正常运行的行为。”

术问题与游戏运营的市场需求。一般而言，网络游戏软件许可方虽负有向网络游戏运营方交付能够正常运行游戏的义务，但许可方通常不承担确保游戏能取得商业成功或满足游戏玩家期望的责任，具体需要根据合同约定明确双方权利义务。

第二，对于涉网络游戏计算机软件开发合同纠纷的审理，首先应审查合同的权利义务是否涉及网络游戏的开发，同时注意和委托合同、承揽合同以及技术合同的区别。其次，需要准确识别委托方的功能需求，区分委托方对于网络游戏的功能需求属于原有功能范围的细化还是功能的变更，从而判断开发周期延长是否具有合理性。此外，还需注意合同僵局的情形。计算机软件开发合同系双务合同，在合同履行过程中，双方当事人对于游戏开发功能无法达成一致意见或对于游戏画面效果、规则等事项无法形成一致意见，且无法基于行业内普遍理解予以确定，合同客观上无法继续履行。此种情形系基于合同客观上陷入僵局而导致的履行不能。

三、典型网络游戏知识产权案件裁判的难点与建议

“换皮游戏”案件和涉商业秘密案件是网络游戏知识产权纠纷中争议较大、较为新颖的两类案件。明确上述两类网络游戏案件的规制路径对于厘清网络游戏知识产权案件的审理思路具有较强的参考意义。

（一）“换皮游戏”案件的规制路径

网络游戏通常由外观、规则和系统三层结构组成。游戏的最外层组成部分是外观，外观仅指基于感性认识的外在特征。规则是指进行游戏所依据的准则，是游戏中的活动应符合的要求。游戏的系统是规则的实现和完善，是游戏运行的关键部分。[①] 司法实践中，对于能否通过《著作权法》或者《反不正当竞争法》规制及如何通过《著作权法》或《反不正当竞争法》规制“换皮游戏”存在不同意见。

① 徐俊：《网络游戏作品实质性相似的判定研究——以游戏“换皮”的规制为中心》，载《知识产权》2024 年第 9 期。

1.“换皮游戏”的规制路径演变

早期的网络游戏案件通常都以拆分保护模式为主，结合原告的保护需求，甄别网络游戏元素，将特定元素作为文字作品、音乐作品、美术作品、计算机软件、有一定影响的名称、商业秘密等进行保护。在拆分保护模式中，对于网络游戏规则的保护争议较大，经历了从《反不正当竞争法》一般条款（“炉石传说”案[①]）进行保护转变为类比情节说（“太极熊猫”案[②]）、再转变为其他作品进行保护（“率土之滨”案）、再度转变为以一般条款进行保护的演化进程。2014 年，“炉石传说”案中，法院认为原告所主张的卡牌和套牌的组合，实质为游戏的规则和玩法，游戏规则不能获得《著作权法》的保护，并不表示这种智力创作成果法律不应给予保护，原告的游戏系一种特殊的智力创作成果，被告通过不正当的抄袭手段将原告的智力成果占为己有，超出了游戏行业竞争者之间正当的借鉴和模仿，具备了不正当竞争的性质。2018 年，“太极熊猫”案中，法院认为涉案游戏在角色选择、成长、战斗等玩法设置上具有叙事性，依托游戏界面呈现的详尽的游戏玩法规则，类似于详细的电影剧情情节，该游戏中玩法规则的特定呈现方式属于《著作权法》保护的客体范围。2021 年，“率土之滨”案中，法院认为电子游戏的游戏规则不仅仅是抽象的思想，在一定条件下可以构成著作权法意义上的表达，另外还指出“作为独创性体现在游戏规则、游戏素材和游戏程序的具体设计、选择和编排中的电子游戏，系文学艺术领域能以一定形式表现的智力成果，有其独特的创作方法、表达形式和传播手段，与视听作品有本质区别，亦和其他法定作品类型存在本质不同，应当被认定为‘符合作品特征的其他智力成果’”。[③]

后期，一些网络游戏公司开始寻求对网络游戏进行整体保护。我国司法实践中通常将网络游戏的连续动态画面作为视听作品保护。《北京高院审理侵害著作权案件审理指南》第 2.14 条规定，运行网络游戏产生的连续动态游戏画面若符合以类似摄制电影的方法创作的作品构成要件的，受《著作权

---

① 上海市第一中级人民法院（2014）沪一中民五（知）初字第 23 号民事判决书。

② 江苏省苏州市中级人民法院（2015）苏中知民初字第 00201 号民事判决书。

③ 广州互联网法院（2021）粤 0192 民初 7434 号民事判决书。

法》保护。2016 年，“奇迹 MU”案中法院认定“奇迹 MU”游戏整体画面构成类电影作品，指出“类电影作品特征性表现形式在于连续活动画面，网络游戏中连续活动画面因操作不同产生的不同的连续活动画面其实质是因操作而产生的不同选择，并未超出游戏设置的画面，不是脱离游戏之外的创作……网络游戏也是采用对各文学艺术元素整合的创作方法”[①]。2019 年，“守望先锋”案中，法院指出“当玩家开始进入 FPS 游戏时，英雄人物的外观造型，地图上建筑的种类选择，建筑物的造型设计，色彩的运用等有美学效果的外部呈现均被淡化和抽离，地图的行进路线、射击点和隐藏点的位置选择、所选人物的技能在当局战斗中的优势和缺陷、自己和队友的人物选择搭配、对方人物的选择搭配以及血包的摆放等游戏设计要素被凸显……游戏规则通过以游戏设计要素为内核的游戏资源制作得以外在呈现，这种外在呈现即表达”[②]，区分了游戏规则和游戏规则的具体表达。

2.“换皮游戏”的规制路径构建

在现行著作权法框架下，将网络游戏作为视听作品进行保护是较为现实的选择。理论界与司法实务界已就网络游戏画面的可版权性达成一致意见，可将原、被告双方以游戏规则作为脉络，由文字、画面、声音等组合而成的连续动态的图像形成视听作品，通过“实质性相似”的判断方法进行比对，从游戏连续动态画面整体视听表达，游戏角色、技能、装备等体系架构以及画面细节设计等方面进行判断。

部分“换皮游戏”在视觉和听觉表达上与原游戏存在较大区别。对于该类型换皮行为，在现行法律体系框架内，可通过《反不正当竞争法》予以规制，以维护网络游戏市场的良性竞争秩序。我国《反不正当竞争法》并不存在模仿他人产品行为的相关规定，仍需通过原则性条款即《反不正当竞争法》第 2 条第 2 款[③]来规制上述换皮行为，重点审查被控侵权行为是否违反自愿、平等、公平、诚信原则和商业道德，扰乱网络游戏市场竞争秩序，使

① 上海知识产权法院（2016）沪 73 民终 190 号民事判决书。

② 上海市浦东新区人民法院（2017）沪 0115 民初 77945 号民事判决书。

③《反不正当竞争法》第 2 条第 2 款规定：“本法所称的不正当竞争行为，是指经营者在生产经营活动中，违反本法规定，扰乱市场竞争秩序，损害其他经营者或者消费者的合法权益的行为。”

原告的合法权益受到损害等因素。

然而，伴随着技术革新，将出现大量新类型的游戏，如借助虚拟现实技术（VR）的体感类游戏，结合增强现实技术（AR）和基于位置服务技术（LBS）的社交类游戏，由玩家在开放世界中自由探索、互动、创造的沙盒类游戏、使用编辑器功能由玩家创作内容的游戏等。届时，可能出现难以通过视听作品保护网络游戏的局面。视听作品著作权保护限于连续画面本身。网络游戏的核心价值以及“换皮游戏”抄袭的内容恰是连续画面背后的协同性表达，而非连续画面本身。[①] 而以《反不正当竞争法》进行规制又存在较大不确定性。

网络游戏的保护对象，既不是计算机程序本身，也不是单纯的游戏素材或者连续画面，也不是用户操作，而是以上所有要素协作所呈现出来的表达。欧洲一些国家的版权法对作品类型采取穷尽式列举，例如脱欧之前英国的《英国版权、外观设计和专利法》（Copyright，Designs and Patents Act 1988），将作品类型限定为文学、戏剧和音乐作品、艺术作品、电影等[②]。然而，欧盟法院在部分判决中持不同观点，对一些新类型的作品同样提供保护。在任天堂公司诉意大利配件零售商 PC Box 的案件中，法院指出：“电子游戏……构成复杂的事物，不仅包括计算机程序，还包含图形和声音元素。尽管这些元素以计算机语言加密（即代码），但它们具有独特的创造性价值，不能仅仅归结为这种加密形式。鉴于在本例中电子游戏的组成部分，即图形和声音元素，是其原创性的一部分，因此根据 2001/29 号指令所建立的体系，它们与整个作品一起受到版权的保护。”[③] 欧洲法院在案件中明确表明电子游戏是一种新型作品，不属于计算机程序。将网络游戏设立为《著作权法》上独立的作品类型，可解决网络游戏保护过程产生的实际问题，加强裁判结果的可预期性，符合经济发展的客观规律。

（二）网络游戏商业秘密保护的痛点

大数据时代的商业秘密呈现出新样态。涉网络游戏的侵犯商业秘密案件

---

① 上海市浦东新区人民法院（2017）沪 0115 民初 77945 号民事判决书。

② Copyright，Designs and Patents Act 1988，§ 3-8（1988）.

③ Nintendo v. PC Box Case C-355/12，EU：C：2014：25（ECJ）.

的客体不同于传统的商业秘密民事案件，主要包括游戏源代码、游戏元素、数据库中的用户信息等。

1. 网络游戏商业秘密保护的司法现状

随着游戏产业的快速发展，网络游戏商业秘密案件数量不断增多，呈现保护范围不断拓展、快速保护机制应用频繁、民刑保护交织的特点。

（1）商业秘密新形态。不同于传统的商业秘密民事案件中客户信息、特定的工艺流程等技术信息和经营信息，网络游戏商业秘密案件中的商业秘密类型不断拓展。司法实践中，对于游戏未公开角色、数据库中的用户信息等也纳入经营信息进行保护。一般的游戏角色泄密行为也可通过著作权中的发表权、信息网络传播权等予以规制。然而，如果仅有偷拍、偷录行为，却没有进一步传播，则无法以《著作权法》予以规制。对于该类型的游戏角色泄密，实质上同样造成危害，影响游戏版本更新所产生的注意力经济价值，打击游戏开发者的创作热情。可通过审查游戏未公开角色是否具有秘密性、价值性、保密性三要件的基础上，判断其是否属于《反不正当竞争法》所规定的经营信息。在某哈游公司诉陈某侵害商业秘密纠纷案中，某哈游公司招募陈某在内的多名玩家参与游戏发行前的测试，陈某未经允许，偷录测试内容，并向第三人披露测试内容。法院认为，游戏未公开角色的实际形象和技能效果等信息属于《反不正当竞争法》所规定的经营信息，构成商业秘密，陈某实施了偷拍、传播商业秘密的行为，应当承担相应民事责任。

（2）通过禁令寻求“快保护”。诉前禁令、诉中禁令等行为保全近年来也频现于网络游戏商业秘密案件。在情况紧急的情况下，法院须在 48 小时内就作出禁令，快速制止侵权行为。《最高人民法院关于审查知识产权纠纷行为保全案件适用法律若干问题的规定》第 6 条明确规定，申请人的商业秘密即将被非法披露属于“情况紧急”的六种情况之一。法院应在审查诉讼请求是否具有事实和法律基础、行为保全是否会造成难以弥补的损害、是否会导致利益显著失衡、是否损害国家和社会公共利益的基础上对于是否采取行为保全进行判断。2024 年，某哈游公司以“原神”“崩坏：星穹铁道”两款游戏未公开的游戏角色等元素泄露为由，向上海市徐汇区人民法院申请诉中行为保全。法院经审查认为，被申请人持续在抖音平台发布涉案游戏未公开版本的动态画面，画面中包含了尚未公开的角色、武器、地图、剧情等，会降低新版本公开时玩家的体验感，破坏原告的运营策略，侵权规模存在继续扩大的可能，裁定被申请人立即停止并不再通过抖音号传播涉案游戏的未公开版本的游戏画面。同年，某哈游公司以网络游戏“崩坏：星穹铁道”的未公开游戏角色设计可能遭到提前泄密为由，向上海市浦东新区人民法院提出诉前行为保全申请。法院在收到申请后的 48 小时内作出裁定，责令被申请人不得披露、使用、允许他人使用其在参与游戏内测过程中擅自摄录的游戏内容。

（3）通过刑事制裁寻求重保护。《刑法》第 219 条[①]规定了侵犯商业秘密罪，商业秘密犯罪可划分为三种类型：不正当获取型、违反保密义务型以及第三人犯罪。司法实践中，最为多见的是违反保密义务型犯罪，对应《刑法》第 219 条第 1 款第 3 项。以《反不正当竞争法》以及《刑法》保护网络游戏商业秘密，应以行为的社会危害性程度高低作为适用标准。若构成刑事犯罪，则一定符合《反不正当竞争法》的适用条件。在网络游戏商业秘密刑事案件中，取证难和情节严重的定性难是两个较为突出的问题。若刑事程序未能达到预期效果，原告可再通过民事诉讼寻求救济。在民事诉讼的审理过程中，刑事诉讼活动中所固定的证据，例如鉴定结论、证人证言、被告人自认等，可作为重要参考因素。在衢州某联网络技术有限公司诉周某某等侵犯商业秘密纠纷案[②]中，原告运营“BOX 网络游戏社区”网站，从事网络游戏的 BBS 论坛服务。被告周某某等人离开公司后，下载了该网站的用户数据库，并对该网站程序配置文件进行修改，导致该网站无法运行，后建立新网

① 《刑法》第 219 条规定：“有下列侵犯商业秘密行为之一，情节严重的，处三年以下有期徒刑，并处或者单处罚金；情节特别严重的，处三年以上十年以下有期徒刑，并处罚金：（一）以盗窃、贿赂、欺诈、胁迫、电子侵入或者其他不正当手段获取权利人的商业秘密的；（二）披露、使用或者允许他人使用以前项手段获取的权利人的商业秘密的；（三）违反保密义务或者违反权利人有关保守商业秘密的要求，披露、使用或者允许他人使用其所掌握的商业秘密的。明知前款所列行为，获取、披露、使用或者允许他人使用该商业秘密的，以侵犯商业秘密论。本条所称权利人，是指商业秘密的所有人和经商业秘密所有人许可的商业秘密使用人。”

② 参见上海知识产权法院官网，https：//www.shzcfy.gov.cn/detail.jhtml?id=267119，2024 年 10 月 16 日访问。

站，将该网站的注册用户引导到新网站。2006 年，衢州市公安局对周某某涉嫌侵犯商业秘密犯罪立案侦查。2008 年，衢州市柯城区人民检察院以证据不足、不符合起诉条件为由，对周某某作出不起诉决定书。后原告提起民事诉讼。法院认为，网站用户注册信息是在长期的经营活动中形成的经营信息，且用户信息具有实用性，原告对此也采取了保密措施，由此认定网站数据库中的注册用户信息属于商业秘密，被告的行为侵犯原告的商业秘密，应承担赔偿损失的民事责任。该案中，原告首先通过刑事程序对涉嫌侵犯商业秘密的行为进行追诉，当刑事程序因证据不足而未能继续时，原告转向通过民事诉讼程序寻求救济。

2. 网络游戏商业秘密保护的规制建议

网络游戏商业秘密权利人常会陷于商业秘密定性难、定损难、举证难的困境。

（1）明确商业秘密定性规则。商业秘密认定的司法实践中，新兴行业数据型企业的经营信息是否被认定为纳入商业秘密保护的经营信息主要由《反不正当竞争法》第 9 条第 4 款[①] 和《最高人民法院关于审理侵犯商业秘密民事案件适用法律若干问题的规定》第 1 条第 2 款[②] 规定。新兴行业数据型企业的经营信息并不多以技术方案、客户名单等传统形式呈现，多为数据集合形态为主的信息，如定价策略、公司酬薪、平台内动态交易行情、游戏角色形象、技能效果、角色动作等。一般而言，以游戏角色形象、角色动作、角色释放技能效果等要素组合而成的动态游戏画面是游戏经营者的核心竞争力之一，需要游戏设计者和游戏经营者投入大量成本。对于相关经营信息能否作为经营秘密得到保护，现有司法案例中并不多见，对游戏企业维权产生一定困扰。法院在处理相关法律争议问题时，需要在遵循相关法律规定的基础上，根据具体场景、顺应新要素予以理解。在前述某哈游公司诉陈某侵害商

① 《反不正当竞争法》第 9 条第 4 款规定："本法所称的商业秘密，是指不为公众所知悉、具有商业价值并经权利人采取相应保密措施的技术信息、经营信息等商业信息。"

② 《最高人民法院关于审理侵犯商业秘密民事案件适用法律若干问题的规定》第 1 条第 2 款规定："与经营活动有关的创意、管理、销售、财务、计划、样本、招投标材料、客户信息、数据等信息，人民法院可以认定构成反不正当竞争法第九条第四款所称的经营信息。"

标秘密纠纷案以及上海市浦东新区人民法院、上海市徐汇区人民法院采取的行为保全案件中，游戏未公开版本的动态画面、游戏未公开角色的实际形象和技能效果等已作为经营信息得到保护。网络游戏画面是否构成《反不正当竞争法》规定的商业秘密，应评估是否具备纳入商业秘密予以保护的现实性和必要性，具体可考虑以下方面因素：①是否通过对外发布、公开测试等方式为公众所知悉；②是否具有现实和潜在的商业价值；③是否采取了相应保密措施。市场监督管理部门亦可发挥商业秘密侵权行政查处的主动性优势，通过典型案例查处的方式明确新类型的商业秘密、更新商业秘密保护理念。

（2）多重举措化解定损难问题。商业秘密定损难，主要是因为数字经济行业中商业秘密产品暂未上市，难以确定商业秘密价值，由此导致权利人无法寻求刑事保护，或者在民事诉讼中无法确定侵权损害赔偿数额。《反不正当竞争法》第17条、《最高人民法院、最高人民检察院关于办理侵犯知识产权刑事案件具体应用法律若干问题的解释（三）》第5条以及《最高人民法院关于审理侵犯商业秘密民事案件适用法律若干问题的规定》第19条、第20条、第23条、第24条规定了商业秘密的赔偿数额、违法所得的认定方式。然而，上述规定仍然无法解决未上市的商业秘密产品的定损问题。在司法实践中，大多数案件适用法定赔偿。

在新兴业态、数据产业兴起的背景下，知识产权司法实践需要更加重视创新对经济效益的动态促进作用。在财产损害赔偿中，填补损害是基本原则。无论何种民事权益遭受侵害，财产损害赔偿都只是用来填补被侵权人因侵权行为所受之经济利益损失。[①] 因此，在计算商业秘密侵权损害赔偿数额的方式中，实际损失的赔偿方式位列第一顺位。无论游戏元素是否被公开，在计算损害赔偿时都需要以商业秘密的价值作为基础，可以将开发成本、创新程度、能带来的竞争优势作为主要考量因素。如果权利人无法提交研究开发成本，则可以考虑聘请鉴定机构对商业秘密的市场价值进行评估。一般而言，商业秘密评估方式包括成本法、收益法、市场法三种。倘若商业秘密所涉产品销售时间较短，相关销售数据不具备收益法的适用条件。商业秘密权

① 程啸：《侵权责任法》（第二版），法律出版社2015年版，第679页。

利人若能够提供商业秘密研发支出的规范、完整的记账凭证，则可以适用成本法评估商业秘密的价值。同时，可以充分合理利用现有机制，与侵犯商业秘密行为相关的账簿、资料由侵权人掌握的，法院可以根据权利人的申请，责令侵权人提供该账簿、资料。侵权人如无正当理由拒不提供或者不如实提供的，法院可以根据权利人的主张和提供的证据认定侵权人因侵权所获得的利益。在实际操作中还需要综合运用证据保全制度、证据调取制度、举证责任转移制度、司法审计、评估机制等。在具体操作过程中，一般可以通过四种途径获取商品销量数据。一为侵权人持有的材料，如财务账簿、会计凭证、销售台账、利润报表、销售合同、进出货单据、销售专户银行流水等财务、销售数据资料以及招股说明书、年度报告等公开披露数据；二为第三方平台销售数据，权利人可申请调取；三为调取刑事诉讼程序中形成的证据，以获得被告自认的销量数据；四为通过海关、税务、行业协会等其他部门获得销量数据。

（3）巧用行为保全降低取证难度。网络游戏软件源代码比对是商业秘密同一性认定的重要环节。然而，被侵权方往往难以取得被控侵权游戏的源代码，一般只能在进入刑事诉讼程序后，由侦查机关查封、扣押相应的源代码存储设备。在民事诉讼过程中，被侵权方可以通过行为保全，化解源代码难以获取这一困境。法院应合理分配证明责任，将不利后果归责于未履行证明责任的一方。在珠海某游科技有限公司等诉徐某、肖某、深圳某略一二三网络有限公司、上海某湃网络科技有限公司侵害商标秘密纠纷案[①]中，被告徐某、肖某在原告公司任职期间，参与了游戏源代码的开发。二人离职后成立深圳某略一二三网络有限公司，与上海某湃网络科技有限公司共同开发页游“三国”“三国逐鹿”。原告申请保全被诉游戏软件源代码，被告徐某、肖某和深圳某略一二三网络有限公司拒不执行保全裁定。上海某湃网络科技有限公司提交的“被诉游戏源代码”，经验证后，被认定为并非为被诉游戏源代码。法院认为，被控侵权游戏是在被告徐某、肖某离职后短期内上线运营的同类游戏，其源代码由被告持有，被告不如实提供被控侵权游戏软件源代

① 广东省高级人民法院（2019）粤知民终 457 号民事判决书。

码，应当承担相应的后果。

四、人工智能技术在网络游戏领域的应用及法律问题

随着人工智能技术的不断发展，其应用场景也愈加广泛。现阶段，人工智能技术在网络游戏领域的应用可以大致分为两类：第一类是人工智能生成技术在文本、图像等基础领域的应用，第二类是人工智能生成技术在上层领域的应用。人工智能生成技术在网络游戏基础领域已经有了较多尝试及应用，对于上层应用尚处于研发、探索阶段。未来，当现有技术发展到一定程度时，可能实现网络游戏中的全部要素由人工智能生成系统产生，即全要素式生成。

（一）人工智能技术在网络游戏中的基础应用及法律问题

人工智能技术在网络游戏中的基础应用主要体现在使用人工智能生成系统进行文本、图像、音频、视频等内容的生成。每一种模态下都会存在不同类型的人工智能生成系统应用场景。

1. 文本生成

伴随着 ChatGPT 这一现象级产品的诞生，在语言模型领域，大量类似产品涌入市场。网络游戏中的文本类型主要包括通用文本、文案、代码等。其中通用文本包括游戏总体策划方案、游戏规则、游戏人物认定、参数设定报表等内容。其中参数设定报表等基于游戏自身生成的内容法律风险较小。若网络游戏在总体策划、游戏规则、人物设定等方面不存在抄袭的故意，后端基于此由人工智能生成系统生成的文本内容大概率不涉及知识产权侵权问题。文案则包括网络游戏中的故事文本和对话数据。对话数据分为预先设定的对话数据和交互式生成对话数据。GhatGPT 现应用于网络游戏中的角色扮演部分，NPC（Non-player character，非玩家角色）可由 GhatGPT 驱动，由其产生交互式对话。代码方面，在游戏制作过程中可以用 Copilot、Cursor 这类 IDE 工具[①]或者插件辅助游戏开发，代码审查则有 Metabob 提供能力支持，

① IDE, Integrated Development Environment，即集成开发环境，是用于提供程序开发环境的应用程序，一般包括代码编辑器、编译器、调试器和图形用户界面等工具。

也可以通过将 ChatGPT 接入游戏引擎，接管关卡内容创建逻辑，乃至游戏运行时生成游戏代码和游戏内容。[①]

游戏总体策划方案、游戏规则等内容则具有较高侵权风险。目前，人工智能生成系统的研发无法避开大数据训练环节，人工智能生成系统产出的结果都是基于对大数据进行学习后分析、模拟现有成果进行生成。人工智能生成系统生成的游戏总体策划方案、游戏规则等与现有策划案、网络游戏设计存在相似的可能性，可能引发侵权纠纷。为避免侵权问题的发生，则要求网络游戏研发者在应用人工智能生成系统产出的结果前应当对其内容进行审查，在排除法律风险后进行使用。

网络游戏中的文本内容也可由人工智能生成系统生成。与人工设定网络游戏文本不同之处在于，人工智能生成系统可以根据玩家的输入及时作出反应，给予玩家动态游戏体验。而人工设定的网络游戏文本则限制玩家根据设定好的文本进行操作，且游戏中作出的反应也只能提前设定。人工设定的网络游戏文本风险可控，应用在游戏中可预先进行审查，若发生侵权后果也可以清楚分析是否存在恶意。而人工智能生成系统生成的文本则存在风险不可控的问题，网络游戏开发者对人工智能生成系统无法保持实时监控状态，对于人工智能生成系统生成的侵权结果无法及时进行处理，存在侵权后果扩大的风险。交互式文本实质是 ChatGPT 在网络游戏中的应用人工智能生成系统生成的交互式文本，与普通文本内容存在相似问题。

2. 图像生成

现阶段，众多游戏大厂由于 Stable Diffusion 可以通过输入参数进行控制且代码开源，使用其进行绘画创作，将其应用于网络游戏原画、图标、画面渲染、添加效果等方面。人工智能技术在图像生成方面的深入应用使得批量生成指定游戏人物形象、添加画面效果具备现实可能性，极大压缩了网络游戏美术资源的创作成本。

人工智能生成技术最先应用在网络游戏图像领域即原画生成。原画是网

---

① 参见《“全要素生成”会是未来的游戏形态吗？一文看懂 AIGC 在游戏领域的应用》，载微信公众号“腾讯游戏学堂”，2023 年 6 月 16 日。

络游戏视觉元素的基础，对网络游戏整体风格、视觉效果至关重要，因此，原画也是网络游戏中抄袭等著作权侵权频发的“重灾区”。人工智能生成系统在进行文生图创作时并不能完全由人工智能自主生成，其仍然是依照使用者指令进行创作。因此，经过调试人工智能生成系统输出稳定后，其创作结果也基本稳定，创作风格类似，容易创作出相似作品从而引发侵权问题。同时由于人工智能生成系统是基于运算程序进行创作，其“再现”能力高于自然人创作。自然人无法两次创作出完全相同的作品，但人工智能生成系统却有可能“再现”同样的作品。

人工智能生成系统的高效产出能力能够促进网络游戏的发展，但弊端也是显而易见的。人工智能生成系统的创作可能具有高度相似性，在进行风格处理、画面渲染时很容易出现相似结果。对于网络游戏而言，画面风格相似或整体视觉效果相似极易引发侵权问题。如何利用人工智能生成系统准确渲染网络游戏画面，避免侵权是今后需要重点关注的问题。面对因相似引发的侵权问题，正确区分人工智能生成系统与网络游戏研发者之间对侵权结果的影响对于正确认定、承担侵权责任具有重要意义。

交互式生成对于图像处理方面的应用也是一个值得游戏从业者关注的方向。NVIDIA 公司推出的 Canvas 应用可以让使用者通过涂鸦的方式实时生成指定风格和内容的图像，可应用于创作相关图画类游戏。这与利用人工智能生成系统进行原画创作存在不同，这更类似上文中提到的文本交互式生成将人工智能生成系统作为网络游戏可操作的一部分供给玩家来进行创作。玩家的创作行为往往受多方面因素影响，玩家基于个人喜好可能在网络游戏中利用人工智能生成系统以该游戏的基础角色设定结合其他影视、动画角色进行创作，最终创作结果系玩家的创作行为。虽然网络游戏研发者不具有创作该角色的意图，也没有利用其他 IP 角色“蹭流量”“模仿”的意图，但玩家创作出的结果产生了与“蹭流量”等行为相同的结果。游戏研发者因玩家行为被迫承担侵权结果，因此，玩家行为对游戏研发者具有限制、提醒义务，划分侵权责任承担时应当考虑到具体实施侵权行为的主体，合理分配侵权责任。

3. 音频生成

对于网络游戏音频领域而言，人工智能技术现阶段主要应用于作曲和声音克隆。人工智能作曲工具，例如 Mubert、Jukebox 等，拥有极高的创作效率及较低的成本优势，已被广泛应用于低成本的游戏中，逐渐取代人工作曲。声音克隆，也称为音色迁移或声音复制，是一种语音合成技术，主要运用于歌声和人声合成。歌声合成技术可将某种音色迁移至其他歌曲，该项技术已经十分成熟。现阶段，借助机器学习和深度学习技术，人工智能可以分析和模仿人类的声音，人声合成技术愈加成熟。目前，网络游戏中常见人声合成，用于改变或者创造 NPC 的声音。

在一些游戏二创内容中，人声合成早已出现。例如，在角色扮演类游戏中，可以根据玩家声音合成出玩家游戏角色声音。此类型下涉及对自然人声音的使用，可能引发自然人人格权法律问题。网络游戏研发者应当完善利用自然人声音进行游戏角色声音制作的相应规则，并具有涉侵权后相应的解决措施，向玩家提供反馈渠道，完善监管机制。

歌声合成，是指将自然人或游戏角色、动漫角色等的声音用作歌曲制作中。虽然当前网络游戏中尚未出现歌声合成的应用，但多个歌曲软件、K 歌软件中已出现了根据用户声音合成歌唱效果的功能。未来，音乐类游戏中具备该功能也将成为可能。利用人声合成歌声涉及法律问题较多，人声方面涉及自然人人格权，歌曲方面涉及著作权等问题。利用人声合成歌声是一个复合法律现象，涉及多方主体多种权利。处理相关纠纷需要厘清各方之间的法律关系。网络游戏研发者是歌声合成功能提供者、玩家为人声提供者、歌曲版权方为被侵权方。通过分析各方主体的行为、权利，明确侵权行为，从而分配侵权责任承担。

4. 视频生成

人工智能技术发展至今，已可以将静态文本、图片生成动态视频，涌现大量相关应用，例如 Runway Gen-2 和 NVIDIA VideoLDM（Latent Diffusion Models）。虽然现阶段，将静态文本、图片生成动态视频的人工智能技术尚未广泛运用于网络游戏领域，但未来网络游戏中的 CG 动画很可能由人工智能技术生成，通过实拍视频提取人物动作，经后期处理合成动画，借助人工智能技术可将提取的人物动作进行形变并再次使用。在这种情境下存在的法律问题与文生图情况大致相同。

虚拟人视频合成则是一类通过驱动指定图像，或是给已有视频换脸的方式来生成相应的视频内容。虚拟人合成技术已在网络游戏领域被广泛使用，目前已相对成熟。玩家可以利用虚拟人合成技术定制个性化的游戏角色，选择服装、脸部特征等。网络游戏中的 NPC 也可以通过虚拟人合成技术生成，该类 NPC 的整体形态更加类似于真人，拥有更加自然的动作和表情，可以增加玩家的沉浸感。

未来角色扮演类的网络游戏中，玩家或可使用自身形象制作虚拟人视频，从而提升沉浸式体验感受，可能涉及玩家肖像权、著作权等法律问题。玩家利用自身形象创作的游戏虚拟人形象的著作权归属可能存在争议，究竟是玩家还是游戏开发者拥有虚拟人形象的著作权，游戏开发者能否利用玩家虚拟人形象进行宣传。可结合玩家生成虚拟人形象的创作方式判断玩家及游戏开发者对于该虚拟人形象的独创性贡献程度，确认该生成程序是否仅为操作方法，从而认定虚拟人形象的著作权归属。

（二）人工智能技术在网络游戏中的上层应用及法律问题

人工智能技术在网络游戏中的上层应用主要体现为人工智能生成系统之间的交互。可综合利用大语言模型、图像生成应用、语音合成等人工智能技术创造网络游戏中的形象，该类型的虚拟人更为高阶、逼真。如今，还出现了人工智能社区网络，例如 Chirper。该网络社区用户注册后，给出一段文字描述后，将生成人工智能人物。这些人工智能人物将在该网络社区中自行互动，创建者无法参与，仅能旁观。人工智能技术在网络游戏中的上层应用目前并未实际应用于网络游戏场景，尚处于研发阶段。

人工智能生成系统间进行交互脱离了自然人的影响，交互中产生的人工智能生成物的权利归属及侵权问题则需要重新考量。人工智能生成系统在交互过程中生成的生成物是否还可以认定为作品仍然要按照《著作权法》对作品的规定进行判断。人工智能生成物之间进行交互，不存在自然人的介入，由此产生的生成物缺少自然人对独创性的贡献，不构成著作权法意义上的作品。人工智能生成系统交互产生的生成物同样存在侵权可能性。是否实际构成侵权首先需要判断侵权结果是否流入公共领域，如果未流入公共领域则不会对产品进行实际传播或利用，亦不会造成侵权后果；若流入公共领域则可能会导致侵权结果的发生。由于没有自然人参与人工智能生成系统交互产生生成物的产生过程，因此不存在侵权故意，但对于产生的侵权结果，仍需要根据侵权责任作出认定。人工智能生成系统不具备主体资格，不能承担侵权责任，人工智能生成系统的研发者在利用大数据训练人工智能生成系统时应当建立侵权应对模型，对人工智能生成系统生成的侵权结果进行前端处理，当侵权结果流入公共领域后，也应当及时采取措施避免侵权损失扩大。

（三）监管措施的设定

人工智能技术迭代迅速，在处理相关法律问题时也应当与技术保持同步更新，结合不同技术、具体应用的行业背景等因素分析、平衡各方法律关系和利益。在立足于我国人工智能技术发展现实的前提下，可适当借鉴域外人工智能相关立法，在正确处理国内人工智能法律纠纷的同时，保护我国人工智能技术的竞争力。

我国目前尚未出台人工智能相关的法律法规，在处理人工智能相关法律问题时大多引用《民法典》《著作权法》等现有法律法规。2024 年 9 月 14 日，国家网信办发布《人工智能生成合成内容标识办法（征求意见稿）》。该意见稿对人工智能生成合成内容进行定义，将内容标识划分为显式标识和隐式标识，提出附带标识的监督管理办法。该意见稿的提出是我国对人工智能生成物进行法律管理的重要尝试，可为后续人工智能相关立法提供参考。

对于网络游戏领域的人工智能生成物的监管措施，可参考欧盟《人工智能法》。2024 年 5 月 21 日，欧盟理事会正式批准通过《人工智能法案》（Artificial Intelligence Act），该法案系全球首部综合性人工智能法案。《人工智能法》根据“风险金字塔”理论将人工智能风险划分为不可接受风险、高风险、有限风险和低风险四个等级，并围绕不同风险等级提出相应的禁令、风险管理、风险合规与合规评定要求。[①] 该法案第 53 条明确规定了通用人工智能模型（general-purpose AI model）提供者的著作权合规义务，具体包括公开披露信息义务、遵守欧盟著作权法义务、编制更新技术文件义务等。只要人工智能模型用于商业用途，无论该模型被嵌套进何种应用中，该人工智能模型提供者就受到第 53 条的规制。结合《人工智能法案》第 53 条第 1 款第（c）项的规定以及 2019/790 号《数字单一市场版权指令》第 4 条第 1 款、第 3 款的规定，人工智能模型训练过程中的文本和数据挖掘行为不构成著作权侵权，除非被复制内容的著作权权利人明确作出权利保留。

根据网络游戏领域的人工智能应用发展现状，在风险评估方面，网络游戏中的人工智能应用可能属于最低风险，即可以不作干预或者仅有有限风险需要以透明、公开的方式进行监管。网络游戏企业可以选择自愿采纳额外的行为准则。对人工智能应用的监管覆盖其在网络游戏领域的全过程，可采取如下措施：数据库建立时即应遵守相应管理规范，相关数据应合法合规、准确完整；研发过程中应对关键技术或风险技术进行备案，附有开发日志；向网络游戏玩家披露人工智能应用研发者、潜在风险等信息；保有一定限度的人为监督，避免人工智能应用完全脱离游戏开发者的预想；对网络游戏中人工智能生成的相应元素或人工智能参与的环节设置明显标识或作出说明；在人工智能投入应用后应当持续监测，例如交互式互动情景下对人工智能设置监测关键词，当关键词触发时及时进行管控、调整。同时，对网络游戏的监管应保持一定灵活性，其发展变化迅速，应当周期性更新网络游戏领域的人工智能应用风险登记，从而达到风险与管控相适宜。

---

① 刘子婧：《欧盟〈人工智能法〉：演进、规则与启示》，载《德国研究》2024 年第 3 期。

人工智能生成内容的权利归属和保护研究

课题组成员

主持人： 高　阳　上海对外经贸大学法学院副教授

执笔人： 魏濛濛　上海市嘉定区人民法院审判监督庭法官助理

李文苑　上海市嘉定区人民法院审判监督庭法官助理

内容摘要： 随着新一轮科技革命和产业变革的深入发展，人工智能技术正迅速推动人类社会智力创新、经济高质量发展，以及生产生活方式效率的提升。人工智能为全球产业发展提供新动能的同时，也带来了诸多新的问题和挑战。囿于生成式人工智能在著作权领域缺少明确规范，以 ChatGPT 为代表的生成式人工智能正在引发传统版权领域的诸多挑战。生成式人工智能生成物的法律属性、主体资格、权利归属等问题需要进一步明确。

本课题在深入走访调研专注于人工智能大模型开发的企业基础上，结合现有国内外学界关于人工智能的文献资料和前沿案例，以生成式人工智能生产机理为进路，对生成内容进行“三分法”类型化分析，明确人机交互模式下人的智力投入尤其是使用者对生成物的产生具有实质性贡献，具有智力成果的属性，并且在“以受众为中心”的独创性认定范式引领下，生成式人工智能创作内容具有可版权性，应纳入著作权法保护范围。生成式人工智能的主体资格面临既有制度规范、民事基础理论等方面的否定。为此，在认可生成式人工智能生成物可以构成著作权法上的作品的基础上，需要明晰生成式人工智能生成物的权利主体，构建以使用者为核心的著作权归属路径，并建立单独的生成式人工智能生成内容著作权登记制度。

关键词： 生成式人工智能　著作权　独创性　权利归属　登记制度

一、问题的提出

从 1950 年图灵提出“图灵测试”构想，到 1956 年麦卡锡、闵斯基等科学家首次提出了“人工智能”概念，时光荏苒，随着大数据和计算机处理能力的不断增强，人们开始期望计算机能够像人一样创造内容和产生创新想法。从导航软件中的“数字人”指路，到直播电商中的“虚拟主播”，再到 ChatGPT 横空出世让普罗大众对人工智能有了新的认识，人们第一次看到人工智能系统能够完成各种各样的事情，不论是需要常识的闲聊，还是需要专业知识的论文写作，甚至写代码都不在话下。对此，著名哲学教授奥曼也不禁感叹“全班最好的论文”竟然出自 ChatGPT 之手。除 ChatGPT 外，微软推出 Microsoft 365 Copilot、百度发布“文心一言”，诸如此类的生成式人工智能产品井喷式出现，也标志着人工智能领域正在发生变革性升级。2014 年至 2023 年，全球生成式人工智能相关的发明申请量达 54000 件，其中超过 25% 是在 2023 年出现的。根据著名科技咨询机构高德纳发布的 2023 年技术成熟度曲线，生成式人工智能处于起步阶段，但其广阔的应用场景和需求空间正在吸引大量的资本和技术投入，有望在 3 年以内实现大规模应用。[①] 人工智能技术正在以前所未有的速度重塑时代。

从文字时代到印刷时代，再到人工智能时代，每一次传播媒介技术的冲击都要求著作权法作出回应。然而，我国现阶段对生成式人工智能生成内容的法律规制，正处于言之无据、言之无序的境况。当前，生成式人工智能生成内容能否作为作品获得著作权法的保护，已成为学术和实务研究关注的重点。现有研究中，学者从不同角度提出了“设计者意志说”[②]“独创性客观标准说”[③]“人工智能工具说”[④]“拟制作品说”[⑤]等理论，论证了人工智能生成内

① 参见 Gartner 官网，https://www.gartner.com/cn，2024 年 1 月 3 日访问。

② 参见熊琦：《人工智能生成内容的著作权认定》，载《知识产权》2017 年第 3 期。

③ 参见吴汉东：《人工智能生成作品的著作权法之问》，载《中外法学》2020 年第 3 期。

④ 参见李扬、李晓宇：《康德哲学视点下人工智能生成物的著作权问题探讨》，载《法学杂志》2018 年第 9 期。

⑤ 参见张新宝、卞龙：《人工智能生成内容的著作权保护研究》，载《比较法研究》2024 年第 2 期。

容可以作为作品与人类创作的作品平等地受到《著作权法》的保护。[①] 亦有学者认为人工智能生成内容不满足独创性的要求，无法获得《著作权法》保护。[②]

鉴于此，本课题在理论层面将围绕生成式人工智能生成内容的可保护性和保护条件展开论述，并在厘清人工智能生成内容的权利性质基础上，讨论权利的归属问题，以进一步探究并构建具体登记制度。在实践层面，本课题亦针对上述难点问题展开调研。调研的样本广泛涵盖但不限于人工智能领域的领军企业、法律服务机构、学术研究院以及多元的公众利益相关者。通过多维度的实地考察、深度访谈以及系统的数据采集、制作并发放线上问卷调查，旨在全方位洞察人工智能技术在现实应用中的著作权保护现状，并综合考量不同利益主体对于生成式人工智能生成内容著作权保护的认知与立场。在企业层面，本课题特别聚焦科大讯飞等在人工智能技术领域具有显著引领作用的标杆企业，深入挖掘了这些企业在人工智能技术的研发、应用及其著作权保护机制构建方面的先进经验和面临的挑战。同时，针对在现行法律体系中生成式人工智能生成内容的著作权保护问题，专业法律服务机构为本课题提供了适用性和存在盲点的专业见解。

二、生成式人工智能生成内容著作权保护之现实困境与必要性分析

技术作为最底层变革因素，文明的重大演化基本都沿着技术变革推动社会发展，人类依赖制度变迁回应技术变革的路径发展，而法律是所有制度中最根本的制度。自从 GPT-3 在 2020 年 6 月问世后，从大幅进化的 GPT-4 到 Sora 和新近震动音乐圈的 Suno，AI 技术的迅速发展几乎在迫使现行法律予以回应生成式人工智能生成内容著作权保护的问题。

---

① 参见徐小奔:《论人工智能生成内容的著作权法平等保护》，载《中国法学》2024 年第 1 期。

② 参见王迁:《三论人工智能生成的内容在著作权法中的定位》，载《法商研究》2024 年第 3 期；毕文轩:《生成式人工智能生成内容的版权属性与保护路径》，载《比较法研究》2024 年第 3 期；丁晓东:《著作权的解构与重构：人工智能作品法律保护的法理反思》，载《法制与社会发展》2023 年第 5 期；杨昆:《人机关系之辩：基于人工智能生成内容著作权司法保护实践的思考》，载《中国编辑》2024 年第 9 期。

（一）生成式人工智能技术对著作权制度的现实挑战

人工智能技术正在以前所未有的速度重塑时代。根据世界知识产权组织发布的《2022年世界知识产权报告》，在过去的五年里，数字科技领域新发明的增长速度比其他领域快172%，人工智能的增幅更是达到了惊人的718%。[①]人工智能成为大数据、云计算、区块链和物联网等新兴技术发展的主要驱动力。2023年，OpenAI公司推出了一款名为ChatGPT的聊天机器人，该机器人因其智能和准确的内容生成能力，迅速在全球激起了热烈的讨论和关注。它作为一种新的人机交互方式，帮助用户更方便地进行信息加工和理解，并获得更好的交互体验。作为一种全新的人机交互模式，ChatGPT的出色表现意味着，从决策型到生成型的人工智能，人工智能的领域正在经历革命性的进步。本课题首先对生成式人工智能进行简单介绍。生成式人工智能是一种通过算法和数据来自动产生新内容的技术，它能够提供文本、图片、音频和视频等多种服务。它可以被看作是人工智能技术应用于社会生活中的典型代表。在生成式人工智能问世之前，决策式人工智能是人工智能模型的主要组成部分。在人工智能时代下，人工智能模型具有"人—机"交互特征，其主要功能是辅助人类完成复杂任务。决策式人工智能依赖于输入的数据进行深入地处理和分析，从而产生独立的决策输出，其中算法推荐和自动驾驶是其主要的应用场景。生成式人工智能在产生方式上具有自组织和自适应特点，其生成机制由用户驱动，并可基于特定任务而不断调整。随着大数据技术的迅猛进步，人工智能领域亦实现了显著的突破，其中生成式人工智能作为一种新型模型，逐渐崭露头角。这一技术的兴起，为医疗诊断、教育学习等多个领域带来了前所未有的机遇。关于使用方式，在调研过程中了解到，多数公众会选择在生成式人工智能的基础上自行修改，只有少部分公众会直接采用生成式人工智能生成的内容。（见图1）公众的使用方式亦引发了对知识产权问题的深远思考。生成式人工智能的核心在于其生成的产物，即通过一系列复杂的算法，使机器具备自主学习和"进化"的能力，进而能

① *World Intellectual Property Report 2022: The direction of innovation,* WIPO（2023-12-10）, https://www.wipo.int/wipr/en/2022, 2024年1月15日访问。

够相对独立地输出内容。这种能力使得生成式人工智能在内容创作领域展现出巨大的潜力，但也给著作权的保护带来了一系列的问题和挑战。生成式人工智能在版权领域引发的问题主要集中在：一是其生成物是否能被认定为作品，二是生成物的权利归属规则。生成式人工智能的生成物是否能被认定为作品，从本质上看可以归纳为对于人工智能内容创作中人机关系认识不清，进而导致对于人工智能生成内容的类型划分不完善的问题。

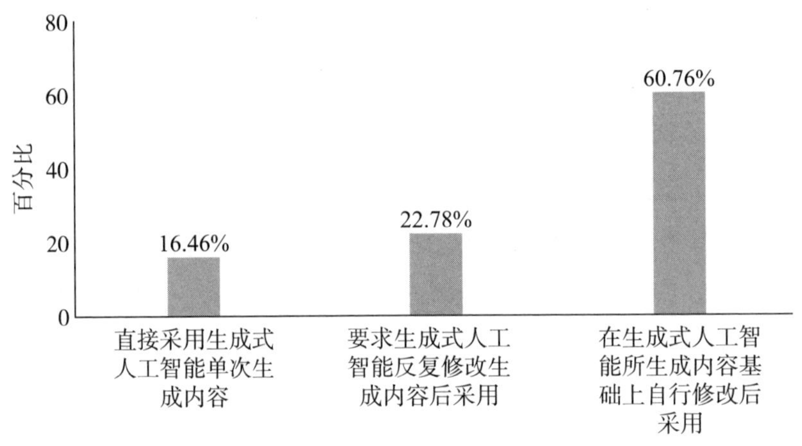

图 1　公众使用生成式人工智能的方式

1. 生成式人工智能生成物被认定为作品有争议

对于生成式人工智能生成物是否构成著作权法上的作品，司法实践中存在两种截然相反的认定结论。在人工智能生成图片著作权侵权第一案中，审理法院认为从构思涉案图片起，到最终选定涉案图片止，这整个过程来看，原告进行了一定的智力投入，此外，原告对于人物及其呈现方式等画面元素通过提示词进行了设计，体现了原告的选择和安排，具体表现在原告通过增加提示词、修改参数，不断调整修正，最终获得了涉案图片。在此基础上，审理法院指出，涉案图片体现出了原告的个性化表达，认定其属于作品。[①]无独有偶，在某讯诉某贷之家案中，审理法院认为，从涉案文章的生成过程来分析，该文章的表现形式是由主创团队相关成员个性化的安排与选择所

① 北京互联网法院（2023）京 0491 民初 11279 号民事判决书。

决定的，其表现形式并不单一，具有一定程度的独创性，构成有著作权的作品。[①]反对观点认为，生成式人工智能生成的内容不具有独创性，且不是自然人创作，不构成享有著作权的作品。在某林诉某度案中，审理法院认为，涉案两幅图片的差异是不同的数据选择、软件选择或图形类别选择所致，不能体现原告的独创性表达。[②]因此，审理法院认定涉案文章中的图形不构成图形作品。换言之，审理法院对涉案文章中由人工智能技术自动生成的图形等内容作出“不属于图形作品”的认定。对比双方的观点，核心分歧在于如何判定作品的构成要件，具言之，自然人创作是否为认定作品的必要前提，并以此延伸至生成式人工智能生成物独创性的判断方式。

考虑创作过程的独创性难以衡量这一因素，现代著作权法的客观主义独创性标准把其判定重点放在了作者的创作结果而非创作过程。生成式人工智能的出现对这一判断标准产生了冲击，在其运行过程中人类干预的主导作用始终是其生成内容具有独创性的来源标准，也即独创性不是有和无的问题，而是高和低的问题。课题组在调研中发现，人工智能在生成最终内容时，往往经过了多重的人类干预。其创作过程通常为作者首先对生成内容进行筛选，既包含对符合预期的内容予以保留，也包括对偏离创作意图的内容予以删除。作者通过输入指令贯彻创意开启创作，经修正后，作者对生成内容进行调试，具体体现为作者通过修改参数和提示词等细节、局部或呈现方式等进行调整，最终生成较符合作者预期的内容。最后，再经由作者在生成的内容上进行人工修改并创作出最终呈现的作品。

相较于此前司法实践中，判决不受著作权保护的生成式人工智能内容，多为仅使用人工创作的文本提示生成内容或指令多达数百次但无法体现人的主导作用，调研中，超六成公众使用人工智能方式为人类创作者在原始生成内容基础上进行人工修改以得到最终内容，即人工智能仅作为一种工具辅助人的创作，该类生成内容符合著作权保护的标准。即使是下达大量不同指令反复修改，约 20% 公众认为存在通过举证证明创作过程中人的实质贡献占

① 广东省深圳市南山区人民法院（2019）粤 0305 民初 14010 号民事判决书。

② 北京知识产权法院（2019）京 73 民终 2030 号民事判决书。

比满足独创性标准的可能。同时，调研结果也显示，社会公众对生成式人工智能生成内容获得著作权保护呈现出较为积极的接受程度（见图2）。

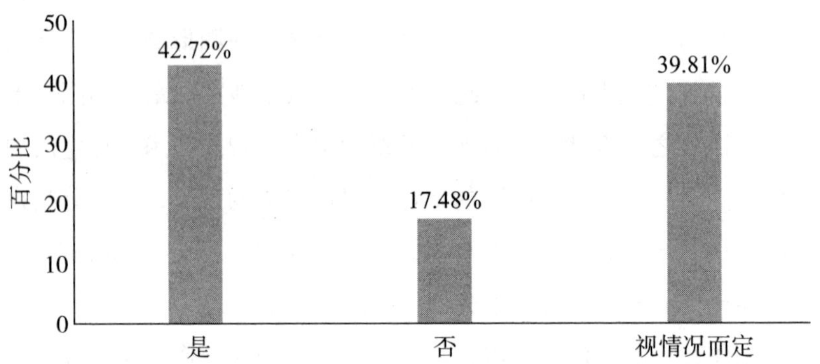

图2 公众认为生成式人工智能生成的内容是否应该受到著作权保护

2. 生成式人工智能生成物的权利归属安排困难

如果判定生成式人工智能生成物构成作品，那么就会存在相应的著作权利。在生成物的权利义务归属上，涉及众多主体，利益关系错综复杂，如何确定归属来平衡利益、满足发展需求是另一个难题。与之相关的主体至少包括人工智能本体、生成式人工智能的设计者、使用者。人工智能作为“生成物”的直接作者，其法律主体资格存在争议。从研发设计过程看，无论是研发阶段，还是部署到多种多样的生产环境，设计者承担了众多繁重工作。另外，在数据训练阶段，设计者是最早将价值选择融入人工智能中的，这也意味着人工智能的创作方向已经被确定下来，从而反映了创作者的意图。[①] 对于使用者来说，相较于其他相关主体，具有更为强烈的创作动力和意向，因此使用者不仅能够对创作过程进行直接控制，而且对生成物的最终形式建立更为密切的关联。[②] 在调研过程中，不少受访者表示，虽然当代人工智能已经具有了“深度学习”功能，但是仍需要使用者输入最基本的指令才能生成内容，此外，使用者对人工智能生成内容的具体情况也更加了解，故将人工

---

① 袁真富：《人工智能作品的版权归属问题研究》，载《科技与出版》2018年第7期。

② 吴汉东：《人工智能时代的制度安排与法律规制》，载《法律科学（西北政法大学学报）》2017年第5期。

智能生成内容的权利归属于使用者更有利于权利的保护。（见图 3）

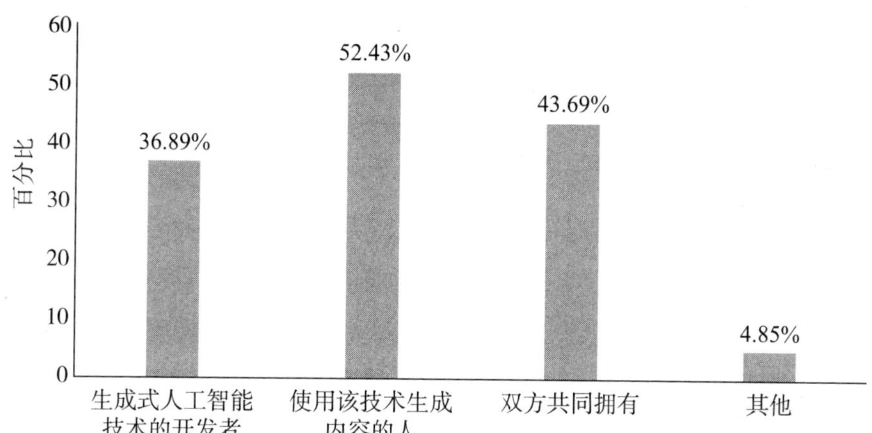

图 3　公众对于生成式人工智能生成内容著作权归属的看法

（二）生成式人工智能生成内容著作权保护之必要性分析

1. 从“著作权激励理论”视角看待人工智能生成内容可版权性问题

对新兴技术引发的问题进行探索性的研究，应该建立在科学技术发展现实状况的基础之上。[①] 著作权法的主要目的是赋予作者保护其作品的权利，鼓励作者从事文学艺术作品创作，“以人为本”是著作权法的基本精神，只有这样人才能因为受到激励不断进行创造性思考。就著作权法本身而言，其通过激励创作人进行创作、传播人进行传播以繁荣文化市场，进而实现其经济功能，即著作权法实质是对可支配作品所产生的利益进行分配的结果。在数字时代，生成式人工智能自身虽然没办法受到激励而创作，但是这不代表著作权激励权能没法发挥作用。继言之，若生成式人工智能生成物属于蕴含法之确信并得到法律保护，一方面，使用者会更大胆地使用人工智能及其生成物来获得经济回报。另一方面，当使用者的需求量增大，会使人工智能设计者看到更为广阔的市场前景，加大力度开发人工智能系统。预计到 2030 年，人工智能可能为全球经济活动带来约 13 万亿美元的额外收益，相当于

① 王迁：《如何研究新技术对法律制度提出的问题？——以研究人工智能对知识产权制度的影响为例》，载《东方法学》2019 年第 5 期。

每年增加 1.2% 的 GDP。[①] 当生成式人工智能背后庞大的人类主体可以获得版权的正向激励，鼓励有利于知识存量增长的原创性内容的创作，将会有更多的主体愿意加入人工智能创作功能的研发进程之中。[②] 持有过于保守的不予保护的思维，即认为人工智能创作的内容不应被视为版权作品，该观点显然不利于鼓励人工智能这一极具创新力行业的发展。[③] 从技术层面来看，生成式人工智能在当下发展阶段仍然仅是人类的辅助性创作工具，远没有达到突破“主客体、人物二分”的技术临界点。因此，对于人类利用生成式人工智能大模型创作的内容加以必要保护，可以实现版权法上“激励自然人创作”的内在制度目标。

2. 从防止“劣币驱逐良币”视角看待人工智能生成内容可版权性问题

就社会实践的角度而言，文化产业市场中的各类人工智能内容应用程序方兴未艾，相对于那些还停留在设计蓝图或概念阶段的生成式人工智能技术，已经具备可观的应用规模。[④] 假若否定人工智能生成物的可版权性，海量的人工智能生成物涌入市场之中，一方面，公共领域种类繁多的人工智能创作物将削减潜在的作品使用者付费使用著作权作品的可能性。另一方面，一旦公共领域中存在足够多的人工智能生成物，人们可以获取到大量无须版权许可即可使用的作品，将不再愿意向版权作品支付费用以获得许可使用。人类作品的价值性逐渐丧失，版权许可和版权转让的交易将逐渐减少，最终导致人类创作作品的经济动因再也无法发挥作用，人类慢慢退出创作舞台，市场上将充斥着毫无灵性的机械作品。“创作—保护—激励—再创作”的良性循环遭到破坏，著作权公有领域无限扩张，私权空间不断压缩和受损。如若上述创作端因“劣币驱逐良币”效应而丧失供给能力，可想而知，依附

① McKinsey Global Institute:Notes from the AI frontier: Applications and value of deep learning, McKinsey（2023-12-10）, https: //www.mckinsey.com/featured-insights/artificial-intelligence/notes-from-the-ai-frontier-applications-and-value-of-deep-learning, 2024 年 1 月 15 日访问。

② 曹源：《人工智能创作物获得版权保护的合理性》，载《科技与法律》2016 年第 3 期。

③ 丛立先：《人工智能生成内容的可版权性与版权归属》，载《中国出版》2019 年第 1 期。

④ 孙山：《人工智能生成内容的作品属性证成》，载《上海政法学院学报（法治论丛）》2018 年第 5 期。

于创作端的传播端的命运将以式微之结局告终。[①] 从产业层面来看，有恒产者才会有恒心，不对人类利用大模型生成的内容加以版权法层面的妥当保护，可能会产生一系列负面问题，不仅可能会影响生成内容 IP 的后续授权和维权稳定性，也存在经由下游大模型使用动力的削减，进而反向影响上游大模型产品研发投入的动力。如此看来，对于人工智能生成物可版权性之认定，有其现实且紧迫的基础。不授予人工智能生成物以著作权保护固然能暂时维护现有的法律制度体系，避免对法律进行修正的成本。但从社会发展角度来看，人工智能著作权领域也是新兴领域，蕴含巨大商业价值和机会，不认可人工智能智力成果的可版权性，将严重影响相关产业的健康发展。

3. 从"利益平衡"视角看待人工智能生成内容可版权性问题

利益平衡是当代著作权法的根本精神，亦是知识产权制度价值构造的实质内涵，是著作权法永恒的主题。从著作权制度发展史角度看，其源自知识产品的私人产品和公共产品的双重属性，《著作权法》中"利益平衡"原则的建立，是一个为了实现作者与公众利益之间平衡的渐进过程。[②] 通过赋予创作者一定的权利，以鼓励创作者创作和传播，推动社会文明的进步。[③] 从利益平衡角度出发，综合考虑创作与传播、作者与社会公众之间的利益关系，对人工智能生成物不宜采取过高的判断标准。设想若人工智能生成物直接进入公有领域，一方面，相关成果会被公众自由使用，结果是容易出现大量将人工智能生成成果冒充个人作品的情形，最终将阻碍人类作品的创作积极性，破坏创作的"净土"。另一方面，对于人工智能的投资者而言，由于没有经济效益，将大大减少其投资热情，无益于行业发展。此外，从制度层面来看，目前生成式人工智能生成的内容，只是人类利用了不同的创作工具，而在生成内容的外在表现形式层面并无本质差异。因此，在法律层面无需过于激进的制度回应，现行版权法能够对这一问题加以涵摄回应。

---

① 李东来：《人工智能生成物之可版权性探析》，载微信公众号"互联网法治研究"，2022 年 4 月 28 日。

② 陶舒亚：《利益平衡视域中的编辑主体权益》，载《编辑之友》2012 年 4 期。

③ 李扬：《知识产权法基本原理》，中国社会科学出版社 2013 年版，第 36 页。

三、生成式人工智能内容生产机理及其类型化分析

（一）生成式人工智能内容产生的内在逻辑

依照生成式人工智能的模型构建以及应用场景，生成式人工智能技术开发及应用大致可以划分为三个阶段：模型训练、素材输入和内容生成。第一，算法模型训练阶段。生成式人工智能设计者通过对包括大量受著作权保护的作品在内的海量数据进行数据挖掘和信息理解，从而实现算法模型的训练和调试。生成式人工智能可以通过从数据中学习生成新的内容，如文本、图像和视频。[①] 这个过程实质上是对现有数据或作品加工整理后的综合式输出结果。模型训练过程中，离不开运用海量语料和数据学习以测试模型实现算法修正和优化。此处机器学习并非字面理解，不是分析人类预先设计的编码知识，亦不需要按照程序员的指定顺序进行编程，而是指训练机器对海量数据进行深度学习，模拟人类的思维方式，寻找数据间的关系与规律。[②] 以 ChatGPT 为例，ChatGPT 训练包括两个方面：一是预训练，通过足够多的文本数据学习，让模型"记住"海量信息，在高维抽象空间形成有条理的"数据库"；二是指令微调，通过多元化的指令数据学习，让模型知道每次命令怎么"检索与组织"输出相关的信息。[③] 第二，内容输入阶段。通过人机互动，使用者向机器输入指令、提示文本，例如 ChatGPT 与用户的聊天互动，Midjourney，StableDiffusion 等提供的文生图服务等。第三，内容生成阶段。根据使用者输入的指令，生成式人工智能对数据进行自主选择与分析，进而生成"个性化"结果。具言之，生成式人工智能可以独立地评估沟通用户的实际需求和使用目的，根据对话的上下文逻辑和用户的实时反馈来产生各种差异化内容。因此，生成式人工智能的创作内容展现出强烈的随机性和独立性，借助其独特的运行机制，最终创造出一种类似于人类的创造性智力成果。

---

① Kristen E. Busch, *Generative Artificial Intelligence and Data Privacy: A Primer*, Congressional Research Service, 2023.

② 卢炳宏：《论人工智能生成物的著作权保护》，吉林大学 2021 年博士学位论文。

③ 参见上海检察：《人工智能时代的"光与暗"——ChatGPT 的法律风险及法治应对》，载微信公众号"上海检察"，2023 年 4 月 2 日。

（二）生成式人工智能生成内容的“三分法”

1. 人工智能独立完成

“独立完成”在创作领域通常指作品是由作者自己单独完成，没有别人的帮助或参与。这一场景同样适用于人工智能生成的内容，系指人工智能在没有人类直接干预或帮助的情况下，通过其内部算法和数据处理能力生成了某种内容。人工智能独立完成的特征包括：（1）无人类直接干预，即人工智能在生成内容的过程中没有人类进行直接的指导、修改或干预，所有步骤都是由人工智能系统自主完成的；（2）运用算法和数据进行处理，即人工智能利用内置的算法和大量的数据训练，通过分析和推理来生成内容，这一过程体现了人工智能的自主学习和决策能力；（3）内容具有创新性和多样性，尽管人工智能是基于预设的算法和数据生成的，但其输出往往具有创新性和多样性，因为人工智能能够根据输入的不同而生成不同的内容。以全球首个AI软件工程师Devin为例，其能力包括规划和执行需要数千个决策的复杂工程任务、配备开发者常用的工具、与用户实时协作、报告进度和接收反馈等。在SWE-Bench基准测试上进行评估时，Devin在无人协助的情况下解决了13.86%的GitHub问题。相比之下，即使在有人帮助的情况，GPT-4也只能完成1.74%的任务。而且在实际工作中，Devin不仅通过了顶尖人工智能公司的实践工程面试，甚至还在人力资源外包平台Upwork上完成了真实的工作。[①]

2. 人工智能辅助完成

人工智能辅助完成，通常指的是在各类应用或任务中，利用人工智能技术为使用者或执行者提供智能化帮助，以优化和辅助其完成特定工作的过程。这种辅助形式广泛存在于多个领域，包括但不限于编程、设计、制造、办公、游戏等。与后文提到的人机交互模式相比，人机交互更侧重于研究如何优化人与计算机之间的交互体验，包括设计易于理解和操作的界面和交互方式，而人工智能辅助完成通常是在后台进行复杂的计算和分析。总之，

① 参见《首个AI软件工程师诞生！轻松通过AI企业面试，独立完成Upwork项目，人类程序员的饭碗砸了？》，载微信公众号“头部科技”，2024年3月13日。

在该分类下人工智能技术可以被视为一种工具，与其他工具如 Photoshop 和 GarageBand 等类似，这些工具缺乏创造力，而创造力来自控制工具创作作品的人类。人工智能辅助完成下生成的作品从本质上看，与人类用钢笔写作或用照相机摄影没有什么区别。

3. 人机交互完成

就整个创作过程而言，人工智能不是像人类那样根据语法和要表达的意思来进行创作，而是需要大量训练学习。具言之，人工智能创作过程，大抵以大量信息数据为基础，通过快速阅读并形成相关专题的表达格式，最后通过语言模型对表达意思的信息进行加工、合成，即基于“人机合作”系统而导致的内容生成。[①] 有一种观点认为，人工智能制作的作品只是代码或程序遵循一系列准则的结果。根据这种观点，人类的智慧在这些作品的制作过程中几乎没有发挥任何作用。[②] 换句话说，人工智能生成的艺术作品并不是真正意义上的艺术作品。[③] 虽然生成物本身是由人工智能算法产生的，但支配创作过程的规则和准则主要是由设计者和使用者制定的。质疑者认为著作权制度不保护动物自拍等非人主体创作的智力成果，因此，不应保护人工智能产出的内容。然而，该观点恰恰忽略或者淡化了生成式人工智能内在生产机制基础，继而否定其创作内容可版权性。与动物“创作”成果缺乏人类智力的投入不同，生成式人工智能创作系从思维到表达，应考虑整个生产过程中人的主要贡献。[④] 生成式人工智能的技术核心即人类反馈方法，本质上所体现的依然是人类价值观的输出，同样，人类在利用人工智能这一技术手段进行创作时，会将自身的思想情感展现于人工智能生成物之中[⑤]，即人类基于

---

① 吴汉东、张平、张晓津：《人工智能对知识产权法律保护的挑战》，载《中国法律评论》2018 年第 2 期。

② Paul & Blaseetta, *Artificial Intelligence and Copyright: An Analysis of Authorship and Works Created by A.I.*, International Journal of Law Management & Humanities, Vol.4, 2021.

③ Rallabhandi & Kavya, *The Copyright Authorship Conundrum for Works Generated by Artificial Intelligence: A Proposal for Standardized International Guidelines in the WIPO Copyright Treaty*, George Washington International Law Review, Vol.54, 2023.

④ Telstra Corporation Ltd v Phone Directories Company Pty Ltd, 194 FCR 142（2010）.

⑤ 王国柱：《人工智能生成物可版权性判定中的人本逻辑》，载《华东师范大学学报（哲学社会科学版）》2023 年第 1 期。

自身偏好设置期望目标并评判算法输出结果，决定着算法模型的修正与进化方向。

此外，对于使用生成式人工智能进行创作的机械性和随机性问题。首先，生成式人工智能所输出的结果是具有一定程度的不确定性的，即不同于普通程序通过对预设数据排列组合所形成的输出结果，人工智能的智能之处在于“学习能力”，基于使用者的描述、指令，代替使用者进行相关工作，实现输出使用者构想的结果，而非仅简单地调用其数据库中已储存的内容，不具有机械性。而对于随机性，可以参照莫扎特的“音乐骰子”这一类随机作品来理解，即便借助人工智能的创作可能具有随机性，其创作过程仍是创作者设定的。

（三）人机交互模式下人的智力投入对生成物的产生具有实质性贡献

1. 人的智力投入在机器学习阶段的体现

首先，人工智能系统的构建需要人，通常是一个团队。编写人工智能代码程序的过程是一个计算机软件版权的创造过程，也是一个将人的思想进行计算机语言化、数据化的过程，更是一个对生成物进行预先设计、编排和选择的过程。[①]由此可见，人工智能的核心是人思想的汇总、延伸和直观体现，基于此逻辑，其产出的生成物亦黏附着人思想之直接表达，质言之，生成物体现了人对生成物的智力投入。其次，人类是训练人工智能作出决策和使用人工智能系统的代码的幕后推手。[②]虽然没有人拿着“真实的笔”进行“实际写作”，但可以确定的是，人类为机器学习作出了巨大的贡献，即为生成物的产生提供了“上游产业链”。[③]截至目前，所有的生成式人工智能，其底层的技术算法和推演逻辑归根结底就是资源回收。当人工智能设计者设置完初始程序后，人工智能利用机器学习技术在输入层和输出层之间的多层深度神经网络中，模拟人脑的结构、功能和工作原理，使人工智能系统能够自主

---

① Badlani & Gautam, *Artificial Intelligence and The Need for Reform in Copyright Laws*, Legal Spectrum Journal, Vol.1, 2021.

② Chaudhary & Gyandeep, *Artificial Intelligence: Copyright and Authorship/Ownership Dilemma?* Indian Journal of Law and Justice, Vol.13, 2022.

③ Cohen & Tegan, *Regulating Manipulative Artificial Intelligence*, A Journal of Law, Technology and Society, Vol.20, 2023.

学习和决策。大量训练数据的数据扩张和海量计算能力极大地促进了人工智能深度学习能力的发展。此外，对生成式人工智能模型运作分析，其中也显然离不开自然人的智力活动投入。

2. 人的智力投入在内容生成阶段的体现

在生成式人工智能内容生成阶段是否有人类的智力活动投入，是需要进一步探讨的问题。不可否认，人在生成式人工智能创作生成的过程中没有或者只进行极少量的操作，但并不能以此排除人对生成式人工智能生成物的智力投入。从生成过程角度看，生成内容包含了初始端技术开发人员对模型的程序设计以及模拟人工神经网络的不断强化学习、演练，还有使用端使用主体对语料库的提问、调用和引导式修正。通过多方主体的共同努力，才使得生成式人工智能达到逻辑清晰、表达独到的结果。现有的人工智能系统在创作作品时也需要人的参与，用户需要提交输入数据，并且随着互动次数增加，生成式人工智能还可以不断更新、完善数据库。由此可见，生成式人工智能的“创作”过程并非完全由该模型主导。事实上，当前人工智能模型的发展并未达到拥有自主意识的强人工智能阶段，还不具备完全独立创作能力。换而言之，生成式人工智能的创作过程其实与人类的脑力创作过程具有很大的相似性，或者说它就是在模拟人脑的思维方式，两者并不存在显著差别。

四、生成式人工智能生成内容独创性检视及权利归属

（一）生成式人工智能生成内容之独创性检视

2019 年 9 月，国际知识产权保护协会在伦敦世界知识产权大会通过人工智能生成物版权问题决议，决议认为：统一或者协调对人工智能最终生产物的保护是必要的；人工智能生成物获得版权保护的前提：一是人类干预，二是因人类干预而具有国内法规定的独创性。[①] 独创性理解存在主观标准与客观标准。对于那些由人类创作的作品而言，两种标准亦可以互相补足和验

① AIPPI: Resolution about Copyright in artificially generated works, AIPPI（2023-12-9）, https://www.aippi.org/content/uploads/2022/11/Resolution_Copyright_in_artificially_generated_works_English.pdf, 2024 年 1 月 3 日访问。

证。然而，生成式人工智能生成物的产生不是人类直接“输出”导致的，因此，著作权制度有必要重新审视独创性概念，并以此作为分析生成式人工智能生成物版权问题的基础框架。

1. 著作权法下独创性的释义与认定标准

一般认为，所谓独创性，可以拆分为“独”和“创”两部分进行理解：前者是指独立创作完成，而不是对其他作品的复制或者抄袭；后者则是指作品中体现了作者的创造性，这种创造性可以认为是作者的独特智力判断或选择。著作权法的立法目的是保护著作权人免受他人剽窃其作品的影响并且保护作者自由创作作品的权利，因此，独创性不仅是著作权保护的根本，也是界定著作权作品的核心内容，更是确保作品具有可版权性的必要条件。回溯至著作权发展史，独创性概念演进受印刷技术的发展驱动。即在著作权制度的发展过程中，印刷商须确保接收的手稿与现有的图书有所区别，因为印刷商想保持其在市场上的竞争力和优势，而这种差异体现在他们的产品需具有更高的文学和艺术价值，这些更高的价值是出版商通过获得特许权来主张的，也就是他们处于“原始出版者”的地位。① 因此，在评估作品是否具备获得普通法所规定的法定保护资格时，必须首要考虑版权保护这一核心前提，即保护“作者的原创作品”。独创性不仅仅是一个描述性的概念，更是一个具有解释性的法律概念。这一概念的界定，往往与特定的法律政策紧密相关。②

尽管各国在其法律体系中均对此构成要件予以了明确规定，然而，对于独创性的判定标准，各国之间的规定却呈现出一定的差异。这些差异主要可归结为两大类别：主观标准与客观标准。主观主义标准以作者为中心，倾向于作者的主观能动性和创造性，强调从作者的个性、智慧、思想等主体方面判断作品的独创性，坚持作者和作品之间的人格联系，带有浓厚的人格主义色彩。③ 在该标准下，作者的个性被视为独创性标准的核心要求，评判创造

① See Roth Greeting Cards v. United Card Co., 429 F.2d 1106 (9th Cir. 1970).

② ［英］埃斯特尔·德克雷主编：《欧盟版权法之未来》，徐红菊译，知识产权出版社 2016 年版，第 78 页。

③ 参见杨述兴：《作品独创性判断之主观主义标准》，载《电子知识产权》2007 年第 7 期。

性时，应聚焦于作品主体——作者及其所传达的思想和情感。若版权制度旨在维护作者的合法权益，则对独创性的探讨必须建立在作品以人类精神和思想为基础的前提之上。这意味着，在评估独创性时，应主要关注作品中是否融入了作者的情感和思考，并以此为依据评判其创造性。美国在 1897 年的 Trademark Case 案指出，创作物的原创性应当反映出宪法中所描述的精神劳动成果，这为英美法系赋予"作者为中心"的独创性著作权标准印记。从主观标准的独创性评判来看，这可能更接近于作品的自然生成过程，然而，考虑到作者的思维方式，生成型人工智能生成的作品可能难以完全契合"作者为中心"的独创性要求。

在著作权体系中，客观标准是依据"受众中心主义"对独创性进行解读的重要准则。这一标准主要关注作品的外在表达形式，即作品是否独立完成并达到最低限度的创造性要求。自 20 世纪以来，后现代结构形式主义崭露头角，其核心思想是以"受众为中心"，从而改变了作者对作品的传统主导地位。按照这一理念，作品一旦完成，其就不再仅仅属于作者个人，作者的创造不再是人格的表现与个性的表达[①]，相反，是具有独立存在价值的符号形式[②]。版权体系的理论与实践在"接受美学"结构主义观念引导下逐渐偏向评估作品对受众的社会影响，提倡应从普通受众的社会评价角度来判断作品的独创性，以促进文学、艺术和科学领域内的创新和发展。那么，在客观标准下，独创性不宜有过高标准，也不单单只是表明该作品是独立创作的，而不是从其他作品中抄袭来的，还包括当一个作品与之前的作品有所不同时，它才能得到著作权的保护。通过客观的独创性标准进行考察，目标是识别作品与其他作品之间的差异，并据此确定作品保护的核心要素。例如在 Kelly v. Morris 一案中，法官认为，尽管之前已有相类似的地图存在，但由于涉案地图是作者亲自进行测量并完成了绘制，那么该作者仍可以享有著作权。[③]

---

① 刘文献：《从创造作者到功能作者：主体范式视角下著作权作者中心主义的兴与衰》，载《厦门大学法律评论》2016 年第 2 期。

② 杨延超：《作品精神权利论》，法律出版社 2007 年版，第 188~190 页。

③ Kelly v. Morris, L.R.1 Eq. 697, 701−702（1866）.

2. 独创性的认定趋势

从英美法系和大陆法系在司法实践中对独创性的认定来看，独创性的判断标准正在不断降低，成为理解作品独创性概念的主要方式。观察德国近几年的司法实践可以发现，其所保护的使用手册、竞赛规则等多种类型作品只要作品达到了“小硬币”的创作标准，那么它就有资格满足作品的独创性要求。无独有偶，英美法系早期确立了“独立完成”为“独创性”的唯一标准。此后，在“独立完成”之外，又会考虑权利人投入劳动的多少，换言之，“投入劳动”也成为“独创性”的要素之一，这种观点被形象地称之为“额头流汗”标准。[①] 而到了 Feist 案中，美国法院认为，如果仅把实际使用者提供数据的基本信息按照首字母进行顺序排列，那么其根本不具备微小的创新性，换而言之，法院确立了“最低限度的创作标准”，认为其应当具备微小的创新抑或创造痕迹。[②] 仅仅投入劳动并不能使作品具有独创性，而要求这种投入必须具备少量的创造性。而“少量的创造性”，无论从质上和量上如何界定，都没有一个确切的标准。只能说，单纯地投入劳动已经不是具有独创性的理由，类似于没有特别设计的地图，没有特别编排的电话号码簿，即便制作人投入了大量人力物力制作完成，因其中缺乏最基本的“创造性”，也不再被作为“作品”来保护。简而言之，英美法系国家较早地开始倾向于较为严格的“最低限度”标准。大陆法系国家最开始坚守“作者中心”的观点，但开始倾向于更为宽松的“小硬币”原则。这两种客观评价标准的接近，也意味着“受众中心主义”正在逐步替代“作者中心主义”，即现有的独创性评价在客观上只需较低的创作水平就能实现，不是从他人那里抄袭而来即可。我国著作权法对于作品的独创性也并不苛求高度。就像版权制度没有否认儿童随意涂鸦所产生的画作有可能构成作品一样。在著作权法意义上，独创性被视为一个客观的观念，其主要目的是维护作品固有的创新力，而非作为这种创新能力的直接来源。

---

① Bleistein v. Donaldson Lithographing Co., 188 U.S. 250（1903）.

② See Feist Publi-cations v. Rural Telephone Service, Vol.499（1991）.

3. 人机交互模式下生成式人工智能生成物符合“独创性”要件之证成

在生成式人工智能领域构建作品客观判断标准框架，具有更重要的意义。一方面，创作者内心的主观因素难以衡量，只有作品客观的外在表达才能被大众感知到。从司法审判的角度看，亦应免除法官对主观因素的查明义务。美国最高院大法官霍姆斯曾言，“让一个具有法律背景且长期从事法律工作的人去判断一件艺术作品的价值高低是件非常危险且不合理的事情”。[①] 另一方面，识别作品中作者的个性投入将导致巨大成本。尤其随着生成式人工智能使用主体故意隐瞒与署名标注不充分，将导致分类成本的激增。此外，著作权法意义上对作品独创性的要求并不高，仅需要与他人的已有作品存在一定程度的区别即可。作品资格的关键实际上不在于作品是否由自然人直接创作完成，而在于其最终表现形式与自然人的独创性之间是否存在着实质性的因果关系。我们不应认为只有自然人的直接创作才能使最终表现形式与其独创性之间存在实质性的因果关系，不由自然人直接创作也能使最终表现形式与其独创性之间存在实质性的因果关系，进而构成作品。总之，以客观的标准来衡量独创性，著作权保护的应是创造力本身，而不仅仅是人类的创造力。[②]

法律，是技术的见证者。如前所述，美国法院对独创性的要求体现在作品至少具有“一点点的创造性”。但美国版权局认为，因为人工智能生成作品在没有任何创造性输入，所以版权法中的作品并不包括人工智能产生的作品，即使用户输入了大量提示词，作出了大量选择，由于绘画中包含了超过“微不足道”的 AI 生成内容，结果是绘画不能被视为人类作者的成果。版权局拒绝为生成式人工智能系统 Midjourney 创建的图像颁发版权，并表示版权保护取决于人工智能的贡献是否是“机械再现的结果”，比如对文本提示的响应，是否反映了作者的“独立思考”。然而，美国版权局意见属于以偏概全，过于夸大了人工智能的作用，忽略了用户的选择，即技术工具只是创造过程的一部分，用生成式人工智能创造作品并不能反映该过程没有人的智力

① Bleistein v. Donaldson Lithogrphing Co, 188 U.S. 239, 251（1903）.

② 黄汇、黄杰：《人工智能生成物被视为作品保护的合理性》，载《江西社会科学》2019 年第 2 期。

投入，不能因为人类的“操作”过少，就否认具有独创性。换句话说，对于人工智能而言，假设设置相同的参数，进行相同的调整，按相同的顺序输入关键词，只要使用者指示的信息量足够大，就能呈现不同的效果。

有学者曾提出人工智能是一种“机械”创作①，有赖于大数据分析和算法支撑，缺少了程序性系统的人工智能无异于“废铜烂铁”②，因此不具有独创性。从客观的独创性标准出发，若能在人类自己所创设的符号意义上解读出具有“最低限度的创造性”③，就应认定符合独创性标准。因此，在人工智能的创作过程中，尤其是在用户的构思或充分的提示下，用户的有意识参与使得生成式人工智能生成物更加具有创新性。当前市面上的生成式人工智能软件，如ChatGPT、文心一言、AI创作专家等，经过实际测试，根据使用人的提示产出的文字类人工智能生成物，其遣词造句较为流畅，文笔具有一定思想性，并不是字词的简单堆砌、拼凑，与人类创作完成的作品相比并没有实质性差异。在此情形下，若通过查重等手段，证明该生成物并不具有抄袭嫌疑，与他人已公开的作品并不存在实质性相似，该生成物就至少从形式上而言的外在表达符合著作权法对作品独创性的要求。

以上论述，也可以通过两个案例进行直观对比呈现。诺贝尔文学奖获得者莫言在《收获》杂志周年庆典活动上说，自己想为余华写篇颁奖词，苦想好几天写不出，于是用ChatGPT输入“活着”“拔牙”和“文城”，然后瞬间生成了一篇莎士比亚风格的一千多字的赞语。因为人在其中并没有创作行为，指令中的三个关键词，其中两个词是余华的作品名称，一个是余华曾经的职业内容，并不具备创作所需要的最低创造性，最终形成的颁奖词皆为人工智能自身的创作，并未体现出人在其中的独创性。咖啡店老板为了给店面制作宣传图，使用Midjourney让其在店内实拍图的基础上，按照老板个人对元素组合、色彩喜好和视觉效果的要求，生成一张制作咖啡的图片。老板

① 贾媛媛：《有关“机器人记者”的著作权争议探析》，载《青年记者》2016年第22期。

② 刘宪权：《涉人工智能产品犯罪刑事责任的归属与性质认定》，载《华东政法大学学报》2021年第1期。

③ 易继明：《人工智能创作物是作品吗？》，载《法律科学（西北政法大学学报）》2017年第5期。

向 Midjourney 详细描述图片需要呈现出的咖啡师的形象、动作与神态，咖啡的种类、成色、制作进度，与图片中其他元素如何搭配，图片的色调和光线如何选择，最终如何呈现出诸如制作精良、选品考究和口味独特等一系列效果。因为咖啡店老板在这张图片的形成过程中有创作行为，有一定的创造性，生成的图片中既有人工智能自身直接创作的部分，又体现了咖啡店老板自己在思想与审美方面的独创性，即在人机交互模式下生成，理应受到著作权法保护。

个人选择有助于人工智能生成内容具有独创性。人工智能生成内容的创造性并不在于人工智能产生的结果，而在于产生这些结果的提示词的结构化。提示的措辞或细化方式会从根本上影响人工智能基础模型的输出结果。究其缘由，著作权法中作品的独创性均来源于作者对某些元素的选择和安排。尽管多数作品中作者对某些元素的选择和安排容易被分辨，由此可以判断其独创性，但也有作品难以直接辨认其独创性来源。例如，摄影作品的独创性来源于创作者对摄影作品的景物、构图、拍摄角度、曝光时间、明暗度等不受保护的机械性元素，自身具有独特个性的选择和安排。然而，上述选择和安排并不能直接在最终拍摄完成的摄影作品中直接分辨，只能通过对摄影作品本身的呈现效果间接判断作者上述独创性选择和安排，但这也没有影响著作权法对摄影作品的保护，法院也从没有要求当事人提交全程记录摄影师拍摄照片过程的视频资料，作为体现摄影作品独创性来源的证据。回到问题本身，人工智能生成图片的过程与用相机创作摄影作品的过程相比，只不过是将拍摄角度、曝光时间、明暗度等元素的选择与安排改为了对提示词的选择与安排，共同点均在于独创性来源在独创性表达中的不可视性，这是由创作工具本身的技术特性所决定的，不应成为著作权差异化保护的理由。

（二）生成式人工智能生成内容的权利归属

版权保护需要以生成式人工智能生成内容的可版权性为基础，以此进一步分析其权利归属。由此相关智力成果才能够作为商品在市场中流通，更多的人才能够从人工智能生成内容的创作活动中受益。[①] 人工智能生成物的形

① 冯晓青：《知识产权制度的效率之维》，载《现代法学》2022 年第 4 期。

成离不开研发端和使用端的人类智力活动，目前，生成式人工智能生成物的权利归属存在争议。

1. 人工智能不应成为著作权主体

在人工智能背景下，人类指导被明显削弱。① 例如，“下一个伦勃朗”是计算机生成的三维艺术品，它分析了 346 幅 17 世纪荷兰艺术家的画作，并研究了面部识别算法，是创造性人工智能的一个缩影。② 鉴于此，有观点认为，随着人工智能技术的发展，机器的自我意识在不断增强，能够创造出独特的作品，可以被认为是一个独立的主体，赋予其著作权主体地位。③ 也有观点从法律人格层面出发，认为人工智能无法等同于自然人，可参照法人主体，认定人工智能具有拟制的法律主体地位。④ 尽管生成式人工智能已拥有自主整合信息的能力，且在研发者限制下，能够拒绝回答部分不符合道德伦理与法律法规的话题，但经使用者诱导提问时仍能轻易“越狱”，由此可见，人工智能不具有完全辨别和自我控制能力。⑤ 就作品而言，著作权归属于设计、编程或使用机器生成作品的人，就像著作权归属于使用画笔或文字处理器创作作品的人一样。尽管画笔和其他东西也直接参与了表现性创作行为，但它们并不存在作者身份问题，因此，版权只是赋予人类的一种权利。不管是考虑到人工智能的自身属性，抑或考虑到人类开发人工智能的价值导向，如前所述，人工智能作为一种创作的辅助手段，人工智能与人类天然地处于一种不平等关系之中，人工智能无法摆脱工具属性的定位。⑥ 能够自主地开

---

① Jackson Pollock, *Thirty-Six Views of Copyright Authorship*, Houston Law Review, Vol.58, 2020.

② Shlomit Yanisky Ravid, *Generating Rembrandt: Artificial Intelligence, Copyright, and Accountability in the 3A Era—The Human-like Authors are Already Here- A New Model*, Michigan State Law Review, Rev. 659, 2017.

③ 杨立新：《人工类人格：智能机器人的民法地位——兼论智能机器人致人损害的民事责任》，载《求是学刊》2018 年第 4 期。

④ 袁曾：《基于功能性视角的人工智能法律人格再审视》，载《上海大学学报（社会科学版）》2020 年第 1 期。

⑤ 邓建鹏、朱怿成：ChatGPT 模型的法律风险及应对之策，载《新疆师范大学学报（哲学社会科学版）》2023 年第 5 期。

⑥ 杨清望、张磊：《论人工智能的拟制法律人格》，载《湖南科技大学学报（社会科学版）》，2018 年第 6 期。

展“创作”活动是认定作者主体身份的关键标准[①]，人工智能并没有创造出原创的东西和人类数据，他们是在人类数据的基础上创造作品。因此，法律也不应当赋予人工智能著作权主体地位，其既不能成为作者，亦不能成为拟制作者。事实上，从人工智能目前的发展水平看，也还远未达到讨论是否应当赋予人工智能主体性和绝对目的的地步。[②]从经济和社会的角度来看，将作者权赋予人工智能本身并不能实现知识产权的目的，即激励作者创作更多作品，扩大其创造性表达，造福社会。人工智能并不因生成内容而产生相关的人格利益，也不能成为法律上的权利主体。是否赋予人工智能以著作权主体地位，最终目的是解决凝结于作品中的财产利益归属问题。基于当前的法律框架，即便人工智能可以成为著作权的权利主体并享有作品产生的财产利益，但是机器缺乏自主性，因此无法完全自由地行使其所有权。人工智能的主体地位仅具有理论探讨的价值，并不具备规则落实的可能性。

2. 宜将著作权赋予生成式人工智能使用者

如前所述，人工智能并不具备著作权主体地位，也不能像法人或非法人组织一样成为作品的拟制作者。权利之所在，责任之所在，人工智能生成物的形成离不开研发端和使用端的人类智力活动，人工智能生成物在构成作品时的相关权利归属，无外乎开发者、投资者、使用者这三类主体。无论是主张权利归属于开发者，还是归属于投资者，抑或归属于使用者，都有其合理性。主张归属于人工智能开发者的理由在于，人类与机器之间的关系类似于委托和受托的关系。在这种关系下，可以虚拟出一种委托创作的契约。当机器创作出具有独创性的作品时，著作权应原始地分配给人工智能系统的开发设计者。这样做是为了完成作品著作权的初步授权。[③]主张归属于人工智能投资者的理由在于现行《著作权法》的制度设计对于创作原则的突破已初见端倪，全面构建以投资者为中心的著作权属安排机制或将为智能创作物的著

① 唐一力、牛思晗：《论人工智能生成作品的权利主体及其著作权归属》，载《福建论坛（人文社会科学版）》2023 年第 11 期。

② 李扬、李晓宇：《康德哲学视点下人工智能生成物的著作权问题探讨》，载《法学杂志》2018 年第 9 期。

③ 徐小奔：《论算法创作物的可版权性与著作权归属》，载《东方法学》2021 年第 3 期。

作权归属提供新的解决思路。[①] 主张归属于使用者的理由在于，人工智能生成内容的产生无法脱离使用者的引导与干预，决定了使用该工具的人应当对其生成物享有著作权。[②]

将生成物归属于设计者或投资者存在缺陷。首先是人工智能设计者享有双重利益，这违背了公平原则。[③] 人工智能的设计者训练并提供了生成式人工智能的基本服务，与锻造农业工具的铁匠并无两样，都是供给他人劳动创造价值的生产工具，不可否认设计者在研发人工智能时付出了相当大的智力劳动，但这一劳动并不是创作作品的智力劳动，且该项劳动基于知识产权的规定已经获得了保护。此外，当设计者已经为人工智能提供了作为计算机软件的私权保护，再将该软件生成作品的著作权授予他们时，这将为设计者因相同创作行为获得双重保障。[④] 其次，不可否认生成式人工智能的生成和运行需要大量的资金投入，投资者也承担了产品研发的损失和危险，但并不意味着投资者应当对生成物享有著作权人的地位，我国《著作权法》保护的是智力成果，投资者的参与只是财力上的投入，与智力投入无关。也即投资者对人工智能的投资、设计者对人工智能的创造，不构成对人工智能生成物内容的构思，也没有以其构思去指导人工智能创作物的生成过程，因此，对其赋予著作权保护并无特别的必要。最后，激励目标的实现会遭遇障碍。如果将人工智能生成物的著作权赋予人工智能的设计者或投资者，这将导致使用者在进行任何后续活动时都需要支付一定的许可费。这种做法极大地抑制了使用者利用软件来创作更多高质量作品的热情，并违背了"激励作品产生与传播"这一著作权制度的基本目标。事实上，开发者研发和制造人工智能着眼于技术本身的开发与升级，并通过提供技术帮助使用者获得生成物这一价值换取收益，通常体现为出售、许可或者其他商业层面的安排，其本身没有

① 陈全真：《人工智能创作物的著作权归属：投资者对创作者的超越》，载《哈尔滨工业大学学报（社会科学版）》2019 年第 6 期。

② 廖斯：《论人工智能创作物的独创性构成与权利归属》，载《西北民族大学学报（哲学社会科学版）》2020 年第 2 期

③ Robert Yu, *The Machine Author: What Level of Copyright Protection is Appropriate for Fully Independent Computer Generated Works*, University of Pennsylvania Law Review, Vol.165, 2017.

④ 杨利华：《人工智能生成物著作权问题探究》，载《现代法学》2021 年第 4 期。

对人工智能生成物寻求著作权法保护的需求。

考虑到只有使用者的权益得到充分保障，才会有更多人愿意使用人工智能软件。①虽然其结构模型取决于设计者的安排，但使用者是原始素材和人工智能的安排者②，对人工智能的实际使用才是对设计物产生更为直接的贡献。就时空距离看，使用者对创作物也有更加紧密的控制作用，设计者无法控制使用者在何时、何地采取何种方式生成何种形态的生成物，这也给设计者在实践层面对生成物行使权利带来困难。就著作权法激励创作的立法本意而言，设立著作权是为了更好地保障创作者的利益，被激励的对象并非生成式人工智能本身，而是使用生成式人工智能创作的人，生成式人工智能起到的依然是创作工具的作用，人工智能的使用者进行数据输入，对结果输入设立特定的要求，这是生成作品的决定性因素。换而言之，版权应当归属对作品作出实质性贡献的人，任何利用人工智能技术创造出作品的人，都将被视为该作品的创作者，并拥有该作品的版权。即如果没有使用者的操作，机器创作活动根本不会发生，使用者对最终创作内容的形成产生了实质性的影响。因此，人工智能创作内容与用户交互时需要考虑到两者之间的互动关系。尽管生成式人工智能的创作内容具有很高的自主性，但输出内容的主题、细节等仍然依赖于用户的构思、指令和参数设置，用户可以作出更直接的创作贡献。

版权归属的“使用者说”已经得到不少智能软件的推广。如《文心大模型文档服务协议》第8条写明，文心大模型API服务平台对通过AI作画大模型生成的图像相关权利不作特别声明，但在AI作画大模型体验专区生成的内容均带有水印，用户在付费后使用API调用时生成的图像将全部去除水印。除法律法规和本协议另有相反规定外，无水印图像的知识产权及其上的相关权益（包括但不限于知识产权等）将永久归用户所有。③

---

① 参见朱阁：《“AI文生图”的法律属性与权利归属研究》，载《知识产权》2024年第1期。

② 参见朱阁：《“AI文生图”的法律属性与权利归属研究》，载《知识产权》2024年第1期。

③ 《文心大模型文档服务协议》，载文心大模型官网，https://wenxin.baidu.com/wenxin/docs#Yl6th25am，2023年12月10日访问。

五、生成式人工智能生成内容著作权登记制度构建建议

我国对于作品著作权取得采用自动保护原则，在此基础上，可结合我国的司法实践，进行生成式人工智能著作权模式的构建，实现保护创新与破除垄断的动态平衡[①]。即我国著作权登记制度为自愿登记的著作权人颁发登记证以作为著作权侵权纠纷中的初步证明，同时降低著作权授权转让过程中的经济风险，现已包含计算机软件著作权登记、作品著作权登记以及数字版权登记三板块内容。

在当今人工智能时代，著作权侵权纠纷风险不断加大，将生成式人工智能生成内容纳入著作权保护范围后，亟须建立相关制度对其加强保护。因其较其他作品更为特殊且独创性标准存在差异，本课题建议根据我国《作品自愿登记试行办法》第 1 条“为维护作者或其他著作权人和作品使用者的合法权益，有助于解决因著作权归属造成的著作权纠纷，并为解决著作权纠纷提供初步证据，特制定本办法”的规定，建立单独的生成式人工智能生成内容著作权登记制度，与计算机软件著作权登记制度、作品著作权登记制度以及数字版权登记制度并列。

（一）生成式人工智能生成内容著作权登记制度设计

1. 著作权登记制度主体

根据我国《作品自愿登记试行办法》第 4 条，作品登记申请者应当是作者、其他享有著作权的公民、法人或者非法人单位和专有权所有人及其代理人。本课题建议生成式人工智能生成内容著作权登记制度的主体，为国内外所有作者、其他享有著作权的公民、法人或者非法人单位和专有权所有人及其代理人，其登记机构均为中国版权保护中心，其中依据国民待遇原则，外国人或单位在我国申请作品著作权登记时与我国公民所需登记材料一致，仅外文资料需提交中文翻译件（作品样本除外）。

2. 著作权登记制度客体

结合《著作权法》第 3 条，具体运用于生成式人工智能生成内容著作权

---

① 参见金丹、何佳：《比较法视野下 AIGC 著作权赋权模式的类型化研究》，载《科学与社会》2024 年第 3 期。

登记制度为人类和人工智能合作创作的各类作品。

人类和人工智能合作创作的可以获得著作权保护的各类作品可以具体分为三类。一是人类创作者下达大量不同指令反复修改人工智能以生成最终内容的作品，二是人类创作者在原始人工智能基础上进行人工修改以得到最终内容的作品，三是人类创作者对生成式人工智能生成内容进行以符合著作权保护标准或以足够有创意的方式选择或安排而得到的作品。

对于第一类、第二类作品，本课题主张申请者需要在《生成式人工智能生成内容著作权登记申请表》中的特定板块中举证描述人类作者的贡献，以证明创作者在创作过程中占据主导权满足独创性标准。对于第三类作品，本课题主张申请者需要在《生成式人工智能生成内容著作权登记申请表》中的特定板块中详细阐述直接由人工智能生成的部分和创作者以符合著作权保护标准或以足够有创意的方式选择或安排而得到的部分，便于中国版权保护中心在审查阶段查明能够授权保护的创作者创作部分。

3. 著作权登记制度流程

参照我国现有计算机软件著作权登记、作品著作权登记以及数字版权登记流程，本课题涉及生成式人工智能生成内容著作权登记流程如下：

（1）填写资料登记表并上传。登记所需资料应包括《生成式人工智能生成内容著作权登记申请表》、申请人身份证明文件、权利归属证明文件、生成式人工智能生成内容样本、生成式人工智能生成内容登记承诺书、版权登记实物样本征集展示授权书（提交生成式人工智能生成内容实物样本时）、申请人的授权书（代理委托书）及代理人身份证明文件（委托他人代为申请时）。

其中，申请表中应包括著作权索赔人的姓名和地址（如果是匿名或笔名作品以外的作品，则为作者的姓名、国籍或住所；如果一名或多名作者已去世，则为他们的死亡日期；如果作品是匿名或假名的，则为作者的国籍或住所；如果是受雇工作，则为此目的的声明；如果著作权索赔人不是作者，则简要说明索赔人如何获得著作权的所有权、作品的标题）可以识别该作品的任何先前或替代标题、作品创作完成的年份（如果该作品已经出版，则其首次出版的日期和国家；如果是汇编或衍生作品，则提供任何先前存在的作品或作为其基础或包含的作品的标识），对正在注册的著作权声明所涵盖的附加材料的简短一般性说明，著作权登记处认为与作品的准备或识别或著作权的存在、所有权或期限有关的任何其他信息。

（2）检查登记申请资料。生成式人工智能生成内容著作权申请材料递交后，中国版权保护中心对材料进行检查。若所递交材料齐备，则向该用户消息中心发送《缴费通知书》；若所递交材料存在漏交、不齐全等情况，则向该用户消息中心发送《补正通知书》，待补正合格后方能发送《缴费通知书》。

（3）审查登记材料。完成上一登记环节即检查登记申请资料后，中国版权保护中心将对经检查齐备的生成式人工智能生成内容著作权申请材料进行审查。若所递交材料符合登记要求，则提交审批进入制证发证的下一阶段；若所递交材料存在不符合登记要求的情况，则向该用户消息中心发送《补正通知书》，待补正合格后方能进行制证发证。审查期限为一个月，该期限自中国版权保护中心收到申请人提交的所有申请登记的材料之日起计算。

（4）登记证书发放。当中国版权保护中心经过审查后确定所申请的生成式人工智能生成内容构成受著作权保护的客体，并且已满足生成式人工智能生成内容著作权登记制度的其他法律和形式要求时，中国版权保护中心应登记权利要求，并向申请人颁发注册证书。证明书须载有申请书中提供的信息，以及注册的编号和生效日期。

如果中国版权保护中心经过审查后认为所申请的生成式人工智能生成内容不构成受著作权保护的客体，或因任何其他原因无效，则中国版权保护中心应拒绝登记，并应以书面形式通知申请人拒绝登记的原因。在司法程序中，生成式人工智能生成内容相关作品的注册证明书应构成著作权有效性和证明书中陈述的事实的初步证据。版权注册的生效日期是中国版权保护中心提交审批的日期。

（5）登记信息公告。发放生成式人工智能生成内容著作权登记证书后，中国版权保护中心应尽快在其官网对其面向社会公众进行公示。

（二）著作权保护的特殊规定

根据上述行文检视，本课题已经详细探讨了生成式人工智能生成内容获得著作权保护的必要性和迫切性，亦有助于平衡激励创新与公共利益的关系。但同时，应注意到生成式人工智能生成内容的特殊性与一般著作权仍存在区别，因此究其具体模式，本课题在此部分对登记制度作出以下补充的对策建议。

1. 将生成式人工智能生成内容纳入法定许可机制的适用范围

我国现有的著作权法定许可机制的适用范围具有明确规定，[①] 基于此，如果对人工智能生成内容和自然人创作作品进行同样强度的保护，即使用者只有经过人工智能生成内容的相关权利人授权，才能使用人工智能生成内容。此举会极大提高人工智能生成内容的利用门槛，可能降低我国人工智能产业的竞争力。同时，相关权利人逐一授权，必然需要使用者付出巨大的时间成本，从而降低人工智能生成内容的商业转化效率。因此，对生成式人工智能生成内容著作权保护施以更加高效可行的方法，是将人工智能生成内容纳入法定许可机制的适用范围。法定许可机制要求使用者在法定范围内自由利用作品，但需指明作品名称、出处和作者姓名（名称），只有出现将已有生成式人工智能生成内容再次利用等情况时，才会进行相关授权，以此在减少侵权可能性的同时也使得效率得以最大化。

2. 对需要认定著作权的生成式人工智能生成内容应当赋予显著署名义务

显著署名可以通俗理解为在生成内容的表面或当中加盖水印，标明其作者或所属机构。目前，我国法律法规已经对该问题作出明确规定。2023 年 1 月 10 日起施行的《互联网信息服务深度合成管理规定》（以下简称《管理规定》）载明，若深度合成可能导致公众混淆或者误认的，则须在生成或者编

---

① 《著作权法》第 25 条第 1 款规定："为实施义务教育和国家教育规划而编写出版教科书，可以不经著作权人许可，在教科书中汇编已经发表的作品片段或者短小的文字作品、音乐作品或者单幅的美术作品、摄影作品、图形作品，但应当按照规定向著作权人支付报酬，指明作者姓名或者名称、作品名称，并且不得侵犯著作权人依照本法享有的其他权利。"第 42 条规定："录音制作者使用他人已经合法录制为录音制品的音乐作品制作录音制品，可以不经著作权人许可，但应当按照规定支付报酬；录音制作者使用他人已经合法录制为录音制品的音乐作品制作录音制品，可以不经著作权人许可，但应当按照规定支付报酬；著作权人声明不许使用的不得使用。"

辑的信息内容的合理位置、区域进行显著标识，目的是向公众提示深度合成情况。[①]2023年7月10日，国家互联网信息办公室发布《生成式人工智能服务管理暂行办法》，进一步强调提供者应当按照《管理规定》对图片、视频等生成内容进行标识。[②]全国信息安全标准化技术委员会在《网络安全标准实践指南——生成式人工智能服务内容标识方法》中亦规定了内容标识的具体方法，即通过持续显示提示文字，或者在显示区域背景中均匀添加包含提示文字的显示水印标识，或者添加“该内容由人工智能生成或协助完成”的隐式水印。[③]这既是对其进行特殊保护的前提，也是保障他人知情权与自主选择权的必要措施。

3. 对于生成式人工智能生成内容的著作权保护期限应适当减少

传统意义上的著作权存续时间是创作者生前加死后的50年，而与自然人创作内容相比，人工智能应用通过算法生成内容，其创作效率远高于自然人。同时，人工智能生成内容可能因为算法迭代而被新内容取代。因此，适当限缩保护期限既可以提高人工智能应用开发者改进算法的积极性，还可以加速人工智能生成内容以优质训练数据的形式回归公有领域，形成双向反馈的良性循环。综上，本课题建议适当缩短对人工智能生成内容的保护期。

---

① 《管理规定》第17条规定：“深度合成服务提供者提供以下深度合成服务，可能导致公众混淆或者误认的，应当在生成或者编辑的信息内容的合理位置、区域进行显著标识，向公众提示深度合成情况：（一）智能对话、智能写作等模拟自然人进行文本的生成或者编辑服务；（二）合成人声、仿声等语音生成或者显著改变个人身份特征的编辑服务；（三）人脸生成、人脸替换、人脸操控、姿态操控等人物图像、视频生成或者显著改变个人身份特征的编辑服务；（四）沉浸式拟真场景等生成或者编辑服务；（五）其他具有生成或者显著改变信息内容功能的服务。深度合成服务提供者提供前款规定之外的深度合成服务的，应当提供显著标识功能，并提示深度合成服务使用者可以进行显著标识。”

② 《生成式人工智能服务管理暂行办法》第11条规定：“提供者对使用者的输入信息和使用记录应当依法履行保护义务，不得收集非必要个人信息，不得非法留存能够识别使用者身份的输入信息和使用记录，不得非法向他人提供使用者的输入信息和使用记录。提供者应当依法及时受理和处理个人关于查阅、复制、更正、补充、删除其个人信息等的请求。”

③ 《网络安全标准实践指南——生成式人工智能服务内容标识方法》第3.1条规定：“在人工智能生成内容的显示区域中，应在显示区域下方或使用者输入信息区域下方持续显示提示文字，或在显示区域的背景均匀添加包含提示文字的显式水印标识。提示文字应至少包含‘由人工智能生成’或‘由AI生成’等信息。”

大模型技术下的知识产权保护研究

——以人工智能生成内容的著作权侵权纠纷为视角

课题组成员

主持人：叶伟为　上海市奉贤区人民法院党组书记、院长

执笔人：姚依哲　上海市奉贤区人民法院立案庭副庭长（主持工作）

周宇翔　上海市奉贤区人民法院奉城人民法庭法官助理

参与人：陈佳玉　上海市奉贤区人民法院党组成员、副院长

胡静静　上海市奉贤区人民法院审判监督庭三级高级法官

郇子倩　中共上海市奉贤区委组织部四级主任科员

内容摘要：大模型技术蓬勃发展背景下，生成式人工智能的著作权问题引发广泛关注，其主要争议焦点可分为确权与侵权两个方面。本课题从人工智能“创作”的底层技术逻辑出发，通过解释论的角度剖析其生成内容权利归属、原创性认定和侵权风险。确权方面，通过对不同观点的解析，论证人工智能生成内容的权利归属和独创性争议。侵权方面，分别分析输入端和输出端的侵权问题。本课题共分为四个部分：第一部分论述大模型时代人工智能“创作”的底层逻辑，通过梳理人工智能背后的大模型技术发展历程，分析当前人工智能的本质特征与发展趋势，为后续的讨论奠定基础；第二部分论述大模型技术下的著作权法律风险，在明晰人工智能生成内容的基本模式和技术原理的基础上，发现其中的独创性认定风险、权利归属风险及侵权风险；第三部分论述人工智能生成内容的权利归属与独创性认定，通过对主流观点的解析，论证人工智能生成内容不应当被认定为著作权意义上的作品；第四部分论述生成式人工智能的著作权侵权与规制，通过分析输入端预训练

的侵权风险与规制，论证大模型数据训练应纳入著作权“合理使用”范畴，同时通过对输出端侵权要件的争议厘清，探究人工智能著作权侵权的侵权主体与归责原则。

关键词：大模型　人工智能　著作权　侵权

在大模型技术的浪潮中，人工智能正以其前所未有的创造力，渗透至我们生活的每一个角落。人工智能不仅作为工具辅助人类创作，更自主孕育出具有作品形态的文章、绘画、音乐等艺术成果。这些成果的涌现，开辟了知识产权保护的新纪元，将我们带入一个充满挑战与机遇的法律新疆域。在这一领域，最引人入胜的议题莫过于著作权的归属之谜、保护的边界之辩以及侵权责任的界定之道。从国际视角来看，美国版权局在《版权登记指南：包含人工智能生成材料的作品》中明确指出，只有当作品包含人类创作因素时，该作品才能够受到版权保护。[①]在“黎明的扎利亚案”中，美国版权局对 ChatGPT 类产品生成内容的版权属性作出否定性裁决，再次强调没有自然人的创造投入的内容不构成版权作品。欧盟在《欧盟人工智能技术发展知识产权报告》中提出，人工智能技术产生的技术创作应受到知识产权法律框架的保护，同时强调了人类干预的重要性。日本政府在 2023 年的知识产权战略计划中特别关注了生成式人工智能的版权侵权问题，并表示将着手讨论相关法律问题并考虑必要措施。在我国，生成式人工智能的管理已经被纳入法制框架，如《互联网信息服务深度合成管理规定》和《生成式人工智能服务管理暂行办法》等。[②]司法实践中，已有案例显示法院倾向于保护人工智能生成内容的著作权，如某讯与上海某讯科技的案例，其中 Dreamwriter 撰写的文章被认定为受著作权法保护的作品。[③]学术界对人工智能生成内容的著作权保护有多种观点，首先一个争议的焦点在于人工智能“创作”的作品是

① 黄云平：《人工智能生成内容的可版权性问题辨析》，载《浙江大学学报（人文社会科学版）》2024 年第 2 期。

② 苏子龙：《生成式人工智能的数据安全风险防控与法律规制研究》，载《通信与信息技术》2024 年第 5 期。

③ 广东省深圳市南山区人民法院（2019）粤 0305 民初 14010 号民事判决书。

否应当受到著作权保护；其次，在认为人工智能生产内容具有著作权的学者中，著作权的归属亦存在争议。此外，大模型技术依托海量数据训练，数据的获取过程产生了特定背景下的知识产权侵权风险，同时其生成内容在与其他有在先权利的作品实质相似时，如何担责、谁来担责亦存在法律空白和研究潜力。本课题力图通过案例研究、实证分析和理论阐述等方式明晰人工智能生成内容的著作权定性，同时探究输入（即利用数据训练）与输出（即内容产出）两端的知识产权保护，旨在为这一新兴领域提供更加明确和具有操作性的法律框架。

需要特别说明的是，生成式人工智能仅为大模型技术的其中一种应用场景，且其不仅影响了著作权保护相关法律问题，也引发了专利权保护等其他各类知识产权保护问题。因文章篇幅所限，为使讨论更加集中，本课题主标题虽为“大模型技术下的知识产权保护研究”，但仅对大模型技术应用于生成式人工智能时的著作权相关问题进行讨论。

一、大模型时代人工智能“创作”的底层逻辑

无论是研究确权还是侵权，都逃不开一个最基本的问题——当我们在讨论人工智能的“创作”时，我们讨论的是什么。有人认为人工智能生成的“作品”如同猕猴“把玩”相机时拍下的自拍照，是自然的产物，没有必要赋权，也谈不上侵权；有人认为人工智能如同画笔一般，只是人类在新时代创造作品的工具；也有人认为人工智能产出文章、画作等内容的过程在本质上已经无限接近于人类的创作过程，因此有必要将其生成物定性为著作权保护的“作品”，甚至应当赋予人工智能独立的著作权主体地位……任何问题的研究都不能脱离现实的语境，否则就会成为空中楼阁式的讨论。要解决人工智能生成内容在著作权上的诸多争议，第一步即应当抛开想象和修辞，从最本质的技术层面，分析现状下人工智能“创作”的基本逻辑和本质特征。

（一）人工智能背后的大模型技术发展历程

作为内容产出工具，当前的人工智能与搜索引擎等普通计算机工具的核心差别在于，其可以经由“深度学习”输出更符合人类要求的内容。根据中

国人工智能学会2023年发布的《人工智能系列白皮书》，当前的人工智能技术已步入“大模型时代”，即依托超强算力，通过数据分析、训练、建模等过程，实现具体任务的处理。从横向来看，目前国内主流人工智能产品所依赖的模型技术主要有四种：统计语言模型、神经语言模型、预训练语言模型和语言大模型（见表1）。

表1　国内部分人工智能产品梳理

名称	生成内容类型	所属公司	模型类型
文心一言	文本	百度	语言大模型
文心一格	图片	百度	语言大模型
讯飞星火	语音	科大讯飞	神经语言模型
Claude 3 Opus	音乐	Anthropic	统计语言模型
Dreamina	视频	抖音	语言大模型
Glow	文本	MiniMax	预训练语言模型

从纵向上来看，这四种技术亦是大模型技术发展的四个阶段，其中语言大模型的发展还经历了探索阶段和提升阶段两个不同的时期。纵观这四个历程，我们可以看出人工智能“创作”的本质属性。

1. 统计语言模型

所谓统计语言模型，主要是基于概率统计、计算词序的方法进行建模。举一个较为通俗的例子，假设我们一开始建立了一个语料库，里面有“我喜欢苹果；苹果是水果；我喜欢香蕉……”等一系列句子、文章等，这些语料中包含“我；喜欢；苹果；水果；香蕉……”等词语。当我们需要人工智能“创作”的时候，统计语言模型基于“马尔可夫假设”，即一个词的出现仅与前面的有限个词有关，通过计算这些句子、词语之间相互联系的概率，决定词与词、句与句之间的衔接顺序。比如，通过计算，词语“我”后面跟词语“喜欢”的概率最大，就组合出了“我喜欢”，词语“喜欢”后面跟词语“苹果”的概率最大，又组合出了“我喜欢苹果”……如果我们要求统计语言模型人工智能帮我们写一篇《我最喜欢的水果》的短文，人工智能在接到“指示”后，会从语料库里选取概率最高的词句作为开头，然后通过前一个词计算后一个词的出现概率，这样一个词接一个词，一个句子接一个句子，最终完成这篇“作文”。

2. 神经语言模型

神经语言模型和统计语言模型的“创作”逻辑一样，也是通过模型来计算词句出现的概率，从而决定生成的内容。两者最大的区别在于，统计语言模型所基于的假设是“一个词的出现仅和前面的有限个词有关”，因此后一个词的生成依赖于前面几个词；而神经语言模型则利用神经网络的非线性变化能力，捕捉更复杂的上下文关系。因此，如果让神经语言模型的人工智能来写一篇短文，虽然还是通过概率计算来生成文字，但在上下文的连贯性和“表达”的准确性上会较统计语言模型有更好的表现。

3. 预训练语言模型

预训练语言模型也是利用神经网络结构来建模语言，并通过计算词句的联合概率来预测文本中的后一个词。与神经语言模型不同的是，预训练语言模型会首先在大规模文本上进行“预训练”。所谓“预训练”，即在执行具体任务（例如写一篇短文）之前，先使用大量数据（写作可能用到的词句、文章等）进行无监督或弱监督的训练，使模型获得丰富的语言知识，而后在任务执行（写作）过程中进行微调，以适应任务需求。相较于神经语言模型，预训练语言模型通常具有较大的模型规模和参数量，以便在大规模数据集上捕捉丰富的语言知识。

4. 语言大模型（探索阶段）

语言大模型（探索阶段）与预训练语言模型具有许多相似之处：首先，两者都是采用神经网络结构进行建模和处理语言数据；其次，两者都会使用无监督或弱监督的方式进行预训练；最后，通过预训练，两者都能将学到的知识运用到不同的任务中，提高模型的表现。语言大模型（探索阶段）与预训练语言模型的不同在于，语言大模型（探索阶段）的模型规模更大也更复杂，需要更多的训练数据和计算资源来支持其训练过程，但也由于其巨大的规模和复杂度，语言大模型具有更强的语言理解和生成能力，能处理更广泛、更复杂的语言任务。

5. 语言大模型（提升阶段）

相较于语言大模型（探索阶段），语言大模型（提升阶段）主要通过两个方面的技术改进表现：一是指令微调，即通过指令与回答配对的方式训练数据，加强大模型的通用任务泛化能力；二是基于人类反馈的强化学习，即将人类标注者引入大语言模型中，训练符合人类偏好的奖励模型，简单来讲，就是在预训练过程中，当大模型的表现符合人类偏好时对其进行正向反馈，以此推动大模型的"深度学习"（见图 1）。随着技术的改进和数据训练量的持续增加，模型的稳定性和可靠性得到增强，语言大模型（提升阶段）展现出更好的语言处理能力。

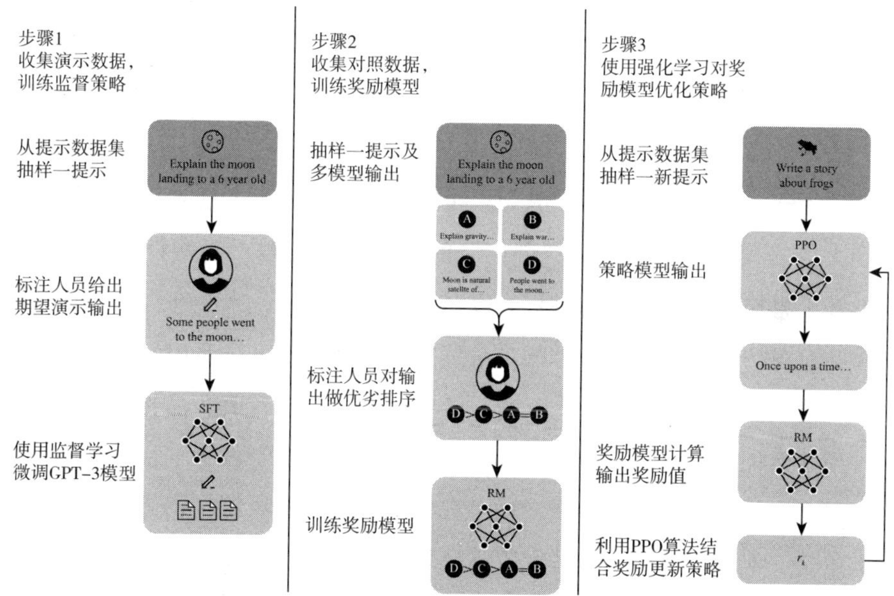

图 1　人工智能"深度学习"的技术原理①

（二）当前人工智能的本质特征与发展趋势

1. 外在形式：与人类创作的相似性

随着技术的进步，人工智能"创作"的外在形式和最终的"作品"与人

① 参见《中国人工智能系列白皮书——大模型技术（2023 版）》，中国人工智能学会 2023 年发布。

类的创作已经高度相似。从外在形式来看，人工智能可以通过接收一个“指令”后即开始“命题创作”，就如人类在产生一个想法后即开始写作、绘画一样。从“作品”呈现来看，人工智能生成的内容更是几乎能做到“以假乱真”。2018 年，人工智能绘画作品《贝拉米伯爵》在拍卖会上拍出了 43.25 万美元的高价，其表现出的高水平作品细节和艺术风格，使人难以区分它是由人工智能还是由人类艺术家所创作。在文字创作领域，OpenAI 所开发的 GPT 系列模型，已可以通过给定的开头，自动生成一篇高质量的散文、新闻报道等，并能模仿不同风格和主题的文章写作。在音乐创作领域，人工智能也已经可以通过大模型技术学习音乐中的节奏、旋律等要素，自动生成符合音乐规律的“作品”。可以说，人工智能在外在创作的形式上已经和人类高度相似，作品表现上也是“难分彼此”，因此也就引发了著作权保护的种种问题。

2. 内在原理：与人类创作的不同之处

抛开外在形式的相似性，考察内在“创作”原理，人工智能的“创作”和人类依然具有本质的不同。纵观人工智能的底层技术变迁，从统计语言模型到大语言模型，人工智能“创作”的原理始终是基于概率计算，区别于人类基于思想和情感的表达过程。以写一篇文章为例，人类在写作时通常是先在脑海里构思，之后把自己的想法变成文字，这些文字是出于思想和情感的表达，是能反映作者独一无二智慧的载体。而人工智能在“写”一篇文章时，用什么词语、句子是基于计算，人工智能并不能“理解”自己写的是什么，更不会“想要”表达什么，而是在模型的计算和反馈中得出符合人类偏好的语句，就像在进行一场基于数学概率计算的填字游戏一样。

3. 发展趋势：技术原理的变与不变

不仅现有的技术下人工智能与人类的创作逻辑截然不同，从技术进步的方向来观察，在可预见的未来，这种创作逻辑的不同也并不会发生根本的改变。

（1）技术强化的方向。总结既往规律，展望未来趋势，目前的人工智能的技术改进主要是两个方面：一个是算力的增强，使其能够处理更多的数据，扩大“创作素材”的范围；另一个是算法的改进，无论是探索新的模型还是加入新的程序，最终目的都是让人工智能的“概率计算”更精准，反馈的内容更符合人类的偏好，以做到“创作”的质量提升。至少从现有的技术改进方向来看，能让人工智能拥有“思想”和“情感”的技术还只存在于科幻小说之中。

（2）内在原理的恒定。如前所述，通过对大模型技术发展历程的梳理可以看出，尽管技术在发展，算力在增强，数据规模在扩大，但本质上当前的人工智能生成的内容仍然是基于算法、规则和模板输出的程式性结果，人工智能并不具备自己的“思想”，所谓的“学习”也不过是基于算法的反馈与修正。从趋势来看，大模型技术发展的方向依然是扩大数据量和强化奖励模型，只要不跳脱这一发展框架，其“创作”的逻辑就不会改变。

二、大模型技术下的著作权法律风险

运用大模型技术的生成式人工智能加工和创造了输出结果，包括内容自动化编纂、智能化修整加工、多模态转换、创意生成等，由此带来了一系列著作权风险。

（一）独创性认定风险

大模型技术生成内容的独创性可能受到质疑，因为它们可能缺乏人类创作中的个性化表达和情感深度。同时，人工智能作为创作工具或合作伙伴的法律地位不明确，导致版权归属难以界定。学术界对人工智能生成内容的著作权保护有多种观点，一种以王迁教授为代表，认为人工智能的生成内容“不能体现创作者独特的个性，并不能被认定为作品”[①]，自然也就不应受到著作权法的保护；另一种观点认为人工智能生成的内容应当受到著作权法保护，因为“人工智能生成内容并不是自然领域天然存在的产物，它必定是人工智能软件经过一定的加工、操作生成的产物，它本质上是经过了‘劳动’加工而生成的内容”[②]。

（二）权利归属风险

在认可人工智能生成内容应当受著作权法保护的学者中，对于人工智能

① 参见王迁：《三论人工智能生成的内容在著作权法中的定位》，载《法商研究》2024 年第 3 期。

② 冯刚：《人工智能生成内容的法律保护路径初探》，载《中国版权》2019 年第 1 期。

生成内容的著作权归属亦有所争议。确定人工智能生成内容的版权归属，权利主体可能涉及开发者、用户、数据提供者等，权利划分复杂，主要存在“开发者所有说”“使用者所有说”和“独创性客观说”等不同观点。所谓“开发者所有说”，即认为人工智能生成内容的著作权应当属于该系统的开发者，而“使用者所有说”则认为应当属于使用人工智能“创作”出这一“作品”的使用者。“独创性客观说”认为人工智能生成内容的著作权既不属于开发者也不属于使用者，而应当属于人工智能本身，即应当赋予人工智能著作权的权利主体地位，独立享有其“作品”的相关权益。

（三）侵权风险

侵权风险主要体现在两方面，首先是当人工智能生成的内容与在先作品相同或实质相似时，是否构成侵权及侵权责任由谁承担需要进一步明确；其次，由于大模型技术的训练往往依赖大量的数据集和算法，而数据集很可能包含受著作权保护的材料，“深度学习”的过程中可能涉及对复制权等著作权的侵犯，算法的公开性和可复制性也给著作权保护带来了挑战。此外，在认定构成侵权的情况下，如何计算损害赔偿也是一个复杂问题，需要考虑大模型生成内容的商业价值和对原作品的影响。

三、人工智能生成内容的权利归属与独创性认定

（一）“使用者所有论”的逻辑悖论

“使用者所有论”认为，人工智能生成内容的著作权应当归属于使用者。在该理论框架下，人工智能只是人类创作的工具，所产出的成果理所应当归属于使用工具的人。以写文章为例，原始人用石头在地上刻字，古人用刀在竹简上篆文，后来再发展为用笔在纸上写字，直到如今用电脑打字……凡此种种无非是工具的进步，均不影响人的主体性地位，也不会有人认为电脑打出的文章著作权不归打字的人。“使用者所有论”认为，人工智能生产内容的过程也一样，人工智能只是相较笔和键盘更进步了的创作工具，在人的指引下创作内容，作品的归属自然也是使用它的人。然而，从著作权基本原理来审视“使用者所有论”，就会发现许多理论和实践中面临的难题。

1. 思想与表达的二分性

思想与表达的二分性是著作权理论的一项重要原则，即著作权只保护表达而不保护思想。所谓思想，指的是存在于人脑中的概念、灵感等，这是人类共同的精神财富，而不应被垄断；而表达，指的是将思想表现出来的客观方式，如文字、绘画、音乐等，这体现了创作者独有的智力成果，因此受到著作权法的保护。思想与表达的二分性原则体现在各国的著作权相关法律法规中。例如，《美国版权法》第 102 条第 2 款规定：原创性作品的版权保护不延及思想观念、程序、工艺、系统、操作方法、概念等。《与贸易有关的知识产权协定》（TRIPS）。等国际条约也对思想与表达的二分性原则进行了规定和确认。我国的法律虽然没有直接对该原则进行规定，但在《著作权法》第 3 条中明确了对“作品”的定义，所列举的作品类型也均为具体的表达形式，而非思想本身。“使用者所有论”一定程度上违背了思想与表达的二分性的原则。事实上，人工智能使用者在“创作”时向系统发出的指令更像是思想而不是表达，比如，使用者希望利用人工智能写一篇文章，他可能会输入文章标题、字数、体例等指令，而最终的文字表达由人工智能自主完成。标题、字数、体例等是存在于使用者脑海中的概念，最终人工智能自主生成的文字才是表达的形式，此时若认为使用者获得了著作权，则更像是在保护思想而不是表达。

2. “工具论”的局限性

如果把人工智能看作工具，将生成的内容视为使用者的表达，似乎可以符合思想与表达二分性的原则。然而，“工具论”最大的问题在于，人工智能与传统意义的创作工具之间具有本质的不同。不管是原始人用的石头，古人用的刀，还是现代人用的笔和键盘，当使用者用它们来创作文章时都是将脑海中的文字转化成具体的文字，思想和表达之间有一一对应的强联系。而当我们使用人工智能“创作”文章时，人工智能给出的表达可能完全超脱我们的思想，它会尽可能迎合我们的偏好，但是如何遣词造句，如何安排段落，具体某句话的摆放位置，都是由人工智能通过算法安排的，在我们看到成品前无法预判。诚然，现有技术下，使用者可以通过多次指令的微调、细化来调整人工智能生成的内容，看上去像是加入了自己的“智力成果”，然而这样的干预大多情况下并不能改变人工智能在创作过程中的能动地位，就像一个学者在向期刊投稿后，外审专家和编辑也会提出修改意见，学者会按照意见调整、修改自己的文章，但并不能就此认为提出修改意见的人员也对修改后的文章享有著作权。人工智能和一般工具的区别，就在于其动摇了人在创作中的主导地位，拉远了使用人与最终“作品”之间的连接性。

3.“使用者所有论”的实践悖论

“使用者所有论”不仅在理论上存在诸多争议，在实践中也碰到各种问题。当前，国内外都已出现关于人工智能生成物著作权纠纷的相关案件，通过对典型案例的剖析，我们可以发现“使用者所有论”在运用于具体个案中遇到的“麻烦”。无论是国内还是国际，法院在判断人工智能生成内容是否受著作权保护时，考虑的关键因素主要在于人工智能生成内容是否体现了人类的独创性智力投入，以及是否存在人为干预或创造性参与。

案例一：克里斯蒂娜·卡什塔诺娃使用人工智能软件Midjourney创作漫画小说作品“黎明的扎里亚”并申请了版权注册。美国版权局在了解Midjourney的输出工作原理后认为：尽管卡什塔诺娃花了大量时间和精力与Midjourney合作，但这种努力并不能使她成为版权法规定的Midjourney图像的“作者”。最终，美国版权局取消原注册。①

在美国“黎明的扎利亚案”中，法院认为用户利用人工智能绘图工具生成的漫画内容不构成版权作品，因为在图像生成过程中没有自然人的创造投入。著作法保护的是人的智力创造成果，在衡量是否有创造投入时应当将著作权法意义上的创造投入与一般语境相区分。在一般语境下，使用人工智能软件Midjourney并非毫无投入，它至少需要使用者输入希望生成图片的基本内容指令，使用者还可以对生成的多个图像进行选择，或要求重新生成新的图像，并通过组合、编排“创作”出一组漫画。这一系列的行为看上去也是一种创作投入，但却并非著作权法意义上的创作投入，因为使用者在输入指

① 《美国版权局：Midjourney生成的AI图像不受版权保护》，载和讯网，https://baijiahao.baidu.com/s?id=1758599695996477625&wfr=spider&for=pc，2024年12月1日访问。

令时并不会指向特定的图像，是在用一种不可预测的方式输出内容，不能被评价为智力创作，毕竟在图像出来之前，连使用者自己也不知道生成的内容是什么，因此难以认定这是对其思想的表达。实践中也有将人工智能生成内容认定为具有著作权内容的案例，如下文案例二，中国首例人工智能生成图片著作权侵权案。

案例二：原告李某通过输入文本指令，由大模型Stable Diffusion生成图片“春风送来了温柔”后，上传至某社交平台，被告刘某在其他平台发表自创诗歌，使用该图片作为配图，原告认为被告侵犯其著作权，将被告诉至法院。北京互联网法院认为：原告在Stable Diffusion输入文本和参数生成初始图片，又通过增加提示词、调整参数生成最终图片这一过程进行“智力投入”，图片具备了“智力成果”的要件。案涉图片与在先作品存在可识别的差异性，一是通过提示词对画图元素、参数对画图布局设置体现了原告的选择安排，二是提示词和参数的调整修正获得最终图片体现原告的审美和个性判断、表达，案涉图片具有“独创性”。利用大模型生成图片好比使用智能相机拍照，又如同委托他人完成美术作品，只是大模型不是法律上的主体，本质上仍然是人利用工具创作，案涉图片属于美术作品。大模型不是作者，大模型的设计者未参与图片生成过程，且在使用许可中示明自己“不主张对输出内容的权利”，案涉图片基于原告的智力投入并体现原告的个性化表达，原告是案涉图片的著作权人，因此被告在平台使用案涉图片构成侵权。[①]

在上述案例中，原告李某使用Stable Diffusion模型生成图片并发布，后发现被告未经许可使用了其图片，法院判决认为，人工智能生成图片只要能体现出人的独创性智力投入，就应当被认定为作品，受到著作权法保护。然而，该案在论证人的独创性智力投入方面也存在值得商榷的地方。该判决认为使用者的“智力投入”体现在“输入文本和参数生成初始图片，又通过增加提示词、调整参数生成最终图片”，然而这一过程与上述“黎明的扎利亚案”的内容生成过程并无本质区别，事实上这也是目前利用人工智能生成内容的主要方式，该过程所投入的时间精力很难称得上是著作权法意义上的创

① 北京互联网法院（2023）京0491民初11279号民事判决书。

作投入，就好比一个顾客让画师帮自己画一幅画，在提出基本要求后画师画了初稿，顾客又增加、细化要求等方式让画师完善了终稿，应该不会有人认为顾客因为提出要求、细化指令等“投入”而获得最终画作的著作权。人工智能的使用者也是同理。

（二）“开发者所有论”的逻辑悖论

“开发者所有论”认为人工智能生成的内容体现的是软件开发者的聪明才智，因此，著作权应当归属于开发者。然而，该观点亦存在诸多问题。一方面，与使用者类似，人工智能的开发者也没有直接参与“作品”的创作中，可以说与“作品”的连接度较使用者更远。另一方面，人工智能软件开发者的权利在现有的知识产权法律框架下已得到了足够的保护，就人工智能软件生成的作品进一步对其赋权缺乏必要性。此外，如果认定开发者享有人工智能生成物的著作权，还会产生著作权垄断等风险。

1. 创作行为的更远连接

在分析“使用者所有论”时我们提到，之所以不能将人工智能看作创作的“工具”，是因为使用者和作品表达之间没有紧密的连接，作品表达的内容并非完全来自使用者的思想和情感。有观点认为，享有著作权的主体并不需要亲自创作，例如员工职务作品的相关权益归属其所在公司，员工作为直接创作者并不享有完整的著作权。事实上，所谓职务创作行为的著作权例外规定，只是解决法人无法“亲自”创作的一种特殊安排，就像法人在实施其他民事法律行为时也都是通过具体的自然人实现，此时创作的职工应当与公司看作一个整体，本质上法人与作品创作之间依然是直接关联的。反观人工智能的创作，即便是使用者也不是直接主导作品的创作，而只是提出指令、调整指令等，而开发者甚至连创作的意图都不存在，也未向人工智能发出创作的指令，其与作品的连接度相较于使用者更为遥远。

2. 开发者权利的多重保障

“开发者所有论”的另一个问题是缺乏必要性。知识产权设立的目的是通过排他式的权利保护为权利人带来利益，从而起到鼓励创新的作用。在现有的法律框架下，人工智能的开发者可以通过申请发明专利保护其创新成果，可以通过申请商标注册保护其品牌或产品名称。此外，计算机软件作为作品的一种，其源代码和目标代码也已受到了著作权法的保护。可见，对于人工智能的开发者而言，其权利已经得到了相应的保障，另行赋予其生成作品的著作权实无必要。

3. 著作权的垄断风险

著作权的目的在于鼓励创作，然而，若是将大量著作权垄断于少数主体，其他大量的创作者反而会因失去竞争优势而被打击创作积极性，同时也会造成社会层面的创作壁垒，与著作权保护的目的背道而驰。所以，著作权相关法律在探索新的突破时，需要避免产生垄断风险，而将人工智能生成“作品”的著作权赋予其软件开发者，则会导致著作权垄断的风险。由于大模型的开发和升级需要强大的技术力量作为支撑，目前相关人工智能的开发者集中于少数几家科技企业之中，一旦赋予开发者以著作权，未来大量的作品将集中归属于少数几个主体，再加上人工智能“创作”速度快、可持续能力强的特点，随着技术的进步，普通人将越来越难以和人工智能的“创作”竞争，市面上会充斥着少数科技企业的大量作品。著作权这一本应“为天才之火浇上利益之油”的制度设计，反而成了禁锢人类创作的枷锁。因此，从利弊衡量的角度来看，也不应当将人工智能生成内容的著作权归属于开发者。

（三）人工智能生成内容的独创性认定

从形式逻辑的角度看，在排除了人工智能软件使用者和开发者的著作权主体地位之后，人工智能生成内容的著作权定性的结果只存在两种：要么赋予人工智能独立的著作权主体地位，要么不认可人工智能生成内容属于著作权保护的“作品”。无论是基于人的主体性角度还是基于著作权法鼓励创作的立法目的来看，赋予人工智能独立的著作权主体地位都是不必要的。从当前人工智能的“创作”技术原理也能看出，其“创作”的过程有别于人类的智力成果的独创性表达，人工智能的生成物目前来看还难以构成著作权意义上的“作品”，不应当由著作权法保护。

1. 著作权法的立法目的

赋予人工智能独立的著作权主体地位不符合著作权法“鼓励创作与传

播”的目的。著作权作为一种被创设出、区别于自然权利的法定权利，承载着其自身的立法目的，这一目的在各类相关法律规范中即有所体现。例如，我国《著作权法》第 1 条就明确指出：“为保护文学、艺术和科学作品作者的著作权，以及与著作权有关的权益，鼓励有益于社会主义精神文明、物质文明建设的作品的创作和传播，促进社会主义文化和科学事业的发展与繁荣，根据宪法制定本法。”据此，即便赋予人工智能独立著作权主体地位，著作权法也无法做到保护人工智能的权益，因为人工智能不会意识到，更不会在乎是否被侵权，也不可能独立提出权利救济；同时也没法鼓励人工智能作品的创作和传播，毕竟人工智能也没有感受到奖励的自由意志，甚至会起到反作用——人工智能作品独立权利的确定一定程度上会挤占人类创作的空间，在该设定下使用者缺少利用人工智能创作的动力。

2. 人类的主体性地位

人是目的，而非手段，法律的制定和修改无不围绕着“人”这一主体进行，即便是环境保护、动物保护等相关立法，其立足点依然是保障人的居住和情感需求。赋予人工智能独立的著作权，显然与法律保护人的主体地位相违背。姑且不谈当前和未来可预见的人工智能都只是算法驱动的纯粹工具，根本没有“权利保护”的必要性可言，即便有一天出现拥有情感和意识的“超人工智能”，赋予其著作权依然会有使人类降格为客体地位的危险境地。因此，当前的主流观点亦不认为人工智能应当拥有独立的著作权主体地位。

3. 人工智能生成内容不具有独创性

如前所述，对于人工智能生成物，无论是赋予其使用者著作权还是赋予其开发者著作权，都无法做到逻辑自洽，与著作权法的基本原理亦有出入。而赋予人工智能独立的著作权主体地位，则不仅没有必要，也会带来更大的风险。在所有的“确权”路径都走不通时，我们再来探讨另一条思路——人工智能生成内容是否本身就不构成著作权法意义上的“作品”。

事实上，在人工智能出现之前，除人类以外的主体“创作”的内容是否应当评价为著作权法上的“作品”，早已有过争论，实践中也出现过相关的案例，比较典型的有 2017 年在美国旧金山法庭审结的“猕猴自拍照案”，明确了动物“创作”的“作品”没有著作权。

案例三：2001 年，英国户外摄影师斯莱特在印尼北苏拉维西国家公园参观时偶然得到了一张猕猴的自拍照。该照片随即被全球多家媒体疯转，并掀起了维基百科与斯莱特之间的版权大战。斯莱特声称自己拥有这张照片的版权，但维基百科方面表示任何人都不拥有版权，因为这张照片是猴子拍的。2017 年 9 月 11 日，旧金山法院作出判决，称版权保护不适用于猴子。[①]

在“猕猴自拍照案”中，法院没有赋予这张猴子“拍摄”的照片以著作权，最主要的原因当然是著作权法保护的主体应当是人类，然而，通过该案例，我们也可以进一步分析著作权法意义上的“作品”到底应该具备怎样的构成要件。我国《著作权法》第 3 条对“作品”作了定义，即作品是指文学、艺术和科学领域内具有独创性并能以一定形式表现的智力成果。“独创性”是判断作品与否的重要标准。“独创性”一方面体现于“独”，即排他、原创；另一方面体现于“创”，即应当为“智力创造成果”。自然界具有艺术价值的事物众多，上到彩虹下到江河，但这些都是自然产物，不是作品，原因就是其中没有智慧的结晶。著名的思想实验“无限猴子定律”提出，让一屋猴子随机敲打键盘，在无限时间内能写出一首媲美莎士比亚的十四行诗，但若真有这样的诗作产生，也不会有人认为猴子创作了作品，因为猴子根本无法理解自己的“创作”，此处的“作品”只是无限的文字排列组合中的一种可能性而已。

人工智能生成的内容也是如此，尽管随着算法的进步，人工智能生成的内容在形式上已经越来越接近人类创作的作品，但其生成过程本质上还是像猴子敲打键盘一样，是概率的游戏。著作权法意义上的作品应当是智力成果，智力成果的前提是有智力投入，人工智能既不能“构思”也不能“理解”自己输出的文字、画作等，因此其生成内容难以称得上是“智力成果”。人类可以通过利用大语言模型进行预训练、指令微调等方式让人工智能越来越“智能”，但这就如同利用条件反射训练动物进行写字、绘画一样，并不

① 《猴子自拍照官司终结案：动物不能拥有照片版权》，载新华网，http：//www.xinhuanet.com//world/2016-01/07/c_128605526.htm，2024 年 12 月 1 日访问。

能仅因为最后呈现出的内容具有文学或美学价值就认定其属于著作权法意义上的作品。人工智能生成内容更接近于自然生成物，因不具有“智力成果”属性，不属于著作权法意义上的作品。

因此，在确权的问题上，最能逻辑自洽且符合著作权法基本原理的结论应当是：人工智能生成内容不应当被赋予著作权，故不存在著作权归属的问题。

四、生成式人工智能的著作权侵权与规制

（一）输入端：预训练的侵权风险与规制

1. 大模型预训练的侵权风险

新时代人工智能技术进步的一大特征是“深度学习”能力的提升，所谓“深度学习”即模型的预训练，其背后是大量的数据输入。由于预训练所用到的很多数据都拥有在先的著作权保护，对该类数据进行利用是否构成侵权便成了一个避不开的问题。同时，由于大模型技术在构建预训练数据库、预训练及反馈优化等行为都是通过内部算法完成的，整个运作流程是非公开、非显性的，因此其中的侵权风险也变得隐秘而不易发现。探讨人工智能输入端侵权风险的问题，可以从三个方面逐层分析，即著作权的权利类型，相关权利的侵权特征和人工智能预训练的行为特征。

（1）著作权的权利类型。根据著作权法的基本原理，著作权按类型可分为人身权和财产权。其中人身权主要包括署名权、发表权、修改权和保护作品完整权；财产权主要包括复制权、发行权、出租权、展览权、表演权、放映权、广播权、信息网络传播权、摄制权、改编权、翻译权、汇编权。[①] 人工智能的预训练仅是将相关数据作为输入端的内部训练素材，因此不涉及署名、发表等人身权利，同时就输入端而言，亦不涉及对外公开具有在先权利的作品，故也不会侵犯发行、出租、展览等对外传播的权利。综合比较著作权中各类型权利的特征可发现，大模型技术的预训练有可能存在侵权风险的权利类型是复制权。

---

① 徐静莉、王坤：《著作权的保护与创作行为的法律调控》，载《山西高等学校社会科学学报》2001 年第 8 期。

（2）复制权的侵权特征。按照《著作权法》第10条第1款第5项的定义，复制权即以印刷、复印、拓印、录音、录像、翻录、翻拍、数字化等方式将作品制作一份或者多份的权利。同时根据《著作权法》第53条的规定，未经著作权人许可，复制其作品的，应承担相应的侵权责任。由此可见，复制权的侵权除了要符合侵权责任法规定的一般侵权构成要件之外，其主要特征有二：一是未经著作权人许可，二是存在复制他人作品的行为。此外，《著作权法》也通过“合理利用”的相关规定对著作权进行了一定的限制，按照相关法律规定，为个人学习、研究或欣赏而使用他人作品的不构成侵权，为学校课堂教学或科学研究也可以少量复制已发表的作品等。

（3）人工智能预训练的行为特征与侵权风险。从人工智能预训练的行为特征来看，其确有著作权侵权的风险。正如在本课题第一部分所介绍的那样，人工智能的预训练被广泛应用于预训练语言模型中，在该模型下，人工智能执行具体任务之前会先使用大量数据进行无监督或弱监督的训练，使模型获得丰富的语言知识，而后在任务执行过程中进行微调，以适应任务需求。而后来的语言大模型（探索阶段）和语言大模型（提升阶段）都延续了预训练的模式，同时加大了预训练数据的规模，并引入指令微调和偏好反馈的机制，通过在大模型的表现符合人类偏好时对其进行正向反馈，以此推动大模型的“深度学习”。

从授权情况来看，人工智能的预训练需要输入大量的数据作为训练素材，这些素材中不乏拥有在先著作权的文本、图像等，很难确保每一份素材的使用都取得授权。从行为模式来看，预训练的前提是将数据输入模型，因此势必需要通过数字化等方式下载、复制相关材料，符合复制权中“将作品制作一份或多份”的行为方式。从合理利用的角度来看，大模型预训练的目的是使人工智能变得“更智能”，从而使相关人工智能的产品更符合人类需求，其背后包含了商业目的，并非为个人学习、研究或欣赏而使用他人作品，也不是单纯地为科学研究而复制已发表的作品，从使用数量来看，亦不符合“少量复制”的合理使用要求。因此，从输入端来看，人工智能的预训练存在侵犯作品复制权的风险。

2. 权利保护与技术进步的价值平衡

著作权作为知识产权的重要组成部分，毋庸置疑需要得到法律的保护。然而法律不仅需要保护一种价值，更需要在不同价值之间寻找平衡。当人工智能发展的技术进步与著作权的保护之间产生冲突时，无论是立法还是司法都需要面临新的检视。

（1）著作权保护的意义。著作权法首先是为了维护著作权人的利益，作品的创作者既拥有署名等人身相关的权利，也拥有发行、出版等财产权利，只有通过法律加以保护，才能保障著作权人的名誉和财产利益。其次，著作权的保护也是鼓励创新的重要手段，任何作品的背后都凝聚了创作者的智慧与心力，只有赋予作品的创作者以权利保障，才能让其有动力持续创作，即所谓“为天才之火浇上利益之油”，以促进源源不断的优质作品产出，提高市场活力。此外，著作权保护也为市场的有序竞争提供了保障，避免盗版成风，劣币驱逐良币。

（2）技术进步的需求。权利保护固然重要，然而一个重要的价值背面有时是另一个价值。著作权法保护权利的方式是建立壁垒，使得著作权人获得排他性的利益，这在保障了其权益的同时，一定程度上也阻碍了知识和艺术的传播。在大模型技术时代，这样的壁垒很可能会阻碍技术的进步。当前人工智能的底层技术已进入到语言大模型的提升阶段，相较于预训练语言模型，大模型规模更大也更复杂，需要更多的训练数据和计算资源来支持其训练过程。数据就像是大模型的“燃料”，只有源源不断的数据输入才能使人工智能具有更强的理解和生成能力，能处理更广泛、更复杂的任务。在这一过程中，一定程度的著作权利让渡能使大模型技术得到更快的进步。

（3）不同价值之间的冲突与平衡。著作权的保护和技术的进步之间，既有相互促进的部分也有冲突的时候。就促进部分而言，著作权通过赋予创造者排他性的人身和财产权利，实现鼓励创新、推动技术进步的效果；就冲突部分而言，对作品排他性的保护，一定程度上也限制了为促进技术改进的合理使用。价值的冲突并不是非此即彼，而是需要法律进行平衡。著作权的保护也不是没有边界的，例如，合理利用制度的设计就是为了防止著作权被垄断和过度保护，从而影响知识的传播和社会的进步，因此才会规定，在一定条件下，为个人学习欣赏、课堂教学、科学研究等可以使用他人的作品；再比如，著作权的保护期限的规定，也是为了促进知识传播等而对著作权保护进行的限制。大模型技术发展的过程也是如此，如何平衡好对大量预训练数据的需求和著作权侵权的风险，成了当前需要直面的问题。

3. 大模型数据训练应纳入著作权“合理使用”范畴

尽管就现行法律规范而言，大模型的数据预训练因其大范围、商业性的特征，不属于可以不经作者允许就使用其作品的情形，但如果从损益分析的视角来看大模型的预训练，将其纳入著作权“合理利用”范畴是利大于弊的。

（1）单纯的预训练不会产生实质侵害。从损害结果来看，单纯的预训练不会对著作权人的人身权益和财产利益造成实质性减损。就人身权益而言，大模型的预训练既不会改变训练素材的署名，也不会将素材公开，因此并不会造成混淆，更不会减损权利人的名誉等人身权益。就财产权利而言，尽管人工智能本身带有一定的营利性，但单纯的大模型预训练并不会因此损害著作权人的财产利益，因为大模型的预训练是在内部程序中发生，就如同人类的学习一样，它可以让人工智能更“聪明”，但并不会对外传播作品，因此也不会挤压著作权人的财产性利益。事实上，就像前文分析的那样，人工智能的预训练主要侵犯的是作品的复制权，而若只是单纯地复制作品，很难对权利人造成实质性损害。司法实践中，侵害作品复制权纠纷的相关案件往往都伴随着发表权、放映权等其他权利的侵害，鲜有单纯只侵害复制权的纠纷，这也说明了著作权人的实质利益通常不会只因作品被复制而受到损害。

（2）侵权行为可通过输出端规制。大模型的预训练唯一可能造成著作权人实质损害的风险，其实在于输出端。大模型在使用了具有在先权利的作品进行内部训练后，理论上是可能将相关作品作为生成内容进行输出的，这种输出可以是自发的，也可能是生成式人工智能的使用者为了获得他人的作品而对人工智能下达指令，要求其提供相关作品，若人工智能的预训练数据库里恰好有该作品，就存在直接生成的可能，这一过程相当于制作盗版，损害了著作权人的利益。然而，此类侵权行为可以通过对输出端进行规制而避免，并且在源头和结果上均有规制方法。源头上，可以通过技术规制。尽管大模型的生成逻辑是基于算法的概率输出，理论上可以生成任何内容，但这一过程并非完全不可控的。从实践来看，国内的生成式人工智能软件例如“文心一言”等，已能通过算法优化、内容审核等方式过滤违反相关法律法规的内容输出，对著作权侵权的内容管理也是一样的。一方面可以通过优化算法，在内容生成前进行内部查重等手段，确保生成内容没有著作权争议；另一方面也可加强外部监管，通过人工干预的方式排除著作权侵权内容的产生，例如当用户要求生成某一受著作权保护的特定作品时，通过关键词排除和动态监管等方式及时干预制止。结果上，可以通过法律规制。当人工智能生成内容与拥有在先著作权保护的作品实质相似时，若符合侵权构成要件，权利人可依据《著作权法》等相关法律法规要求人工智能的使用者和开发者承担相应的侵权责任。将法律规制聚焦于生成式人工智能的输出结果而非训练过程，既能规制著作权侵权损害后果的发生，又能为大模型的预训练减少阻碍，促进人工智能技术的发展和进步。

（3）从损益比较的角度看大模型的预训练。如前所述，著作权的保护应当与技术的进步相平衡，通过对大模型预训练的损害后果和规制手段分析可以发现，从损益比较的角度来看，将大模型数据训练纳入著作权“合理利用”范畴是利大于弊的。就利处而言，人工智能的时代已经来临，为大模型技术发展提供政策保障是大势所趋。根据斯坦福大学发布的《2024 年人工智能指数报告》，从 2010 年到 2022 年，全球人工智能出版物总数增加了近两倍，其中机器学习领域出版物增长最为迅猛，自 2015 年以来增长了近七倍。[①] 各国之间在人工智能领域的竞争日益激烈：截至 2023 年年底，美国以 61 个著名机器学习模型遥遥领先，这些模型在多个领域都取得了显著成果，人工智能公司 OpenAI 在最新一轮融资中筹集了 66 亿美元，融资后估值达到 1570 亿美元；欧盟委员会于 2024 年通过了“数字欧洲计划”，为包括人工智能在内的数字解决方案提供了大量资金支持；中国政府将人工智能的发

① 薛澜、王净宇：《人工智能发展的前沿趋势、治理挑战与应对策略》，载《行政管理改革》2024 年第 8 期。

展视为国家战略的重要组成部分，2023 年中国人工智能核心产业规模达到 5784 亿元，增速高达 13.9%，备案并上线、能为公众提供服务的生成式人工智能服务大模型已达 190 多个，注册用户超 6 亿……人工智能的发展深刻影响着未来社会、经济、文化等多个领域，为提高生产效率、促进产业升级带来了更多的可能性，而数据对于人工智能的发展至关重要。数据是大模型训练的基石，数据的数量和质量直接影响大模型的性能。以 GPT-4 为例，其在训练时使用了约 13 万亿个词元的数据，这些数据涵盖了各种文本和代码资源，包括基于文本的数据集和基于代码的数据集。面对海量的数据需求，要求大模型在训练时确保所有的数据都被授权，显然会对其发展产生制约。反之，将大模型数据训练纳入著作权合理利用范畴，将为大模型的技术进步提供有效的保障。就损害而言，单纯的预训练虽然侵犯了复制权，但并未对著作权人的人身权益和财产利益造成实质性减损，同时，因预训练带来的输出端的侵权风险，也可以通过技术的规制和对输出端的法律规制来避免，因此，将大模型数据训练纳入著作权“合理利用”范畴并无实质损害。

侵权法理论中有著名的汉德公式，通过三个变量来决定行为主体对于某一可能造成过失侵权行为的注意义务：①侵权行为发生的可能性（probability，简称 P）；②侵权行为造成的损害（loss 或 injury，简称 L）；③对此采取足够预防措施带来的负担（burden，简称 B）。根据汉德公式，只有当预防举措所需承受的代价（B）小于损害（L）和概率（P）的乘积，即 B ＜ PL 时，才应当对相关侵权行为采取预防措施（见图 2）。

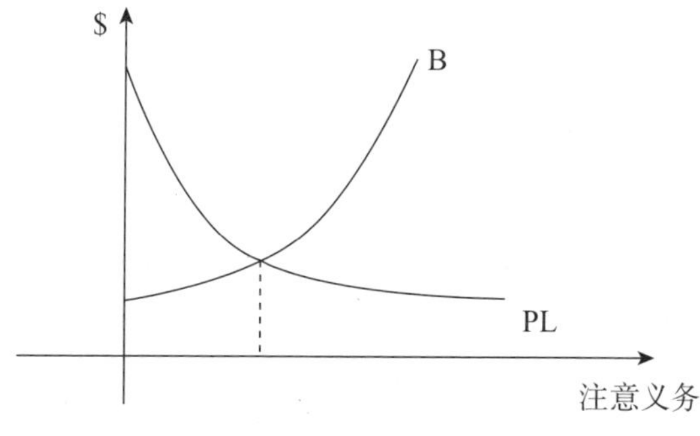

图 2　汉德公式函数示意图

大模型预训练的过程中，造成损害的概率（P）即训练数据中未获得授权的素材占比，造成的损害（L）即对相关作品的复制权侵犯，预防侵权所需承受的代价（B）即阻碍大模型技术的发展与进步。通过前文的损益分析我们已可以看出，大模型数据的预训练损害小，收益大，对其进行规制所需承担的代价显然大于损害和概率的乘积，不符合 B ＜ PL 的侵权预防原则，故应当将其纳入著作权“合理使用”的范畴。

（二）输出端：侵权要件的争议厘清

与输入端侵权的隐秘性相比，输出端的侵权结果似乎是更加显性的。当人工智能生成的内容与拥有在先著作权保护的作品实质相似时，便存在侵权的可能性。侵权责任的认定需符合侵权主体、损害结果、主观过错、因果关系的构成要件，其中损害结果与因果关系的认定并无特殊之处，但就侵权主体而言，生成式人工智能输出端的著作权侵权往往涉及多方主体，主体的确定较为复杂；就过错而言，是否采用过错归责原则亦有必要进一步研究。

1. 主体确定

与人工智能生成内容权利归属的讨论类似，侵权亦涉及侵权主体的确定，理论上也存在“使用者侵权说”“开发者侵权说”和“人工智能独立侵权说”三种不同观点。其中，“人工智能独立侵权说”认为应当赋予人工智能独立的侵权主体地位，然而，无论是基于人的主体性角度还是基于法律的规范来看，赋予人工智能独立的侵权主体地位都是不必要的，理由与前文赋予人工智能独立著作权主体地位类似，不再赘述，此处重点讨论使用者侵权说与开发者侵权说。

使用者侵权说认为，当人工智能生成内容侵犯他人著作权时，应当由人工智能的使用者承担侵权责任。该理论基于传统的网络侵权责任而产生。根据《民法典》侵权责任编的相关规定，网络用户利用网络服务实施侵权行为的，权利人有权通知网络服务提供者采取删除、屏蔽、断开链接等必要措施……网络服务提供者接到通知后，应当及时将该通知转送相关网络用户，并根据构成侵权的初步证据和服务类型采取必要措施；未及时采取必要措施的，对损害的扩大部分与该网络用户承担连带责任。[①]然而，生成式人工智能的侵权与传统的网络著作权侵权有很大的不同。传统模式下，网络用户未经授权在网络上使用、发表他人作品，自然应当作为侵权主体承担相应责任，可在人工智能生成内容侵权的情形下，侵权内容的产生在形式上是由使用者和人工智能共同完成，而本质上使用者除了下达指令之外，并未对生成内容起主导作用，侵权内容是人工智能基于算法而生成，由此产生的侵权问题，使用者在多数情况下无法预见也不可避免，对侵权结果的产生没有过错。人工智能的使用者就像是委托合同中的“委托方”一样，其将需求告知人工智能这一“受托方”，由人工智能通过自己的方式生成“作品”，若该“作品”存在著作权侵权风险，也应当是“受托方”没有准确、全面的履约，“委托方”通常情形下对此没有过错，不应当承担责任。因此，一般而言不应当由人工智能的使用者承担侵权责任，除非使用者本身就有侵权的目的，并通过指令实现了侵权结果。例如，直接要求人工智能生成某一有在先著作权的作品；或是使用者明知人工智能生成了侵权内容，但仍然对该内容进行传播等。只有在以上两种情形之下，人工智能的使用者才应当作为侵权主体，承担相应的侵权责任。

与使用者侵权说不同，开发者侵权说认为应当由开发并提供人工智能服务的主体来承担相应的著作权侵权责任。此观点更具合理性。首先，从风险源的角度考虑，开发者是人工智能生成内容侵权风险的直接制造者。开发者通过神经网络结构等算法设计使人工智能具有“创作”的能力，又在预训练等环节埋下了著作权侵权的隐患，同时为人工智能创造商业化的环境，进一步扩大了著作权侵权的风险，因此开发者具有防范风险的义务，在侵权后果发生时自然应当作为侵权主体承担责任。其次，在当前人工智能商业化的背景下，开发者逐渐成为人工智能产品的最大受益者。随着用户的增多，人工智能为开发者带来的商业利益也日益增加。根据“收益与风险相一致”的侵权法原理，也应当由开发者承担较高的风险防范义务。此外，相较于使用者而言，开发者也更有能力管控侵权风险。正如前文在分析预训练的侵权风险

① 参见《民法典》第1195条。

时所言，人工智能的著作权侵权是可以通过算法的设计和事先的监管予以规避的，例如，在生成内容之前利用指纹特征比对和来源识别等技术判断是否与其他作品存在实质相似，利用反盗版识别系统和关键词屏蔽等技术来防止盗版内容生成等。[①] 因此，开发者在将人工智能产品投入市场之前，理应承担损害预见义务和损害防止义务[②]，预防和控制相应的著作权侵权风险。尽管在大多数情况下，人工智能的开发者并没有侵权的故意，但这并不意味着具有在先权利的著作权人应自担被侵权的风险，而开发者作为侵权风险的制造者和管控者，理应被确定为侵权责任人，承担注意义务履行不到位的相应责任。

2. 归责原则

传统的著作权侵权归责原则一般为"过错原则"，即只有当侵权人存在过错时才需承担侵权责任。然而，考虑到人工智能生成内容的著作权侵权在输出端表现出过程的隐蔽性、风险的创设性和监管的困难性，适用无过错责任更为适宜。

首先，从法理层面来看，无过错责任与人工智能著作权侵权风险更为适配。按照侵权法的基本原理，过错责任通常适用于"反社会"行为，其目的在于制裁，对侵权行为带有一定的否定评价；而无过错责任则适用于风险行为，更倾向于从分担社会风险的角度划分责任，而不是对相关行为的否定和惩罚。例如，根据产品责任相关规定，产品因缺陷造成消费者损害的，生产者和销售者应承担无过错责任。在这一过程中，无论是生产者还是消费者，大多数情况下都没有"反社会"的主观意愿，只是参与分担因机器大生产时代带来的社会风险。而之所以让生产者和消费者承担更多风险，也是因为他们是产品生产和销售的受益者，因此，按照收益与风险相一致的原则承担责任。再比如，当前对自动驾驶技术带来的侵权问题，主流观点也认为应当由侵权者承担无过错责任。人工智能生成内容的著作权侵权与之类似。一方面，通常情形下，无论是人工智能的开发者还是使用者都没有侵权的主观恶

① 参见张吉豫：《智能社会法律的算法实施及其规制的法理基础——以著作权领域在线内容分享平台的自动侵权检测为例》，载《法制与社会发展》2019 年第 6 期。

② 屈茂辉：《论民法上的注意义务》，载《北方法学》2007 年第 1 期。

意，不存在“反社会”行为，侵权结果的发生更基于算法逻辑的客观风险，不宜用带有否定性质的过错责任进行评价。另一方面，人工智能开发者作为风险的创设者和主要受益者，由其承担无过错责任，分担更多风险也符合侵权法的基本原理。

其次，从权利保护的视角看，无过错责任能更好地保护著作权人。尽管前文介绍了部分规避输出端侵权的技术手段，但大模型算法概率的内容生成逻辑，决定了其生成内容并非绝对可控的，这就导致了当生成内容与在先作品实质相似时，部分人工智能的开发者确无过错（例如并未将该作品作为预训练素材），或是因为“算法黑箱”的问题确无办法证明其有过错。此时若适用过错原则，则会导致在部分情形下著作权人的权利无法得到保障，因侵权行为造成的损失也无法得以填补，相当于让著作权人完全承担了人工智能技术进步的风险，这与“科技向善”的社会价值观相悖。因此，只有让侵权人承担无过错责任，才能充分保护著作权人的权利，不让其沦为技术进步的“代价”。

最后，从监管成本的角度看，人工智能著作权侵权适用无过错责任更为适宜。当前各国对于人工智能的发展还处在相对保守的阶段，原因在于人工智能作为新生事物，其风险管控在多个领域均处于未知和探索阶段。完善人工智能的监管体系是其得以健康发展的基础和前提，而监管体系的完善既要靠社会外部力量，也要靠人工智能开发者的自我监管，尤其是在大模型技术快速发展的背景下，外部的事前监管面临着较高的技术门槛和一定的滞后性，此时内部的约束就变得尤为重要。具体到侵权责任的归责原则上，让侵权者承担无过错责任，其更有动因去规避风险，从而完善自我监管，降低社会监管成本。当人工智能生成内容侵权的责任分配不再纠结于有无过错，而重点关注侵权结果，人工智能的开发者便会在防止侵权结果的发生上作更多的努力，与外部力量一道筑牢人工智能健康发展的屏障。

结语

人工智能技术在经历了统计语言模型、神经语言模型、预训练语言模型后已步入“大模型时代”，其“创作”的外在形式和最终的“作品”与人类的创作已经高度相似，但其基于概率统计生成内容的内在“创作”原理与人类创作有本质不同，且在可预见的未来也不会发生根本的改变。在当前的技术背景下，人工智能的内容生成会带来包括独创性认定、权利归属和侵权责任等一系列著作权风险。在独创性认定和权利归属方面，“使用者所有论”不符合思想与表达的二分性著作权基本原理，且人工智能也与一般的创作工具截然不同。因此，该观点无论在理论分析还是实践应用中都遇到了问题。“开发者所有论”一方面无法解决作品与权利人之间联结性较远的问题；另一方面，人工智能软件开发者的权利在现有的知识产权法律框架下已得到了足够的保护，对其生成的作品进一步保护缺乏必要性，如果认定开发者享有人工智能生成物的著作权，也会产生著作权垄断等风险。在使用者和开发者均无法作为著作权主体时，有学者提出赋予人工智能独立的著作权主体地位，但深入分析可发现，无论是基于人的主体性角度还是基于著作权法鼓励创作的立法目的来看，赋予人工智能独立的著作权主体地位都是不必要的。从当前人工智能的“创作”技术原理也能看出，其“创作”的过程有别于人类的智力成果的独创性表达，人工智能的生成物目前来看还难以构成著作权意义上的“作品”，不应当由著作权法保护。尽管人工智能生成内容本身不具备著作权，但其仍然可能对具有在先权利的作品构成侵权，包含输入端的侵权和输出端的侵权。在输入端，大模型的预训练有侵犯在先作品复制权的风险，但由于单纯的复制权侵权损害性较小，而更为实质的侵权风险可通过技术手段和输出端的法律规范进行规制，因此从损益比较的视角看，大模型数据训练应纳入著作权“合理使用”范畴。在输出端，人工智能的开发者作为侵权风险的制造者和管控者，应作为侵权结果的责任人，承担无过错的侵权责任。

XR 技术普及应用场景法律规制风险检视与路径辨谬

课题组成员

主持人： 薛　林　上海市闵行区人民法院党组副书记、副院长

执笔人： 段文澜　上海市闵行区人民法院民事审判庭法官

参与人： 徐　啸　上海市闵行区人民法院党组成员、政治部主任

方　敏　上海市闵行区人民法院审委会委员、民事审判庭庭长

曹颖莺　上海市闵行区人民法院司法行政装备科副科长

刘　锋　上海市闵行区人民法院民事审判庭法官

孙　哲　上海政法学院讲师

内容摘要： 当前，XR（扩展现实）技术已被广泛采纳并应用于社会多元化领域之中，同时，全球多数国家均致力于在 XR 技术的深度研究与技术创新层面持续取得突破，旨在人工智能（Artificial Intelligence，AI）领域内占据技术前沿的领先地位。尽管 XR 技术的潜在应用场景极为广泛，然而，由于其在现实与虚拟世界融合方面存在的局限性，所引发的法律监管难题与伦理道德风险不容忽视。这些问题的根源，可归结为 XR 技术应用模式的缺失，以及针对 XR 技术应用场景的法律监管路径尚处在探索阶段，从而导致了相关技术逻辑与人类既定规则体系之间的不契合。有鉴于此，亟须基于 XR 技术的固有特性，针对 XR 技术普及应用场景的秩序重构趋势，设计并实施一套科学合理的法律监管框架。此框架应旨在整合相关技术应用模式，在维护现实世界秩序稳定的基础上，重新构建 XR 技术应用场景的法律监管

逻辑，进而推动 XR 技术应用场景内虚拟经济与现实世界道德秩序及经济发展的和谐共生与相互促进。

关键词：XR（扩展现实）技术　人工智能　虚拟经济　法律规制　元宇宙

前言

XR（Extended Reality，扩展现实）技术体系涵盖 AR（Augmented Reality，增强现实）、VR（Virtual Reality，虚拟现实）、MR（Mixed Reality，混合现实）及模拟现实（Simulacra）四大关键技术。其中，AR 技术利用先进的计算机算法，将文字、图像、3D 模型、视频等虚拟信息无缝融入真实世界环境，用户借助特制的穿戴设备等媒介，能够与其周遭世界进行深度互动，享受超越现实的感官体验，实现对物理世界的“增强”。VR 技术则引领用户跨越现实世界的界限，挣脱视觉束缚，穿越时空限制，沉浸在由技术精心构建的虚拟现实世界中。此技术为用户提供了前所未有的沉浸式体验，让用户体验到超越物理限制的广阔视野与丰富内容。MR 技术则在 AR 技术的基础上实现了质的飞跃，巧妙地将虚拟元素与现实场景融为一体，使得用户能够实时与虚实两界的信息进行交互反馈，极大地增强了用户体验的真实感与沉浸感。而模拟现实技术，作为一个功能强大的开源框架，专为构建极致沉浸式虚拟现实体验而生，致力于简化 VR 应用开发流程，使开发者能够更专注于创意与设想的实现，摆脱基础架构的束缚。凭借多平台兼容性、精准的物理模拟、先进的手势识别以及便捷的集成能力，模拟现实技术为开发者开辟了一条通往交互式 3D 世界与现实世界无缝对接的便捷之路。

在最近的一两年间，XR 技术经历了显著的迭代与升级，其技术应用场景逐渐趋于稳定，展现出更强的交互性和真实感，这一进步促使“元宇宙”的概念从理论构想迈向了实践应用的阶段，吸引了社会公众对人工智能领域的广泛关注和深入探讨。在此背景下，马克·扎克伯格更是作出了重大决策，将公司名称 Facebook 更改为 Meta，并发表了前瞻性预言：“元宇宙为下一个前沿领域，就像我们刚起步时的社交网络一样。”[①] 与此同时，我国知名科技企业腾讯公司亦已正式宣布进军元宇宙领域，此举标志着该公司在技术前沿的又一重要布局。值得注意的是，这一发展距离计算机科学家约翰·麦卡锡（John McCarthy）在 1956 年达特茅斯会议上首次提出“人工智能”这一开创性概念，仅过去了短短数十年时间。目前，XR 技术正在游戏娱乐、影视直播、智能制造、教育培训等多个领域获得广泛应用。鉴于 XR 技术的迅猛发展及其广泛应用，有关 XR 技术的法律规制问题正日益受到社会各界的关注。然而，法律的制定与更新往往滞后于技术的发展，XR 技术的迅速崛起进一步凸显了法律规制层面的滞后性。现有法律框架在解释 XR 技术应用场景中的行为与结果，特别是解决由此产生的法律困惑方面，面临诸多挑战。

为了应对这一挑战，世界各国正积极加强针对 XR 技术的法律规制研究，旨在消除 XR 技术在知识产权、数据保护、个人隐私权与信息保护、网络安全等方面所面临的风险，并填补现有法律体系中的空白。同时，国际也在加强合作，共同推动 XR 技术法律规制工作的进程。

人工智能技术的快速迭代已远远超出公众的想象，而 XR 技术作为人工智能领域的重要代表和进一步迭代升级的关键环节，将对法律规制层面提出前所未有的巨大挑战。为应对这些挑战，我国已制定了《数据安全法》《个人信息保护法》等一系列法律法规，并发布了《互联网信息服务算法推荐管理规定》《生成式人工智能服务管理暂行办法》等部门规章。在国际层面，欧盟委员会自 2019 年起陆续发布了《人工智能的伦理准则》，并于欧盟内部启动有针对性的试点工作。除此之外，其于 2021 年提出了《人工智能法案》，2022 年还发布了《人工智能的伦理准则》（修订版）。欧盟的《通用数据保护条例》（GDPR）为用户数据的收集、处理和使用设定了严格的标准。美国也制定了《人工智能、自动化和经济法案》《自动驾驶法案》等相关法律。这些举措均表明，我国及国际社会均对 XR 技术应用场景的法律风险给

① 参见季卫东：《元宇宙的秩序：虚拟人、加密资产以及法治创新》，上海人民出版社 2023 年版，第 10 页。

予了高度重视。[①] 鉴于 XR 技术所展现的跨界融合与创新特质，其应用场景下的法律规制必须全面考量多种因素。目前，关于 XR 技术应用场景的法律风险规制存在认知上的偏差，这些误区亟须被明确辨析。因此，需不断加强对 XR 技术法律规制体系的探索与完善，以应对 XR 技术在应用过程中可能引发的对现实伦理道德秩序的挑战，以及其对现有法律体系造成的冲击，以期通过构建一个健全且适应时代需求的法律规制框架，XR 技术能够在推动人工智能技术飞跃式发展的同时，为人类社会带来健康有序的新机遇，并创造出更为显著的经济价值。

一、XR 技术应用场景应用发展及规制概览

XR 技术的广泛应用为人工智能领域带来了前所未有的机遇，其卓越的交互性和高度逼真的真实感特性极大地推动了元宇宙从理论构想向实际落地的进程。随着虚拟数字技术的飞速发展和智能互联网的持续迭代升级，人类社会正以前所未有的速度步入信息社会和数字经济的新纪元。在此过程中，人工智能产业、虚拟社交技术、“人形机器人”产业的蓬勃兴起以及“居家办公”需求的激增，为 XR 技术的应用场景开辟了更为广阔的天地。XR 技术现已不仅局限于游戏领域，其应用范围已广泛延伸至运输、教育、医疗、娱乐等多个商业及生活领域，极大地丰富了应用场景的多样性。然而，随着 XR 技术相关应用场景的日益普及，其固有的交互性和真实感特性也愈发凸显出法律体系的滞后性。在此背景下，一系列法律挑战亟待解决，包括但不限于网络违法犯罪的惩治、虚拟财产、信息及数据权益的界定与保护、算法歧视问题的规避以及技术发展与人类道德伦理规则之间的平衡等，均迫切需要法律层面给予明确回应与规范。

（一）XR 技术应用场景应用发展现状梳理

1.XR 技术应用场景商业化

当前，XR 技术的商业化应用已成为无可争议的事实。其不仅在游戏竞

① 参见李爱君、苏桂梅主编:《国际数据保护规则要览》，法律出版社 2018 年版，第 342~400 页。

技领域展现出巨大潜力，还广泛渗透至医疗、物流、农业、服务、军事等多个现实世界的领域，持续为数字经济的创新发展注入强劲动力。[①] 用户通过合理利用相关平台、设施及设备，能够深度探索 XR 技术的多种应用场景，亲身体验技术所营造的虚实结合的“境界”。在此过程中，用户与由技术构建的“境界”中的场景及现实世界实现了即时的互动，这种高度的“沉浸感”与“交互性”为人工智能领域注入了巨大的商业价值，进而推动了各类人工智能应用的不断涌现与创新。随着数据处理能力的显著增强和计算能力的飞跃，自动化技术、感知技术等关键技术日益成熟，这促使了数据驱动、自主决策机器人、无人驾驶运输等领域的商业实践构想逐步转化为现实应用。在实际操作中，已有相关的虚拟数字人服务运营行业应运而生。[②] 同时，XR 技术在工业数字化、制造业、金融、零售、运输等多个领域的应用不断深化，其应用场景的商业潜力正被持续挖掘，应用范围也持续拓宽。然而，XR 技术应用场景的商业化进程也引发了社会公众对于技术发展与私人权利、公共利益之间平衡关系的深刻反思与关切。如何有效规范技术研发企业在追求商业价值的同时，避免对社会公众私人权益领域造成不必要的侵犯，已成为一个亟须解决的重要议题。XR 技术正在迅速改变社会公众的生活和工作方式，随着 XR 技术应用场景的商业化进程不断推进，社会公众开始对技术发展与私人权利、公共利益之间的平衡关系进行深刻的反思与关切。人们开始思考，如何在技术研发企业追求商业价值的过程中，有效规范其行为，以避免对社会公众的私人权益领域造成不必要的侵犯。

2.XR 技术应用场景生活化

XR 技术所蕴含的巨大商业价值，将为人类社会创造经济价值提供前所未有的推动力，并深刻促进 XR 技术在日常生活中的普及与应用。在游戏领域，XR 技术的深入应用已无需赘言，其中眼镜、头盔等头戴式显示器（Head-Mounted Display，简称 HMD）的广泛应用，正是 XR 技术融入日常生活的鲜明例证。游戏用户通过佩戴 HMD，能够获取更加沉浸式的游戏场

① 参见季卫东：《元宇宙的秩序：虚拟人、加密资产以及法治创新》，上海人民出版社 2023 年版，第 4 页。

② 参见广东省深圳市南山区人民法院（2023）粤 0305 民初 17693 号民事判决书。

景视觉体验，而 XR 技术则进一步增强了用户在虚拟与现实之间交互的深刻性。[①] 随着人工智能技术的持续演进，XR 技术愈发成熟，显著提升了社会公众对真实世界的感知与识别能力。公众普遍抱有热望，期待 XR 技术能在更广泛的应用场景中普及，使人们能够在家中便能亲身体验那些现实中难以触及的新鲜事物。当前，技术已发展至一个引人注目的阶段，社会公众得以借助虚拟分身，在 XR 技术精心构建的“虚拟环境”中，满足远程办公与社交的多元化需求。然而，值得注意的是，XR 技术的应用边界远非止于对真实世界的简单映射。在诸多基于真实世界感知、影像等素材进行深入理解和合成的场景中，XR 技术充分展现了其非凡的创造力和巨大的潜力。但伴随 XR 技术日益融入日常生活的每一个角落，一个不容忽视的问题也随之浮出水面——深度伪造（Deepfake）技术的滥用及其防御机制的构建。这项技术具备伪造高度逼真视听内容的能力，对信息的真实性与可信度构成了前所未有的严峻挑战。因此，在享受 XR 技术带来的种种便利与乐趣的同时亦需正视深度伪造技术可能引发的潜在风险。为确保信息的真实性与可信度得以维护，对 XR 技术中涉及的内容进行严格的虚实甄别工作将变得至关重要。这一过程将高度依赖于专业的技术手段，以在虚拟与现实之间筑起一道坚不可摧的防线，守护信息的真实性与社会的信任基石。[②] 随着时间的推移，技术障碍不断被克服，生活的数字化进程正以不可阻挡之势推进。

（二）XR 技术应用场景应用趋势展望

1. 人与人工智能协作常态化

2021 年 11 月，中国正式成立了移动通信联合会元宇宙产业委员会，这一举措充分展示了元宇宙的发展已经上升为国家级战略的高度。随着各类资产出于逐利的自然本能，纷纷涌入数字经济与人工智能领域，政府也日益重视产业数字化的推进，以及通过“虚拟现实”技术来增强和加速这一进

① 参见赵自轩：《网络虚拟财产权利的消解与再造》，中国人民大学出版社 2023 年版，第 5~14 页。

② 参见李开复、陈楸帆：《AI 进行式》，浙江人民出版社 2022 年版，第 33~52 页。

程。[①]XR 技术的应用将极大促进“人工智能即服务”（AI as a Service，AIaaS）平台及人形智能机器人技术的迭代发展，未来人类将在人工智能各行业领域深度广泛运用 XR 技术，借此实现人与人工智能的协作更为频繁紧密，远程办公、通信、学习、商务和娱乐正在逐步实现。教育领域 AI 发展迅猛，学生可以通过 XR 技术应用场景获取更好的沉浸式互动体验以及个性化的学习方案；医疗行业通过 AI 诊断推动了整个医疗行业的发展进程，XR 技术应用场景则使医生通过可穿戴设备完成对相应患者的数据采集，机器人领域尤其是人形机器人可为居家养老、病人护理、未成年人看护等提供新型灵感。随着这一趋势的发展，可以预见，在未来的社会环境中，人类与人工智能的协同工作将成为一种普遍趋势。随着科技的飞速发展，人工智能将不断深入并稳固地扎根于社会公众的职业领域与日常生活之中，成为其中不可或缺的重要元素。公众对于人工智能的认知也将发生深刻变化，从原先的陌生与隔阂转变为视其为值得信赖的工作助手与生活伴侣。未来人类的生活和工作方式将发生翻天覆地的变化，人工智能将无处不在，成为社会公众生活中不可或缺的一部分。未来 XR 技术应用场景的进入将有可能摆脱物理的限制，各应用场景将实现实时便捷切换，场景的切换与登入登出将无须借助笨重的穿戴设备即可实现。不远的未来，人与人工智能的伙伴关系将极有可能成为人类参与日常的商业运营甚至稀松平常的生活场景的必要前提，人与人工智能协作将呈现常态化的特征。

2. 人与虚拟分身连接现实化

XR 技术的显著特性——“沉浸感”与“交互性”，深刻契合了社会公众对于跨越时空界限、追求极致体验的美好愿景。在虚实交织的穿梭中，用户能够沉浸于超越物理界限的极致享受，依据个人意愿，在虚拟现实中构建出理想中的舒适空间。当前，诸多应用平台，尤其是游戏与社交网络，已纷纷推出虚拟分身服务，这一创新不仅作为虚拟世界的身份标识，更成为用户探索虚拟世界的通行证。在医疗领域，XR 头显技术的引入正显著提升手术操

---

① 参见季卫东：《元宇宙的秩序：虚拟人、加密资产以及法治创新》，上海人民出版社 2023 年版，第 11 页。

作的精准度与安全性，并进一步优化医患之间的沟通交流，为患者带来更为舒适与高效的就医体验。同时，在教育领域，虚拟分身技术的运用为学生搭建了一个前所未有的学习空间，学生得以借助其虚拟分身，在虚拟教室环境中与教师和同学进行深度互动，甚至开展虚拟实验与模拟操作，这种教学模式极大地增强了学习的趣味性与学生的参与感，深化对知识的理解与掌握。此外，XR 技术还展现出其强大的跨界融合潜力，已在制造业、零售业、旅游业及培训等多个行业领域得到广泛应用。鉴于此，未来社会公众在虚拟世界中定制“虚拟分身”的行为，极有可能演变为一种广泛流行的现象。随着人形机器人类型与服务种类的不断丰富，人机协同已成为生产生活中不可或缺的一部分。社会公众能够依据自身需求，创建并维护充满“沉浸感”与“真实度”的互动关系，通过虚拟分身或其他媒介重构个人空间与自我认知。XR 技术的应用场景将进一步强化人与虚拟分身之间的联系，打破虚实世界切换的物理界限，无论是借助 AIaaS 平台等抽象服务，还是人形智能机器人等具象载体，人与虚拟分身的连接都将更加紧密，趋于现实化。[①] 虚拟分身技术的发展前景十分广阔。随着技术的不断完善和应用领域的不断拓展，虚拟分身将逐渐成为社会公众生活中不可或缺的一部分。未来，社会公众将能够更加自由地在虚拟世界中探索和创造，实现现实与虚拟的完美融合。

二、XR 技术应用场景法律规制问题检视：虚实世界秩序融合不足

随着 XR 技术应用场景的日益普及，法律在虚拟现实领域的规制乏力问题愈发显著，这实质上反映了现实世界与虚拟世界在秩序融合方面的不足。在现实世界中，人类的交往活动普遍遵循公平正义、诚实信用的基本原则，并在各种具体场景中，通过情感因素的自我审视和道德伦理的外部约束，不断校准个人行为。然而，尽管虚拟世界被视为现实世界的镜像反映，但其独特的运作逻辑和技术设定使得其在一定程度上高度独立于现实世界。在此情境下，现实世界的法律与道德体系在虚拟世界中的适用性受到严重挑战。在

① 参见季卫东：《元宇宙的秩序：虚拟人、加密资产以及法治创新》，上海人民出版社 2023 年版，第 34~35 页。

虚拟世界中，用户除受到技术壁垒的限制外，往往能够借助网络平台和设施设备实现“自由行动”，这种“随心所欲”的状态在XR技术广泛应用后更加凸显，进一步模糊了虚实世界的界限，打破了空间限制。然而，部分用户为了满足个人私欲，利用“虚拟分身”这一新身份，在虚拟世界中无视道德伦理的约束，实施了一系列不当行为。这些行为不仅侵犯了现实世界的道德伦理秩序和财产秩序，其危害性甚至可能因技术突破物理限制而加剧。因此必须正视这一问题，加强虚拟现实领域的法律规制和道德建设，以促进虚实世界的和谐共生。

（一）XR技术应用场景挑战现实伦理道德秩序

1. 数据处理与信息收集突破道德底线

在当前生活信息化、智能化、数字化的潮流中，社会公众已深深融入大数据环境，广泛参与信息的共享与应用。然而，随着互联网时代的深入发展，侵犯公民个人信息的犯罪行为屡见不鲜。[①] 对于XR技术的应用场景而言，为了提供接近甚至超越现实世界的感官体验与场景逼真度，它高度依赖于海量数据与信息，以持续优化算法，确保场景呈现与动作执行的自然与精准。因此，“XR技术普及应用场景”不可避免地涉及社会公众大量信息及数据的收集。鉴于信息与数据已成为一种新兴的重要资产，XR技术应用场景自然而然地面临着数据安全、个人隐私保护以及数据滥用等严峻问题。相关司法实践中已有案例并未否认手机号码作为虚拟财产可被继承的可能性。[②]XR技术应用服务平台及其设备，几乎能够持续不断地收集用户的日常信息，并以数据形式进行储存、上传至云端，实现场景内的信息共享与交换。[③] 同时，由于XR技术应用场景本身的虚拟特性，加之虚拟分身能有效隐藏用户的真实身份信息，这使得相关技术研发及市场推广主体在一定程度上脱离了现实世界道德体系的严格约束。出于商业利益的驱使，部分开发者可能突破道德底线，忽视法律规定，收集的数据与信息范围往往超出了道德

---

① 参见江苏省泰州市高港区人民法院（2023）苏1203刑初20号刑事判决书。

② 参见山东省新泰市人民法院（2022）鲁0982民初321号民事判决书。

③ 参见季卫东：《元宇宙的秩序：虚拟人、加密资产以及法治创新》，上海人民出版社2023年版，第5页。

范畴。随着 XR 技术的不断迭代升级，不法分子有可能利用 XR 技术应用服务平台及其设备，对特定用户实施“窥视”行为，甚至进行更为严重的违法犯罪活动。这些严重违反伦理道德的数据与信息，在技术加持下，可被反复下载、加工剪辑等。技术的进步还使得以往难以被捕捉和记录的个人信息，如“爱抚”“拥抱”等感觉情绪信息，现在也能被准确记录。然而，根据一般理性人的认知，此类属于个人隐私范畴的数据或信息被非法收集，显然违背了社会既定的伦理道德秩序。在互联互通的时代背景下，XR 技术进一步模糊了虚拟与现实世界的界限，XR 技术应用场景中数据与信息收集突破道德范围的问题，将对社会良好风尚造成巨大冲击，动摇社会道德基础，导致社会不安定因素激增，现实伦理道德秩序面临严峻挑战。

2.XR 技术应用罔顾道德风险

在深入剖析社交类 XR 技术的实际应用场景之际，必须着重指出，该技术对用户提出了在虚拟环境中个性化地构建虚拟形象的需求，以确保自我映射的高度精确性。这一要求旨在通过定制化的虚拟分身，实现用户在虚拟世界中的真实自我表达与精准映射。为追求极致的沉浸式体验与真实的交互性，XR 技术的运用面临不容忽视的道德风险挑战。具体而言，该技术能依据特定主体的肖像、录音等资料，高度“复刻”出外观极为相似的虚拟分身，甚至将其嵌入人形机器人等载体，试图在特定层面上实现“生命延续”的愿景。然而，与过往的照片、视频乃至全息投影相比，此类虚拟分身允许现实用户与之互动，提供等同于甚至超越真实人际接触的感官体验。值得注意的是，未经授权使用他人的虚拟形象，除可能触犯版权法外，更核心的问题在于，这些基于现实主体信息精确复刻的虚拟分身，其应用场景本身就潜藏着侵犯肖像权、名誉权等人格权益的法律风险。此外，记录用户与虚拟分身交互全过程的虚拟分身及其载体，其权利归属的界定亦涉及极高的道德考量。从静态权利归属的角度看，此类与现实世界主体紧密对应的虚拟分身及其载体，既非传统民法意义上的“物”，亦非《民法典》所明确保护的“虚拟财产”范畴。它们自诞生之初便蕴含深厚的人格属性，若简单将其视为“物”，并依据一般物权归属规则进行规制，将可能引发巨大的道德争议。同样，若仅凭生产事实将此类虚拟分身及其载体的物权归属于制造者或生产平台，则存在将人格权（或人格权益）物质化的风险。此外，关于用户是否有权依据现实用户的信息定制虚拟分身的问题，亦需审慎考量。例如，丧偶者是否有权依据其配偶生前的信息定制虚拟分身及载体，此过程中是否需要取得现实参照主体其他亲属的授权同意，以及此类授权是否可因定制用户社交身份关系的变动（如再婚）而被撤销等，均属于 XR 技术普及应用场景中不容忽视的道德风险议题。

（二）XR 技术应用场景冲击现实既定法律体系

1.XR 技术应用场景人与虚拟分身交互潜藏伦理风险

在 XR 技术的实际运用情境中，人与虚拟化身的交互数据均被妥善储存并以数字化形式上传至云端。值得注意的是，这些数据中，特别是那些源于亲密关系或特定身份关联下产生的独特感官体验及情感反应，若未经严格限制便向公众全面开放，其背后所潜藏的伦理风险是不容忽视的。以“元宇宙性侵第一案”作为典型案例，该事件深刻地揭示了元宇宙交互过程中可能存在的典型伦理风险，凸显了对于这一新兴领域伦理规范与保护机制建设的迫切需求。从法律体系的视角审视，虚实世界交互中出现的“隔空强奸、强制猥亵、强制侮辱”等现象，严重冲击了社会伦理道德价值体系。除交互信息共享过程中的伦理风险外，即便法律法规能对交互信息的采集、储存、共享流程进行合理规制，防止特殊触觉、情绪等信息的不当收集与共享，仍需注意的是，用户本我与虚拟分身间的人格同一性保障问题。虚拟分身及其载体的流转可能引发新的伦理风险，如用户去世后，其虚拟分身及配偶虚拟分身的继承与处置问题，若允许继承并出售、赠与，则可能出现父子共享基于母亲生前信息生成的虚拟分身等极端现象，严重挑战人类伦理底线。此外，随着生成式对抗网络（GAN）技术的成熟，Deepfake 换脸技术日益精进，算法与算力的提升进一步凸显了 XR 技术应用场景中的伦理风险。在人与虚拟分身及其载体的交互过程中，侵犯他人权益的责任归属问题尚不明晰，这加剧了 XR 技术应用场景的伦理风险。[①] 在责任归属方面，若将责任主体确定为

---

① 参见李开复、陈楸帆：《AI 进行式》，浙江人民出版社 2022 年版，第 52~61 页。

AI 场景算法软件的供应商，则需在技术进步与软件缺陷受害者权益保护之间找到平衡。过度苛责供应商可能阻碍科研热情及技术进步，而过度包容则可能损害用户权益并促使供应商在未经充分安全风险评估的情况下推出新产品与服务模式，从而加剧 XR 技术应用场景的伦理风险。

2.XR 技术应用场景虚实世界财产归属与流转存在适法空白

在人工智能技术的不断演进过程中，网络虚拟财产的种类日益繁多，持续超越公众的传统想象与认知范畴。这一趋势进而加剧了社会对于如何界定与保护涉及虚拟技术的服务与产品权益的争议，具体涵盖物权、债权、知识产权或其他法益等法律框架的适用性问题，争议愈发激烈。[①] 随着算力的增强以及技术的不断迭代升级，XR 技术的应用场景正逐步扩大其影响力与应用范围，从而催生出新型的经济关系与社会关系。在此过程中，更多的新型法益与新型权利逐渐浮现，对现有的法律体系构成了显著的挑战。首先，关于具有感知情绪记忆信息载体的物权归属认定，难以直接依据《民法典》物权编进行明确界定。一方面，此类信息载体，如“虚拟分身”，其性质特征近似于“委托作品”，由此引发的物权与知识产权主体认定的同一性问题亟待解决。另一方面，用户与服务平台之间在虚实世界交互介质、载体所有权的认定规则上尚未达成完全统一。XR 应用场景中所涉及的服务介质，无论是虚拟分身还是其与其他虚拟分身交互过程的记录资料，均应与《民法典》视域下一般意义上的虚拟财产有所区分，因其强烈的人格属性而需引起足够的重视。特别是在涉及继承、买卖、赠与等财产流转秩序的规制方面，目前尚无定论。在确定物权归属规则后，还需进一步论证相应民事法律行为的效力是否可能因冲击伦理道德价值观念而被认定为违反公序良俗从而无效。此外，即便法律认可了财产流转所涉法律行为的效力，对于继承、买卖、赠与等合同的标的物，是仅指向介质本身，还是同时包含肖像权、知识产权等复合权利，也尚未有明确的界定。而 XR 技术应用场景很可能涉及借助比特币、智能合约、NFT 等完成自身经济生态的构建，现有法律体系难以回应此

① 参见赵自轩：《网络虚拟财产权利的消解与再造》，中国人民大学出版社 2023 年版，第 15 页。

类新型数据所涉法律争议并作出及时有效的规制，财产流转失序将直接危及既定的法律体系，导致现实世界财产秩序的混乱。[①]

三、XR 技术应用场景法律规制困境原因揭示：技术与人类规则逻辑不同一

XR 技术的广泛应用过程中，显现出了虚拟与现实世界秩序融合不足的挑战，这主要是由于技术构建的逻辑与人类社会的规则体系并不完全契合。技术本身缺乏内在的情感感知能力，尽管当前的人工智能技术能够通过解析人类的微妙表情来识别情绪状态，但这仅是技术基于自然语言处理模型和深度学习算法的运算结果，并非真正具备了人类的情感理解能力。技术的运作核心在于预设的算法逻辑，而不涉及人类社会行为所考虑的社会期待、公共利益以及公平正义等伦理维度。然而，负责技术研发与推广的主体，其个人偏好与价值取向却能在关键节点上决定技术的最终发展方向。这种决定既可能引导技术朝着促进人类解放与进步的积极方向迭代演进，亦有可能使之走向伤害乃至毁灭人类的负面路径。此外，用户个人的情感选择同样不可忽视，它们能够在 XR 技术的应用场景中，通过虚实交互的复杂过程，对其他用户的财产及人格权益构成潜在威胁。

（一）XR 技术应用范式缺位

1.XR 技术应用场景数据与信息收集监管不足

XR 技术作为一项新兴产业，在其有序健康发展的道路上，尚未形成明确的规范范式，这导致了潜在的伦理道德风险。具体而言，XR 技术应用场景中的数据与信息收集监管机制尚不完善，存在显著短板。由于监管缺失，XR 技术为追求更为真实的沉浸式用户体验，往往倾向于无限制、未经筛选地收集用户信息，这极有可能触及用户高度敏感的隐私领域，并将收集到的个人隐私信息未经授权地提供给其他用户，从而加剧了个人隐私和个人信息侵权的频发态势。更为严重的是，随着云分享技术的普及，个人隐私和个人信息侵权行为所带来的后果日益复杂且难以预测，其影响范围和深度较以往

① 参见赵自轩：《网络虚拟财产评判标准与法律保护》，法律出版社 2020 年版，第 3 页。

更为广泛，且在寻求救济时面临诸多挑战，难以及时、全面地保障受害者的合法权益。因此，针对 XR 技术应用的伦理道德风险，亟须建立健全监管机制和法律框架，以确保其健康、有序、可持续地发展。① 且鉴于 XR 技术在实际应用情境中，所涉及的人格权益损害往往难以精确量化，加之巨额经济利益的诱惑，该技术领域内忽视现实伦理道德框架、过度收集数据与信息的现象日益显著。商业实体竭力追求数据与信息利用的最大化效益，而公众则深切期望其个人隐私与信息权益能够得到最大程度的保护。因此，数据在商业层面的利用与个人信息的安全保护之间存在着天然的难以调和的矛盾。然而，监管机制的缺失与不足，进一步加剧了这一矛盾的失衡状态。当前，从事 XR 技术应用的相关企业普遍展现出信息合规意识的严重缺失与合规能力的低下。同时，作为个人隐私与信息的载体，数据本身所具备的开放性、共享性与无形性特点，对 XR 技术应用场景下的信息权利构建构成了固有的挑战。在未能前瞻性地把握 XR 技术发展脉络，并据此构建针对该技术场景的有效监管体系的情况下，单纯依赖现有的法律法规进行规制，显然难以充分应对这一复杂且严峻的挑战。②

2.XR 技术应用场景无限趋真技术自洽性缺失

XR 技术应用场景中所涉及的 AI“思考模式”，在本质上与人类的“思考方式”存在显著差异。具体而言，AI 所展现的创造力、推理能力、反事实思考能力，以及情感、意识等方面，均与人类思维有着根本的不同。AI 本身并不具备真正的智慧和情感，而是依赖于当前的深度学习技术，通过不断接收前端提供的“训练素材”，进行整理、识别，并最终按照预设的指令输出人类所期望的“正确答案”。这一过程中，AI 的行为主要受到人类预设规则和数据驱动的引导。技术本身并无固有的善恶属性，其性质完全取决于设计者及使用者的初衷与目的。从技术层面分析，AI 所训练的函数往往聚焦于预设的特定目标，而这一目标，在追求商业价值最大化的过程中，往往被

① 参见张军、田杨：《虚拟经济立法的历史演进：从自由放任到有限发展》，重庆大学出版社 2023 年版，第 129 页。

② 参见刘新宇主编：《数据保护合规指引与规则解析》，中国法制出版社 2021 年版，第 32~82 页。

设定为盈利。在此背景下，XR 技术的应用场景更多地聚焦于吸引用户、提升用户黏性。然而，这导致 XR 技术应用场景在追求高度仿真时，忽略了技术自洽性的重要性：用户可在 XR 场景中自由选择以本体或虚拟身份参与社交、游戏等活动，甚至与其他现实或虚拟主体进行亲密互动。此过程中，所有用户及虚拟身份间的交互经历，包括场景环境、情绪、感知信息等，均被实时记录，并可供用户（社会公众）事后下载回顾。这种信息的共享与传播，由于 XR 技术的高度仿真特性，引发了严重的人伦道德危机。XR 技术无疑能极大地赋能人工智能，最大化地发挥数据和信息的效用，推动社会向智能化方向迈进。然而，当前技术自洽性的缺失，使得 XR 技术的应用场景难以按照预定逻辑发展。任何技术，在缺乏伦理道德基础的情况下，其发展轨迹都将与预期目标产生偏差。未来，XR 技术有望实现虚实之间零界限的体验，但若技术自洽性问题得不到解决，将直接导致虚实世界间伦理道德价值观念的分裂与混乱，伦理道德秩序难以统一。在享受 XR 技术带来的丰富人生体验、深入了解自我、强化自我能力的同时，人类也面临着潜在的伦理道德风险。

（二）XR 技术应用场景法律规制路径不明

1.XR 技术应用场景虚实世界人身关系错位

XR 技术所构建的虚实世界中，人身关系的错位现象显著：在现实世界，人身关系受到自然法则与法律法规的双重约束，个人无法私自更改其人身关系，包括自然形成的人伦关系及法律确认的身份关系，这些关系均在道德底线范围内实现和谐统一。然而，在 XR 技术的应用场景中，相应的人身关系却缺乏全面有效的法律规制体系进行调整。例如，我国《网络安全法》明确规定，在网络运营者与用户签约或提供服务之前，运营者应当要求用户提供真实的身份信息。然而，对于用户之间在启用服务时是否需要相互披露真实身份信息的问题，该法并未给出明确的指示。在真实世界中，公众依据实际的接触与互动来评判亲密关系的道德伦理性，并基于这一评估来决定是否建立或维系这种关系，但在 XR 技术的虚拟环境中，用户往往可以匿名或以非真实的虚拟形象参与，这使得判断与他人或其虚拟分身建立亲密关系并进行亲密接触是否违背道德伦理变得复杂且困难。尤其在交互信息共享的情境下，对情绪感觉信息的获取与体验对象的伦埋道德判断更为艰巨。因此，XR 技术应用场景中形成的人身关系往往与现实世界存在显著差异。例如，用户可以在 XR 技术支持的游戏或社交场景中自由“结婚”与“离婚”，而不受法定婚龄等现实因素的限制。当游戏场景中的亲密关系引发财产争议时，法律往往不认可这些虚拟的亲密关系。但在特定情境下，即便法律不承认 XR 技术场景中的人身关系，其在判断现实权益侵害时仍具有关键作用。例如，用户在 XR 场景中“结婚”期间进行的虚拟亲密接触，可能成为判断是否存在“隔空强奸、强制猥亵、强制侮辱”等行为的重要依据。此外，XR 技术构建的虚拟人身关系通常不因现实用户主体的变更而改变。对于具备强烈社交属性的 XR 应用场景而言，用户身份的变更可能对另一方用户产生重大影响，尤其是当双方在现实世界已建立依恋或信赖关系时，这种影响尤为深刻，因为通过虚拟分身的互动，用户能够体验到类似于线下交往的感官触觉等体验。在此情境下，若一方用户擅自转让其个人账户，导致另一方用户与新用户在不知情的情况下发生以亲密关系为前提的交往接触，可能给受害方带来与现实世界遭受不法侵害相似的精神损害等严重后果。①

2.XR 技术应用场景虚实世界财产秩序多元

XR 技术应用场景的法律规制路径尚不明晰，主要源于 XR 技术所引发的虚实世界财产秩序多元化现象。当前，人工智能已深入金融、保险、教育、娱乐等多个领域，XR 技术的融入不仅加速了这些产业的数字化进程，还实现了虚实世界的高度融合与互联互通，促进了产业的多元化发展。作为人工智能迭代演进的关键一环，XR 技术的广泛应用进一步加剧了虚实世界财产秩序的多元化趋势。在现实世界，财产的自然秩序依赖于法律法规的校正以维持平衡，其价值往往与法定货币形成直接对应关系，各类财产间的价值尺度相对统一，为衡量财产流转的公平合理性提供了坚实的基准。然而，在 XR 技术应用场景中，财产价值的衡量体系却显得错综复杂。一方面，XR

---

① 参见季卫东:《元宇宙的秩序：虚拟人、加密资产以及法治创新》，上海人民出版社 2023 年版，第 163~164 页。

技术下的财产在不同情境下可能同时作为数据与虚拟财产价值符号存在，其判断标准本就存在分歧；另一方面，XR 技术所涉及的虚拟分身及其载体所蕴含的人格权益价值难以量化，更无法与现实世界财产价值进行直接换算。此外，不同 XR 应用场景间虚拟财产的流转价值认定标准尚未统一，给民事法律行为的效力认定及公平性判断带来了法律逻辑上的挑战。尤为值得注意的是，XR 技术场景中的部分财产价值符号，如游戏币等，虽以虚拟形式存在，但自诞生之初便具有实际价值，用户可通过特定换算方法以货币价值衡量其对应价值，并在场景内购买“服装”“道具”等虚拟财产。而另一些财产价值符号，如“非同质化代币”（NFT），作为区块链技术的独特应用，每个 NFT 均为独一无二的数字资产，其价值体系尚未形成，完全取决于交易时的市场定价，类似于现实世界的艺术品或藏品。相比之下，“同质化代币”（FT），如比特币等，在加密市场广泛流通，但其本质仅为数据，本身并无价值，其价值完全依赖于加密市场的信用体系及交易时的定价机制，具有高度的不确定性。综上所述，XR 技术应用场景的法律规制路径需充分考虑虚实世界财产秩序的多元化特点，明确各类财产价值的衡量标准与流转规则，以确保民事法律行为的效力认定与公平性判断具有坚实的法律基础。

四、XR 技术应用场景法律规制路径构想证成：立足技术特性予以合理法律规制

法律在面对技术发展趋势时，难以引领其方向，亦无法强制技术受限于既定的法律框架。因此，针对 XR 技术应用场景的法律规制，必须紧密依托技术的独特性质，实施合理且适度的监管。法律在此扮演的角色，是作为稳固基石，深层支撑技术迭代过程，确保其发展路径与人类道德伦理原则相契合，并为 XR 技术应用场景的法律生态体系构建提供有价值的参考与借鉴。鉴于技术本身在情感感知层面的局限性，必须对 XR 技术的应用模式进行整合优化，并加强对相关个人信息及数据的监管力度，旨在最大限度地降低道德伦理秩序遭受冲击的风险。这一努力不应聚焦于对技术本身的限制，而应通过合理的监管来平衡技术发展与伦理道德之间的关系。此外，针对 XR 技

术应用场景中人身关系与财产关系可能引发的混乱局面，规制策略必须建立在“技术服务于人类”这一核心前提之上。这意味着，在任何情况下，现实世界中的人格权及其相关权益保护都不应成为技术发展的牺牲品，也不应为了促进技术发展而给予技术试错以豁免权。就财产关系的规制而言，随着新型虚拟财产、数据、信息的不断涌现，新的权利与权益也随之产生。因此，在规制财产关系时，应区分对待人身关系与财产关系，紧跟时代发展步伐，在确保国家安全及金融风险可控的前提下，正确审视并理解这些新兴财产关系。同时还应就相关的财产争议进行科学论证，以探索出科学合理的规制路径。

（一）整合 XR 技术应用范式

1. 完善 XR 技术应用数据与信息收集监管体系

XR 技术的应用场景依托于代码架构，实现了身份认证、场景行踪监控与构建的功能，并力求在代码框架中融入自组织性特性。鉴于此，XR 技术应用的数据与信息收集监管体系的完善，实质上是一个寻求法律规制、代码技术逻辑以及用户自发行为三者间平衡的过程。[①]XR 技术应用场景，作为人工智能领域的标志性技术，其在推动人类社会进步与发展方面具有重要作用。鉴于其深远的影响，必须致力于构建一个以 XR 技术应用场景为核心且旨在促进人工智能与人类和谐共存的监管框架。这一监管体系应确保 AI 技术的健康发展，同时保障人类社会的福祉与安全，以实现两者的良性共生。

首要之务，监管的逻辑出发点需建立在 XR 技术应用场景预设的目标函数上，其不应仅局限于商业价值的实现，而应纳入维护社会公平与人类道德秩序作为重要的考量维度。在此基础上，需扭转当前商用环境中单一追求盈利目标函数的局面，促使相关企业在研发 XR 技术应用场景时，能够最大限度地兼顾并考虑全人类的共同福祉。[②] 在现实层面上，首要任务是完善相关法律法规体系，确保对于那些故意或因重大过失，仅关注个人私利而损

---

① 参见季卫东：《元宇宙的秩序》，上海人民出版社 2023 年版，第 132 页。

② 参见李开复、陈楸帆：《AI 进行式》，浙江人民出版社 2022 年版，第 28 页。

害全人类共同福祉、法律情感以及伦理道德秩序的涉事主体，能够依法给予严厉且公正的处罚。除此之外，将 XR 技术的应用场景纳入 ESG 评价体系（Enviromental，Social，Govermance Ratings，ESG Ratings，环境、社会及治理评级体系，简称 ESG 评级）[①] 亦是一条监管方面切实可行的道路，敦促监管机构更全面地评估企业在环境、社会及治理方面的表现，助推企业采用更加可持续和负责任的技术实践，激励企业通过创新来解决社会和环境问题，鼓励企业关注和解决与技术相关的伦理和社会问题，如隐私保护、数据安全以及对现实世界的影响。通过 ESG 评级，激励企业开发和实施更加负责任的业务策略，从而在追求经济效益的同时，也能够对社会和环境产生积极的影响。在数据采集与信息归纳的层面，XR 技术数据与信息收集监管体系的完善，应当遵循严谨的流程规范，对事前数据与信息收集、事中数据与信息的存储、处理、加工、转移，以及事后数据与信息的再呈现、共享等各个环节，分别制定针对性的监管措施。此举旨在实现对 XR 技术应用场景从开发设计直至事后储存、分享、再现与再分享等全过程的全面、有效监管，确保数据的完整性、准确性和安全性。[②] 在事前数据与信息收集的监管过程中，应首要聚焦于数据与信息收集主体的资质审核，针对 XR 技术应用的相关产业，必须设立严格的准入标准。相关经营主体需确保具备合法合规的数据与信息收集能力，并详尽阐述收集范围与方法，同时完善用户授权与撤销授权的配套机制。在事中数据与信息的存储、处理、加工、转移环节，监管应依据数据与信息的用途与性质，制定差异化的监管强度措施。对于旨在提升用户体验的 XR 技术应用，重点在于保障数据安全与个人信息保护，防止数据泄露或被非法窃取。而对于涉及人形机器人或真人虚拟分身参与的社交性 XR 技术应用，还需特别关注其数据与信息应用是否违背伦理道德及社会公序良俗。鉴于 XR 技术的超现实体验可能导致的用户沉溺问题，特别是未成年人群体的身心健康与三观形成易受影响，需特别关注该群体在 XR 应用场

---

① ESG 评价体系（ESG Ratings），是由商业和非盈利组织创建的，以评估企业的承诺、业绩、商业模式和结构如何与可持续目标相一致。

② 参见张军、田杨：《虚拟经济立法的历史演进：从自由放任到有限发展》，重庆大学出版社 2023 年版，第 119~120 页。

景中的交互过程，设置防沉溺措施，并确保未成年人与成年人的交互体验有所区分，避免过度追求感官刺激。在事后数据与信息的再呈现、共享环节，监管需严防数据与信息侵权行为的扩散，避免给特定用户及社会公众带来不可挽回的损失，乃至威胁社会安定与国家安全。因此，需审慎评估场景交互过程中产生的数据与信息是否适宜公开共享，对于涉及用户隐私的内容，如与爱侣虚拟分身的亲密交往记录，应严格限制传播与分享。对于不当分享的数据与信息，需迅速切断传播渠道，及时删除、封存。

此外，应建立针对不当经营主体与利用 XR 技术实施不法行为的用户的黑名单制度。对经营主体，应责令限期整改并没收违法所得，惩罚力度需与其不当经营所得相匹配，以高昂的违法成本推动 XR 技术的合法合规发展。对整改无效的黑名单经营主体，应实施市场禁入。对于 XR 应用场景内的违法用户，鉴于虚拟世界证据固定的难度，监管部门应与相关部门建立联动机制，及时移送侵权、犯罪线索，并采取有效措施保护受害用户，固定证据。针对涉及人类共同福利保障的 XR 技术应用场景，其监管措施应区别于一般商业应用场景。特别是在医疗行业，XR 技术的引入赋予了医生独特的视角，使他们能够直接感知患者的“亲身感受”与“情绪变化”，这不仅有助于医生实时监测患者的病情变化，及时调整诊疗方案，还能有效安抚患者情绪，对医学进步具有重大意义。因此，针对医疗行为中的 XR 技术应用服务，其监管与规制应特立独行，避免与一般的商业应用及生活应用场景混为一谈。在患者明确授权的前提下，医生及相关医疗机构可收集、分析、利用及共享相关信息与数据，以满足医疗需求及医学研究提升的需求。此授权应视为一种概括授权，旨在限定信息收集与数据利用的范围于医疗目的之内。为确保患者个人隐私与信息的保护不受损害，尽管授权手续可适当简化，但针对 XR 技术应用场景信息与数据的利用、加工与分享过程，仍需实施严格的监管措施。具体而言，应设立专门的监管负责部门，对医疗机构的 XR 技术应用场景进行全面监督。医疗机构在研发及启用 XR 技术应用场景时，应向该部门提交详细的风险评估报告，明确阐述技术运行原理、信息获取与数据的呈现方式、储存方式以及具体用途范围等，以确保技术的合规应用与患者的信息安全。[①]

此外，对于XR技术中涉及情感与感官交互，特别是多人场景的技术开发工作，应全程由人类参与决策与评估过程，避免依赖基于深度学习的自然语言处理（NLP）算法模型，无论其是有监督还是自监督的NLP系统。[②] 因此，在监管涉及道德底线的交互式场景应用时，应确保技术研发的起点与灵感均源自真实世界中人类真实且正当的需求。除了对一般XR技术应用场景在研发及上市前进行道德伦理风险评估，并提出详尽的风险应对预案外，针对商用性质的XR技术应用场景，还需在可预见的范围内制定具体的研发及上市禁令。这些禁令的制定应由AI领域的专家与生物学、医学、法学、物理学等领域的专家协商完成，并根据时代变迁和技术革新的特点，适时进行调整。例如，明确禁止针对未成年人开放与“性权利”行使相关的XR技术应用场景。

2. 构建XR技术应用伦理秩序适配机制

XR技术的应用场景广泛跨越虚拟与现实世界，其众多场景设计与交互逻辑均深深植根于现实世界的既有体系之中。然而，值得注意的是，XR技术本身并不具备感知与情绪的能力，这意味着现实世界的伦理观念难以被技术直接理解和接受。鉴于这一现状，为了避免XR技术在应用过程中因缺乏技术伦理观念而可能引发的伦理道德危机风险，有必要构建一套适配XR技术应用场景的伦理秩序构建机制，以确保技术的健康发展与社会责任的履行。

具体而言，在XR技术的应用过程中，应当高度重视并妥善平衡用户隐私权益与现实伦理秩序的维护。各XR技术应用场景内，必须明确划定隐私权与个人信息权益的界限，确保用户的尊严得到充分尊重，同时确保信息流通处于合理、合规的范畴之内。对于涉及极端伦理道德的交互应用，如“伴

---

① 参见刘新宇：《数据保护合规指引与规则解析》，中国法制出版社2021年版，第232页。

② 自然语言是人类通过社会活动和教育过程习得的语言。有监督的NLP是指在AI模型的学习阶段，每一次输入时都要提供正确答案。自监督的NLP则在训练NLP模型时，无须人工标注输入、输出数据，其在学习语言时不依靠人类语言学理论中的词形变化规律和语法规律，而是依靠AI自创的结构和抽象概念。

侣之间的爱抚行为”等，鉴于其技术特点，即通过虚拟方式实现亲昵动作，虽在物理层面上不产生实际接触，但仍能引发与现实世界接触相似的情感与感觉体验，因此，在用户发送执行此类亲昵动作的指令时，必须事先获得另一方的明确授权与同意。同时，相关服务平台有责任对亲昵动作的具体内容及执行效果进行详尽说明，并提供中止及终止功能，以保障用户的自主选择权与隐私权。在多人社交场景下的交互活动中，必须严格遵守现实世界的公序良俗及道德风尚。特别是在涉及“性权利”的行使时，多人社交场景应坚决予以禁止，以维护良好的网络生态与道德风尚。

未成年人因其强烈的好奇心与探索未知世界的欲望，对提供强烈感官刺激的 XR 技术应用往往抱有更高的兴趣。XR 技术应用的交互性和真实度较网络游戏更为显著，这一特性极易导致未成年人沉迷其中，对其健康价值观的塑造及对现实与虚拟世界的正确认知构成负面影响。鉴于未成年人的心理成熟度较低且价值观尚在形成之中，因此，在 XR 技术的应用场景中，必须高度重视未成年人的权益保护与心理健康。针对那些可能引发精神依赖或具有强烈情感刺激的 XR 应用场景，监管的核心应放在用户实名信息的严格核实上。鉴于 XR 应用场景中实名信息核实的极端重要性，以及黑客可能利用盗取的资料或 Deepfake 技术进行身份伪造，未成年人也可能通过不正当途径获取资料以隐瞒其身份，一般实名认证手段可能不足以应对这些复杂情况。因此，可考虑采用生物特征识别技术，如利用人体固有的生理特征进行身份验证，以提高识别的准确性和安全性。此类技术包括但不限于人脸识别、步态识别、手 / 手指几何学识别、手势识别，以及涉及语音语义及情感计算的说者识别和脉搏识别等。[①] 其中，GAN（Generative Adversarial Networks，生成对抗网络）作为一种对抗 Deepfake 技术的生物特征识别技术，也值得关注和应用。此外，在 XR 新兴技术应用场景上市前，监管机构应严格审查其功能是否存在违反公序良俗或挑战道德伦理底线的风险。根据不同 XR 应用场景的功能特点及潜在风险，应设定不同级别的监管力度和措施，对于部分高风险场景，应明确禁止向未成年人开放。

---

① 参见李开复、陈楸帆：《AI 进行式》，浙江人民出版社 2022 年版，第 62 页。

值得注意的是，针对XR技术应用场景所涵盖的高度仿生“人形机器人”产业，其监管应依据交互应用的空间开放程度及隐私保护需求，制定差异化的市场准入标准。对于因家庭成员去世、地理分隔等特殊情况，用户可能提出的包含“抚慰”与“陪伴”等精神需求的私密性技术服务请求，不应采取简单禁止的方式处理。例如，若用户定制逝世伴侣机器人并嵌入其虚拟分身信息，该机器人与用户之间的交互记录虽可保存，但严禁上传至云端共享，且当机器人因赠予、继承、交易等情形导致交互对象变更时，必须彻底删除既有交互信息与数据，并依据新的授权规则重新制作其形象。

对于非基于亲属关系的交互设计应用场景，则需高度警惕利用物理空间隔离特性及Deepfake技术可能带来的法律风险，包括但不限于伪造证据、干扰司法公正等严重问题。例如，XR技术可能被用于线上“聚众淫乱”“强制猥亵、侮辱”等违法活动，由于现行法律在此类虚拟场景中的适用性尚存争议，加之Deepfake技术能够轻易生成难以被肉眼或普通防伪手段识别的伪造视听资料，进而篡改XR场景中的真实互动过程，这无疑增加了司法机关的调查取证难度，同时也大幅提升了受害者的维权成本，因此，建立有效且可靠的防伪检测机制至关重要。例如，可以引入区块链存证技术，对XR技术应用场景中产生的视频、照片、音频等实时互动资料进行认证，确保这些记录的真实性与完整性，防止被篡改或伪造，从而为司法调查提供有力支持，保障相关权益人的合法权益。

（二）重塑XR技术应用场景法律逻辑

1.XR技术应用场景人身关系法律认定与现实世界绝对同一

在XR技术的运用范畴内，用户享有充分的自由度，可自主决定以何种身份与形象与其他用户进行互动。这种基于XR技术场景构建的人身关系虽具灵活性，但必须明确，任何私人不得擅自改变具有法律约束力的社会关系。无论XR技术所塑造的社交与行为模式如何贴近或高度模拟现实世界的运作模式，都无法撼动现实世界的法律根基。因此，XR技术场景内的人身关系在法律认定上必须与现实世界保持完全一致。

发展不应以牺牲人类的基本权利为代价。总的来说，XR技术应用场景中所涉及的技术产物不应错误地获得人格权（或相关权益）的保护或限制。以 XR 技术应用场景中的虚拟数字人为例，审视当前虚拟数字人行业的整体发展趋势，在技术路径的选择上，虚拟数字人可明确划分为四大主要类别：一是真人建模与真人驱动的结合；二是真人建模与算法驱动的配合；三是虚构角色与真人驱动的融合；四是虚构角色与算法驱动的协同。从展现形态的角度分析，现实主体对应的虚拟数字人及高仿真写实类虚拟数字人，多依据真人外貌进行设计，能够展现出超写实的风格特征；而卡通形象的虚拟数字人，则更倾向于呈现二次元风格的视觉效果。算法驱动型虚拟数字人，作为强人工智能领域的代表，目前正处于渐进式的发展阶段。相较之下，真人驱动型虚拟数字人，凭借其"人机耦合"的核心设计理念，更贴近于弱人工智能的范畴，且其发展水平已相对成熟。虚拟数字人作为数字网络空间中的存在体，集成了人工智能技术及多个相关领域的最新成果。其运行的算法、规则以及所展现的运算与学习能力，均深刻反映了开发设计者的意图与选择。因此，从某种视角来看，虚拟数字人更多地扮演着创作者工具的角色，而非创作者本身。在著作权法的法律框架下，著作权归属于作品的创作者，而表演者和录音录像制作者则依法享有邻接权。尽管虚拟数字人能够基于深度学习算法生成具有独创性的文本、图像、音视频等内容，但这些成果并不归属于虚拟数字人本身，而可能归其开发设计者所有。同时，虚拟数字人的"表演"活动并不符合传统意义上表演者的法律定义，其背后的真人驱动者才是实际的表演主体。在此情境下，虚拟数字人仅作为真人表演的数字化再现形式存在，并不享有表演者权。当虚拟数字人参与拍摄或出演活动，其行为被记录并转化为视听作品时，若该作品具备独创性，则著作权依法归属于制作者；若作品缺乏独创性，则作为录像制品受到法律保护，此时录像制作者享有邻接权。无论虚拟数字人采用何种驱动方式，其均不享有著作权或邻接权。①

同时，XR 技术场景内的交互过程及所建立的人身关系与身份关系，均不能作为处理现实世界财产权利的合法依据。用户在使用 XR 技术时，需要

① 参见杭州互联网法院（2022）浙 0192 民初 9983 号民事判决书。

明确区分虚拟世界与现实世界的界限。虚拟世界中的行为和互动不能直接应用于现实世界，用户在虚拟世界中获得的体验和成就，虽然可能对个人情感和社交生活产生影响，但不应被误解为具有现实世界的法律效力。这种区分有助于保护用户的权益，避免因混淆虚拟与现实而产生的法律纠纷。例如，在 VR（虚拟现实）或 AR（增强现实）等技术场景中，用户可能通过虚拟身份进行社交互动，甚至模拟婚姻生活。然而，这些虚拟场景中的行为和关系并不具备现实世界的法律效力。尽管用户可能在虚拟世界中与另一用户“结婚”，并共同“拥有”虚拟财产，但这些虚拟财产和婚姻关系在现实世界中并不被法律认可。我国法律对婚姻关系的法律效力及家庭成员关系的界定均有明确规定，用户不得依据 XR 技术场景内构建的婚姻关系等，要求继承、分割或处置他人名下的真实财产权利。在现实生活中，法律保护的婚姻关系和家庭成员关系是基于真实身份和法律认可的，涉及财产继承、分割或处置等法律行为时，必须遵循现实世界的法律规定。此外，法律还规定，任何企图利用虚拟场景中的关系来规避现实世界法律义务的行为都是不被允许的。例如，用户不能以虚拟婚姻为由逃避赡养义务，或者利用虚拟财产进行欺诈等非法活动，法律机关有权对这类行为进行调查，并采取相应的法律措施。

人们可以通过 XR 技术应用场景开展与现实世界独立的社交和娱乐方式，但用户必须遵守现实世界的法律法规，明确虚拟与现实的界限，确保自己的行为不会违反法律，也不会对他人造成不必要的法律风险。但是必须注意的是，XR 技术场景内的身份关系在涉及事实层面的认定，如是否存在同居关系、“性胁迫”等行为时，具有重要影响。这些事实认定将直接影响现实世界法律对于财产处分行为及身份关系行为效力的判定与处理意见。例如，通过 XR 技术，可以在特定虚拟环境中模拟亲子间的互动，通过分析双方的行为模式、语言习惯和情感反应等，为法官提供辅助性的判断依据。在家庭法中，对于亲子关系的认定，传统的 DNA 检测方法虽然准确，但需要采集生物样本，有时会带来隐私和伦理上的争议，而这种虚拟环境中模拟互动不仅保护了当事人的隐私，还能在一定程度上模拟出无法通过传统方法获取的信息。在劳动法领域，随着远程工作和虚拟办公的普及，员工与雇主之间的劳动关系认定也面临新的挑战，XR 技术可以创建一个虚拟的工作环境，记录员工的工作行为和产出，从而为劳动关系的认定提供更加客观的依据，此外，对于工伤认定，通过模拟工作场景中的意外事件，可以更准确地评估伤害程度和责任归属。在刑事司法领域，XR 技术同样具有潜在的应用价值。例如，在模拟犯罪现场重建方面，传统的重建方法往往受限于现场条件和物理证据的保存状态，而 XR 技术可以无限制地重现犯罪现场，为侦查和审判提供更加直观的证据。此外，通过模拟嫌疑人的视角和行为，可以更好地理解犯罪动机和过程。在虚拟世界中，尽管用户可以体验到各种各样的交互和身份扮演，但这些体验仅限于虚拟环境之内。例如，玩家在虚拟现实游戏中扮演的角色，虽然可以在游戏世界中进行交易、获取虚拟物品，但这些虚拟物品和交易仅在游戏内部具有意义，不能在现实世界中产生法律效力。同样，虚拟世界中的身份关系，如角色间的“婚姻”或“友谊”，也仅限于游戏或虚拟环境的框架内，不能被认定为现实世界中的法律关系。随着 XR 技术的不断发展，相关的法律法规正在逐步完善。为了更好地保护用户的权益，确保虚拟世界与现实世界的和谐共存，开发者和监管机构需要共同努力，制定明确的指导原则和法律框架。这不仅有助于规范虚拟世界中的行为，也为用户提供了明确的行为准则，使他们能够在享受虚拟世界带来的乐趣的同时，也能够理解和遵守相应的规则和法律。随着 XR 技术在法律领域的应用不断深入，也引发了一系列新的法律和伦理问题。如何确保虚拟环境中的数据安全和隐私保护，如何避免技术滥用导致的偏见和不公，以及如何在法律框架内合理界定虚拟证据的效力，都是亟待解决的问题。因此，法律界、技术界和伦理学界需要共同努力，制定相应的规范和标准，确保 XR 技术在人身关系法律认定中的应用既高效又公正。

2.XR 技术应用场景财产秩序构建与现实世界相对统一

元连接等技术的革新，已促使现实世界财产实现在区块链上的流转，而 XR 技术的广泛应用则进一步模糊了虚拟与现实世界的界限。展望未来，随着裸眼显示与脑机接口等前沿技术的成熟与稳定实施，虚拟与现实世界财产秩序的多元化趋势将不可避免地带来冲击。然而，与涉及人身关系的认定与维系不同，财产秩序的构建主要聚焦于确保虚拟与现实世界中财产静态归属与动态流转的顺畅进行，而不直接关联人格权的救济。因此，在构建XR技术应用场景下的财产秩序时，虽不必严格遵循现实世界的规则，但仍需达到相对统一的状态。

在界定虚拟世界财产的性质时，必须严格遵循虚拟财产所涵盖的范围及其固有特征，确保不偏离其本质属性。至于场景交互中涉及的数据与个人信息是否应纳入财产范畴，则需根据具体情况进行具体分析，不宜一概而论。在XR技术应用场景财产秩序的规制中，首要任务是明确相关应用场景关联网络账户的权属认定及流转规则。网络账户作为用户登录互联网应用的身份凭证，是区分不同用户的重要标识，并记录着用户的授权信息。目前，司法实践与学术界对于网络账户归属权的认定已基本达成共识，即在发生争议时，通常认定网络账户归属于注册者。在处理涉及XR技术应用场景的相关应用及平台账户归属争议时，应尊重网络账户的初始认证状态，以维护账户静态归属秩序的稳定性。同时，考虑到虚拟财产价值的动态变化特性，应尽可能降低裁判难度，节约当事人诉讼成本。当XR技术应用场景相关账户因用户死亡、注销等原因发生继承或涉及买卖、赠与、用户婚姻关系解除、散伙等情形时，应遵循诚信及公序良俗原则，并兼顾诉讼便利。原则上，应认定账户归属于初始注册用户，而其他权利人则有权获取账户相关权益的折价款、赔偿或补偿。[①] 在初始用户同意变更账户用户或初始用户消亡的情况下，应最大限度尊重当事人意思自治；在意思自治缺位时，司法才应适时介入账户归属的认定。总体而言，对XR技术应用场景对应账户权属的认定应遵循一般虚拟财产账户的处理路径和逻辑。在账户变动的司法认定过程中，除需遵循一般民事纠纷的裁判思路外，还需特别注意XR技术应用场景可能带来的高道德伦理风险。事实上，处理账户归属问题实质上涉及的是对应数据、个人信息以及以数据形式呈现的虚拟道具、服装等具有财产价值的凭证。数据作为信息的呈现方式，具有可测量、收集、报告及分析的特征，是下一次技术革命和社会变革的核心动力。因此，在构建XR技术应用场景下的财产

① 参见辽宁省开原市人民法院（2019）辽1282民初3240号民事判决书。

秩序时，应充分考虑数据的特殊性质和价值。[①] 在 XR 技术的广泛应用场景中，不可避免地涉及海量的密集型数据处理。其中，个人信息作为数据的一种表现形式，如图片、影像等，承载着显著的个体特征与人格权益。[②] 对于涉及人格权及深层次人格利益的特定个人信息，如“爱抚感受”等主观感受类数据，应严格禁止其作为虚拟财产进入市场，无论是在现实还是虚拟世界中进行流通变现。然而，对于肖像、声音等较为普遍的、一般不违背伦理道德的个人信息，应在合理且审慎的范围内承认其潜在的财产价值，并允许其在市场环境中进行有序流转，以此推动现实世界与虚拟世界在财产多元化趋势下的和谐共存。鉴于上述情况，在针对 XR 技术应用场景下的账户变动进行法律认定时，必须事先委托具备专业资质的机构或专家，对账户变动可能引发的风险进行全面而深入的专业评估。同时，需依据评估结果提出针对性的风险消除措施，并在相关司法判决中明确指示，要求相关部门作为第三方主体，配合执行对涉及个人信息的数据进行删除或必要的技术处理。

特别地，若 XR 技术应用场景下的账户变动被判定为严重危害道德伦理秩序、违背公序良俗的情形，则应依法采取更为严厉的措施，包括但不限于判令相关部门立即注销相关账户，或彻底删除账户内所有数据及个人信息，以恢复至初始状态，从而维护社会的公共道德与伦理秩序。XR 技术应用场景中的财产秩序规制，关乎 XR 技术所应用的具体场景内，对于一般物理载体（如“人形机器人”、电脑或穿戴设备等）的权属界定及其流转秩序的认可或否认。这一过程旨在确保 XR 技术应用的合法性与规范性，以维护相关财产权利的清晰与稳定。在剥离网络账户的过程中，对于相关物理载体的权属认定及流转程序，其涉及的人身关系与财产关系的调整原则，在本质上，与普通民法框架下对“物”的规制是相一致的。唯一需特别强调之处，在于“人形机器人”这一特殊实体，随着科技的不断进步，其外观与行为日益逼真，由此引发了对该载体本身所承载的人格权益保护风险的深刻关注。其中，近期引发广泛争议的“性爱机器人”便是此类风险的一个直观体

① 参见［美］吴军：《智能时代：大数据与智能革命重新定义未来》，中信出版社 2016 年版，第 4 页。

② 参见江苏省泰州市高港区人民法院（2023）苏 1203 刑初 20 号刑事判决书。

现，它揭示了社会公众对于“人形机器人”在人格权益保护领域可能引发的忧虑。此外，在“人脸识别”技术日益成熟并广泛应用的背景下，“人形机器人”的财产属性也愈发凸显。某些主体可能利用这一技术，通过“人形机器人”解锁其原始用户的银行账户等敏感信息，进而对账户内的财产进行非法处置，此类行为严重威胁到现实社会中的财产秩序与安全，对财产权益的维护与构建构成了严峻挑战。因此，在针对采用高仿真技术制造的“人形机器人”的规制问题上，我们必须以现实社会中人身关系的道德风险防控与财产秩序的维护为出发点，深入探索并确立合理的权属认定以及流转秩序的规制路径。对于“性爱机器人”等具有精神抚慰性质或者高度人身依附性质的“人形机器人”不应一律认定相关法律行为无效，应当确认此类特殊载体的财产属性并予以妥善保护。然而，在涉及权属变更的情况下，为确保法律秩序与道德规范的平衡，法院有权裁定要求相关权利主体或服务机构，在物权发生变动之前，对仿生机器人的肖像、声音信息予以消除处理，并依据法律法规的框架，重新塑造其形象，以此规避潜在的道德风险。此外，XR 技术的应用场景还涵盖了某些特殊的数字资产，特别是虚拟货币领域。这一范畴不仅限于纯粹的虚拟价值符号（即传统意义上的虚拟币），还广泛涵盖了同质化代币（FT）和非同质化代币（NFT）等。这些特殊资产在形态和价值来源上均显著区别于现实世界的资产。实际上，它们在虚拟世界的流通，甚至在某些情况下与现实世界的流通，均不存在技术上的障碍。诚然，诸如比特币等典型的虚拟货币，由于其脱离国家监管，相较于法定货币而言，缺乏政府的信用背书。同时，无论是同质化代币还是非同质化代币，均缺乏一个统一且稳定的价值换算体系。然而，这并不意味着此类特殊资产缺乏价值属性。在特定市场范围和交易时点上，这些资产均被赋予了特定的对应价值，其价值虽非恒定不变，但在交易双方及涉及相关法律关系建立时，当事人之间可以就其价值达成意定一致。[①] 因此，针对此类特殊资产，不宜采取“一刀切”的方式完全禁止或否认其合法性。[②] 在有效控制金融风险和确保国家

① 参见方敏、段文澜：《元宇宙数字财产权制度构建与法律保护困境之反思与检视》，载《上海法学研究》2022 年第 11 卷（2022 世界人工智能大会法治青年论坛文集）。

② 参见河南省平顶山市中级人民法院（2021）豫 04 刑终 483 号刑事判决书。

安全的前提下，应当允许它们在一定程度上与现实价值体系适度脱钩，以促进虚拟财产自身价值的流转与效用实现。[①]

结语

XR 技术的应用场景展现出极为宽广的潜力，其核心在于以 XR 硬件为代表的人机交互技术的不断演进，该技术能促使虚拟世界内容日益逼近现实世界的体验，显著增强虚拟内容的沉浸感受与互动性能，进而为人工智能的蓬勃发展注入强大动力，尤其为人形机器人等相关产业的进步提供了高效的生产力支持。大数据与机器智能的融合，在 XR 技术应用的推动下，正酝酿着一场新的智能革命，这场革命在为人类社会带来前所未有的便捷性的同时，也伴随着一系列前所未有的挑战。关于未来 XR 技术应用场景可能面临的法律规制空白的挑战，随着法律体系的逐步健全与完善，XR 技术的发展必将迈向有序化、合规化的道路。这一过程将引领并塑造出一种新型的人类与 AI 协同工作的生活方式，该方式将突破生理与时空的束缚，极大地拓宽各行业潜在的生产力边界，从而最大化地释放人类的自然潜能。同时，这也将促进个人价值的深入挖掘与情绪价值的更高层次分享与实现。

---

① 参见上海市第一中级人民法院（2020）沪 01 刑终 35 号刑事判决书。

人工智能时代人格权保障制度研究

课题组成员

主持人： 吴小国　上海市宝山区人民法院党组成员、副院长

执笔人： 孙　凯　上海市宝山区人民法院民事审判庭法官助理

参与人： 鲍海跃　上海市宝山区人民法院民事审判庭法官

钟英通　西南政法大学国际法学院副教授

内容摘要： 基于人工智能的海量数据、超大规模算法、深度自主学习的特性，人工智能时代的人格权呈现出更多的时代特征，同时也产生了全新的人格权侵权方式，由此给人格权保护体系带来了挑战。目前，我国以《民法典》为核心的“具体——一般”人格权保护模式，在面对新型人格权侵权的情境下，于人格权位阶、“避风港”规则的适用以及归责方式与归责原则等方面仍存在一定的不足，导致对人工智能时代人格权侵权行为无法全面规制。人工智能时代的人格权侵权是全球范围的新兴议题，可以借鉴欧盟、美国等地区和国家的立法例，在我国现有人格权保护体系上，进一步明晰一般人格权与具体人格权的权利位阶，改进“避风港”规则的适用条件，细化不同场景下人工智能人格权侵权的归责方式与归责原则，并结合人格权禁令进一步遏止侵权行为，防范二次侵权的发生。由此全面优化并构建人格权保护体系，以呼应人工智能时代人格权保护的新需求。

关键词： 人工智能　人格权　体系优化　比较法　归责原则

ChatGPT、Sora 等生成式人工智能的问世，标志着人工智能将成为未来新一轮科技革命和产业变革的核心力量。基于“大模型 + 大数据”的运行模

式，人工智能具有划时代的算力支撑以及更出色的生成能力，从而具备更广泛的应用场景与使用价值。[①] 正如同以往的技术革命，生成式人工智能的诞生与应用，将在生活方式、生产活动等各方面产生变革性的影响，堪称新时代的里程碑。

与此同时，技术的变革对于法律世界而言往往伴随着新的机遇与挑战，人工智能时代的到来亦不例外。以生成式人工智能为代表的新质生产力，将前所未有地拓宽人类活动的外延，甚至开启如元宇宙、虚拟空间等全新的数字化生存模式。这意味着人类可以通过数字技术行使各种基本权利的同时，也会面临由此带来的“双刃效应”。[②] 在诸多的法律权利中，人格权首先站在了风口浪尖。一方面，人工智能的广泛应用消解了传统的时空概念，模糊了权利边界，为人格权带来了属于人工智能时代的新特征，也由此产生了新型的人格权侵权方式；另一方面，现有法律体系无法充分应对由人工智能的应用所导致的新型人格权侵权行为，在行为认定、归责原则、救济方式等方面存在一定的滞后性，难以周全地保护人格权益免于新型侵权行为的损害，无法完全适应人工智能时代的需求。

因此，在人工智能时代，就人格权呈现出的新特征以及人格权侵权的新形式进行系统、及时的研究分析，并针对性地再构建人格权保障体系，具有学术及实践方面的必要性。基于此，本文将从人工智能时代人格权的新特征及新侵权方式，以及现有的人格权法律保护体系两个方面作为切入点进行考察，并参考先进国家及地区的立法体系和操作经验，旨在为构建符合人工智能时代需求的人格权法律保护体系提供理论基础及实践指引。

一、人工智能时代的人格权侵权新形势

人工智能的广泛应用，对于人格权的权利内容以及权利边界均产生了深刻的影响，由此带来了人格权的新特征与侵权的新形式，进而给人格权保护体系带来了挑战。研究人工智能时代人格权的新特征及新侵权方式，可为优

① 王利明：《生成式人工智能侵权的法律应对》，载《中国应用法学》2023 年第 5 期。

② Oreste Pollicino & Mart Susi,*Internet and Human Rights Law*:Introduction,25 Eur.Law J.120,120–121（2019）

化构建人工智能时代的人格权保护体系提供方向。

（一）人工智能赋予人格权新特征

1. 个人信息与数据权益的紧密化

人工智能的广泛应用离不开对海量信息与数据的使用。数据是信息经过加工处理后而产生的结果。由于信息本身包含个人信息与非个人信息，因此，一旦人工智能在数据处理进程中所使用的信息包括了个人信息的内容时，数据权益与人格权益便呈现出了相互交融的状态，很难进行严格分离。[①]

通常而言，个人信息主体的人格权益始终具有优越性，[②]即个人信息主体允许使用者对其个人信息进行加工处理，并不等同于其放弃了所有基于个人信息所享有的人格权权利束。即便人工智能最后通过处理个人信息形成了对应的数据产品，其中的个人信息及相应权利仍然受到相应的保护。但是，由于人工智能具有自主学习及生成功能，其对数据和信息的融合使用，往往具备深层次、广范围的特征，而非单纯的数据堆叠。由此所产生的数据权益和人格权益的耦合性更为深刻，也更容易产生权利的交互与冲突。以飞猪旅行App为例，由特定算法产生的产品本身是一种无形财产。而进一步分割则会发现，该产品所包含的消费者账户、联络方式及个人身份信息、地理位置等信息确为消费者个人信息，但例如旅店、景点的经营信息、门票定价、优惠折扣等乂属于经营者的权利范围。同时，该产品中还可能包含点评信息、外观设计等知识产权的因素。由人工智能的算法所形成的整个数据产品包含了众多的权利束，人格权益和财产权益交互，突破了传统民法中以物为客体而产生的排他性，[③]且较难区分，难以通过单独的人格权保护体系对其中的人格权针对性地进行保护。

2. 人格权权利客体的虚拟化

人工智能的强大算力为虚拟形象的构建乃至虚拟世界的构筑提供了充分的硬件基础。音乐人包小柏通过自学AI技术，通过反复训练，在数字世界

---

① 彭诚信：《论个人信息的双重法律属性》，载《清华法学》2021年第6期。

② 王叶刚：《企业数据权益与个人信息保护关系论纲》，载《比较法研究》2022年第4期。

③ 王利明、丁晓东：《数字时代民法的发展与完善》，载《华东政法大学学报》2023年第2期。

“复活”了自己已去世的女儿。“她”不仅可即时回复对话，而且还在母亲生日时唱了生日快乐歌。

元宇宙的问世，使得现实中的使用者可通过特定的设备，在虚拟的世界中创造出自己的形象，并在虚拟世界中进行各类社交活动。上述实例均反映出，人工智能的应用，使得自然人得以在独立于自身实体之外，依照一定的行为特点、特征等创造出对应的虚拟形象，并通过虚拟形象进行一定程度的社交、生产活动，进而延伸了自然人的活动时空。这意味着在此类虚拟的交互过程中，会包含个人人格权益的内容。例如，元宇宙中的虚拟人物事实上是现实中的自然人在虚拟空间中的延伸，该虚拟人物的姓名、肖像等可能同样为现实中自然人姓名权、肖像权的延伸与体现。又例如，使用 AI 技术让“死者复生”并模拟死者生前的行为特征在虚拟平台中发表言论、作出一定行为等，可能会关联死者的人格尊严等一般人格权。又如以生成式人工智能作为手段，依照现实中存在的明星、艺人等为原型训练出的虚拟偶像、虚拟人物在虚拟空间中的发言、行为等，可能会关乎名誉权、人格尊严等人格权权利内容。此类虚拟化的人格权客体与现实中的自然人主体之间联系普遍不强，该些客体要素不再必须依附现实存在的自然人，可以直接通过虚拟的、创造的形象作为载体，在虚拟空间中切实地交互并产生法律后果。

（二）人工智能人格权侵权的新特征

1. 个人信息、隐私侵权规模的扩大化与路径隐蔽化

进入数字时代以来，针对个人信息、隐私的侵权行为便已然呈现出了规模化与隐蔽化的特征。侵权行为人通过植入木马、运行爬虫程序等攻击含有个人信息的服务器，从而非法获取、泄露个人信息与隐私内容。而在人工智能时代，此种人格权侵权行为将会呈现规模扩大化和路径隐蔽化的新特征。2023 年 6 月，美国公益律师事务所克拉克森（Clarkson）代表匿名客户在加州联邦法院对 Open AI 公司提起了一起集体诉讼，指控内容便是 Open AI 在未经用户同意的情况下非法收集和使用大量个人信息。[①]

① 尹玉涵、李剑：《生成式人工智能的个人信息保护问题及其规制》，载《海南大学学报（人文社会科学版）》2023 年第 10 期。

此种人格权侵权行为的新特征是由人工智能的运行机理及其投入使用的方式所决定的。一方面，有赖于卷积神经网络、自主算法程序等内在逻辑，人工智能具有高效的学习效能，相较于传统的生产方式具备更高的效率及更精准的抓取能力。因此，一旦被侵权行为人投入至侵权行为中加以使用，人工智能将造成相较于传统的木马、爬虫而言更加规模化、集成化的侵权后果，从而导致海量个人信息、隐私的泄露。另一方面，即便人工智能本身并未被直接投入至侵权行为中，基于人工智能学习训练的要求，创造者或使用者会提供海量的数据作为参数。而在此过程中，若人工智能使用了非合法来源的信息进行训练，则会产出含有侵权内容的数据产品。而这将不可避免地造成二次侵权的情况发生。何况算法黑箱是人工智能的固有属性，一旦人工智能基于其内置算法，超出创造者或使用者的意志对个人信息、隐私进行抓取学习，则侵权的规模将进一步扩大，且由于其算法难以揭示，会进一步导致侵权路径更难以追溯。另外，由于人工智能使用大模型收集大量的数据内容，其中无可避免地包含个人信息、隐私，且其内容数量与模型规模成正比。若侵权行为人以大模型作为攻击目标，甚至以人工智能攻击大模型，提取出所包含的目标信息，则可能导致个人信息、隐私的大规模泄露，且该种规模远非传统服务器等可比拟。

2. 网络虚拟主体人格权侵权方式的多元化

网络虚拟主体是民事主体在网络虚拟空间活动时根据网络平台规则、技术条件，通过注册等方式生成的网络空间活动主体。① 过去，针对网络虚拟主体的人格权侵权，主要表现为对隐私权、名誉权、肖像权的侵害，且方式多为通过注册账号，在网络平台上传被侵权人的照片、散播针对被侵权人的不实言论、公开被侵权人的个人信息及隐私等，相对较为单一。

而随着科学技术的进一步发展，人工智能的应用极大地丰富了网络虚拟主体的内涵。同时，借由全息投影、实时交互、VR/AR/MR、语音合成、深度学习等技术，人工智能时代的网络虚拟主体甚至能具象化为虚拟数字人投

① 朱晓瑾、刘梦薇：《杨某诉广州多某网络股份有限公司、陆某某名誉权纠纷案——网络虚拟主体人格的性质与侵权认定》，载最高人民法院中国应用法学研究所编：《人民法院案例选》2023 年第 9 辑，人民法院出版社 2024 年版，第 39 页。

身于虚拟世界中，通过线上线下世界的混合与互动影响现实中主体的认知与行为。[①]因此，相较于以往单纯的账号、ID等网络虚拟主体，针对人工智能时代的网络虚拟主体人格权的侵权方式也变得更为多样。例如，2024年，英国一名16岁少女在体验仿真的VR游戏过程中，遭到了多名陌生玩家对其所属角色的“轮奸”侵犯。该事件对当事人的心理造成了极大伤害；又如，部分人工智能软件在未经同意许可的情况下，擅自使用现实中自然人的形象创设虚拟人物，并开放渠道供不特定用户进行训练，以将该虚拟人物“调教”为特定的角色身份，并向用户提供对应的情感陪伴体验。虽然上述行为仍可被归类于网络虚拟主体人格权侵权行为的集合中，但相较于单纯的发帖谩骂、涂鸦照片等传统网络虚拟主体人格权侵权行为，上述行为的表现方式更为多元，且基于网络虚拟主体的拟真性而具有更深刻的影响。

3. 人格权侵权主体的不确定性化

在传统的人格权侵权行为中，侵权主体总是相对确定的。即便是侵权路径相对隐蔽的网络人格权侵权行为，也可以通过IP地址追踪、反向工程等技术手段，确定侵权人的主体身份。然而，在应用人工智能所产生的人格权侵权情境下，人格权侵权主体并非一直是明晰的，甚至有时是不存在的。最典型的是因虚假信息（Disinformation）所导致的人格权侵权情境。

虚假信息是指包含非正确或误导性内容的信息种类，是客观存在的信息素。[②]一方面，信息技术的发展促使以社交媒体为代表的强调用户参与和互动传播的“用户生成内容”（UCG）时代的到来。[③]UCG在促进信息交互效率、保障公民表达自由的同时，也促使大量的虚假信息产生，而人工智能的应用则加速了这一进程。人工智能需依赖海量的信息数据作为训练资料，其所接受的用户指令及内容数量已远远超出传统意义上的范畴。加之人工智能最终的输出成果是基于对已有数据的解构学习及重新创作，在此过程中，若

① 刘斌、崔茉琳：《ChatGPT时代的虚拟数字人：拟主体对人类认知与行为的中介》，载《西南民族大学学报（人文社会科学版）》2023年第11期。

② 漆晨航：《生成式人工智能的虚假信息风险特征及其治理路径》，载《情报与理论实践》2024年第3期。

③ MLRLGESAN S. Lnderstanding Web 2.0,IT Professional 2007,9（4）:34–41.

某一用户确实提供了虚假信息，不仅在技术手段上难以明确其主体信息，且即便能确认提供虚假信息的主体，也无法当然将提供虚假信息与人工智能输出侵害人格权的结果产品建立起法律上的因果关系。另一方面，人工智能还存在被称为“人工智能幻觉”（AI Hallucination）的情况。[①] 即便用于训练的信息源均为真实准确，人工智能的大模型仍可能在输出过程中提供臆想的、失实的信息产品并造成人格权侵权。2023 年 6 月 5 日，美国一位电台主持人沃尔特斯（Walters）向佐治亚州的一家高等法院提起诉讼，状告 Open AI 公司侵犯其名誉权，起因是美国的一位新闻记者在与 ChatGPT 的对话过程中，ChatGPT 声称 Walters 曾被指控从一家非营利公司骗取和盗用资金，而 Walters 声称其从未收到过此类指控并认为该信息纯属 ChatGPT 捏造。[②] 此即可能为“人工智能幻觉”导致人格权侵权的情境。

二、我国人格权保护体系难以应对人工智能时代人格权侵权

（一）我国人格权保护体系概览

我国民事立法历来重视对人格权的正面确权。[③] 我国民法的人格权立法始于《民法通则》第五章第四节的“人身权”，其内容主要是人格权，例如生命健康权、姓名权、名誉权、名称权等，并不包含身份权的相关内容。该些内容事实上是对人格权的内容进行了初步的正面确认，以列举方式对人格权作出了相对集中、具体的规定。同时，在《民法通则》的民事责任一章中也有专门保护人身权的条款，体现了我国人格权立法的保护力度。

2017 年 3 月 15 日，《民法总则》的颁布标志着我国民事立法进入了新阶段。而在针对人格权的立法方面，《民法总则》第 109 条规定了一般人格权的相关内容，在《民法通则》以列举式规定人格权的基础上，拓宽了人格权的外延，为新型人格权益的保护提供了法律依据，初步形成了“一般—具

---

① Ayush Agrawal & Mirac Suzgun, *Lester Mackey*, *Adam Tauman Kalai*, *Do Language Models Know When They're Hallucinating References*?aeXIV: 2305.18248［cs.CL］, 29 May 2023, https: //arxiv.org/abs/2305.18248.

② 周学峰：《生成式人工智能侵权责任探析》，载《比较法研究》2023 年第 4 期。

③ 王利明：《人格权：从消极保护到积极确权》，载《甘肃社会科学》2018 年第 1 期。

体”人格权的保护体系。同时，《民法总则》在《民法通则》的基础上，新增了身体权、隐私权等权利，并且全面规定了各项人格权利。[①]在《民法通则》原先的基础上进一步对人格权进行了正面确权。

然而，无论是《民法通则》还是《民法总则》，对于人格权的保护仍以侵权法意义上的救济为主，即所谓“消极保护”模式。尽管在法条中对具体的人格权有所规定，但并未对其具体的内容以及积极保护的形式予以明确，总体上仍是静态的、消极防御的保护方式。而我国《民法典》则通过人格权编与侵权责任编归责条款相结合的方式，在原有消极保护的基础上，强调了积极保护的模式。人格权编主要规定了人格权的类型、权利内容、权利边界、与其他价值之间的协调、行为人的义务和特殊保护方式等规则，侵权责任编主要着眼于对人格权的事后救济。[②]同时，《民法典》第990条第2款规定：“除前款规定的人格权外，自然人享有基于人身自由、人格尊严产生的其他人格权益。”这一规定不仅弥补了我国因一般人格权制度欠缺而导致的人格权制度的不完善，而且保持了人格权益保护范围的开放性，为充分而全面地保护个人所享有的各项人格利益提供了依据。[③]由此，我国建立了以《民法典》为核心，以其他法律规范为辅助的“具体——一般”人格权积极保护体系。

（二）我国人格权保护体系面对人工智能时代人格权侵权的不足之处

1. 对一般人格权与具体人格权的位阶仍存在争议

我国“具体——一般”人格权积极保护体系以较为开放的态度应对人工智能时代所产生的新型人格权益以及对应的新型侵权方式，具有较强的实用价值。然而，对于一般人格权与具体人格权之间的位阶关系，理论与实践之间未能达成一致意见。

针对一般人格权与具体人格权之间的位阶关系，主要存在上位说与平行

① 王利明：《人格权：从消极保护到积极确权》，载《甘肃社会科学》2018年第1期。

② 参见最高人民法院民法典贯彻实施工作领导小组编著：《中国民法典适用大全·人格权卷》，人民法院出版社2022年版，第30页。

③ 王利明：《论一般人格权——以〈民法典〉第990条第2款为中心》，载《中国法律评论》2023年第1期。

说两种观点。持上位说观点的学者认为，人是具有意识和精神的存在，除了物质利益之外，人还具有其他维度的利益与需求，例如以精神利益体现的人格利益就是人在社会中得以存在的核心利益之一。[①] 而一般人格权便是法律采取高度概括的方式赋予的具有权利集合性特点的人格权，是关于人的存在价值及尊严的权利。[②] 其标的包括生命权、健康权、肖像权、个人信息权等所有的人格利益，是法律对所有应当受到保护的人格权益作出的高度概括的表述。具体人格权的权源即来源于一般人格权。因此，一般人格权作为具体人格权的上位概念，将具体人格权包含其中，并与之共同构成了人格权保护体系。在具体人格权无法对应保护相应人格权益时，则由一般人格权进行保护。

持平行说观点的学者则认为，一般人格权并非具体人格权的渊源权。恰恰相反，具体人格权是人格权益法定化的成果。但是在人格权益法定化的过程中，其内涵与外延不断地清晰明确，在适法趋于稳定的同时也使得人格权的保护体系趋向封闭，从而无法适应人格权不断扩张和人权保护不断加强的趋势。[③] 因此，为适应不断扩张的人格权保护需求，需要以高度抽象的、概括的人格权概念作为具体人格权的补充，在指明人格权的内涵实质与保护方向的同时，也避免司法裁判对于人格权保护的封闭与僵化。在此观点中，一般人格权与具体人格权处于同一位阶，两者各司其职，并无重合与交集。

在人工智能时代，针对一般人格权与具体人格权的两种不同观点，直接导致的结果便是对《民法典》第 990 条第 1 款和第 2 款的规范适用存在分歧。例如，在未经现实人物许可的情况下，适用人工智能于虚拟空间生成以其为原型的虚拟形象，并开放接口供用户训练“调教”成诸如恋人、手足、挚友等关系的陪伴式人工智能人格权侵权情境中，可能存在侵害肖像权、名誉权、人格尊严等多种人格利益的情形。若依照上位说，则可统一适用《民法典》第 990 条第 1 款进行调整，盖因具体人格权源于一般人格权。若依照平行说，则需区分各个权利分别为具体人格权还是一般人格权，并分别适用

① 王利明：《论人格权的定义》，载《华中科技大学学报（社会科学版）》2020 年第 1 期。

② 参见王泽鉴：《民法总则》，中国政法大学出版社 2001 年版，第 126 页。

③ 参见杨立新：《中国人格权法立法报告》，知识产权出版社 2005 年版，第 34 页。

《民法典》第 990 条第 1 款或第 2 款。上位说虽提升了审判效率，同时看似兼顾了人格权益的保护力度，但存在一般人格权滥用的风险，实质上可能架空具体人格权条款；平行说虽从理论上做到了对人格权的精准识别并针对性保护，但基于现实情况，一般人格权和具体人格权的内容并非如理论呈现得如此泾渭分明。例如，人格尊严之于名誉权便存在重合的部分。因此，在实践方面仍存在一定难度。由此可见，在人工智能时代，亟须从根源上厘清一般人格权与具体人格权的位阶关系，从而真正实现对人格权的全面保护。

2. 避风港规则适用程度仍不明确

避风港规则又被称为“通知—删除”规则、通知规则、提示规则等，最早源于美国 1998 年制定的《数字千年著作权法》第 512 条，其明确在特定条件下网络服务提供者免于承担侵权赔偿责任。[①] 我国《民法典》对避风港原则作出了细致的规定。《民法典》第 1194 条强调网络服务的提供者以及用户若在利用网络的过程中存在侵害他人民事权利的相关行为，则需要承担侵权责任。同时，《民法典》第 1195 条及第 1196 条就网络服务提供者在何种情况下需承担对用户的侵权责任作出了规定，此即避风港规则。同时，《民法典》第 1197 条规定了网络服务提供者过错责任原则，即网络服务提供者若在明知或应知存在网络用户利用其网络服务实施侵权行为而未采取必要措施的情况下，避风港规则无法被适用。

随着人工智能的广泛应用，人工智能被应用于各类网络平台，为用户提供涵盖陪聊、图文生成、虚拟形象创建、信息检索等在内的各类网络服务。相较于传统的论坛、贴吧等网络服务平台，在应用人工智能的网络服务平台中，网络服务提供者不再是单纯的信息中介或者服务提供者，而是兼具了以技术手段为亮点吸收流量，并通过广告寻租、分享推广等谋取利益为手段的分享型平台。同时，人工智能的交互学习模式，使得用户也不再是单纯地作为网络服务的接受者，而是同时作为服务的提供者参与到了人工智能输出产品的创造进程中。兼之人工智能固有的算法黑箱、人工智能幻觉等技术方面的特征，导致在网络服务平台使用人工智能侵害人格权时，避风港规则在何

① 刘金瑞：《“避风港”规则的实践困境与完善路径》，载《云南社会科学》2024 年第 1 期。

种程度上得以何种方式适用存在进一步探讨的空间。一方面，若针对使用人工智能的网络服务平台仍得以适用避风港规则中的“通知—删除”方式，则基于人工智能所抓取、生成的海量数据及分享平台传播扩散的几何级规模，一旦存在人格权侵权的行为，则不足以遏制侵权产品、服务的扩散、传播，甚至会产生二次侵害、大规模侵权等情形，造成不利后果。而另一方面，如果限制使用避风港规则，则相当于科以网络服务平台更严格的注意义务与审查义务。人工智能生成服务的速度较传统方式更为迅速，且数量上更大，网络服务平台难以实时、精确地定位到侵权内容的发生。同时，即便是人工智能的创造者，也无法确保人工智能在自主学习的过程中，不会产出存在侵权内容的产品、服务。若要求网络服务平台以严格审查的态度应对人工智能的生成内容，则从实践上存在可行性方面的难度。最终造成的结果很可能是网络服务平台减少甚至放弃使用人工智能作为产品、服务的提供手段，从而对人工智能技术的创新造成负面影响。

3. 归责原则仍存在局限性

在侵权责任的领域，无论是侵权法基础理论，还是侵权法整体的规则架构，均以个人主义为构建的核心。[①] 即将加害人与受害人一一对应，并通过对过错、因果关系等规则的设立，确立了一整套归责原则。从个人主义视角看，人工智能人格权侵权的归责问题，可以有两种解决路径：其一是以《生成式人工智能服务管理暂行办法》为法律依据，通过对服务提供者的监督管理，主张在人工智能侵权时，由服务提供者承担侵权责任。其二是根据人工智能自主学习、自我提升的程度，在现有法律框架内适当进行创新，将人工智能作为有一定民事行为能力的法律主体，并由其承担责任。

然而，该两种归责原则本身均存在一定的局限性。其一，人工智能人格权侵权难以适用产品责任归责原则。一方面，人工智能本身提供的是一种服务，尤其是以虚拟网络平台为载体，提供信息资讯、形象生成、聊天陪伴等内容的人工智能，其服务属性更加明显。而从法律解释的角度来看，将产品

① 陆小华、陆赛赛：《论生成式人工智能侵权的责任主体——以集体主义为视角》，载《南昌大学学报（人文社会科学版）》2024 年第 1 期。

解释为包含服务在内，在文义上存在难以自洽的部分。另一方面，即便认可将服务纳入产品内涵的解释方法，产品责任指的是因产品在设计、制造、服务上存在缺陷造成本人或他人财产损失或人身损害的侵权责任。其强调因生产者的责任使得产品存在固有的、客观的缺陷，并导致侵权行为的发生。然而，因人工智能强调用户生成内容以及存在人工智能幻觉，在发生人格权侵权时，侵权主体存在不确定性，并不能当然归责于生产者本身。甚至在人工智能完全符合技术标准，不存在侵权风险的情况下，仍会产生侵权内容。即人工智能的“产品”风险不可控。因此，意图将人工智能侵害人格权的情境纳入产品责任的归责原则体系中，在法律逻辑上存在一定的局限性。

其二，以人工智能作为归责主体在现阶段仍缺乏现实的可行性。人工智能的飞速发展，使得在一定领域内，人工智能能够实现如人类一般学习、行为及决策的功能。由此产生了人工智能作为责任主体承担人格权侵权责任的设想。该观点认为，人工智能具备有限的责任能力，承担有限的法律责任。[①]其承担责任的形式，主要为限制某一特定行为。至于赔偿、补偿等，则由人工智能的设计者、开发者、制造者或使用者承担。[②]但是，在人格权侵权的情境下，被侵权人的损失填补，主要存在精神方面与财产方面两者。在精神方面，由于人工智能缺乏伦理性，故难以对其科以诸如赔礼道歉、登报公告等常规的精神补偿方式；在财产方面，即便在认可人工智能的有限主体责任情形下，其最终承担者仍为人工智能的设计者、开发者、制造者或使用者，在实际效果方面与不认可人工智能主体责任并无区别。即便是针对人工智能的限制行为，也并非一定要通过承认人工智能的有限主体责任才能够实现。因此，现阶段对于人工智能主体责任的肯定，更多具有象征意味，并无法真正实现归责原则的完善。

三、国外人工智能人格权侵权保护模式立法概览

人工智能的发展与应用所带来的人格权侵权问题已然成为世界范围内关

① 袁曾：《生成式人工智能的责任能力研究》，载《东方法学》2023 年第 3 期。

② 袁曾：《人工智能有限法律人格审视》，载《东方法学》2017 年第 5 期。

注的法律课题。因此，我国的人工智能人格权侵权保护体系可以尝试引入全球比较的视野，并从人格权的立法位阶、人工智能人格权侵权的归责原则，以及对应的救济及监管方式三个方面进行考察、比对，积累经验，优化结构。

（一）人格权位阶：一元论与二元论

如前文所述，我国《民法典》并未对一般人格权与具体人格权的位阶作出进一步的规范表述，由此产生了法条适用上的争议。事实上，关于一般人格权以及具体人格权位阶之争，在世界范围内表现为人格权的一元论与二元论。对比两者的优劣所在，可为我国《民法典》明晰二者位阶，并且在发挥其面对人工智能人格权侵权情境下的规范作用具有参考价值。

1. 人格权一元论

持一元论的立法观点认为，人格权并非静态的定义，而是动态的、变化的。因此，对人格权的具体定义不符合解决难以预见冲突的立法目的。人格权的保护，需要全面的、开放的立法体系。一元论的立法论调基本上不承认具体人格权的存在。瑞士、德国、奥地利等便是典型的人格权一元论国家。其中比较有代表性的是《德国民法典》。《德国民法典》将人的自由、尊严等范畴视为人的要素——人本身“内在的东西”，进而使之成为法律人格的伦理基础，并承认应该对人格进行保护。但是，《德国民法典》并未承认具体人格权。除了在自然人一节中第 12 条规定了“姓名权”的相关内容外，《德国民法典》并未就其他人格权益作出任何具体的规定。但在“侵权行为”一节中，《德国民法典》以多个条款作出了对故意或过失侵害生命、身体、健康、自由以及民法典以外其他法律所保护的包括人格在内的其他利益的规定。[①] 在现实生产生活中的各类人格利益，例如姓名、肖像、隐私，甚至是死者尊严等，均可被该些条款所覆盖并调整。此种开放的表达方式，实为一般人格权的一元论体现。

同样具有代表性的还有《瑞士民法典》。与《德国民法典》类似，《瑞士

① 曹险峰:《论德国民法中的人、人格与人格权——兼论我国民法典的应然立场》，载《法制与社会发展》2006 年第 4 期。

民法典》未对人格利益做具体的列举，仅明文规定了姓名权作为具体人格权。而对于其他人格利益的保护，均被概括在《瑞士民法典》第28条一般人格利益保护的规定中。尽管在1982年《瑞士民法典》人格权的改革过程中，联邦司法和警察部起草的草案第28条第2款曾经尝试过将具体人格权纳入其中，但最终被参议院以“仅仅具有示例功能会妨碍人格权的进一步发展并使得法律条文难以组织”为由所放弃。①

在一元论的视野下，所有由人工智能产生的人格权侵权案件，其侵权客体可以被涵摄于一般人格利益的范围中。仅有在人工智能侵害了特定的人格权益，例如姓名权时，才会遵从特殊规定进行处理。

2. 人格权二元论

二元论的立法观点则在如何对待具体人格权方面与一元论呈现截然相反的态度。基于历史及立法技术的因素，持二元论立法观点的国家倾向于在规定了开放的、动态的一般人格权的同时，通过具体列举的方式明确具体人格权的内涵及相应特征，以明确、固定的法律概念和法律要素，确定各具体人格权之间的边界。

英美法系是典型的人格权二元论国家。在人格权侵权的立法方面，英美法系国家在明确法律体系对人格权益及人格尊严提供保护的同时，更着重保护“实质上的人格权”。在人格权侵权保护的立法技术上，英美法系采用了所谓的“鸽洞模式”（pigeonhole system），即通过具体列举各种侵权之诉的方式，对人格权提供保护。②以侵害身体权为例，英美法系将侵害身体权的行为分为两类：一类为侵害身体，另一类为侵害生命。而针对侵害身体，结合具体的场景，可以细分为冒犯性侵害他人身体以及伤害性侵害他人身体两类。英美法系通过对某一侵害具体人格权的行为作出具体的描述，并将各种侵害某一具体人格权的行为统合一处，便形成了针对某一具体人格权的保护体系。同时，为了弥补此种模式对于人格权保护可能存在的滞后性，英美法系通过制定专门法规的方式，规定专门的具体人格权以供司法裁判遵循。例

① 沈建峰：《具体人格权的立法模式及其选择——以德国、瑞士、奥地利、列支登士敦为考察重点》，载《比较法研究》2011年第5期。

② 王利民：《论人格权编与侵权责任编的区分与衔接》，载《比较法研究》2018年第2期。

如英国议会制定的《诽谤法》创设了作为具体人格权的名誉权，以及美国《第二次侵权法重述》所规定的侵害隐私权和侵权法为适应人格权商业化使用而创设的公开权等。但是相较于美国，英国在隐私权的规定方面更加具有二元论的特色。盖因 1998 年为落实《欧洲人权公约》，英国颁布了《人权法案》，明确了隐私权的概念。而美国在隐私权的保护方面，则仍然更多地依赖司法确权，不断扩张其内涵，反倒有了一元论立法模式的特色。

由于英美法系本身具有案例法的特色，通过“法官造法”的方式完成对法律滞后性的相对克服。因此，在面对人工智能人格权侵权案件时，法官可以通过对侵权客体的描述，明确人工智能的投入使用所侵犯权利的类型。虽然从理论上而言，可以抵消由人工智能侵权形态的变化而产生的法律真空问题，但是从技术层面上而言，该种模式极其强调法官的释法能力。甚至可以说，法官的释法技术，决定了人工智能人格权侵权案件中是否存在侵犯权利客体，是否构成侵权。因此，具有较大的不确定性。

（二）归责原则：非合同性民事责任及间接帮助理论

人工智能时代，对于人格权的保护最终要落实到侵权责任的划分上。而在归责原则方面，欧盟《产品责任指令》（提案）建立了非合同性民事责任体系，分情况规范人工智能在人格权侵权情境下的归责方式；美国则在明确区分不同场景适用不同归责原则的基础上，创设了间接帮助责任理论，并以此将归责原则按照专业领域进一步细分。两者在归责原则方面各具特色，值得参考借鉴。

1. 欧盟：非合同性民事责任

2024 年，欧盟通过了《人工智能法》，率先在全球范围内确立了对人工智能潜在的风险的统一规制。而与之配套的侵权责任方面，欧盟制定的《产品责任指令》，就人工智能侵害人格权的归责原则以及举证责任作出了特别的规定。

《产品责任指令》（提案）为欧盟委员会于 2022 年开始起草，旨在针对人工智能时代的到来，更新已经实施了 40 年的《产品责任指令》，以符合人工智能所带来的变化。根据《产品责任指令》（提案），其立法目的在于通过规定人工智能的非合同性民事责任规则，从而使得因人工智能受到侵权损害的被侵权人，能够享有“等同于在没有人工智能系统参与情况下而要求损害赔偿的保护水平”[①]。为达到这一目的，《产品责任指令》（提案）将人工智能侵害人格权的法律责任统称为非合同性民事责任，即区分于债法项下各民事责任形式的责任承担及原则。并将之区分为过错责任、产品责任、严格责任三者。通常而言，因人工智能导致的人格权侵权适用过错责任的归责原则，即被侵权人需要证明侵权人存在故意或过失。而其中，过失情形包括未能在设计、部署、监控等方面作出应有努力，以及人工智能系统没有遵守欧盟法或各国法关于人工智能系统的注意义务规定。但在两种情况下，侵权人需要承担严格责任的归责原则。一种是当人工智能作为系统被嵌套在实体的产品中，作为实体产品的一部分进行活动，并在此过程中造成了对被侵权人人格权的侵害。例如无人驾驶汽车因人工智能的判断失误造成车祸，从而损害了被侵权人的身体权和健康权。此时，人工智能可以被当作产品中的部件，其造成的侵权行为可类推适用产品责任的归责原则。另一种则是被定级为高风险等级的人工智能在使用过程中造成人格权侵权的，同样适用严格责任。该种情况与《人工智能法案》相呼应。在《人工智能法案》中，人工智能被分为高、中、低三个风险等级。其中，高风险等级对应在公民健康、安全、教育、金融服务等领域被投入使用的人工智能，盖因该些领域关乎公民的基本权利。

2. 美国：间接帮助责任理论

在归责原则方面，美国总体上与欧盟类似，采取了区分适用归责原则的立法方式。[②]稍有不同的是，美国在对人工智能的生产者、设计者、开发者、创造者归责时，仍采用严格责任的归责原则立场。但是，对于一些具有设计缺陷和警示缺陷的人工智能，美国则采取了过错责任的归责原则。

在人工智能人格权侵权方面，美国相较于其他国家、区域而言最具特色

① 李容佳：《欧洲人工智能责任指令（提案）综述》，载微信公众号“清华大学智能法治研究院”，2022 年 11 月 26 日。

② 何郑浛：《论生成式人工智能责任承担体系的构建》，载《新兴权利》集刊 2023 年第 2 卷（生成式人工智能法律问题研究文集）。

的是创造了间接帮助责任理论，并以此进一步细分了人工智能人格权侵权情境下的归责原则。间接帮助责任理论针对诸如医疗、金融等专业属性较强的领域中人工智能的使用。根据间接帮助责任理论，尽管人工智能现阶段已具备了相当的自主学习能力及决策功能，其在地位上仍属于专业人员的补充。人工智能的生产者、设计者、开发者、创造者负有“通过对使用该技术的专业人员的潜在危害提供适当警告，以履行其对消费者的注意义务”①。在适用间接帮助责任归责原则的情境下，即便人工智能仅仅是专业人员的补充，法院仍然需要审查人工智能的生产者、设计者、开发者、创造者在设计开发过程中的行为是否合理。当人工智能因无法完成其应承担的任务而造成人格权侵权时，专业人员不应当承担所有的责任。例如，当人工智能被应用于肌腱切割手术中作为主刀医生的专业辅助时，即便在人工智能被设计完善的情况下仍然出现了错误，其开发者依旧需要承担严格责任。而相对地，主刀医生则需要按其过错承担相应的侵权责任。间接帮助责任归责原则缓和了传统侵权责任归责原则对于专业人士较为严格的归责标准，寻找开发者与使用者之间侵权责任承担程度的平衡。同时，间接帮助责任归责原则通过对开发者科以较为严格的归责原则，激励技术的持续改进，同时阻止了迫切需要专业人士的领域过早自动化。

（三）救济及监管方式：针对人工智能的发展特色

在人工智能投入生产生活应用较早的欧美地区，立法机关针对不同阶段人工智能的发展特色，在厘清归责原则和法律责任的同时，制定了配套的救济及监管制度，具有时代特征。

1. 美国：《深度伪造责任法案》配套人格权禁令制度

深度伪造是指对图像、视频和音频进行超现实的数字伪造，它的出现业已成为人工智能社会进化过程中的缩影。②2020 年美国大选前夕，美国众议院院长南希·佩洛西（Nancy Pelosi）的虚假合成视频在社交媒体上广泛流传，引起了美国立法者对深度伪造技术的担忧。在此背景下，美国制定《深

① 王轶晗、王竹：《医疗人工智能侵权责任法律问题研究》，载《云南师范大学学报（哲学社会科学版）》2020 年第 3 期。

② 蔡士林：《“深度伪造”的技术逻辑与法律变革》，载《政法论丛》2020 年第 3 期。

度伪造责任法案》（DEEP FAKES Accountability Act，以下简称《法案》）。

《法案》在要求深度伪造内容制作者负有披露义务的同时，还赋予了被侵权人相应的诉讼权利。若自然人或法人因深度伪造内容遭受了实际损害的，被侵权人可以向法院申请人格权禁令，或者对深度伪造内容的制作者提起民事诉讼。这意味着人格权禁令的适用范围正式拓展到了人工智能人格权侵权的范围内。且美国的人格权禁令分为临时禁令与永久禁令，《法案》并未将人工智能深度伪造的人格权禁令形式进行固定。另外，《法案》对于人工智能人格权侵权的损害，规定了相应的赔偿责任。

同时，从各个州立法上看，同样在推进关于深度伪造的立法工作。例如2019年7月1日，美国弗吉尼亚州通过了反色情复仇修正法案，将“制作、传播虚假的裸体或性视频或图像”以胁迫、骚扰或恐吓他人的行为也认定为刑事犯罪。2024年7月1日，田纳西州通过《确保肖像、声音和图像安全法》明确了未经权利人同意不得对任何人的包括声音在内的个人形象权客体进行AI克隆，从人格权的角度明确了对深度伪造的规制。

2. 欧盟：分级分类制度与“契约”监管模式

2024年3月13日，欧盟以高票数表决通过了《人工智能法案》。《人工智能法案》以风险可控与“监管沙盒”作为其核心逻辑，构建出稳健的人工智能监管范式。其中，分级分类管理与“契约”监管模式是其两大治理监管的核心方法。根据《人工智能法案》第5条规定，人工智能的风险等级由高到低分别为不可接受风险、高风险、有限风险和低或极小风险四类，并针对不同的风险等级，科以从禁止准入到无需遵守额外规定等不同程度的主体责任，以提高人工智能公平度、透明度和可问责性，从而使得人工智能的自主性决策趋于可控，在充分促进生产创新的同时保障产业健康发展。[①]

另外，《人工智能法案》规定了“契约”监管的方式。所谓“契约”监管方式，是指通过建立多个保护机关并使各保护机关间达成合意，共同在开放、透明的运行环境下实行监管的操作方式。在《人工智能法案》第53条及第54条a项中，规定成立以各成员国公共机关或者欧洲数据保护机关为

① 于品显、刘倩：《欧盟〈人工智能法案〉评述及启示》，载《海南金融》2023年第6期。

“契约”监管主体，并确保透明、广泛、公开的参与环境，同时构建受控的检测平台（“沙盒”），以供人工智能在投入市场之前进行风险等级的测试与验证。若在处理测试中存在侵害第三方主体的情况，人工智能的使用者则需承担相应的赔偿责任。以“契约”监管模式作为人工智能监督管理的范式，一方面可以进一步实现风险的可控，保证人工智能在具备自主决策、自主演化的创造性的同时，降低其风险性与不稳定性，化解“监管错配”现象，实现创新与风控的平衡。另一方面，“契约”监管模式化被动监管为主动管理，从自上而下转变为多点发力，可增强监管主体与接受监管主体之间的良性互动。

四、人工智能时代我国人格权保护体系的再构建

（一）建立并优化人格权二元平行位阶体系

1. 人格权二元平行位阶体系的合理性论证

基于人工智能时代我国的现实国情出发，建立以“具体——一般”人格权为核心的二元平行位阶体系更符合时代要求与实际需要。

首先，从权利渊源来看，具体人格权并非派生于一般人格权。一般人格权滥觞于德国潘德克顿法学，而潘德克顿法学强调法律应为“无关价值”的纯粹科学。[①] 受此学术观点影响，《德国民法典》并不承认具体人格权的概念，只是在个别需凸显保护要求的领域，如名誉权方面，在形式上承认了具体的人格利益（但其本质与具体人格权仍有区别）。因此，一般人格权的概念自诞生之初起，便未被作为具体人格权的权利源泉，而是作为在应对人格利益与人格尊严被侵害的情境下，从立法技术方面所采取的解决办法。因此，将一般人格权作为与具体人格权平行的概念，在具体人格权无法覆盖人工智能人格权侵权的情况下，以一般人格权作为补充条款进行适用，符合法教义学的内在要求。

其次，从立法体系来看，与其他国家在人格权立法上的分散、碎片的表

---

① 李莉：《法律思维与法律方法下的人格权立法模式——兼论否定一般人格权立法》，载《当代法学》2013 年第 6 期。

达方式不同，我国《民法典》以民事权利作为主线，将人格权独立成编，并分别确立了一般人格权以及各项具体人格权的权利内容，通过正面确权的方式围绕着人格权的权利内容、权利行使方式以及与其他权利协调的规则展开，再通过侵权责任以及其他法律法规的具体规定作为人格权确权与救济的法律途径，体例上具有清晰的立法逻辑与脉络，凸显了人格权二元论的理论内容。[①] 从法律体系的稳定性而言，面对人工智能时代人格权侵权的新形势，以二元论为人格权保护的理论基础，能在对现有人格权保护体系的基础上以最小的优化变动来实现权利保护的法律价值。

最后，从司法实践的效果来看，将人格权保护体系设立为二元平行位阶，更有助于法律适用的准确性。即便不考虑法教义学的内在要求，将一般人格权置为具体人格权的上位概念，则具体人格权的权利内容在逻辑上必然被一般人格权所覆盖。因此，《民法典》具体人格权的有关条款将实际上被架空。一般人格权将成为名副其实的“口袋条款”，使得行为人动辄陷入人格权侵权的境地。而将一般人格权的条款作为具体人格权的补充，一方面要求值得法律保护的一般人格权需要与具体人格权具有等同的法律价值，另一方面要求司法裁判在个案中优先适用具体人格权的条款。在具体人格权无法覆盖时，根据保护权利客体的必要性，再行适用一般人格权的条款，符合法律适用的精准性。

2. 二元平行位阶人格权保护体系的具体应用

在具体适用方面，二元平行位阶的人格权保护体系应坚持“先具体，后一般”的适用原则，这是由其法律价值所决定的。以人工智能在未经许可的情况下使用自然人的个人信息、肖像生成虚拟形象，并供用户训练“调教”成陪伴关系致使侵权的情境为例。首先，具体人格权已有明确规定的，则适用具体人格权相关的条款。例如其中的肖像权、姓名权等，则优先适用《民法典》第四章、第三章的相关规定。其次，一般人格权与具体人格权有所交叉、重叠的，需要先对权利客体进行识别。若能归于具体人格权的，则依

① 范小华：《论一般人格权的民法表达——以〈中华人民共和国民法典〉为视角》，载《行政管理改革》2020 年第 11 期。

旧优先适用具体人格权条款。仅当具体人格权难以覆盖权利客体时，才可适用一般人格权条款。例如，陪伴关系中，部分用户将被侵权人的虚拟形象作为自己的“虚拟恋人”“虚拟亲人”进行“调教”的，所侵害的人格权权利内容既包括了名誉权的部分，又包括了难以被名誉权覆盖的人格尊严部分。对于“调教”行为中以不当素材进行训练、创作造成被侵权人名誉损害的部分，适用《民法典》第五章关于名誉权的相关规定。而对于“虚拟恋人”“虚拟亲人”关系等超出名誉权覆盖范围的部分，则可适用一般人格权的条款加以评价。最后，若能被其他法律规范识别并评价的，一般人格权条款则应保持谦抑。当某项人格权益能被其他部门法或者特别法评价为具体权益时，应当优先适用其他部门法或特别法。例如，在上述“调教”行为中，若产生了信息泄露，造成被侵权人虚拟形象被“调教”的信息被恶意公开，对被侵权人造成影响的。此时，针对人工智能的使用平台，由于《生成式人工智能服务管理暂行办法》对此种行为进行了特别规定，故应当优先适用《生成式人工智能服务管理暂行办法》的规定进行评价处理。应当注意的是，其他部门法或特别法并不包含宪法和行政规章。宪法所规定的基本权利是一种引领性的权利，最终是需要落实到其他法律规范中的，不适宜被直接适用。而根据最高人民法院关于裁判文书的引用规定，行政规章被排除在引用范围之外。

（二）优化人工智能人格权侵权的归责体系

如前文所述，人工智能人格权侵权在归责方面的难点有两个方面：一是侵权主体难以确定甚至不存在对侵权结果的发生有故意或过失的主体，二是对于人工智能人格权侵权应适用何种归责原则。对此，可以从两个方面切入进行优化：一是参照不明抛掷物、坠落物致害责任的归责方式，绕开确定具体侵权行为人的过程，建立集合责任的归责方法；二是参照欧盟的立法例，针对不同的情形，建立不同的归责原则。

1. 建立集合责任归责方法

传统以个人主义为理论支撑的归责原则强调对侵权主体的明确，即所谓“一对一”的模式。在难以明确侵权行为人，甚至不存在传统侵权法意义上侵权行为人时，个人主义理论便会失灵。而集合责任归责方法恰能够克服这一失灵的情形。

集合责任归责方法是基于集体主义为理论支撑的归责方法。集体主义理论强调，现代社会是风险社会，个人风险更多已经转化为了社会风险。[①]由此，侵权损害的特征也从个体特征转为了社会特征。为了实现风险治理和实质正义，侵权法需要更加关注结果分配与公平，采用集体主义的思维方式，将产生侵权行为的复数主体视为侵权行为人，赋予其集体属性，从而兼顾社会正义的混合正义功能。[②]具体至人工智能人格权侵权的情境中，根据集体主义理论，集合责任归责方法将位于人工智能产业链上所有主体，或者因人工智能获取商业利益的主体均视为一体，并要求他们承担集合责任。

集合归责方法在人工智能人格权侵权的情境下具有其合法性与合理性。第一，从合法性层次来说，集合归责方法与不明抛掷物、坠落物致害责任的归责方式类似，是在无法确定侵权行为人的情况下，由法律推定将在一定范围内可能为侵权行为的主体视为一个整体，并要求承担相应责任的归责方式。《民法典》第1254条规定，从建筑物中抛掷物品或者从建筑物上坠落的物品造成他人损害的，在经调查难以确定具体侵权人的情况下，除能够证明自己不是侵权人的外，由可能加害的建筑物使用人给予补偿。该条文便是集体主义理论在归责原则方面的体现。而在司法实践方面，庞某某诉中国东方航空股份有限公司、北京趣拿信息技术有限公司个人信息泄露纠纷案中，法院也采取了集合归责方法，在无法区分个人信息权益的侵权主体时，将负有个人信息保护义务的二被告作为一个整体认定构成侵权。[③]第二，从合理性层面来说。人工智能人格权侵权的加害主体不清甚至不存在，若一味坚持以个人主义理论为支撑的传统侵权主体识别的方式，则侵权法将在此情境下面临失灵的风险。人工智能的应用在革新了生活生产方式的同时也增加了社会风险的等级。采用集合归责方法分散风险，救济被侵权人，符合侵权法的内在价值。同时，相较于人工智能的生产者、设计者、开发者、创造者，普通

① 参见张新宝：《中国民法典释评：侵权责任编》，中国人民大学出版社2020年版，第147页。

② 龙卫球：《〈侵权责任法〉的基础构建与主要发展》，载《中国社会科学》2012年第12期。

③ 北京市第一中级人民法院（2017）京01民终509号民事判决书。

受众通常在对人工智能的运行逻辑、技术方法及数据存储等方面处于弱势地位。采取集合归责方法，可以促使人工智能的生产者、设计者、开发者、创造者以更审慎的态度加速行业的自动化，避免潜在的二次损害。

在具体操作的层面上，可以增设人工智能价值判断的专家组，由专家组讨论并形成人工智能产业链上获取商业价值的主体框架，并将这些主体划定为一个整体。在发生人工智能人格权侵权时，由人民法院依照集合归责方法，除该整体中能证明自己不存在侵权可能的主体外，其他主体共同承担对被侵权人的侵权责任。

2. 细化分类归责原则

集体归责方法弥补了传统侵权法在无法确定具体侵权行为人时，人工智能人格权侵权的法律责任归属问题。而在存在具体侵权行为人时，基于人工智能人格权侵权的多元性，应具体细化分类不同情况下的归责原则，以满足侵权法的内在价值以及司法裁判的实际需求。前文所述，欧盟非合同性民事责任为人工智能人格权侵权的归责原则，从人工智能应用领域的风险等级，以及人工智能投入使用的形态两个层面进行细分，对应适用不同的归责原则，具有现实、系统、可复制的操作性。我国在细化人工智能人格权侵权归责原则方面，可以借鉴此种归责原则细分方式，以期实现人工智能人格权侵权责任的精准定位。

在此基础上，还可以尝试根据人工智能不同的运行阶段对侵权责任进行进一步划分。在人格权侵权的情境下，人工智能可能在数据抓取学习、结果输出以及后续服务维护三个阶段发生侵权行为。在数据抓取学习阶段，可能由特定用户上传了侵害人格权的信息内容，或者生产者、设计者、开发者、创造者使用或误用了含有侵害人格权的数据资料，抑或人工智能本身存在语言模型上的漏洞。此时，由于侵权行为人的主观状态是清晰、明确的，因此，适用过错责任原则可以较好地实现侵权行为的责任划分以及对被侵权人的救济。

在结果输出阶段，需要从两个层次对人工智能进行划分。第一个层次是人工智能的适用情境。若人工智能是作为例如车载导航、医疗仪器等有形产品的部件被投入使用的，此时发生的人格权侵权可按照产品责任的归责原则，由生产者、设计者、开发者、创造者承担严格责任。若人工智能是作为信息、情报、数据等无形产品的生产道具被投入使用的，则需对生产者、设计者、开发者、创造者，以及人工智能的用户进行具体的考量，根据对于输出侵权内容的影响程度，依照过错责任原则按照过错的比例进行责任的划分。

在后续服务维护阶段，主要存在两种人格权侵权的情况：一种是网络服务提供者违反“避风港”规则。此种情形属于“避风港”规则的适用，在下一节会具体讨论。而另一种是网络服务提供者违反了安全保障义务，导致合法存储了海量个人信息的人工智能语言模型遭受了信息窃取或是发生了信息泄露。由于网络服务提供者负有对个人信息提供者个人信息的保护义务，因此，可以直接根据《生成式人工智能服务管理暂行办法》的规定，要求网络服务提供者根据主观过错的程度承担相应的侵权责任。

（三）引入事先审查义务完善“避风港”规则

自避风港规则首创至今，其对于网络服务的运营与发展已产生了重大的影响，具有重要的价值。然而，在人工智能时代，网络服务提供者已不再是单纯的中立第三方，而是人工智能生成内容进程中的参与者。尤其是在算法推送技术的影响下，以“避风港”规则免除网络服务提供者的审查义务，以“通知—删除”作为制止侵权行为，防止二次侵权的技术手段，已然无法满足人工智能时代的需求。因此，引入事先审查义务，要求网络服务提供者对人工智能生成的信息内容进行事先审查，有其现实的必要性。在网络服务提供者未尽事先审查义务导致人格权侵权发生的，不适用“避风港”规则。

1. 引入事先审查义务的可行性

不同于 Web 1.0 时代的网络服务提供者，人工智能时代下的网络服务提供者在算法推送、大语言模型等信息技术的推介下，更多地以“用户”的形象参与人工智能信息生成的过程。且基于云服务、区块链等技术，网络服务提供者对于数据流的得知能力与掌控能力相较 Web 1.0 时代有了明显的增强。这意味着网络服务提供者对用户提供的素材、数据等是否构成人格权侵权，具有更强的识别能力和控制能力。即便是人工智能开放端口给予用户调试、训练的场景下，至少在网络服务提供者的平台范围内所产生的后台信息、数据等是可以为网络服务提供者所掌握、知晓的。网络服务提供者仍可以通过及时的预警、删除行为，限制人格权侵权内容的产生。这也为过滤义务引入“避风港”规则提供了可行性。网络服务提供者应当从被动地等待通知转向主动地过滤审查，将之内化成一种制度自觉和行为自觉。[①] 事实上，《网络安全法》《最高人民法院关于审理侵害信息网络传播权民事纠纷案件适用法律若干问题的规定》已明确将网络服务提供者的信息管理能力作为“应知”的综合考量因素之一。

2. 事先审查义务与“避风港”规则的融合

“避风港”规则以“通知—删除”义务免除了网络服务提供者的事先审查义务，而事先审查义务要求网络服务提供者对人工智能的训练数据、信息以及产出内容进行审慎的检查。应该说，两者存在一定的拮抗之处。但是，引入事先审查义务，并非要从根本上否定“避风港”规则的适用。网络服务提供者并非一刀切地需要对人工智能的抓取与生成负有全面的事先审查义务。从规则体系上来看，事先审查义务与“避风港”规则应构成例外与原则的关系。在通常情况下，“避风港”原则给予网络服务提供者以最大限度的制度保护，而在一定的条件下，网络服务提供者需要承担事先审查义务。若未尽事先审查义务而产生人格权侵权的，则不再有权援引“避风港”规则免除责任。

3. 事先审查义务的具体框架配置

首先，在审查主体方面，并非所有使用人工智能的网络服务提供者均当然负有事先审查义务。可以尝试参照欧盟《人工智能法案》的分级分类制度，对在教育、金融、健康医疗等领域投入使用人工智能并提供信息服务的网络服务提供者课以事先审查义务。一方面，此类领域覆盖较广泛范围的人格权权利内容，一旦发生侵权行为，则可能造成较为严重的人格权侵权结果，甚至造成二次伤害，加剧侵权程度。另一方面，此类领域中的网络服务

① 黄汇：《反不正当竞争法对未注册商标的有效保护及其制度重塑》，载《中国法学》2022 年第 5 期。

提供者更符合“用户”的属性，对于信息的汇总、训练素材的提供以及人工智能生成信息的推送、提供等参与度更高，因此也理应具备更高的注意义务。

其次，在责任承担方面，若网络服务提供者未履行事先审查义务导致人工智能人格权侵权的发生，则需要承担侵权责任。按照“避风港”规则，网络服务提供者所需承担的是事后被动的删除义务，而这并无法制止人工智能人格权侵权的发生。且根据谁获益，谁负责的朴素价值观，在人工智能的适用所带来的利益中，网络服务提供者往往是主要受益者，若其仅承担有限的事后被动义务，则不利于人格权保护目的的实现。因此，网络服务提供者若不履行事先审查义务，则需承担相应的侵权责任，符合权利义务相一致的内在要求。

最后，事先审查义务的例外条款。人工智能的技术发展日新月异，即便在网络服务提供者尽最大努力履行事先审查义务的情况下，仍可能发生人格权侵权行为，且该种行为难以为目前的科学技术所知晓、防范。在此情形下，事先审查义务不宜被完全地、严格地施加于网络服务提供者。但此时，网络服务提供者仍应按照“避风港”规则的要求，及时制止、删除人格权侵权内容，并采取合理措施，防范人格权侵权内容的扩散，否则仍可能因不作为导致违反事后保护义务。

（四）加速人格权禁令的司法衔接

《民法典》第 997 条增设了人格权禁令以满足及时制止人格权侵权行为的诉讼需求。但是，一方面，我国立法并未明确人格权禁令究竟为临时禁令还是永久禁令；另一方面，对于人格权禁令的程序，以及人格权禁令与诉讼的衔接，我国立法同样没有明确的规定。鉴于这一制度主要来源于英美法系的禁令制度，且面对人工智能人格权侵权，若不能及时、有效地进行干预可能会导致后果的扩大化。因此，对于人格权禁令制度进行进一步的完善和优化，以加速司法衔接，有其实践意义。

1. 人格权禁令以兼具双重属性为宜

虽然学界主流观点认为，我国人格权禁令属于诉前的、临时的禁令，在法律效果上类似于诉前行为保全，[①] 但从法律渊源而言，人格权禁令源于英美法系，包含的种类既包括临时禁令，也包括永久禁令，同时还包括行为禁令、财产禁令、给付禁令等多种类型。且从立法逻辑看，我国已有诉前行为保全制度，若人格权禁令的法律效果最终与诉前行为保全一致，则在立法上便存在了重复与赘余，引入人格权禁令便失去了其必要性。就针对人工智能人格权侵权而言，由于人工智能侵害人格权的手段多样，且侵害后果也呈现较为广泛、深刻的特征，甚至容易引发二次侵权。根据不同的侵权情境，适用不同救济程度的人格权禁令，有其实体正义的合理性与必要性。因此，人格权禁令宜被赋予更多的属性，而并非仅限于临时、诉前的禁令。

2. 人格权禁令与诉讼制度的衔接

人格权禁令独立于诉讼制度，盖因在人格权的诉讼中，被侵权人可能提出包括停止侵害、消除危险等诉讼请求。在法院作出与之相同的判决时，人格权禁令的法律效果将会与判决重合。因此，将人格权禁令作为一种独立于诉讼之外的、保障被侵权人人格权免于进一步侵害的诉讼制度，更具有合理性。且区别于诉前行为保全制度，人格权禁令应当适用于诉讼行为保全制度难以保障被侵权人的人格权不受进一步侵害的场景。在人格权禁令结束后，或者被侵权人人格权禁令的申请被驳回后，被侵权人仍得以通过诉讼途径获得救济。

① 毋爱斌、范响：《〈民法典〉人格权侵害禁令溯源、性质及其制度构建》，载《重庆大学学报（社会科学版）》2023 年第 5 期。

“智能”与“信赖”的有序平衡：普惠金融服务中算法推荐的法律责任规制

课题组成员

主持人： 孙　静　上海市静安区人民法院党组书记、院长

执笔人： 刘　婷　上海市静安区人民法院金融审判庭法官

张方圆　上海市静安区人民法院金融审判庭法官助理

刘强生　上海市静安区人民法院金融审判庭法官助理

参与人： 倪　强　上海市静安区人民法院金融审判庭庭长

陈绍玲　华东政法大学教授

内容摘要： 算法推荐服务与金融产品相结合，成为驱动数字化普惠金融生态发展的重要推动力。本文分为四个部分探讨普惠金融服务中的违约与侵权责任厘定和监管法律规制。第一部分是梳理算法推荐服务在普惠金融领域中的“下沉式”运用概况。算法推荐使得普惠金融服务得到进一步发展，主要应用于金融信贷、智能投顾、投资决策。相对于传统金融服务模式，其具有天然的技术优势。算法以其科技力量带来诸多便利和优势的同时也存在很多问题，包括主体角度的法律界限模糊，算法“黑箱”“歧视”等技术缺陷以及算法的特殊性导致的金融消费者权益保护弱化三方面主要问题。第二部分是厘清算法推荐服务所涉各类金融主体的法律性质，这是探讨金融算法推荐服务提供者权利义务的前提要件。该部分通过分析算法推荐法律人格、金融算法推荐服务中不同参与主体之间的法律关系来最终确定纠纷归责主体。本文分析了算法所依赖的人工智能本身作为法律主体的可能性，同时还区分

了算法服务提供者和算法服务技术支持者二者在主体分离和主体混合的不同情况下，权责划分的区别。第三部分是针对算法推荐技术本身存在的问题如算法黑箱、算法歧视等，从立法角度研究现有算法服务主体的准入机制、技术标准、“整合化”规则以及国内外金融算法推荐技术服务规范，通过归纳整理上述规范，分析算法服务提供者如何对算法技术缺陷所带来的风险进行填补。第四部分是针对算法推荐过程中可能产生有损金融消费者基本权益的问题，阐述如何从知情权、信息权、自由选择权对金融消费者权益保护体系进行正向重构。

关键词：普惠金融　算法推荐　法律规制

一、算法推荐服务在普惠金融领域中的“下沉式”运用概况

在人民群众以及经营类法人等主体选择信贷产品、保险产品和投资类产品的需求与热情不断提升的场景下，金融知识在人民群众中不断普及，数字普惠金融产品应运而生。算法推荐服务除了在常见的数字消费平台运用之外，也越来越多地运用于数字普惠金融场景，例如金融信贷、智能投顾、投资决策等领域。算法推荐服务在金融领域中的运用满足了普惠金融对拓宽融资渠道、普及健康保险、金融养老体系建设以及满足多元化资产管理等迫切需求，是实现数字普惠金融的坚实助力。但要通过算法推荐服务建立健全健康的数字普惠金融体系，尚有许多问题需要解决，如不能得到解决，势必威胁到算法推荐服务在普惠金融领域的发展和金融市场的稳定。

（一）“百花齐放”：金融算法推荐主要应用场景

1. 金融信贷：信用评级

在风控领域与合规领域，算法模型能够显著提升效率，通过大数据历史消费记录对金融消费者进行欺诈检测和信用评级，从而形成数字化信贷审批。目前，算法模型在征信调查与信用评级上的运用已经遍及多层次的普惠金融机构组织体系。例如兴业银行等传统银行在“兴闪贷”等电子签约信用贷款产品即通过系统算法对信用贷借款人进行放贷审批。又如互联网金融平

台京东金融旗下的京东蓝鲸征信平台[①]，为官方备案的企业征信资格三级等保资质认证，具有企业关系图谱资料收集、风险监控等功能，还推出“Mini 尽调”的新功能，对比传统尽调手段大大提升效率。

2. 智能投顾：精准营销

在投顾领域，算法模型在普惠金融领域探索不同中小投资者群体特征，通过大数据聚合金融消费者个体的投资习惯，形成用户画像，构架分类模型，依据保障和收益的需求倾斜个性化推荐投资项目和保险产品。例如，蚂蚁宝、腾讯微保等互联网科技公司提供的保险服务平台，利用其贯穿投保前、中、后三个环节的集成式平台服务体系的特点，运用大数据分析用户在线理赔趋势，通过算法模型智能推荐高发呼吸道疾病保险和重症疾病保险，告知人均理赔金额，实现普惠型的人身保险民生保障作用。

3. 投资决策：深度学习

在投资决策领域，算法模型通过自然语言识别能力对新闻和社交媒体等影响决策的信息指标，并对财务数据进行分析，运用大数据进行预训练，从而减少对人工数据标记的依赖，模拟交易环境分析市场走势并进行交易策略开发，从而生成智能投资顾问。例如，东方财富信息股份有限公司通过其东方财富自然语言合成算法、东方财富虚拟主播数字人合成算法、东方财富公告内容提取算法、东方财富图片生成算法等一系列算法形成从深度学习到决策形成的算法服务路径；又例如国泰君安证券股份有限公司的君弘灵犀内容生成算法广泛运用于旗下 App、小程序和网页中。

（二）“数字赋能”：算法推荐服务对比传统金融服务的优势

1. 时间和空间层面的高自由度

普惠金融服务对象包括小微经营主体、乡村经营主体、民生领域金融以及绿色低碳发展，其中助力乡村振兴是普惠金融的重点领域，但相比城市，乡村缺乏足够的金融机构和金融领域专业人员。金融领域的算法推荐服务相比传统金融服务为金融消费者提供了无论何时、无论何地的高自由度服务，人们可以无时间限制、无空间限制地进行金融交易，大力提升了金融交易的

① 京东蓝鲸征信平台，https://icredit.jd.com，2024 年 9 月 30 日访问。

活跃度[①]。

2. 对于数据分析、金融产品推荐的去情绪化

由于算法本身是一段计算机指令序列，在进行数据分析和对金融消费者进行产品推荐、信用评级等服务时，能够最高程度地隔绝传统金融模式中客户经理或数据分析师的主观因素对金融服务的影响。

3. 应用于任何拥有智能设备的金融消费者的高普及度

算法推荐服务在打开了普惠金融服务在时间和空间上的高自由度的同时，也使得金融消费者不需要主动寻找金融机构获取服务，反而是金融机构通过算法推荐服务向每一个拥有智能设备的金融消费者推荐金融服务。算法推荐服务也使普惠金融高普及度的需求得以实现。

4. 比传统客户经理或投资顾问低廉许多的人力成本

算法推荐服务虽然需要大量开发成本和运营维护成本，但基于其高普及度，相应成本可以转嫁至更多的金融消费者身上。因此，相比于传统仅由个人承担的客户经理、投资顾问的人力成本，金融领域的算法推荐服务更加符合普惠金融对服务更多金融消费者的低成本需求。

（三）“背后隐患”：现阶段金融领域算法推荐服务存在的问题

如果说科技是一把“双刃剑”，将其代入到算法推荐服务领域也十分贴切。纵然有上述甚至其余诸多突破传统金融服务界限的优势，算法推荐服务在带来便利的同时也带来了技术风险，容易形成各种社会问题，更是对现有法律规则带来挑战。

1. 主体角度产生的算法推荐服务法律界限模糊

目前法律学界对人工智能法律主体地位存在不同学说，在金融领域算法推荐服务中，算法本身是否具有法律人格，责任的承担问题也尚属于人工智能法律主体地位的研究范畴。即便不考虑人工智能算法本身是否有法律人格，算法推荐服务也有其特殊性，并非传统金融服务简单地由金融机构作为唯一责任主体。因为算法本身技术的复杂性，所以在其构建阶段和服务阶段

---

① 参见程雪军：《算法社会下金融消费者信息权的法律治理研究》，载《河南社会科学》2022年第7期。

的后续维护都需要科技公司的参与。在国家互联网信息办公室发布的《境内深度合成服务算法备案清单》中，将算法主体分为服务提供者和服务技术支持者两个角色。然而，对于算法推荐服务中各主体的法律关系以及出现侵害金融消费者后果的法律责任尚无系统化研究以及明确的法律规制。

2. 技术角度产生的算法缺陷

算法本身的风险来源于设计之初，设计本身的失范使得算法设计的目的或目标难以实现。这种失范可能来源于算法所依赖的数据或是基础信息出现缺失或偏差，那样即便算法设计的本身并没有太多的不合理性，也可能导致算法偏离设计目标。[①] 抑或算法设计者的主观偏见或恶意嵌入了算法的设计之中，导致算法并没有满足服务提供者和金融消费者的需求。从目前的研究观点来看，算法的缺陷中比较有代表性的有算法“黑箱”和算法“歧视”等。

（1）算法“黑箱”。算法“黑箱”是指接受算法推荐服务的消费者对算法的目的和手段处于未知的“黑箱”状态。首先是算法的本身具有保密性质，不论是算法的服务技术支持者出于自身技术的保密考虑抑或服务提供者出于自身利益的保密考虑，都抑制了他们将算法信息对外披露的意愿。具体到金融领域，算法设计的逻辑涉及算法服务提供者也即金融机构的商业策略和自身经验，不愿对外公开。其次是金融交易本身需要较高的专业知识，而金融领域算法的设计过程往往由大量的代码和逻辑构成，这导致即便予以披露，专业知识上的壁垒也使得普惠金融消费者难以对算法的逻辑予以明了，最终还是落到服务提供者自己的解释上。最后是部分算法属于人工智能的一种，其通过获取数据信息的增加和深度学习带来的自身“思考”，导致算法本身日益复杂，可能会致使算法的设计者本身都难以解释的局面。[②]

（2）算法“歧视”。算法“歧视”的概念与一般的歧视并无太大的不同，但由于普惠金融领域算法本身具有的高普遍性，算法“歧视”对特定群体的不公正对待会波及更多的金融消费者。雪上加霜的是，由于算法“黑箱”的

① 参见苏宇：《算法规制的谱系》，载《中国法学》2020 年第 3 期。

② 参见李欣、曹艺萱：《我国算法风险及其治理研究综述》，载《信息安全研究》2024 年第 2 期。

存在，受到不公正对待的特定群体可能都不知道自己受到了“歧视”。而算法歧视的成因，除了算法本身存在的固有性缺陷、算法设计者的主观偏见之外，金融机构作为算法服务提供者利用算法“黑箱”的信息壁垒带来的便利，也有可能出于利益考量，人为地设置算法对特定群体的不公正对待。①

3. 金融消费者权益角度产生的保护弱化

算法由于本身的技术缺陷和算法服务提供者出于自身利益的考量而对算法的不当应用，时常对消费者的信息权、隐私权、自主选择权等造成侵害。金融领域算法在信息与数据收集的过程中，搜集到金融消费者的敏感信息和隐私信息，特别涉及财产信息的隐私信息用于算法学习，即构成对隐私权的侵犯；而除了隐私和敏感信息之外，未经金融消费者允许，私自收集个人信息，或是在注册的过程中，未设置“跳过”或“拒绝”等不同意提交相关信息情况下的登录方式，亦有可能构成对金融消费者信息权的侵犯；此外，算法推荐服务基于生成的用户画像所推荐的金融产品亦有可能因算法的上述缺陷而与用户的需求产生偏差甚至大相径庭，或是在金融消费者不知情的情况，仅是下载 App 或进入某一程序后便被提供了算法推荐服务，即构成对自主选择权的侵害。由于算法信息壁垒的存在，算法基于数据分析、信息处理，最终通过算法运算，得出适合金融消费者的金融产品，但金融消费者最终仅是获得了一个推荐服务的结果，对于如何得出结果的过程却不得而知，则消费者在自由选择权被侵犯时，知情权同样被侵犯。而在遭受侵害后，算法的信息壁垒也会造成金融消费者的举证困难，从而在后续可能的诉讼阶段使得金融消费者处于天生不利地位。比如算法推荐领域的首个案例——赵某某与浙江某网络公司网络服务合同纠纷一案中，原告赵某某在被告浙江某网络公司的某购物平台对自己想要购买的商品进行搜索时，平台依据原告赵某某提供的关键字运用算法向其推荐商品，原告对平台的推荐结果不满意，认为被告浙江某网络公司作为算法服务提供者向其推荐的产品不是其所要购买的品牌的产品，其算法涉嫌对特定品牌或特定商品歧视。故向杭州互联网法

① 参见朱桂林：《互联网时代算法歧视问题成因及民法规制》，载《哈尔滨学院学报》2023 年第 12 期。

院提起诉讼，请求判令被告浙江某网络公司停止违约行为，并支付违约金。杭州互联网法院充分考虑了推荐系统的功能定位、推荐该行为在整个合同的服务占比及人工智能的发展阶段等因素，最终综合判定了服务者不构成违约，驳回原告的诉请。法院认为，原告与被告之间在提供算法推荐服务之前订立的协议未对检索服务的标准进行明确的约定；另外由于本案中算法推荐服务起到的作用为消费推荐，而购物平台的产品搜索为精准的搜索，两者存在本质差异，原告在搜索过程中发现搜索结果与自身的预期不符，不能认定为算法推荐服务提供者的违约。该案对金融产品中算法推荐的责任认定具有深远的借鉴意义，虽然对推荐类算法进行了一定的保护，但也并非完全限制了用户的自主选择权，体现了保护消费者选择权与尊重电商平台自主经营权的平衡。①

综上可见，金融领域在算法推荐服务层面存在着诸多风险，法律主体的划分和规则尚未形成体系，而对金融消费者的保护也不曾跟上算法推荐服务对普惠金融的推进脚步。为实现算法推荐服务对普惠金融的推进作用，应当从明确算法推荐服务所涉金融主体的法律性质、完善金融算法推荐技术服务规范以规避风险以及从算法推荐的立法、监管、司法等方面对金融消费者权益保护体系进行正向重构。

二、由“谁”负责：算法推荐服务所涉金融主体的法律性质厘定

由于算法推荐服务具有相当复杂的法律关系，因此当算法推荐服务构成侵权时，对于侵权主体的认定和侵权责任的划分很难予以确定，从而使得涉算法推荐服务的主体在侵害发生后得以互相推卸责任。对于构建健康透明的数字普惠金融生态和健全普惠金融消费者保护体系的需求而言，对算法推荐服务所涉主体的法律性质的厘定非常重要，只有厘清了各法律主体，才能进行后续的责任分配。

① 杭州互联网法院（2020）浙 0192 民初 2295 号民事判决书。

（一）人工智能的法律人格

在我国的法律体系下，常见的法律主体包括自然人和法人，作为正当的法律主体，享有法律赋予的权利，承担法律规定的义务和责任。而目前的人工智能算法相比上述法律主体，虽然具备一定的思考能力，但其意志是由算法设计者给予，并不具备独立的思维。[①] 即便经过科技的发展，未来的人工智能算法生成了独立的思维和意志，不再以人类的意志所左右，就目前的立法与社会实践而言，人工智能算法也没有独立承担法律责任的能力。综合来看，目前的立法尚未跨出赋予人工智能算法法律主体地位的一步。

那么，赋予人工智能算法法律主体地位是否具有必要性？目前学界存在以下学说：一是人工智能算法不能具有独立的法律主体地位的法律人格否定说；二是认可人工智能算法在发展到一定程度后，应当赋予法律主体地位的法律人格肯定说；三是以人工智能算法是否经过登记为要件，区分是否赋予法人资格的有限法律人格说。[②] 上述学说中，我国比较主流的是法律人格否定说与有限法律人格说，欧盟国家则更推崇法律人格肯定说，欧盟委员会在2016年提交动议，提出人工智能“电子人”身份一说[③]。总体来看，我国学界更加推崇人工智能的法律人格否定说。本文仅从普惠金融的算法推荐服务视角进行分析，在普惠金融领域也更应当适用法律人格否定说。即便经过科技发展进入强人工智能时代，人工智能算法产生了独立思维和意志，但并不代表其行为可以脱离为自然人和法人等法律主体所制定的法规框架，人工智能算法应当在接受法律赋予的义务的前提下提供算法推荐服务。然而，即便如同法律人格肯定说，赋予人工智能算法独立的人格和提供注册资金以给予其独立承担法律责任的能力，金融领域的服务提供者也即金融机构显然具有

---

① 仅以目前弱人工智能时代而论。

② 参见陈晶：《人工智能法律主体地位研究》，载《2023年第六届智慧教育与人工智能发展国际学术会议论文集（第二卷）》。

③ 参见陈晶：《人工智能法律主体地位研究》，载《2023年第六届智慧教育与人工智能发展国际学术会议论文集（第二卷）》。电子人论认为可以设立一个专门为人工智能注册登记的机构（类似公司工商登记），当人工智能被制造或者被交付使用时，由制造者或使用者将一定财产交付该机构（类似公司注册资本），作为人工智能承担责任的财产基础，一旦其行为造成过错（如缔约过失或侵权），相对方可以直接向登记机构要求以人工智能的财产进行赔偿。

更强的责任承担能力。从另一方面来看，法人的有限责任是对于法人这一法律主体的保护，而人工智能算法即便作为一种拟制主体，也没有赋予和自然人或法人同等保护地位的必要，若人类与人工智能算法之间发生权力冲突需要进行价值判断，首先应保障人类的合法权益，智能机器只是“为人所用之物”，权利不可超越人类。[①] 因此，通过注入类似法人的注册资本，从而让人工智能算法的拟制主体承担有限的法律责任反而不利于保护权利受到侵害的金融消费者。

综上所述，即便经过科技发展后的强人工智能算法，不赋予其独立法律人格，由其他责任主体即算法服务提供者或算法服务技术支持者承担法律责任，可能是更利于普惠金融情境下的归责方式。因此，对算法及其责任制度的构建，将围绕算法服务提供者与算法服务技术支持者展开。

（二）金融算法推荐服务所涉及的法律关系

1. 金融算法服务提供者与算法服务技术支持者存在主体分离的情况

常见的金融算法服务提供者与算法服务技术支持者分离的情况多体现在传统金融机构作为算法服务提供者为金融消费者提供算法推荐服务，而计算机科技公司作为算法服务技术支持者研发和维护应用于金融产品销售领域的算法。此外，也存在仅发生在服务提供者与服务技术支持者之间的适用于自身经营使用的算法研发委托关系。

（1）销售端金融服务提供者与金融消费者之间的算法推荐服务合同关系。金融机构向金融消费者提供算法推荐服务的最终目的是与金融消费者之间订立各类金融产品的合同关系。在最终订立金融产品合同的过程中，算法推荐服务起到了“桥梁”的作用。有时这座“桥梁”是可视的，比如在金融消费者获得算法推荐服务前对服务内容予以告知，在获取金融消费者用户信息前对是否同意获取信息予以询问，在收到“知晓”和“同意”的意思表示后再进行的算法推荐服务，这种“可视的桥梁”关系可以视为服务提供者和金融消费者对于算法推荐服务达成了合意，在事实上形成了合同关系。虽然

① 参见刘宪权：《人工智能时代机器人行为道德伦理与刑法规制》，载《比较法研究》第 2018 年第 4 期。

是拟制合同关系，未对算法权利义务进行约定，但可以依照法律关系厘定进行权责划分。而有时“桥梁”是不可视的，有时金融消费者仅是下载 App 或进入小程序，就因为需要注册的强制前置程序而被要求提供个人信息或被推荐不需要的金融产品。李某某诉北京某移动科技有限公司网络侵权责任纠纷一案对上述情况具有参考意义。在该案中，被告北京某移动科技有限公司在提供“金山毒霸”的下载服务中，对包括“软件管家”和“猎豹护眼大师”等软件采取捆绑下载的方式安装至原告电脑中。原告认为被告捆绑下载并安装的行为侵犯了原告的知情权和自主选择权，遂将被告诉至上海市长宁区人民法院，要求被告立即停止侵权行为，将原告电脑中捆绑下载并安装的软件删除，并另行赔偿原告 500 元。法院一审判决被告北京某移动科技有限公司赔偿原告李某某 500 元，并驳回了原告的其余诉求。在本案中，被告所提供的“金山毒霸”“软件管家”和“猎豹护眼大师”均为各自独立的软件，对它们的下载和安装可以视为被告提供各自独立的业务服务，原告在被告的网站下载“金山毒霸”时，捆绑了另外两款软件的安装，构成了捆绑销售，该捆绑销售行为确实侵害了原告的知情权和自主选择权。因此法院支持了原告 500 元的诉讼请求。此外，因“软件管家”和“猎豹护眼大师”系原告可以自行卸载的软件，故法院没有支持原告的其他诉讼请求。上诉期间，因被告已取消了强制捆绑，双方在二审中达成调解协议，由被告北京某移动科技有限公司赔付原告李某 700 元。该案虽然与普惠金融领域的算法推荐服务无关，但该案的侵权情形可以类比至上文提到的算法服务提供者和金融消费者对于算法推荐服务未达成合意的情形。金融算法服务提供者在自己旗下 App 或网站中设置这些未经合意的算法推荐服务，在后续未得到追认的情况下，金融算法服务提供者很可能构成对金融消费者知情权和自主选择权的侵害。[①]

（2）技术端算法服务提供者与算法服务技术支持者之间的技术研发委托关系。传统金融机构作为算法服务提供者时，自身缺乏对算法的底层研发能

① 上海市长宁区人民法院（2020）沪 0105 民初 4669 号民事判决书、上海市第一中级人民法院（2020）沪 01 民终 7264 号民事调解书。

力，需要计算机科技公司或互联网科技公司提供技术研发支持。鉴于行业特殊性，金融领域的算法服务提供者在进行研发委托时，提出的需求既要符合相应金融行业的监管规则，也要符合金融领域算法推荐的行业标准。在算法服务技术支持者产出的算法存在缺陷，不符合金融行业监管规则或行业标准的情况下，算法服务提供者与算法服务技术支持者的责任追究应区分有无合同约定。因为金融领域算法服务的高要求，金融机构在委托研发算法时可对算法的底层逻辑和后续生成内容是否符合金融行业监管要求和算法行业标准约定违约责任。在发生因算法本身不符合约定标准的情况下，对服务提供者造成的损失可以按照合同约定主张违约责任。但若无相应的约定，算法服务提供者和算法服务技术支持者之间毕竟存在技术研发委托关系，基于此关系，因算法缺陷造成算法服务提供者的损失也可视过错程度进行责任的划分和向算法服务技术支持者主张。

（3）责任端算法服务技术支持者与金融消费者之间突破合同相对性的责任规制。算法服务技术支持者与金融消费者之间并不存在合同关系，但与此同时，金融消费者有向算法服务技术支持者主张侵权责任的救济途径。但向算法服务技术支持者主张侵权责任的依据是侵权结果的发生与算法本身存在的缺陷存在因果关系，即作为算法缔造者的算法服务技术支持者是过错责任方。这需要对因果关系进行举证证明。从实践上看，金融消费者在传统金融服务中产生的纠纷中本就存在举证困难的困境，在诉讼救济过程中处于弱势地位。而具体到金融服务推荐领域，主张救济的金融消费者不仅面临金融领域的专业性举证壁垒，更面临算法庞杂巨量的指令程序带来的技术性举证壁垒以及算法“黑箱”带来的信息性举证壁垒。此外，算法服务技术支持者多为科技公司，相比服务提供者即持牌金融机构，金融消费者在监管层面的非诉讼救济渠道上有着明显的不足和无力。金融机构作为服务提供者，本身就与金融消费者有着合同关系，是合同相对方。从权利救济渠道上，不仅金融监管部门对金融机构的监管系强监管，金融消费者从非诉讼渠道相对更容易取得救济，从诉讼救济渠道而言，《全国法院民商事审判工作会议纪要》明确要求金融机构对其收集的金融消费者信息承担举证责任，从一定程度上降低了金融消费者在信息权遭受侵犯时的举证难度。[①]

综上所述，虽然金融消费者有突破合同相对性向算法服务技术支持者主张责任的途径，但除非具有明确证据证明算法服务技术支持者就权利的侵害存在过错责任，向算法服务技术支持者主张责任的难度高、成本高。而向服务提供者主张责任的难度相对较小，成本相对较低。对于金融消费者而言，在金融领域算法推荐服务中遭受权利侵害后，辨别责任方的难度实属过高。从普惠金融健全金融消费者权益保护体系的立意出发，即便服务提供者即金融机构可以举证责任在算法服务技术支持者一方，在金融消费者向其主张责任时，仍可以参考保险公司在侵权事件中承担保险责任后获得保险人代位求偿权，即服务提供者在承担责任后，获得代替金融消费者向责任方主张责任的权利。

2. 金融算法服务提供者与算法推荐技术支持者存在主体混合的情况

在金融领域，算法服务提供者与算法推荐技术支持者主体混合的情况最多出现在互联网金融大厂旗下的持牌金融主体，背靠集团力量对自身算法推荐服务进行技术支持，并直接向金融消费者匹配推荐并销售金融产品。比较具有代表性的例如京东科技控股股份有限公司旗下京东金融、阿里巴巴旗下蚂蚁金服等。此外混合主体还时常利用自身算法推荐服务平台与传统金融机构以及符合资管新规可以利用智能投资顾问进行服务的主体[②]达成合作关系，利用自身大数据系统收集、分析客户信息，定向化研发信贷产品匹配推荐系统。

上述混合主体系持牌金融机构，在金融领域的算法推荐服务中，虽为混合主体，但以服务提供者的身份为主导。除此之外，有些互联网科技公司并非持牌金融机构，但也从事非资产管理类算法推荐服务，例如股票荐股软件依靠自身算法的内容产出作为依据向中小投资者推荐股票的行为。

---

① 参见谢文哲、刘东：《我国金融消费者保护中的诉讼机制及其完善》，载《山东青年政治学院学报》2012 年第 5 期。

② 《中国人民银行、中国银行保险监督管理委员会、中国证券监督管理委员会、国家外汇管理局关于规范金融机构资产管理业务的指导意见》第 2 条规定，资产管理业务是指银行、信托、证券、基金、期货、保险资产管理机构、金融资产投资公司等金融机构接受投资者委托，对受托的投资者财产进行投资和管理的金融服务。

上述金融算法服务提供者与算法推荐技术支持者存在主体混合的情况，其责任划分相对分离的情况显得明了简洁，即由同一主体承担对金融消费者的侵权责任。

三、金融算法推荐技术服务规范及完善

（一）国内外涉及算法推荐服务的法律规范

1. 金融算法推荐服务主体的“准入”：算法备案清单机制

金融主体受严格监管，有着严格的准入机制。上文提到，对于人工智能算法本身的法律主体地位，不赋予法律人格，但需遵守相应的法律义务，并且由其他责任主体承担法律责任为宜。因此，对于算法推荐服务的上线投入使用，建立一定的准入机制显属必要。国家互联网信息办公室发布深度合成服务算法备案信息的公告，要求算法服务提供者向网信办履行备案和变更、注销备案手续，并由网信办分批出具《境内深度合成服务算法备案清单》。备案清单首先对算法的名称和登记主体的名称进行登记，并列明登记主体在该算法服务中的地位是服务提供者还是服务技术支持者。此外，备案清单还列明每个算法的主要用途以及应用于什么产品之上。最后，每一个履行备案的算法，都会赋予备案编号。

值得注意的是，由网信办备案并公示的上述备案清单中，对于算法主要用途的公示信息往往相对简洁，不同登记主体间底层逻辑相似的算法，其在主要用途处的描述文字可能相同，使得查看该公示信息的人对不同算法的深度用途很难做到区分。此外，对于应用产品的介绍仅限于列明使用的 App 名称和网站名称。可见，我国目前对于算法推荐服务的准入为备案的开放式准入机制。而具体到金融领域，尚未形成由金融监管主导或与国家互联网信息办公室协作的金融领域算法推荐服务准入机制。

2. 金融算法推荐技术标准的“搭建”：算法行业标准及金融监管规范性文件

为加快补齐数字普惠金融相关监管规则和监管短板，减少因算法本身的缺陷和算法“黑箱”导致的金融消费者权利侵害，针对金融领域的算法推荐服务，中国人民银行通过出具《人工智能算法金融应用评价规范》（以下简

称《评价规范》）和《人工智能算法金融应用信息披露指南》（以下简称《信息披露指南》）的行业标准作出系统评价框架。

其中，《规范》主要针对服务技术支持者从安全性、可解释性、精准性和性能方面提出要求。值得注意的是，从打破算法“信息壁垒”的角度和后续监管的需要，该《评价规范》在安全性方面对算法的数据可追溯性提出要求，就训练数据的可追溯性、建模过程的可追溯性和算法部署的可追溯性分别拟定了评价内容。另外，为穿透算法“黑箱”，该《评价规范》还建立了算法可解释性评价体系，从算法建模准备、建模过程、建模应用提出基本要求、评价方法与判定准则等。

《信息披露指南》则是针对人工智能算法在信息披露过程中的披露原则、披露形式和披露内容等要素进行了明确。值得注意的是，目前该《信息披露指南》要求算法服务提供者采取企业自我声明、信息披露报告、产品服务说明书等方式，自行在官网等线上渠道上进行信息披露。

除上述中国人民银行制定的针对算法的行业规则之外，中国证监会于2020年发布了《关于加强对利用“荐股软件”从事证券投资咨询业务监管的暂行规定》，其所针对的“荐股软件”系具备证券投资咨询服务功能的软件产品、软件工具或者终端设备。① 算法推荐服务在证券领域的应用场景自然也包括从事证券投资咨询服务。因此依照该暂行规定，算法服务提供者应当经中国证监会许可，取得证券投资咨询业务资格，应当公平对待客户，杜绝算法“歧视”情形，对营销和服务过程的全程留痕，记录应当归档保存不少于5年的时间。

中国人民银行、中国银行保险监督管理委员会、中国证券监督管理委员会、国家外汇管理局于2018年发布《关于规范金融机构资产管理业务的指导意见》，俗称《资管新规》。其对运用人工智能技术开展投资顾问业务制定了准入、报备、风控、赔偿责任、预案制定、人工干预和强制退出等

---

① 具备的投资咨询服务功能包括：（1）提供涉及具体证券投资品种的投资分析意见，或者预测具体证券投资品种的价格走势；（2）提供具体证券投资品种选择建议；（3）提供具体证券投资品种的买卖时机建议；（4）提供其他证券投资分析、预测或者建议。

相应规定。[①]

3. 算法推荐服务“整合化”规则

为建立健全健康的算法推荐服务体系，助力健全数字普惠金融体系，制定算法推荐服务配套法律法规是亟待解决的问题。国家互联网信息办公室、工业和信息化部、公安部以及国家市场监督管理总局共同颁布了《互联网信息服务算法推荐管理规定》，系对算法推荐服务的“整合化”规则，制定信息服务规范，设置用户权益保护措施，并厘定了监督管理要求和法律责任。值得注意的是，该管理规定设置了消费者信息公开、未成年人及老年人用户的保护、禁止差别对待的公平交易的条款。除此之外，网信办还联合其他诸多部委发布《关于加强互联网信息服务算法综合治理的指导意见》，该指导意见作为原则性的规范性文件，从健全算法安全治理机制、构建算法安全监管体系、促进算法生态规范发展等方面提出了总则性要求。

4. 域外算法推荐服务相关法律规制

从欧美对于算法推荐服务的相关立法来看，立法的思路也是首先针对算法本身的构成要素厘清具体评估要求，然后责令算法运营主体进行信息披露，最后由相应主体进行算法问责。

美国在2019年、2022年和2023年先后三次提出了《算法责任法案》（Algorithmic Accountability Act），该法案首先限定了接受该法案的主体需要

---

① 《中国人民银行、中国银行保险监督管理委员会、中国证券监督管理委员会、国家外汇管理局关于规范金融机构资产管理业务的指导意见》第23条规定，运用人工智能技术开展投资顾问业务应当取得投资顾问资质，非金融机构不得借助智能投资顾问超范围经营或者变相开展资产管理业务。

金融机构运用人工智能技术开展资产管理业务应当严格遵守本意见有关投资者适当性、投资范围、信息披露、风险隔离等一般性规定，不得借助人工智能业务夸大宣传资产管理产品或者误导投资者。金融机构应当向金融监督管理部门报备人工智能模型的主要参数以及资产配置的主要逻辑，为投资者单独设立智能管理账户，充分提示人工智能算法的固有缺陷和使用风险，明晰交易流程，强化留痕管理，严格监控智能管理账户的交易头寸、风险限额、交易种类、价格权限等。金融机构因违法违规或者管理不当造成投资者损失的，应当依法承担损害赔偿责任。

金融机构应当根据不同产品投资策略研发对应的人工智能算法或者程序化交易，避免算法同质化加剧投资行为的顺周期性，并针对由此可能引发的市场波动风险制定应对预案。因算法同质化、编程设计错误、对数据利用深度不够等人工智能算法模型缺陷或者系统异常，导致羊群效应、影响金融市场稳定运行的，金融机构应当及时采取人工干预措施，强制调整或者终止人工智能业务。

具备一定规模，[①]因为该类主体在构建和使用算法时具有搜集大量用户信息，服务大量客户的特点，极有可能造成大规模用户风险。此外，针对“算法歧视”问题中常见的用户的种族、性别、年龄、社会经济状况等问题，用户的隐私权、知情权、自主选择权等消费者权益，该法案均作为评估要素制定了相应要求。对于算法作出决策所需要的所有信息，都应对消费者进行披露。监管层面，该法案在联邦贸易委员会（Federal Trade Commission）设立了一个公共存储库来管理这些系统，并为该委员会增加了75名工作人员来执行该法律。[②]发生侵权行为后，该法案还规定了代表民事诉讼制度。虽然该法案尚未在联邦层面获得通过，但从中可以管中窥豹，了解美国对算法推荐服务立法的主要精神。

欧盟《人工智能法案》则采用基于风险制定规则的方法，力图成为人工智能监管的全球黄金标准。[③]该法案以总则性的方式，从主体和适用范围出发，对人工智能领域的各类定义进行明确，从严到松罗列了“禁止行为”“高风险的AI系统”“有限风险与最低风险”等风险行为。其中，《人工智能法案》首先罗列了8种“禁止行为”，值得注意的是，对年龄、残疾、经济状况不佳等弱势群体以及对特定种族、宗教信仰、政治倾向等群体的歧视行为和通过大数据对特定个体的社会行为进行评估并打分的行为作出了明令禁止。此外，该法案还针对高风险AI系统制定例如风险管理制度、数据和数据治理、记录保存等要求，即“高风险的AI系统”需要承担更高标准的算法数据保存与信息披露义务，并提出高风险人工智能系统的提供者和使用者以及其他各方的义务。该法案已经在2024年5月获得欧盟国家的批准，并于2024年8月正式实施。

---

① 最近3个财年的应税期间，平均年总收入超5000万美元或拥有超2.5亿美元股权的，以及以拥有、管理、分析等方式使用超过100万名用户或消费设备识别信息的，是受该法案强制性约束的对象。

② Lawmakers Reintroduce Bill to Regulate Use of AI Systems,Government technology,https: //www.govtech.com/artificial-intelligence/lawmakers-reintroduce-bill-to-regulate-use-of-ai-systems, 2023年9月25日上传。

③ Adam Williams, *What Could Horizontal AI Legislation Look Like In the US? Exploring the US Algorithmic Accountability Act*, https: //www.holisticai.com/blog/us-algorithmic-accountability-act, 2023年1月9日上传。

（二）金融领域算法服务提供者的技术缺陷填补义务

1. 服务提供者对服务技术支持者的“培训”义务

算法推荐服务在金融领域中起到传统金融服务中客户经理、投资顾问、数据分析师等专业金融从业人员的作用，是服务提供者与金融消费者之间的桥梁。金融机构对资产管理从业人员具有资格认定、培训、考核和问责的义务，在算法推荐服务逐渐取代传统金融从业人员的作用的今天，金融机构作为服务提供者，对于金融从业人员的培训应当通过对算法服务技术支持者的“培训”得以实现。

首先是资格认定，电子认证服务同样是数字化普惠金融体系建成中的重要组成一环，工业和信息化部出具了许可的电子认证服务机构名单。算法推荐服务可以参照电子认证服务，由工信部或金融监管机构出具资格认定名单，选择有资质的科技公司作为金融领域的算法服务技术支持者。

其次是培训，金融机构在委托科技公司进行算法的构建时，应当将上述《评价规范》等行业规范的要求，结合自身建立算法的根本目的，以在研发委托的过程中予以培训或在订立合同时引入智能合约以明确研发要求。①

最后是考核，金融机构作为算法服务提供者，对提供的算法服务对外承担责任。因此，对于算法本身是否存在缺陷的考核，自然应当由金融机构自行实施。鉴于《评价规范》已经就安全性、可解释性、精准性和性能评价制定了规范，金融机构应当依据《评价规范》，结合自身要求，对算法服务技术支持者的算法产品进行自我考核。

2. 服务提供者的算法数据保存与信息披露义务

上文所述的《中国证券监督管理委员会关于加强对利用“荐股软件”从事证券投资咨询业务监管的暂行规定》中规定，荐股软件的运营主体需要将营销服务过程记录留痕并归档处理，相关业务档案的保存期限自相关协议终止之日起不得少于 5 年。证券投资推荐作为普惠金融算法推荐服务的一环，相应的数据保存规则有理由推广至其他的金融领域算法中。算法推荐服务中

---

① 程雪军：《金融科技公司算法风险的体系化治理：欧美比较治理视角》，载《经济社会体制比较》2023 年第 6 期。

的数据提取、流转、运行等应全程留痕并在合理时间内予以保留，以便于后续金融机构考核和监管部门的监管。与此同时，保存的数据也是金融算法服务提供者履行信息披露义务的必要条件，金融机构的算法披露义务应依照人民银行《信息披露指南》的规范进行。

3. 混合主体中推荐平台对多层交易主体的示明义务

金融算法推荐服务混合主体中，存在混合主体搭建平台，与多家金融机构合作，建立综合算法推荐服务平台。由于建立平台的混合主体中，有不少为互联网大厂旗下持牌金融机构，背靠身后的高知名度母公司，能够比较容易吸引大量金融消费者购买算法推荐服务以及其推荐的金融产品。这种类似于代销机构的行为容易导致缺乏金融产品购买经验的消费者基于对平台的信任而购买不值得其信任的底层金融产品。因此，此类金融领域算法混合主体必须在销售算法推荐服务的同时，对其背后的多层交易主体进行释明。不同于算法推荐服务的定期信息披露与重大变动不定期信息披露，对多层交易主体的释明应当发生在缔约过程当中，以确保金融消费者作出真实意思表示，并在之后可能发生的侵权事件后，确定实际应当承担责任的算法服务提供者。

4. 服务推荐者对算法推荐合理合规的自我审查义务

国内首例算法推荐侵权案件——北京某科技有限公司诉北京某科技有限公司信息网络传播权一案中，北京市海淀区人民法院经过审理，认为被告某公司运营的“今日头条”App中的算法推荐技术，将由其他视频制作者制作的当时在爱奇艺视频平台热播的《延禧攻略》电视剧的截取片段的短视频推荐给使用该“今日头条”App的用户，导致原告某公司的信息网络传播权受到侵害，因此判决被告某公司向原告某公司赔偿150万元和诉讼合理开支50万元。法院在论证中，将某公司未尽到“注意义务”作为认定侵权的因素之一，尽管该案涉及的侵权行为是对影视作品的信息网络传播权的侵害，但可以看出，在目前的司法实践中，算法推荐的内容不合理不合规，会导致算法服务提供者承担侵权的法律责任。[①]

由于算法推荐服务归根到底属于为服务提供者创造营收和获取利益的工

① 北京市海淀区人民法院（2018）京0108民初49421号民事判决书。

具，因此对其推荐的内容，作为收益方的服务提供者理应对算法推荐的内容进行合理性和合规性的审核。具体到金融领域，由于金融领域的监管本身已经淘汰了诸多不合规的金融产品，因此算法服务推荐者对其算法推荐的金融产品在合规性的审查外，更应当注意合理性的审查，以免造成对金融消费者自由选择权的侵害。

四、算法推荐对金融消费者权益保护体系的正向重构

作为尚处在初级阶段的新兴产业，算法推荐服务在很多方面有可能对使用算法服务的金融消费者权益造成侵害。而在《消费者权益保护法》《个人信息保护法》等法律和规范性文件的现有保护基础上，针对金融领域算法推荐服务的金融权益保护的重点在以下几个方面。

（一）知情权保护：以监管部门为平台的定期信息披露机制

目前算法推荐服务的监管部门以网信办、工信部等出具相应监管规范性文件的监管部门为主，对于信息披露的要求中对披露平台的规定多为在公司网站进行披露。例如中国人民银行在《信息披露指南》中要求金融机构在官方网站等线上渠道披露，[①] 中国证监会在《关于加强对利用"荐股软件"从事证券投资咨询业务监管的暂行规定》中规定证券投资咨询机构利用"荐股软件"从事证券投资咨询业务，应当通过公司网站公示产品分类、具体功能、产品价格、服务收费标准和收费方式等信息。通过自身网站的公示信息得不到监管部门的第一时间审核，存在虚假、不完全、滞后披露的可能性，不利于保护金融消费者的知情权。

金融领域的算法推荐服务受到专门且专业的监管部门监管，对信息披露的监管已经存在一些监管规则。比如中国证监会在《上市公司信息披露管理办法》中就作了信息集中披露的规定，披露的信息应当面向所有投资者。为平衡越来越大的算法服务提供者与金融消费者之间的"信息落差"，算法推荐服务的信息披露也应当遵循集中披露、定期披露和更新临时披露等原则。

① 《信息披露指南》第 5.2 条规定：金融机构信息披露可采取企业自我声明、信息披露报告、产品服务说明书等方式，通过官方网站等线上渠道披露人工智能算法金融应用相关信息。

在监管部门制定的类似于证券交易所网站的集中平台依照人民银行的《信息披露指南》的要求进行披露。此外，鉴于算法推荐服务具有针对智能设备的高普及性，算法推荐服务提供者完全可以在集中向监管部门披露以获得相应监督的同时，通过 App 推送、网站弹窗的形式向所有使用该算法推荐服务的金融消费者进行披露。

（二）信息权保护：算法对金融消费者个人信息侵害的司法救济

算法推荐服务的监管规定主要集中于算法发布的内容，对于算法收集信息阶段的管理规定相对较少。特定到对于金融消费者个人信息的保护规定，除了依照《个人信息保护法》的法律规定，其他规定分散于部门规章等规范性文件中。[①] 比较有代表性的系《中国人民银行金融消费者权益保护实施办法》中对于银行和支付机构对消费者信息保护的规定，给予了金融消费者选择是否向上述机构提供个人信息的选择权。银行或支付机构必须在金融消费者同意的情况下才可将其个人信息用于营销、市场调查等目的。虽然算法推荐服务天生就需要收集客户个人信息，且这些信息可能是金融消费者在无意识的过程中产生，并在不知情的情况下被算法收集用于学习与分析，从现实来看，这一过程无法找到让金融消费者对自身信息收集进行许可的时机。[②] 金融消费者获悉自己的信息被算法或服务提供者收集并用于营利目的时，他们自然而然地获得了表达是否同意的时机。对于这种既定事实能否达成合意的规制，靠先行的监管难以做到，而需要后续的司法途径予以救济。尤其是提供算法推荐服务时，如果并不以收集到具体个体消费者的信息作为必要或唯一的前提的，且收集行为没有得到金融消费者的同意，而是发生在不知情或登录时强制要求提供的情况下，个人信息的提供，应当认定是在金融消费者不自由或不自愿的情况下，强迫或变相强迫地作出，不能被认定为有效同意，人民法院可以对侵权的事实予以认定。北京互联网法院公布的数据算法十大典型案件之“在用户登录过程收集用户画像信息时未设置跳转选项侵害

① 参见金志华：《第三方支付金融科技领域金融消费者个人信息保护研究》，载《中国市场》2023 年第 31 期。

② 参见程雪军：《算法社会下金融消费者信息权的法律治理研究》，载《河南社会科学》2022 年第 7 期。

用户个人信息权益——罗某诉深圳某科技公司侵害个人信息纠纷案”一案中，原告罗某诉称被告深圳某科技公司在没有告知原告采集信息的相应隐私政策的前提下，强制原告提供个人信息以形成用户画像，并且在该 App 的注册界面中，原告必须填写诸如“职业”“学习目的”“英语水平”等信息，没有设置“跳过”或拒绝等可以不用填写个人信息即可完成注册的选项或路径，构成了对原告的侵权。因此，原告要求法院判令被告向原告提供个人信息副本、停止侵权、删除个人信息、赔礼道歉并赔偿损失。法院经审理认为，被告收集原告个人信息的行为是否构成订立履行合同所必需的行为和被告获取原告信息是否取得了原告的“知情和同意”是认定被告的行为是否构成信息权侵犯的要点。被告收集原告个人信息的行为不管是从相关行业标准和惯例来看，抑或从 App 注册的功能设置本身来看，都不具有必要；该行为也显然没有获得原告的知情和同意。最终，法院认定被告深圳某科技公司采集原告相关信息的行为构成了对原告的侵权，裁判结果为被告深圳某科技公司向原告罗某提供个人信息副本、停止侵权、删除个人信息、赔礼道歉并赔偿损失 2900 元。

（三）自主选择权保护：算法推荐领域形成行业规范问卷调查

上文所述，金融领域的算法推荐服务是金融消费者与金融机构签订金融产品销售合同的过渡过程，起到了“桥梁”的作用，而这一“桥梁”有时是可见的，即金融消费者清楚自己在选择金融产品时获得了算法运算后得出的产品推荐，或金融消费者主动选择获得算法服务提供者提供的算法服务，这种运用算法进行精准营销的关系形成后，却由于算法透明度的问题，使得接受推荐服务的金融消费者无法在获得推荐的同时，像传统金融服务那般直接从客户经理处获得推荐的逻辑和理由，从而对推荐产品的结果作出干预。尽管算法推荐服务相对于传统金融服务成本相对更为低廉，但并不代表金融机构可以运用算法推荐服务的信息差在不透明的情况下进行精准营销，从而侵犯金融消费者的自主选择权。因此，在算法服务提供者和金融消费者对运用算法推荐服务达成合意的情况下，可以参考投资领域，以问卷调查作为前置要件。在算法推荐服务中，通过嵌入调查问卷的方式，对消费者的投资意愿进行充分调查的情况下制作用户画像，减少因算法缺陷导致的选择偏差，以充分保障当事人的自主选择权。对于调查问卷的设置，在部分行业中，可以参照保险条款的设置，以行业协会为单位制定行业规范调查问卷，统一金融消费者询问的标准。这也是行业自治在普惠金融领域算法推荐服务的体现。

（四）综合权益保护：推动完善人工智能领域立法体系

最后，不论是监管部门主导的定期信息披露机制、人民法院依职权履行的司法救济保障还是行业内部自发形成的对消费者自主选择的保护，在保护金融消费者权益上都具有局限性，同时缺乏上位法的司法依据、缺乏制定翔实的监管规则，难以起到全面且有效的保护。与此同时，监管部门的过分介入、法院对金融消费者的裁判倾斜都对算法推荐服务在普惠金融领域的发展起到了消极的作用。可见，无论是出于消费者权益保护的需要，或是算法推荐服务的健康发展，都亟待人工智能领域立法体系的完善。下文重在阐述消费者权益的保护需要如何完善算法推荐立法体系。

1. 推动完善人工智能领域上位法体系

当前国内人工智能领域法律体系呈现碎片化、片面化的特征。碎片化体现在需要从多部法律和部门规章中提取，片面化体现在目前的立法中心还是在信息安全和消费者个人信息保护的方面。目前人工智能领域上位法体系的构成主要以《民法典》人格权编中的隐私与个人信息保护为基础，辅以《网络安全法》《数据安全法》《个人信息保护法》，形成了“1+3”模式顶层法律格局。在部门规章领域，2023 年正式实施的《生成式人工智能服务管理暂行办法》为我国出台正式的、综合的《人工智能法》奠定了一定的基础。基于科技的快速发展特点，人工智能领域的科技立法相对于传统法律部门创设具有更强的时效性，因此对于我国《人工智能法》的推动可以通过灵活的形式载体，以灵活式、点阵式、快速式立法过渡至全面构造上位法体系。考虑到欧盟在制定《人工智能法案》时对全部类型人工智能进行风险度划分，对不同风险程度的人工智能采取禁止、严格管控和自由发展的不同措施，也预见了人工智能作为新兴技术具有的快速发展特点，从而没有以不同的技术、不同的领域来区分制定规则，而是以可能造成风险的等级不同区分制定规则。因此，可以想见我国在制定人工智能上位立法时，同样并不一定会针对具体领域例如金融领域，或是具体技术例如算法推荐技术来区分制定规则。因此，普惠金融领域的算法推荐服务想要形成完善立法体系，需要呈现高位阶法律搭建框架，低位阶规章制定具体规则的系统性立法规制。

2. 构造算法推荐领域内的系统性立法规制

从技术维度看，算法技术是与大数据、人工智能等相结合的技术链上的一环。算法规制是人工智能领域的主要法律问题。当前涉及算法的法律文件包括法律法规、标准指南、行业自治三个层次，其中《网络信息内容生态治理规定》《互联网信息服务算法推荐管理规定》对互联网信息服务、广告等算法推荐作出了详细规范。但构建人工智能法律不能仅针对生成何种服务来进行区分规制，更应针对算法技术本身制定相应规则，而针对技术本身进行规制显然并不适合用简单的条文进行规定，可能会造成掌握技术的专业人士之外的人难以看懂的局面。且算法技术标准的统一涉及多个行业和领域，不同的行业和算法应用，难以制定统一的技术标准。因此，建议通过高位阶的立法针对算法推荐领域进行整体大框架性的规制协调，并且明确到各自相应领域和行业的监管部门，制定本行业的算法技术标准。在金融领域，已经存在《评价规范》和《信息披露指南》的行业标准，下一步就是与高位阶立法结合，形成上位法确定责任，具体标准细化规范，监管同步落实的普惠金融领域算法规制体系。

3. 加快推动金融行业内算法推荐的细化规范及监管准则

当前算法推荐服务越来越多地运用于数字普惠金融场景，例如金融信贷、智能投顾、投资决策等领域。建议加快推动金融机构算法推荐的行业规范和监管准则，助力建立健全健康的数字普惠金融体系。

（1）明晰金融算法推荐服务主体的准入规范。当前对于算法推荐服务的准入以备案的开放式准入机制为主导，而具体到金融领域，尚未形成由金融监管主导或与国家互联网信息办公室协作的金融领域算法推荐服务准入机制。因此，建议加快构建由金融监管为主导的金融算法推荐服务准入机制。以智能投顾这一金融算法推荐主要应用场景为例，可以适当出台相应的监管规定，细化金融机构向监管部门报备算法核心参数的逻辑、形式、内容，金融机构在提供智能投顾服务中能否人为干预以及干预的程度界定。

（2）在《消费者权益保护法》《个人信息保护法》等法律和规范性文件的现有保护基础上，建议在金融算法推荐监管层面厘清和明确监管主体和职责，细化和健全技术标准、重大违法违规行为的类型化标准认定和责任认定。参考《互联网信息服务算法推荐管理规定》提出的算法影响评估及制度，可以将算法模型纳入金融风险的评估体系，既要明确金融算法推荐服务提供者定期审核、评估、验证算法数据、模型、结果的义务，也要对算法评估的时间、路径和范围作相应的具体规定，以提高监管的精准度。此外，算法公开也是有效避免算法歧视等算法逻辑问题的有效方式，参考《征信业务管理办法》要求征信公司必须公开个人信用评分卡的算法模型，建议在金融监管规定中要求金融机构对推荐算法应公开尽公开，切实提升算法可解释性，尽可能让算法被金融用户知晓，助力对金融消费者知情权的保护。

五、结语

智能算法推荐服务从成本和普及性等方向考虑都是符合普惠金融发展需求的重要技术推进手段。对算法推荐服务的治理也是提升普惠金融科技水平，打造健康的数字普惠金融生态的必经之路。本文通过分析现阶段金融领域算法推荐存在的问题，对确定责任主体、补充法律规制和聚焦金融消费者侵权视角，从上层立法、监管、司法、行业自治等多角度完善金融消费者权益保护等方面提出建议。对算法推荐服务的体系化治理，既需要顶层法律规制搭建框架，厘定主体性质、划分责任归属、提供司法依据；也需要监管部门担负监管责任、制定行业标准、主导信息披露、受理消费者投诉；又需要人民法院在算法推荐服务的消费者权益受到侵害时判定违约责任、认定侵权过错、提供司法救济、依法判决解纷；还需要行业协会积极履行行业自治、自拟行业规范、保护客户权益、推进算法推荐进步。统合上述措施，形成完善的法律规制，推进算法推荐服务在普惠金融这篇金融大文章中形成坚实的助力。

数据产品的法律属性界定与刑法保护路径选择

课题组成员

主持人：江海洋　山东大学法学院助理研究员

执笔人：江海洋　山东大学法学院助理研究员

参与人：王华伟　北京大学法学院助理教授

邢文升　厦门大学法学院助理教授

马文博　中国人民大学法学院博士后

内容摘要：数据产品本质上是一种衍生非个人数据，其形成以经过算法等智力劳动的“实质性加工”为前提，是一种重要生产要素。数据产品的法律属性与刑法保护路径存在之争，实质是数据是否应确权以及确权路径之争。实际上，确权肯定说与确权否定说存在共识，其都认为对数据的确权必须坚持有限排他性。财产的本质是排他权，排他权并非绝对，不同类型财产的差异主要体现在其排他权例外设定上。能否被归入财产的客体，决定性因素是其能否为非所有者的不干涉义务提供明显的信号与信息。数据产品类数字资产的制作者通过技术手段对数据产品进行事实上的控制，已为非所有者不干涉义务提供了明显的信号，故数据产品也可被归为财物。但是，鉴于数据产品自身的独特属性，其不同于传统财物，故已经形成稳定犯罪构造的传统财产罪名不适合保护数据产品。在前置法还未对数据产权进行明确规定的前提下，选择创设类似知识产权新罪名路径并非最优解，当前较为理性的选择是沿用数据犯罪路径。鉴于数据的生产要素属性，数据产品刑法保护都存在超法规违法阻却事由，违法阻却事由主要包括“为国家安全、公共利益、公共服务管理等公共事项”“类推著作权合理使用制度”“基于必要设施原则的数据强制许可”。

关键词：数据产品　财产　排他性　出罪事由

2022年《中共中央、国务院关于构建数据基础制度更好发挥数据要素作用的意见》(以下简称“数据二十条”)提出，要推动数据产权结构性分置，建立数据资源持有权、数据加工使用权、数据产品经营权“三权分置”。此后，学界对如何建构数据产品经营权虽多有零星讨论，但数据产品的概念、数据产品的法律属性是什么以及刑法应采取何种路径保护等问题都缺乏系统的梳理与讨论。对此，本研究尝试对上述问题进行系统的梳理，并进而尝试建构数据产品的刑法保护路径。

一、数据产品的概念与特征

（一）数据产品的概念

针对数据产品的概念，存在不同的观点。有学者认为，数据产品是数据的集合，开发人员通过一定的算法对数据进行深度分析和筛选、提炼和整合、脱敏，最终形成具有市场价值的衍生数据。[①] 也有学者认为，数据产品是指对原始数据按照算法规则进行深入分析、筛选、提炼、整合、脱敏后得到的具有交换价值和技术可行性的衍生数据，在此基础上为用户提供预测、指数、统计等服务。[②] 亦有学者认为，数据产品是网络运营商投入大量智力劳动，利用算法和分析模型对海量原始数据进行深度加工、分析和提炼，以揭示未发现事物之间的关联性和相关性，并用于预测和指导决策而产生的具有市场价值的衍生数据。[③] 还有学者认为，数据可分为数据资源的原始形态和数据加工使用后的产出——数据产品，经过初步加工后，不同于原始

---

① 参见申卫星：《论数据产权制度的层级性：“三三制”数据确权法》，载《中国法学》2023年第4期。

② 参见刘哲石：《双层法益结构下数据的财产犯罪归责路径》，载《江苏社会科学》2024年第1期。

③ 参见高阳：《衍生数据作为新型知识产权客体的学理证成》，载《社会科学》2022年第2期。

数据形态、意义和价值的数据，都属于数据产品；[①] 数据产品是指所有经过合法加工的数据，除原始数据外还具有市场价值，不需要投入大量的加工和创新劳动。[②]

可以发现，这些学者对数据产品的界定基本相同，其中的主要争议点在于是否需要"投入实质性加工和创新性劳动"。否定说认为，为更好地保障数据处理者使用数据和获得收益，促进数据要素流通复用，同时避免"投入实质性加工和创新性劳动"的表述引发的加工至何种程度可以称为实质性加工的争议，[③] 故数据产品不要求投入实质性加工和创新性劳动。在司法实践中，也存在法院持此种观点，如有法院一方面认为，虽然 A 公司的收集、汇总行为并未在原始、公开数据的基础上体现较高的劳动附加价值，但还是将本案中不同券商在特定港股新股发行期间的孖展金额和息率的多次更新数据的集合称之为"数据产品"。[④]

与此相反，肯定说则认为，数据产品需要利用算法技术对数据集合进行创造性分析，需要体现着智力投入。[⑤] 司法实践中也有支持这种观点的意见，有的法院认为，数据产品不同于网络原始数据，其数据内容是通过网络运营商投入大量智力劳动的成果，经过系统的深度开发和整合，最终呈现给消费者的是网络用户信息，与网络原始数据不具有直接的对应关系，是独立的衍生数据。[⑥] 例如，仅是对习题答案的搜集，尽管搜集过程中需要付出时间和脑力劳动，甚或通过购买学生劳动的方式获得习题，但这均不能否认习题答案本身是一种不需要进行创造性活动或在原有基础上附加脑力劳动值的深层次产品，[⑦] 不属于数据产品。肯定说的理由在于，不要求"投入实质性加工和创新性劳动"这一限制，必然会使数据产品的门槛过低，可能导致劣币驱逐

① 参见高富平：《数据生产理论——数据资源权利配置的基础理论》，载《交大法学》2019 年第 4 期。

② 参见许可：《从权利束迈向权利块：数据三权分置的反思与重构》，载《中国法律评论》2023 年第 2 期。

③ 参见程啸：《论数据产权登记》，载《法学评论》2023 年第 4 期。

④ 参见广东省深圳市中级人民法院（2022）粤 03 民终 4682 号民事判决书。

⑤ 参见张素华：《数据产权结构性分置的法律实现》，载《东方法学》2023 年第 2 期。

⑥ 参见杭州铁路运输法院（2017）浙 8601 民初 4034 号民事判决书。

⑦ 参见陕西省高级人民法院（2021）陕知民终 122 号民事判决书。

良币，最终违背促进数据要素流通复用的预设目的。[①] 数据权表面上是对数据的保护，实质上是对数据劳动所创造的价值的保护，[②] 至于“投入实质加工和创新劳动”的标准可以定义为加工增值超过原材料价值的部分，这两部分都可以通过会计计量算出。[③]

正如有学者所指出的，数据产品的本质内容是信息，数据产品的稀缺是指“所指”（信息内容）的稀缺，而非符号形式（数据或数据集合）的稀缺。[④] 数据产品的对象不是数据，也不是大数据的简单集合，它必须是经过大数据技术对内容进行处理的具体信息产品，可以用来解决具体问题，满足具体业务需求。事实上，区分数据集合与数据产品不仅已经成为学界共识观点，同时也得到了地方数据立法实践的支持。例如，根据《上海市数据条例》第 49 条的规定，数据产品和服务的形成以“实质性加工”和“创新性劳动”为前提。[⑤]《深圳市数据产权登记管理暂行办法》第 2 条第 2 款更是直接规定：“数据产品，是指自然人、法人或非法人组织通过对数据资源投入实质性劳动形成的数据及其衍生产品，包括但不限于数据集、数据分析报告、数据可视化产品、数据指数、应用程序编程接口（API 数据）、加密数据等。”因此，数据产品应指制造者在收集海量数据的基础上，通过特定的大数据技术或云计算、算法等技术，进行分析、整合，产生具有精准定制或预测功能的衍生数据。典型的例子是某宝的“生意参谋”，它可以通过对合法采集的用户信息进行匿名化处理，然后进行大数据分析，为商家提供定制化、个性化的数据分析服务，为商家改进店铺和运营提供参考。

（二）数据产品的特征

虽然关于数据产品的概念存在不同观点，但是通过比较不同观点对数据产品的界定，还是可以从中提炼出数据产品所具有的几个主要特征。

---

① 参见许可：《从权利束迈向权利块：数据三权分置的反思与重构》，载《中国法律评论》2023 年第 2 期。

② 参见高富平：《数据持有者的权利配置——数据产权结构性分置的法律实现》，载《比较法研究》2023 年第 3 期。

③ 参见孙莹：《论数据权益客体中的基本范畴》，载《东方法学》2024 年第 1 期。

④ 参见刘维：《论数据产品的权利配置》，载《中外法学》2023 年第 6 期。

⑤《上海市数据条例》第 49 条规定，本市制定政策，培育数据要素市场主体，鼓励研发数据技术、推进数据应用，深度挖掘数据价值，通过实质性加工和创新性劳动形成数据产品和服务。

1. 数据产品是一种衍生数据

数据产品实际上是一种衍生自海量的原始数据的数据，其本质上属于衍生数据。在数字时代，一般认为，衍生数据是我们对海量数据进行大数据分析与挖掘技术而产生的劳动智力成果。作为衍生数据的数据产品，其产生往往先要对原始的海量数据实施清洗和预处理，以此形成可建模的数据集合；之后，便是选择契合的算法实施对数据集合的进一步的数据分析，生产衍生数据；最后一步则是将衍生数据转换为人类可以理解的信息，在此过程中往往需要采取可视化技术。① 因此，可以发现，数据产品是通过运用算法和大数据分析模型对海量原始数据进行清洗、挖掘、分析和提炼后，再从中提炼出新知识、新规律，呈现为可感知的、具象的信息内容。换言之，数据产品的最终表现形式是能够为人类认知所理解，并辅助人类决策的"小数据"（信息）。② 因此，数据产品的保护问题本质上仍是数据保护的问题。③ 事实上，在司法实务中，法院之所以赋予数据产品相对于他人的竞争性利益，就是因为其衍生性。在安徽某景信息科技有限公司与某宝案中，法院认为，数据产品之所以与原始数据存在显著差别，进而得以拥有独立财产权益，主要是因为原始数据的内容本质上仍属于原始网络用户信息范畴。由此可知，网络运营商在原始数据方面需受网络用户的管控，对于所提供的用户信息无法拥有独立权利，仅能基于与网络用户的协定对网络原始数据享有特定的使用权。而网络数据产品则全然有别于网络原有数据，其数据内容是网络运营商通过投入大量创造性工作，进行深度开发与系统整合后所形成的，已演变为与用户信息以及原有数据不存在直接对应联系的独立"衍生"数据。由于这类数据产品能够为运营活动产生极为可观的经济效益，所以网络运营商理应对其自主开发的数据产品拥有独立的财产权益。④

① 参见高阳：《衍生数据作为新型知识产权客体的学理证成》，载《社会科学》2022 年第 2 期。

② 参见郑金涛：《数据产品确权的体系批判》，载《知识产权》2024 年第 6 期。

③ 参见阮神裕：《论数据确权的一般化路径》，载《武汉大学学报（哲学社会科学版）》2024 年第 5 期。

④ 参见浙江省杭州市中级人民法院（2018）浙 01 民终 7312 号民事判决书。

2. 数据产品是非个人数据

一般情形下，数据产品都是已经经过脱敏化或匿名化处理，原始海量数据中的个人信息被剥除或被匿名化处理，因此数据产品经过深度加工后与原始数据无直接对应关系，不再含有自然人的人格要素。[①] 换言之，数据产品兜售的并非个人信息，而是经过匿名化处理后的报告内容。[②] 之所以要采用匿名化技术将原始海量数据中的个人信息剔除，主要是因为根据《个人信息保护法》第 13 条的规定，在无其他合法处理个人信息的事由的情况下，数据产品的产生过程中若涉及对个人信息的处理，则必须取得信息主体的同意，但显然这在处理海量的原始数据时无法实现。故而，为了符合《个人信息保护法》的合规要求，避免出现侵害个人信息权益的风险，当数据产品制作者在获取海量原始数据并意图将其制作成为数据产品时，都必须通过采取匿名化技术将海量原始数据进行匿名化处理。

3. 数据产品经过算法等智力劳动的投入

数据产品的功能实现依赖于两个要素，一是数据，二是算法。[③] 事实上，一方面，如果没有来自特定个人或特定领域的大量原始数据，即使使用相同的算法来分析和处理数据，也很难获得具有实际价值的数据产品，如个性化定制或准确预测。相反，若无算法对海量原始数据进行深度分析、提炼规律，也难以获得符合市场需求的数据产品。换言之，数据产品是通过特定的大数据挖掘分析技术以及算法对原始海量数据实施深度分析、提炼整合形成的产物，也就是说，某种意义上大数据挖掘分析技术与算法是低价值的原始海量数据向高价值的衍生数据转化的关键。[④] 若是无大数据、算法技术的加持、转换，使得海量原始数据发生质变，变为可感知、具象化的信息内容，即使数据处理者花费了大量的人力、物力处理海量原始数据，也不能将

---

① 参见徐海燕、袁泉：《论数据产品的财产权保护——评某宝诉某景公司案》，载《法律适用（司法案例）》2018 年第 20 期。

② 参见李永明、戴敏敏：《大数据产品的权利属性及法律保护研究》，载《浙江大学学报（人文社会科学版）》2020 年第 2 期。

③ 参见阮神裕：《论数据确权的一般化路径》，载《武汉大学学报（哲学社会科学版）》2024 年第 5 期。

④ 参见郑金涛：《数据产品确权的体系批判》，载《知识产权》2024 年第 6 期。

其认定为数据产品。例如，在某点评诉某度案中，虽然某点评网站上的用户评论信息是原告付出了大量的人力、物力和技术成本收集，且也具有市场价值，但鉴于这些点评信息并非经过大数据、算法技术提炼而成的具有可感知性、具象化的信息内容，故不应当将其认定为数据产品，而应当被认定为原始数据。① 相反，在深圳某拼信息科技有限公司诉某而思案中，法院认为，原告先是通过数据清洗、别名识别技术、脱敏技术等程序对原始数据进行数据整理，从而整理成标准化的有效信息，再运用计量经济学和信息经济学模型，得出涉案数据，最后结合查新报告中的结论。因此，在涉案数据的研发过程中，体现了二原告的智力和劳动投入，形成了不同于原始网络信息的衍生数据，属于首创了涉案“662 所高校学生毕业十年就业薪酬和就业行业分布”数据产品。该数据产品凝结着二原告大量人力、物力、财力的投入，承载着二原告极高的智力劳动付出，具有极高的商业价值，由此产生的合法权益应受法律保护。②

4. 数据产品是一种重要生产要素

随着数字经济快速发展，数据已成为当今社会的关键生产要素。数据作为一种新型生产要素，其独特的渗透性、低成本的可复制性等特征，使得其与生产生活的各个领域实现深度融合。③ 事实上，生产要素的内涵不是一成不变的，随着科学技术的发展，生产要素也会发生变化。在农业时代，最重要的生产要素是土地和劳动力，但到了工业时代，土地作为最重要的生产要素被机器所取代。④ 同样，数字时代的今天，重要的生产要素已经在逐渐转换为数据。数据作为一种新型生产要素，不仅直接创造社会价值，而且通过与其他生产要素的融合，有效降低交易成本，创造规模经济和范围经济，提高配置效率和激励效率，能够大幅提高全要素生产率。⑤ 对此，在深圳市某

① 参见李晓珊：《数据产品的界定和法律保护》，载《法学论坛》2022 年第 3 期。

② 参见北京市海淀区人民法院（2017）京 0108 民初 51904 号民事判决书。

③ 参见许中缘、郑煌杰：《数据要素赋能新质生产力：内在机理、现实障碍与法治进路》，载《上海经济研究》2024 年第 5 期。

④ 参见刘哲石：《数据产品的法益识别与刑法保护路径》，载《甘肃政法大学学报》2023 年第 6 期。

⑤ 参见李涛、欧阳日辉：《数据是形成新质生产力的优质生产要素》，载《光明日报》2024 年 4 月 23 日第 11 版。

某计算机系统有限公司诉某某科技（北京）有限公司案中，法院就指出，在数字经济时代，数据日益成为企业重要的生产要素。而数据的价值在于流通，数据的有效利用有助于提高企业的生产效率、改善产品品质与服务体验，特别是某些新兴产业的生存与发展更需依赖于对数据的收集与利用，通过对原始数据的加工创造出新的衍生数据产品，从而创造数据的再生价值，推动社会经济与行业的整体进步。[①] 因此，鉴于数据在当今时代本质上是一种生产要素，这就导致本质是数据的数据产品，也是一种生产要素。

二、数据产品的法律属性与刑法保护路径梳理

正如上述，数据产品本质上是一种衍生数据，鉴于衍生数据也是数据，故数据产品仍属于数据。关于其法律属性一直存在争议。无论是《民法典》还是《数据安全法》《个人信息保护法》，都没有对数据产品的法律属性进行明确。对于数据产品的法律属性以及刑法保护路径，当前学界存在两大类不同的观点。

（一）类似知识产权说

部分学者认为，应赋予数据产品一种类似知识产权的法律属性。具体而言，又细分为以下不同观点。

其一，类似著作权说。有观点认为，针对数据加工者通过合法加工原始海量数据，最终形成的数据产品，其中增值数据的产权应该由数据加工者享有，若数据产品构成汇编作品时，还应根据著作权制度的相关规定予以保护。[②] 但存在有力质疑观点认为，汇编作品保护的是数据集合的整体结构顺序或排列选择的独创性，这种保护并不延伸到派生数据。[③] 对此，有学者转换视角认为，数据产品是企业利用算法技术对收集的数据进行创造性分析，从而产生新的知识，并基于一定的商业模式转化为数据产品或服务，体现了企业的智力投入，应当受到类似于版权的保护。当然，数据产品的产权并非

---

① 参见天津自由贸易试验区人民法院（2022）津 0319 民初 11108 号民事判决书。

② 参见朱宝丽：《数据产权界定：多维视角与体系建构》，载《法学论坛》2019 年第 5 期。

③ 参见高阳：《衍生数据作为新型知识产权客体的学理证成》，载《社会科学》2022 年第 2 期。

绝对排他，其还应受到公共利益等因素的限制，且由于数据所具有的公共性特征，其产权并非永久享有。[①]

其二，新型知识产权说。该说认为，数据产品作为一种衍生数据，应为数据产品所有者创设一种新型知识产权，也即衍生数据权。具体而言，衍生数据权的赋权特点在于主体多元、权利以“权利束”形式展开。衍生数据权的具体权能可包括许可权、发布权、传播权、转让权等。同时，为预防衍生数据权人由于“垄断”数据，进而导致反公地悲剧的出现，衍生数据权的权利行使需要受到诸如国家利益、公共利益及第三方合理获取等例外的限制。[②]

其三，数据产品制作者权说。该说认为，应对数据产品的制作者赋予一种弱民事权利，也即数据产品制作者权。为限制数据产品的产权化程度，数据产品制作者权应包含获取、使用和公开传播三种权利。换言之，未经授权和无正当理由获取、使用或公开传播他人数据产品的行为构成对数据产品制作者权利的侵犯。当然，也应为数据产品制作权设计一套权利限制制度，例如赋予数据来源复制、访问和更正相应数据的权利。[③]

可以发现，虽然上述观点表述存在不同，都采取了类似知识产权的确权构造，也即采取一种确权+权利限制的构造。与此相对，在刑法应采取何种路径保护数据产品的讨论中，也存在一种观点认为，对数据的保护应创设一种类似知识产权犯罪罪名结构。具体而言，此种观点认为，数据的经济特征与创新的经济特征相似。知识产权赋予创新者独占所有权，以获得投资回报，激励创新。数据政策与知识产权政策具有相同特点，也要在垄断性专有权的社会福利成本与创新激励效应的社会福利收益之间寻求平衡。高于边际复制成本的垄断性知识产权许可定价会减少创新机会，但为了产生动态创新效益，这是不可避免的社会危害。社会会通过限制排他性权利的范围来控制这种平衡。类似的考虑因素也适用于数据的收集、获取和使用。[④] 在数据权

---

① 参见张素华：《数据产权结构性分置的法律实现》，载《东方法学》2023 年第 2 期。

② 参见高阳：《衍生数据作为新型知识产权客体的学理证成》，载《社会科学》2022 年第 2 期。

③ 参见刘维：《论数据产品的权利配置》，载《中外法学》2023 年第 6 期。

④ See Bertin Martens, *An economic perspective on data and platform market power*, JRC Digital Economy Working Paper 2020-09, 2021, p.23.

属中引入新的数据访问和共享的用户权利并不与知识产权的概念相矛盾，因为这种权利可以被理解为知识产权法中通常也存在的对知识产权排他性的限制。[①] 数据的产权应与经典知识产权的权能构成类似，[②] 知识产权的不少规则如合理利用规则，对数据确权和流转具有一定的借鉴意义，[③] 采取类似知识产权保护路径对数据进行保护，是较为合适的路径。

因此，鉴于数据产品本质上仍属于数据，故而，也应采取类似知识产权的保护路径进行保护，但鉴于现有知识产权范畴不能完美将“衍生数据”纳入，完全适用现有知识产权的相关法律制度无法处理“衍生数据”的实践问题，故需创设一种包含存储权、使用权等具体权利的新型知识产权。[④] 同时，有必要在知识产权体系中为以衍生数据为代表的数据产品增设与著作权、专利权、商标权、商业秘密权等并列数据专有权，在《刑法》分则第三章第七节“侵犯知识产权罪”中增设侵犯数据专有权罪。[⑤]

（二）财产说

部分学者认为，应赋予数据产品以财产权。当然，对于数据产品是何种类型的财产，也存在不同的表述。

其一，算力财产性利益说。该说认为，在数字经济蓬勃发展的当下，算力已跃升为全新的生产力代表，算法则成为构建数字社会生产关系的关键所在，而数据作为一种新兴的生产要素，与算力、算法共同构成数字社会发展的核心驱动力，深刻重塑着经济社会的运行模式与发展格局。数据产品提供的数据服务背后是算力，它和电力一样属于无体物，侵犯算力的本质是获利，可以将之解释为财产性利益，并不违背国民预测。[⑥]

---

① See Martina Eckardt, *Wolfgang Kerber*, *Property Rights Theory*, *Bundles of Rights on IoT Data*, *and the Data Act*, 57 European Journal of Law and Economics 121（2024）.

② 参见吴汉东:《数据财产确权的立法选择》，载《法律科学（西北政法大学学报）》2023 年第 4 期。

③ 参见王利明:《数据何以确权》，载《法学研究》2023 年第 4 期。

④ 参见陈俊华:《大数据时代数据开放共享中的数据权利化问题研究》，载《图书与情报》2018 年第 4 期。

⑤ 参见刘双阳:《数据法益的类型化及其刑法保护体系建构》，载《中国刑事法杂志》2022 年第 6 期。

⑥ 参见高艳东、李诗涵:《数字时代财产犯罪中财物的扩张解释：以数据服务为例》，载《吉林大学社会科学学报》2020 年第 5 期。

其二，算力虚拟产品说。该说认为，数字经济时代，数据产品本质上属于依托于算力的网络虚拟产物。算力不仅是数据产品得以运行的根基，更是其存在的必要消耗条件。基于算力的支撑，数据产品衍生出特定的功能与效用，进而具备了经济价值。当我们将数据产品定义为以算力为基石的网络产品时，便为其价值确立了一个可参照的基准点。如此一来，即便数据产品自身功能效用所蕴含的价值难以精确衡量评估，我们仍能够依据相对具有商品化属性的算力价值来进行核算。①

其三，财产所有权说。该说认为，数据产品符合非人格性的特征，可被人力所掌控，对于人类而言具有实际价值，并且属于独立存在的事物，这些基本要求的达成，意味着数据产品已具备成为财产所有权保护对象的相应条件。②换言之，与数据资源持有权不同，数据产品已经过脱敏化处理，并利用数据算法等技术手段进行了适应市场需要的深度加工，以“产品”的形式体现，此时其承载的经济价值和财产属性具有确定性，更接近于一般意义上的有形财产。③因此，就数据产品来讲，其开发者理应拥有对该产品的所有权。这就意味着应当给予数据产品开发者一系列完整的权利，包括对数据产品进行占有，使其能够实际掌控；加以使用，以充分挖掘数据产品的价值与功能；获取收益，从数据产品的运营与应用中收获经济回报；实施处分，例如转让、授权等，从而在法律许可的范围内对数据产品进行自由处置，以保障开发者在数据产品开发过程中的投入与创新能够得到合理的权益回报，并促进数据产品市场的有序健康发展。④只不过鉴于数据产品承载着多元的利益，在行使数据权利时需要兼顾其他主体的利益。⑤值得注意的是，就数据产品产权的界定是否将其标注为“新型财产权”的问题，正如一些学者所指出的，财产权的客体在整体发展上呈现出从“有形”到“无形”的重大转

① 刘哲石：《数据产品的法益识别与刑法保护路径》，载《甘肃政法大学学报》2023 年第 6 期。

② 李永明、戴敏敏：《大数据产品的权利属性及法律保护研究》，载《浙江大学学报（人文社会科学版）》2020 年第 2 期。

③ 参见冯晓青：《数据产权法律构造论》，载《政法论丛》2024 年第 1 期。

④ 参见李永明、戴敏敏：《大数据产品的权利属性及法律保护研究》，载《浙江大学学报（人文社会科学版）》2020 年第 2 期。

⑤ 参见冯晓青：《数据产权法律构造论》，载《政法论丛》2024 年第 1 期。

变。以知识产权为例，虽然它作为一种财产权已经被广泛认可，但在现有的财产权体系中，它并没有被冠以“新型财产权制度”的名称。同样，数据如今已成为一种全新的生产要素，在处理与数据产权相关的问题时，似乎也未必会将其定义为“新型财产权”。[①] 这是因为，现有的产权理论框架和法律规范体系，经过适当的解释和扩展，也可以容纳和处理数据产权问题，而不必刻意创造一个全新的、独立的“新型财产权”概念，这样既不会不适当地增加法律体系的复杂性和不确定性，又可以保持财产权制度体系的相对稳定性和连贯性。

与此相对，就数据产品的刑法保护路径而言，也存在有力的观点认为，应通过财产犯罪对数据产品进行保护。对此，又存在沿用传统财产犯罪说与新增罪名说。有部分学者基于对一般数据资源、数据集合、数据产品的区分，认为根据财产的劳动理论可以赋予数据产品财产权。赋予数据产品创造者相应的财产权，是对其劳动投入的回报，数据产品兼具管理可能性、转移可能性、使用价值三个特征，应将其作为新型数据财产纳入刑法意义上“公私财物”的范畴，以盗窃罪、诈骗罪等侵犯财产罪相关罪名为其提供刑法保护。[②] 在司法实践中，有学者就指出，在某米客诉某来了案中，对被告人仅仅定性为非法获取计算机信息系统数据罪，并不足以全面评价其行为的不法内涵。这是因为被告人所爬取的数据是其市场竞争对手某米公司耗费大量的经济投入而获得的，因而是一种财产性利益，被告人对不法获取动态数据之行为，实质上是获取了一种有经济价值的服务，享受服务而不支付对价就是侵犯了他人的财产性利益，构成窃取财产性利益，成立盗窃罪。[③]

当然，对于作为非个人数据的数据产品是否可以直接适用传统财产犯罪予以保护，也存在不同的声音，有学者指出，虽然企业数据库中的数据具有经济价值，但对于窃取此类数据，却不应当仅从财产法益的角度出发，将其

① 参见冯晓青：《数字经济时代数据产权结构及其制度构建》，载《比较法研究》2023 年第 6 期。

② 参见刘双阳：《数据法益的类型化及其刑法保护体系建构》，载《中国刑事法杂志》2022 年第 6 期。

③ 参见庄劲：《开放的中国数据刑法体系之建构——基于本体法益与功能法益的区分》，载《中国刑事法杂志》2023 年第 2 期。

评价为盗窃罪或者故意毁坏财物罪。这是由于企业数据在功能上主要服务于企业的生产经营活动，且企业之所以收集、分析相关数据，其目的是在于增强市场竞争力。[①] 即使是体现出更高程度技术创新与劳动投入的企业数据产品，其产权并非绝对排他，其还应受到公共利益的限制，且基于数据所具有的公共性特征而具有一定的存续期间，并非永久享有。[②] 在公法层面，数据财产权应在制度上进行限制，建构数据强制许可、合理使用等权利限制，这是因为数据是信息的载体与传播媒介，数据资源的适度共享是个人获取知识、实现个人价值的必要保障，为了保证公共资源的供给，应避免过度的数据垄断。[③] 同时，亦有学者指出我国《刑法》中有关数据保护的规定未列入“侵犯财产罪”一章，虽然数据不被视为财产权的客体，但这丝毫不影响《刑法》对数据权益的保护。[④] 面对此种有力的质疑，也有学者认为，应将数据权作为“类物权”、等同于物权予以保护，并在《刑法》分则侵犯财产罪中新增规定侵犯数据权益犯罪，根据行为方式设计多个构成要件并配置存在区分且具有比例关系的法定刑。[⑤]

（三）竞争法意义上的财产权益说

该说认为，根据当前司法实践的规律总结，赋予数据专有权性质的权利和控制力并不必要，当然，由于当前互联网行业的主要商业模式已然包括数据产品的开发与市场应用，数据产品的开发与应用也是网络运营者市场核心竞争力和竞争优势的来源，加之数据产品在市场中也可以为运营者带来一定的经济利益。因此，将数据产品法律属性界定为竞争法意义上的财产权益更为合理，换言之，应将反不正当竞争法作为保护数据权益的主要法律。数据产品的核心侵权行为可以定义为：违反协议或违反或破坏权利人的保护措施，获取或使用权利人的数据，足以在实质上取代其他经营者的相关产品或服务。

---

① 参见于改之：《从控制到利用：刑法数据治理的模式转换》，载《中国社会科学》2022 年第 7 期。

② 参见张素华：《数据产权结构性分置的法律实现》，载《东方法学》2023 年第 2 期。

③ 参见易继明、钱子瑜：《数据权利界定的路径》，载《学习与实践》2023 年第 3 期。

④ 参见周汉华：《数据确权的误区》，载《法学研究》2023 年第 2 期。

⑤ 参见时延安：《数据安全的刑法保护路径及方案》，载《江海学刊》2022 年第 2 期。

与此相对，在刑法中，与竞争法意义上的财产权益说最大程度上相契合的应是沿用非法获取计算机信息系统数据罪说。刑法中的该种观点认为，在一般数据资源不符合知识产权特征、不具有信息主体可识别性的情况下，不能适用知识产权罪名与侵犯公民个人信息罪保护一般数据。同时，网络虚拟财产的本质并非二进制代码的数据属性，而是虚拟经济系统，不能简单将数据等同于虚拟财产，[①]财产的本质是稀缺性的，不可能是无限的，在流通和交易过程中，也必须是“此消彼长”。因此，可以无限复制的数据不能作为财产犯罪的对象，因为它不满足“此消彼长”，而只能作为数据相关犯罪的对象。[②]换言之，虽然数据被爬取后会间接产生相应经济后果或财产损失，但若将间接的财产损失、经济后果作为评价的规范连接点，则意味着能够产生财产损失或者负面经济后果的对象都能够被界定为财产，这显然属于倒果为因。[③]只有当数据包括在“财产”概念之内时，才能适用财产犯罪。因此，对于一般数据资源，并不能直接适用财产犯罪罪名。

数据可分为数据载体、句法层面、语义层面三个层次，鉴于通过数据载体与语义层面对数据保护的不全面以及可能出现“超级知识产权”的情况，往往对数据的保护都是尝试通过句法层面实现。具体而言，只有那些由于技术障碍而实际上只能由一人或多人获取的数据集或数据清单才受到保护，也即保护的数据只存在于技术访问限制的范围内。此种模式可以防止对数据的垄断，从而也有助于保护公众的利益，如技术创新。[④]换言之，为平衡数据持有者和公众之间的利益，法律对数据的保护应限于数据持有者对数据设置了特别安全保护措施以防止未经授权访问，且行为人越过此种安全保护措施的情形。在我国刑法语境下，此种对数据保护附加技术限制条件的观点，某种程度上意味着应适用非法获取计算机信息系统罪的保护路径，也即只有行为人采取技术手段越过安全技术措施以获取数据的情形，才值得刑法予以回

① 参见杨志琼：《非法获取计算机信息系统数据罪“口袋化”的实证分析及其处理路径》，载《法学评论》2018 年第 6 期。

② 参见赵拥军：《论财产犯罪中数据资产的占有及转移》，载《东方法学》2023 年第 3 期。

③ 参见赵春玉：《大数据时代数据犯罪认定的方法转向与价值回归》，载《思想战线》2021 年第 5 期。

④ Vgl.Simon Adam,Daten als Rechtsobjekte, NJW 2020, 2065.

应。事实上，其他国家亦存在类似规制路径，《德国刑法典》第 202a 条窥探数据罪也要求数据提供者必须对数据设定了安全防护技术措施。

三、数据产品确权问题的共识与争议

数据产品作为一种衍生数据，本质上还是属于数据。可以发现，上述数据产品法律属性界定的问题实质上就是关于数据是否应该确权以及如何确权的问题。在我国语境下，关于数据是否应该确权主要是关于数据财产化的讨论，也即数据之上能否存在某种支配权性质的财产权。其次，一旦确定对数据如对传统生产要素那样赋予财产权，[①] 在确权正当性问题形成基本共识的情况下，应着重探讨的是选择何种确权。

（一）确权肯定说与否定说

支持对数据确权的学者往往基于“劳动财产理论”或者功利主义“激励理论”，认为企业在数据处理活动中付出的劳动投入是确权的关键，[②] 或认为为了激励创造出更多的数据，避免造成数据资源的“公地悲剧”，应当对数据确权。[③] 同时，数据确权支持者还指出，数据确权有利于走出数据市场“丛林法则”以及解决“数据孤岛”困境，为数据流通提供了确定性和可预见性，减少数据流通的障碍与成本。[④] 然而，反对数据确权的学者则针锋相对地指出，采用洛克的“劳动财产理论”作为证立企业数据确权的根据并不合适，因为忽视了洛克的“劳动财产理论”全部适用条件，[⑤] “劳动财产理论”无法被说明为何要设置财产权，其作用仅限于帮助解决归属的分配问题。[⑥] 此外，就确权的功利性好处而言，鉴于数据处理活动背后都有具体的权益相关方或者控制者，公地悲剧发生的前提条件并不具备，解决公地悲剧并不只有确权一种方式。相反，若是产权安排划分过细，数据产权人太多且相互制约，会出现反公地悲剧，阻碍数据要素流动，破坏市场与创新。同时，私有

① 参见刘文杰：《数据产权的法律表达》，载《法学研究》2023 年第 3 期。
② 参见龙卫球：《再论企业数据保护的财产权化路径》，载《东方法学》2018 年第 3 期。
③ 参见申卫星：《数据确权之辩》，载《比较法研究》2023 年第 3 期。
④ 参见王利明：《数据何以确权》，载《法学研究》2023 年第 4 期。
⑤ 参见刘建臣：《企业数据赋权保护的反思与求解》，载《南大法学》2021 年第 6 期。
⑥ 参见李琛：《著作权基本理论批判》，知识产权出版社 2013 年版，第 7~8 页。

产权安排无法减少不确定性。各国数字经济的发展实践也已证明，尽管法律未对数据确权，在平台企业的资产负债表中亦不直接体现数据价值，但这并不影响平台企业的估值。[①] 相反，很难想象数据权在对象、范围和所有权方面有足够的稳定性，例如对象，工业数据的产生大多是实时的。大数据的速度——动态性质——使得确定一个稳定的保护对象非常困难，甚至不可能。[②]

可以发现，上述数据确权的支持者与反对者都提出了自己的理由，这些理由在不同的情境中都会成立。事实上，正如学者所言，是否支持确权不仅是一个立法模式的问题，更多的还是一种思维模式的问题。[③]

具体而言，支持数据财产权的学者建构了多种确权模式，除少数学者主张绝对化确权外，[④] 大多数学者主张的确权都非绝对化确权，而是在确权同时都规定了限制性条件，如有学者认为，应当将数据财产权确立为与物权、知识产权相并列的第三类具有对世性的新型财产权利，这种新型财产权具有有限支配和有限排他的基本属性；[⑤] 另有学者认为，数据确权要在区分数据来源者和数据处理者权利的基础上，构建双重权益结构，同时，为了防止数据垄断造成的数据流通障碍，有必要对新型的数据财产权作出必要的限制，如确立数据的合理使用制度、反垄断机制；[⑥] 还有学者认为，应对数据赋予框架性产权，数据要素属性决定了数据在特定主体、特定类型以及特定场景下可以具有一定的对世性和排他性，但这种法律保护是受到限制的弱保护。[⑦] 可以发现，确权肯定说对数据的确权附加的限制性条件，也都基本上被上述数据产品类似知识产权说所吸收。

数据权否定论反对构建完全排他性的数据产权，认为依靠传统的财产权

---

① 参见周汉华：《数据确权的误区》，载《法学研究》2023 年第 2 期。

② See P.B. Hugenholtz, *Against Data Property*, In H.Ullrich, P.Drahos & Ghidini Eds., Kritika: Essays on Intellectual Property, Edward Elgar, 2018, p.63 .

③ 参见姚佳：《企业数据权益：控制、排他性与可转让性》，载《法学评论》2023 年第 4 期。

④ 参见龙卫球：《数据新型财产权构建及其体系研究》，载《政法论坛》2017 年第 4 期。

⑤ 参见张新宝：《论作为新型财产权的数据财产权》，载《中国社会科学》2023 年第 4 期。

⑥ 参见王利明：《数据何以确权》，载《法学研究》2023 年第 4 期。

⑦ 参见徐玖玖：《利益均衡视角下数据产权的分类分层实现》，载《法律科学（西北政法大学学报）》2023 年第 2 期。

路径，尤其是建立绝对排他权利的路径，会面临一系列问题。[①] 数据的商业价值源于其在社会中的共享或利用，对数据的控制不是一种权利，而是一种法律事实，法律尊重和保护这种控制状态，不是基于财产的考虑，而是对信息自由的承认和尊重。企业数据控制利益是一种相对较弱的利益，表现为有限的非基于内容的排他权。[②] 在数据持有者能够通过物理和合同手段控制数据的情况下，授予绝对财产权反而可能会增加企业的负担，并且其他手段也可能是确保控制有经济价值资源的一种解决方案。要想获得对有价值资源的独家控制权，并不一定需要法律赋权，通过技术手段控制数据就足以保障数据持有者对数据的支配利益。基于此，对数据的保护应以维护数据控制为基础，采取行为主义的保护路径，在不涉及竞争秩序时适用合同法和侵权法，在涉及竞争秩序时适用反不正当竞争法，在涉及安全和公共利益时适用行政法和刑法。[③] 可以发现，此种数据确权否定说实际上就是尝试采取将现有的财产保护路径、反不正当竞争保护路径等结合起来，在不新增新型权利类型的前提下，实现对数据的保护。但是，即使采取行为主义保护路径，确权否定说也还是需要回答数据的法律属性为何，例如，在适用侵权法保护数据时，仍需要回答所谓的侵权行为到底侵害了数据持有者的何种权利，到底是财产权还是人身权，这也就导致还是需要对数据的法律属性进行界定。

（二）数据确权的争议与共识

通过对数据确权支持者与反对者的观点进行梳理，可以发现，两者之间虽然在确权的利弊方面存在价值取向的不同，[④] 但两者亦存在某种共识。从法律角度看，数据确权实质上是确立数据的支配权，即市场主体对其收集、整理乃至深度加工的数据是否应享有排他性的法律保护。[⑤] 目前，主张物权的主流学说所主张的并不是完全排他性的财产权，而是有限的排他权。即使将

---

① 参见金耀：《数据治理法律路径的反思与转进》，载《法律科学》2020 年第 2 期。

② 参见梅夏英：《企业数据权益原论：从财产到控制》，载《中外法学》2021 年第 5 期。

③ 参见丁晓东：《新型数据财产的行为主义保护：基于财产权理论的分析》，载《法学杂志》2023 年第 2 期。

④ 参见熊丙万、何娟：《数据确权：理路、方法与经济意义》，载《法学研究》2023 年第 3 期。

⑤ 参见刘文杰：《数据产权的法律表达》，载《法学研究》2023 年第 3 期。

数据所确立的权利称为财产权，它在权利的属性和权能上也不同于现有的物权和知识产权，在期限和权能上应受到更严格的限制。① 数据确权不等于确立一个财产所有权，数据所确之权的排他性具有一定限制，② 其弱于所有权，且不应被某一主体垄断。③ 而确权否定说也认为对于数据的实际控制蕴含了一种有限排他权，只不过是一种高度非标准化的数据财产权形态而已，如行为规制论也将数据持有者之外的主体可以基于何种事由自主获取和使用数据作为规制重点，这实质上就是在划定各方主体的财产权益边界。④

可以发现，确权肯定说与确权否定说对能否为数据确权并不存在根本上的矛盾，两者都主张数据所确之权实质上是一种有限的排他权。相反，两者的主要区别在于是否需要采取新增新型权利名称。显然，确权否定说认为不需要新增新型权利类型以保护数据，但这并不能逃避对数据法律属性问题的界定。

当然，为何对数据的确权必须坚持有限排他性，需要进一步梳理与说明。正如上述，数据确权的支持者与反对者都以激励创造新数据作为自身的论据。数据确权反对者认为，大多数数据的生产几乎没有可变成本，这很可能会导致对创造新数据的激励，因为收益会超过其成本，其中边际收益（MR）≥边际成本（MC）。然而，数据的收集与存储的边际成本是否几乎没有，实际上取决于数据类型。事实上，可以将数据分为涉及人力资本的数据收集（非自动化数据）与不涉及人力的机器自动收集的数据（自动化数据）。关于生产数据的成本很低或接近为零的论点对于自动化数据来说可能是正确的，例如通过集成在机器上的传感器生产的数据。但是，显然数据市场上的一些新的商业模式是以（部分）过高的生产成本为特征的，这些商业模式多涉及非自动化数据，而非自动化数据的特点是对数据生产的投资较高。与自动化数据相反，非自动化数据的特点是数据生产投资较高，有时甚至是决定

---

① 参见郑佳宁：《数据信息财产法律属性探究》，载《东方法学》2021 年第 5 期。

② 参见张新宝：《论作为新型财产权的数据财产权》，载《中国社会科学》2023 年第 4 期。

③ 参见张新宝：《产权结构性分置下的数据权利配置》，载《环球法律评论》2023 年第 4 期。

④ 参见熊丙万、何娟：《数据确权：理路、方法与经济意义》，载《法学研究》2023 年第 3 期。

性的投资。例如，一家公司在收集有关环境方面的全面网络数据（如温度、湿度、太阳辐射、交通信号灯间隔和潜在交通拥堵等数据）时，可能会在数据黑盒解决方案、车辆以及司机、汽油的相关费用方面面临高额投资。鉴于任何一种非自动化数据都伴随着高额投资，这就引发了激励数据创建者积极性的问题，因为创建者至少要从数据的收集和交易中收回投资。[①] 因此，就对数据创造的激励而言，赋予数据创造者一定的排他性权利是合理的，但是，需要注意的是此种排他性权利必然是有限的，或者说是存在限制的。这主要是由以下理由决定：

其一，赋予数据持有者对数据绝对的排他性权利，容易导致数据驱动的市场走向垄断。在数字经济时代，特别是数据驱动的市场中，数据是提升公司服务对用户价值的关键因素。服务提供者与用户之间的互动多是通过电子方式进行的，平台公司只需极少的努力就能获得用户偏好或特征等数据，而数据是创新过程中的关键投入。通过数据驱动的间接网络效应，数据会导致市场倾斜。[②] 数据驱动型市场的这种倾斜趋势表现为小公司即使拥有卓越的创意或生产技术，也会面临较高的边际创新成本，因为它们无法获得大量的用户喜好等有价值的数据，而主导公司由于用户群巨大，可以获得大量的相关数据。因此，如果小公司在创新方面投入巨资，推出高质量的产品，主导公司就会以较低的创新成本迅速模仿，并重新获得质量上的领先优势。而小公司会发现自己再次处于劣势地位，但其仍需支付尝试创新所需的巨额成本。预见到这种情况，理性的投资者都不会投资小公司的创新。相反，由于占主导地位的公司知道潜在竞争者的创新动力不足，而占主导地位的公司受到大量（且不断更新的）用户信息流的保护，也能满足于较低水平的创新。此外，如果平台或大型企业获得的相关数据在另一个市场也有价值，那么其就可以连接市场，例如提供地理位置搜索查询的企业拥有的地理数据在提供

① See Rusche Christian & Scheufen Marc, *On（intellectual）property and other legal frameworks in the digital economy: An economic analysis of the law*, IW-Report, No. 48/2018,Institut der deutschen Wirtschaft（IW）, 2018, p.16.

② See Jens Prüfer, *Competition Policy and Data Sharing on Data-driven Markets Steps: Steps Towards Legal Implementation*, Friedrich-Ebert-Stiftung, 2020, p.6.

定制地图服务时很有价值，这就导致其进入定制地图行业相当简单。这也就意味着若是进入其他市场的成本不太高，掌握“数据驱动”优势的大型公司可以长期主导任何市场。

其二，赋予数据持有者绝对的排他性权利，可能会造成法律的重叠冲突，影响信息的自由流动。赋予数据持有者排他性的权利相当于创造了一个权利底层，自动保护所有数据，但这种平行的权利层很可能与其他知识产权制度广泛重叠，从而对现有权利（如版权）的架构造成不必要的障碍，并可能危及知识产权制度所保障的用户自由。众所周知，当数据满足《著作权法》要求的创造性后，方可得到《著作权法》的保护。除此之外，《著作权法》还为著作权设置了法定例外与限制，如合理使用制度。然而，若是赋予数据持有者绝对的排他性权利，则很可能会冲击《著作权法》设置的法定例外和限制。例如，《著作权法》第 24 条规定了 13 种“合理使用”情形，赋予数据持有者的绝对排他性权利则将很大程度上导致用户的“合理使用”权利被实质剥夺，严重削弱用户基本的自由。换言之，赋予数据持有者排他性的权利将违反知识产权制度的主要原则之一，即数据（信息）本身“像空气一样自由，可以共同使用”，进而将违背言论和信息自由，并对竞争自由、服务自由和“数据自由流动”构成新的障碍。[①] 值得注意的是，试图通过区分句法数据和语义数据来减轻这种对信息自由的冲击亦难以实现。虽然赋予数据持有者绝对排他性权利只是意味着保护信息的句法层面（数据），而不保护语义层面（信息），但这种区分并不能防止对信息自由的妨碍，这是由于数据通常是通过标准化的计算操作来创建的，这往往导致句法和语义数据层面之间的一对一关系。在这种情况下，代码和有意义的信息之间没有实际的区别。以数字电影为例，电影数字文件（句法数据）的任何副本都必然会复制受版权保护的作品（语义层）。[②] 因此，即使绝对排他性的数据产权范围仅限于句法层，也难免在间接影响语义层，导致可能出现信息垄断。

---

① See B. Hugenholtz, *Against Data Property*, In H.Ullrich, P. Drahos & G. Ghidini Eds., Kritika: Essays on Intellectual Property, Edward Elgar, 2018, pp.68−69.

② See B. Hugenholtz, *Against Data Property*, In H.Ullrich, P . Drahos & G. Ghidini Eds., Kritika: Essays on Intellectual Property, Edward Elgar, 2018, p.63.

四、数据产品的刑法保护路径之建构

关于数据产品的法律属性到底应归属为财产，还是应重新建构一种新型类似知识产权的权利，抑或将之归属为竞争法意义上的财产权益，其本质上都是关涉对财产的理解。一般认为，财产的范围很广，且具有弹性，能够根据时代的变化调整自身的范围。只不过限于物权法定原则，对属于物权的客体需要法律规定而已。在现代社会的发展进程中，人们已然广泛接纳了各式各样具有不同排他程度的无形财产观念。像专利权、著作权、商标权以及商业秘密权等，都毫无争议地被认定属于财产权的范畴。而当下，倘若试图去重新缩小公众对于财产权概念的运用范围，并且针对那些新涌现出来的各类“排他性利益”特意创设全新的概念标签，那几乎是一项无法达成的艰巨任务。[①] 这是因为，既有的财产权概念经过长期的发展与实践应用，已经在人们的认知以及整个法律和社会经济体系中深深扎根。公众对诸如专利权等典型无形财产作为财产权的认可，已经形成了相对固定且广泛的共识。若贸然去改变、限缩财产权概念的使用，不仅会打破现有的认知平衡，还极有可能在法律实践、经济交往等诸多方面引发混乱。同时，为层出不穷的新“排他性利益”逐一创设新的概念标签，操作难度极大，而且很难保证这些新标签能够迅速被大众所理解、接受并准确应用。因此，对数据产品法律属性的界定问题本质上就是数据产品能否被归为财产；若其能够被归为财产，则需要进一步回答其构造能否被现有的财产权类型所包容，是否需要创设新的财产权类型。

（一）数据产品的法律属性应属于财产

1. 财产的本质是排他权

就财产权的划界而言，需要一个起点和捷径理论，以超越假设完整但不可行的权利束体系。一般认为，在划分传统“财产”与“非财产”之间的界限时，排他权是确定传统财产存在的必要且充分条件。[②] 根据著名的克雷曼测试，传统财产权的存在需要满足三个条件：首先，必须存在能够精确定义

① 参见崔国斌：《大数据有限排他权的基础理论》，载《法学研究》2019 年第 5 期。

② Thomas W. Merrill, *Property and the Right to Exclude*, 77 Nebraska Law Review 731（1998）.

的利益；其次，必须能够排他性地占有或控制；最后，推定的所有人必须对排他性存在合法主张。[①]实际上，甚至一些当代财产“多元论者”也认为，排他权是确定某物为财产的一个始终存在的要素。[②]我国也有学者指出，不具有排他性支配的电磁数据，不能成为财产犯罪的客体。[③]排他权本质上是一种“看门人”的权利，即决定谁可以或不可以获取或接触某一特定物的权利。[④]从权利的性质来看，排他权和控制权实际上是一回事。[⑤]将财产的本质界定为排他权，除了规范层面的规定支持外，也即我国《民法典》第 114 条第 2 款将物权定义为“直接支配和排他的权利”，更为重要的是，只有从排他权出发，才有可能推导出通常与财产相关的大多数其他属性，若是从财产的其他属性出发，则无法通过扩展其他属性的领域来推导出排他权，此时仍须将排他权作为一个额外的前提。[⑥]使用权与转让权都非常重要，而且几乎总是与财产联系在一起，但它们并不成为财产是必要条件。没有使用权也可以拥有财产，转让权也是如此。实际上，使用权、转让权等积极权能本身并不能决定外在客体的归属。例如，甲对道路享有使用权，乙也享有使用权，这一积极权能不能使他们对道路享有某种财产权。判断权利人是否享有一项财产权的关键，并不是看权利人可以在多大程度上享受外在客体带来的利益，而是看权利人是否可以排除他人干涉。[⑦]因此，只有排他权是财产的本质特征，在划分“财产”与“非财产”之间的界限时，排除他人的权利是确定财产存在的必要且充分条件。在任何情况下，无论财产所有人的权利束中还存在哪些其他权利，就我们能否将该权利束称为财产而言，这些其他权利都纯属偶然，只有排他权是财产概念的基础。

值得注意的是，排他权并不是绝对的。排他权受到许多例外情况的限

① See G.S. Rasmussen Assoc. v. Kalitta Flying Ser, 958 F.2d 896, 903 (9th Cir. 1992).

② Thomas W. Merrill, *The Property Strategy,* 160 University of Pennsylvania Law Review 2067 (2012).

③ 参见陈兴良：《虚拟财产的刑法属性及其保护路径》，载《中国法学》2017 年第 2 期。

④ See Thomas W. Merrill, *Property and the Right to Exclude* II, 3 Brigham-Kanner Property Rights Journal 3 (2014).

⑤ 参见阮神裕：《数字财产权利的法律构造》，法律出版社 2024 年版，第 37 页。

⑥ See Thomas W. Merrill, *Property and the Right to Exclude*, 77 Nebraska Law Review (1998).

⑦ 参见阮神裕：《数字财产权利的法律构造》，法律出版社 2024 年版，第 39 页。

制，如出于紧急避险对财产的侵犯、对土地轻微滋扰行为的豁免权、对版权作品的合理使用等。因此，有观点指出，排他权实质上是一种剩余权利（residual right），也即在减去成文法和习惯法规定的某些例外之后，剩余的排他的一般权利。[①] 实际上，只要给所有者留出足够的剩余自由裁量权，就能够认为所有者拥有财产。例如，公用事业电力公司在“必须为谁服务”“以什么价格服务”方面可能受到很大限制，但由于其通常在设备与输电线路的选择、维护和运营方面保留了足够的自由裁量权，故毫无疑问可以将这些设备、输电线路认定为公用事业公司的财产。当然，如果一个人对资源的自由裁量权变得过于有限，就不能再把这个人的利益称为财产。例如，工厂的保安虽然有一定的权力将他人排除在相关物之外，但其裁量权相当有限，其只有权禁止非法闯入者进入工厂，故其对工厂的相关物不具有财产权。因此，排他权并非只存在有无的区分，也存在程度的区分。可以认为，世界上不同类型的主体在不同的情境下会行使着不同类型和程度的排他性权利。

根据排他权说，财产必须具备三种要素，具体包括所有者、物和所有者排除他人使用该物的权利。[②] 只要满足这三个要素，所有者就能够将该物作为财产拥有。一般认为，财产的客体是物，其中有形物作为财产的客体（财物）并无争议，存在争议的多为无形物能否成为财产的客体。正如上述，财产的本质是一种规范意义上的排他权，即使是无形物，只要其自身能够被设定一种排除不特定主体对其干涉的权利，也就可以将之归入财产的客体范畴。因此，某物能否被归入财产的客体，其决定性因素就在于，某物是否可以为非所有者提供明显辨别其不干涉义务以及边界的信号与信息。这是因为，若是某物能够为非所有者的不干涉义务提供一种明显的信号与信息，则自然可以在该物之上设定一种排除他人对其干涉的权利，也即排他权。事实上，正是由于非所有者不干涉的义务以及物必须为非所有者提供明显辨别其不干涉义务信号的要求，很多学者认为，财物应仅限于有形物，有形性是财

---

① See Thomas W. Merrill, *Property and the Right to Exclude II*, 3 Brigham-Kanner Property Rights Journal 8（2014）.

② See Thomas W. Merrill, *The Property Strategy*, 160 University of Pennsylvania Law Review 2063（2012）.

物的必要条件。例如，有学者认为，之所以合同权利不属于财物，就是因为不干涉他人合同权利的义务会给合同当事人之外的陌生人带来不适当的高信息成本负担。[①] 毕竟合同权利的内容法律没有限制，在没有明显的手段让陌生人直观发现合同权利的内容的情况下，陌生人不干涉的一般义务是不可能存在的。

2. 数据产品属于财产

就数据产品能否被归入财产而言，本质上还是需要看数据产品是否为非所有者的不干涉义务提供明显的信号与信息。对此，有学者指出，数据产品具有一种事实排他性，权利主体可以通过技术手段实现对衍生数据的“准占有”，进而有权排除他人的非法干预，以某宝的“生意参谋”为例，此类数据产品具有排他性，其通过技术手段限制，既排除市场竞争者的使用和占有，也排除非市场竞争者的侵害，另外，与某宝公司签订购买协议的使用者也需要依照协议的规定来使用。[②] 那么，通过此种技术手段获取的事实排他性，能否使法律赋予数据产品制作者规范排他性？换言之，此种事实排他性能否针对非所有者提供一种不干涉数据产品的社会义务规范信号？

对此，有观点认为，数据产品从根本上来说属于衍生数据范畴。通过大数据分析与挖掘所得到的衍生数据，实际上扮演着信息载体的角色，具备信息所特有的非竞争性特质。这意味着它能够被众多用户同步使用并展开分析，而且在这些使用过程中，不会像有形物体那样产生损耗。[③] 例如，一款基于大量用户消费数据挖掘而生成的数据产品，无论是被一家企业用于市场策略制定，还是被多家企业同时参考借鉴，其数据本身的完整性与可用性都不会因为被多次使用而降低或遭到破坏，依然可以持续地为不同用户提供有价值的信息与分析依据，从而展现出与传统有形产品截然不同的资源特性与利用模式。同时，信息技术的进步和通信网络的普及大幅降低了数据复制传

---

① See Simon Douglas & Ben McFarlane, *Defining Property Rights,* In James Penner & Henry E. Smith eds., Philosophical Foundations of Property Law, Oxford University Press, 2013, p.239.

② 参见李晓珊：《数据产品的界定和法律保护》，载《法学论坛》2022 年第 3 期。

③ 参见高阳：《衍生数据作为新型知识产权客体的学理证成》，载《社会科学》2022 年第 2 期。

输的成本，使得数据易于传播和广泛共享，从而进一步强化了数据的非竞争性。故而，对数据产品这类衍生数据而言，不存在竞争意义上的过度使用、开发的风险。根据财产制度的产生是因为物具有竞争性，竞争性是财产核心的传统观念，[①]在不存在使用冲突的情况下，则不需要赋予该物规范意义上的排他性。其理由在于，从本质上讲，财产是一个排他性权利的问题，是对竞争性的一种回应，这意味着它只适用于有限的资源，即那些可耗尽的资源。[②]当数据产品不会因使用而耗尽，一个人可以消费数据产品而不会削弱其他人同样消费的能力，用户之间发生冲突的可能性很小时，也就没有必要创设产权以避免这种不存在的冲突。[③]

然而，信息产品是非竞争性的，这一命题并非正确。近年来，经济学家普遍认为，竞争性是一个程度问题，现实世界中很少有商品是完全无竞争的。知识产权学者也提出了所谓“拥堵效应”，即在某一时刻，同一商品的额外消费者会减损其他人从该商品中获得的享受，例如，一首歌可能会被过度播放，就像高速公路在某个时候可能会变得过于拥挤一样。[④]事实上，资源在支持多种同等用途方面的能力限制——耗竭或拥堵——固然是冲突的一个重要来源，但绝不是唯一的来源。竞争性不是纯粹的技术属性，而是至少部分主观或心理的。换言之，竞争性是物的客观技术属性与人类对这些属性的主观愿望之间相互作用的产物，其既取决于物品的使用方式，也取决于个人对这些使用方式的态度。[⑤]举例来说，一辆有四个座位的汽车，如果三个朋友都想用它去往同一个目的地，那么它就是非竞争性的，但如果想去往相反的方向，它就是竞争性的。值得注意的是，拒绝使用的偏好绝不仅限于信息产品的创造者。例如，灯塔一直是非竞争性物的典型示例，但住在灯塔

① See James Y. Stern, *Intellectual Property and the Myth of Nonrivalry*, 99 Notre Dame Law Review 1166（2024）.

② See O. Lee Reed, *What Is “Property”*? 41 American Business Law Journal 496（2004）.

③ See Stewart E. Sterk, *Intellectualizing Property: The Tenuous Connections Between Land and Copyright*, 83 Washington University Law Review 433（2005）.

④ See James Y. Stern, *Intellectual Property and the Myth of Nonrivalry*, 99 Notre Dame Law Review 1168–1169（2024）.

⑤ See James Y. Stern, *Intellectual Property and the Myth of Nonrivalry,* 99 Notre Dame Law Review 1186–1188（2024）.

隔壁的人可能会反对灯塔每晚整夜不停地发出刺眼的灯光。可以发现，一旦竞争被理解为包括与个人资源配置有关的各种相互冲突的偏好，特别是包括一个人想使用资源而另一个人不想使用资源的偏好时，有形物和无形物之间的明显区别就消失了。当然，这并不是说法律应该站在那些想拒绝使用数据产品的人一边。相反，这是在承认，数据产品也存在需要产权制度解决的冲突。实际上，虽然在经济学术语中，信息消费的边际成本为零，因此赋予产权必然会带来静态的无谓损失，这一断言的含义是信息产品的消费不存在负外部性。但是，在现实中，任何特定信息产品的使用都可能会给他人带来巨大的成本，而且这些成本可能会超过使用者所获得的价值。

因此，鉴于数据产品本身也具有竞争性，对其制作者也应赋予规范层面的排他权。同时，由于制作者往往已经通过技术手段对数据产品进行事实上的控制，故而，对非所有权人来说，已经为其提供了明显的不干涉义务信号。因此，将数据产品界定为财产并无问题。

（二）数据产品刑法保护路径的选择与建构

1. 直接适用传统财产犯罪罪名路径之否定

置身于大数据、人工智能、云计算技术迅猛发展的浪潮之中，数据已然突破了其传统的表现形式与边界。如今，数据产品蕴含经济价值这一观点业已成为各界广泛认可的共识。[①]然而，即便数据产品具备经济价值，也不能径直将传统经济犯罪罪名套用其上。刑法学者探讨此问题之际，常常把关注点聚焦于“若把虚拟财产界定为财产性利益，那么非法获取该财产性利益的行为模式是否契合盗窃罪‘转移占有’的行为架构”[②]。然而，此种讨论的焦点只是数据能否构成财产犯罪的一个考量因素。事实上，之所以数据产品无法直接适用于传统的财产犯罪罪名，其中最重要的一个原因是数据产品与传统财产之间的不同特点。正如上述，鉴于数据产品的确权必须坚持有限排他性特点，传统的财产犯罪罪名难以适用于保护数据产品。

---

① 参见徐玖玖：《利益均衡视角下数据产权的分类分层实现》，载《法律科学（西北政法大学学报）》2023 年第 2 期。

② 参见阎二鹏：《“数据安全法益”命题下虚拟财产犯罪的归责路径重构》，载《政治与法律》2022 年第 12 期。

有学者认为，物权的排他性权利也是有限的，其也存在征收、征用规则，数据产品的有限排他权与物权并无不同。[①]然而，即使对财产按照权利束理论，将财产界定为由各种权利、特权、权力和豁免权及其相关和对立面组成，也需要承认并非所有形式的财产都享有同样的权利，这是因为出于各种政策原因，法律对不同形式财产行使权利的限制、禁止也存在差异。[②]换言之，虽然将数据产品视为是财产的一种，也需要将之视为一种不同于传统典型财产类型的财产，对此，当我们面对不同的环境时，必须相应地制定有区别的财产规则。[③]故而，在物权有限排他性与数据产品有限排他性之间显然存在差别的情形下，就刑法而言，诸如盗窃罪、诈骗罪等传统财产犯罪已经形成一个稳定的犯罪构造，此种犯罪构造根本难以应对数据产品产权的有限排他性所带来的新情况。事实上，之所以无法适用传统财产犯罪保护数据产品，就在于同知识产权类犯罪不同。在我国，传统财产犯罪的犯罪构造并未考虑数据产品的生产要素属性，也即数据产品生产要素属性导致对其保护必须设定豁免事由。换言之，传统的财产犯罪作为典型的自然犯，其罪名构造并不具有规制法定犯罪名的法定出罪事由结构，如侵犯著作权罪之合理使用法定出罪事由，这就导致传统财产犯罪罪名无法有效实现对数据产品权利的限制，以契合数据产品产权的有限排他性特征。故而，传统的财产犯罪罪名无法直接适用于数据产品。

2. 沿用数据犯罪路径间接保护数据产品之提倡

面对数据产品生产要素属性所导致的对其保护必须设定豁免事由的情形，有学者提议重新设置类似于知识产权罪名的全新罪名，如侵犯数据专有权罪，以保护不具有独创性以及商业秘密特点的数据。但是，此种模式既有优点，亦有不足。其优点在于，可以在新罪名的构成要件中清晰明确地表达出对此类数据产品新型财产权的限制，并将此权利的限制作为出罪事由明确规定在构成要件之中，此种立法模式不仅符合刑事立法的明确性原则，亦

---

① 参见沈健洲：《数据财产的排他性：误解与澄清》，载《中外法学》2023 年第 5 期。

② See Thomas W. Merrill & Henry E. Smith, *Property: Principles and Policies*, Foundation Press, 2016, p.217.

③ See Adam Mossoff, *Is Copyright Property*? 42 San Diego Law Review 39–40（2005）.

可以为司法实践提供清晰的指引，避免司法实践无法为部分有利于数字经济发展且属于合理利用数据的行为出罪。然而，此种模式亦存在不足与挑战，一方面，此种模式对刑事立法技术存在较高要求，新设罪名需要协调与非法获取计算机信息系统数据罪、侵犯著作权罪、侵犯商业秘密罪的罪刑关系，避免出现罪刑之间重叠、冲突。另一方面，在其他前置法律还未明确规定数据新型财产权的背景下，若是在刑法中先行单独设定保护数据的知识产权犯罪，很可能会出现与前置法的不一致，增加规范接受者对法律规范的理解难度，典型如侵犯公民个人信息罪的修改引发的一系列争议与讨论。实际上，之所以对该罪法益、分类理解各异，难以形成共识，一个很重要的原因就在于本罪的设置采取了“先刑后民”的路径。此种“先刑后民”的立法模式，也被部分学者批评不符合刑法的谦抑性原则以及刑法后置法的体系地位。

从罪刑相适应原则的角度看，现有的最具性价比的方法是以非法获取计算机信息系统数据罪间接保护数据产品。根据《刑法》第 285 条第 2 款，非法获取计算机信息系统数据罪的刑度、法定最高刑与侵犯著作权罪、侵犯商业秘密罪呈现一种合理的梯度，也即适用非法获取计算机信息系统罪保护不具有独创性以及商业秘密特征的数据并不具有罪刑失衡的风险。可以发现，《刑法》为保护不具有独创性以及商业秘密特征的一般数据设置的罪名法定最高刑为七年，而为保护具有独创性以及商业秘密特征的数据设置的罪名法定刑最高刑为十年，这某种程度上符合了罪刑均衡的要求。毕竟非法获取计算机信息系统数据罪与侵犯著作权罪、侵犯商业秘密罪保护的对象不同，数据持有者对著作数据、商业秘密数据付出了更多的劳动与智慧，著作数据、商业数据也蕴含更大的商业价值，故而，对保护一般数据的非法获取计算机信息系统数据罪设置相对较低的法定刑符合刑法对数据的类型化保护。同时，根据《刑法》第 285 条第 2 款，只有当行为人的行为违反国家规定，侵入计算机信息系统或者采用其他技术手段，获取该计算机信息系统中存储、处理或者传输的数据时，方可构成非法获取计算机信息系统数据罪。可以发现，《刑法》第 285 条第 2 款强调了行为人行为手段需具有技术侵入性，此种对行为手段的限制也为数据共享与利用提供了更广阔的空间，不仅更加契合数据有限排他性的特征，而且也符合数字经济时代对数据权利保护与权利限制相兼顾的要求。

当然，就对数据产品的刑法保护模式选择而言，无论是选择非法获取计算机信息系统数据罪，抑或采取新设罪名的模式，都不能忽视数据新型财产权的有限排他性特征，应及时将对数据产品保护的例外与限制转换为数据产品刑法保护的出罪事由，避免刑法的规定与适用造成过度保护以网络平台为代表的数据持有者，进而引发创新与竞争的寒蝉效应。考虑到数据产品保护相关前置立法的空缺以及刑事立法成本，当前仍以非法获取计算机信息系统数据罪规制侵害数据产品的行为是一个整体上较为合适的路径。① 当然，若沿用非法获取计算机信息系统数据罪的规制模式，则需要适时地通过司法解释对本罪的“情节”进行全新改造与具体化，以适应当前数字经济发展。

3. 数据产品刑法保护的例外事由

对于数据产品，由于其形成的过程中相关主体对数据资源投入实质性加工和创新性劳动，故而，有观点认为数据产品与数据集合不同，应对数据产品赋予绝对排他的财产权。然而，此种观点并不符合数字经济政策制定背景以及数据产品的特征。事实上，数据产品不仅是数据资源的产出物以及数据最终价值的实现，其亦是整个社会经济的生产要素，② 其公共产品的基本属性决定了可公开性。③ 换言之，数据产品作为一种公共产品，可以被无限多的企业同时使用，且一个企业的使用并不会干扰到其他企业的使用，在当今绝大部分数据都为少数垄断平台持有的背景下，往往很多数据产品是其他相关企业开展经营必不可少的生产要素，因此，数据产品也不应具有绝对排他性的产权地位。更为重要的是，数据的经济属性表明，数据可以被看作是一种基础设施资源。换言之，与公用事业部门传统的“公共服务”考虑类似，

---

① 参见刘宪权、石雄：《网络数据犯罪刑法规制体系的构建》，载《法治研究》2021 年第 6 期。

② 参见高富平：《数据持有者的权利配置——数据产权结构性分置的法律实现》，载《比较法研究》2023 年第 3 期。

③ 参见吴汉东：《数据财产赋权的立法选择》，载《法律科学（西北政法大学学报）》2023 年第 4 期。

数据已经被广泛认为是一种基础设施。数据通用生产资本的基础设施性质，加上数据再利用的溢出效益，这些都表明向第三方企业授予数据产品访问权将是一种在理论上会使社会福利最大化的方式。只不过数据产品与数据集合不同，其由于是数据持有者深度加工生成，与用户等第三方的联系逐渐稀薄，故而不存在因数据共同生成主体身份而产生的访问、获取出罪事由。

可以发现，数据产品存在共同的确权例外与限制会导致在这种例外与限制的情形下访问、获取数据具备正当的出罪事由。虽然，鉴于当前前置法并未规定此种数据产品新型财产权的例外与限制，但是，刑法仍可基于理论共识将某些达成共识意见的例外与限制作为非法获取数据产品的超法规出罪事由。例如，为国家安全、公共利益、公共服务管理等公共事项而进行数据产品访问与获取。例如，《数据安全法》第 24 条第 1 款与第 35 条规定："国家建立数据安全审查制度，对影响或者可能影响国家安全的数据处理活动进行国家安全审查。""公安机关、国家安全机关因依法维护国家安全或者侦查犯罪的需要调取数据，应当按照国家有关规定，经过严格的批准手续，依法进行，有关组织、个人应当予以配合。"再如，类推著作权合理使用制度。虽然刑法入罪禁止类推，但刑法出罪可以类推，根据举重以明轻原则，在第三方主体对具有独创性的数据产品都可以适用合理使用制度为侵犯著作权罪出罪事由的情形下，对不具有独创性的数据产品自然可类推适用合理使用制度作为非法获取计算机信息系统数据罪的出罪事由。还如，基于必要设施原则的数据强制许可。在数据驱动的网络效应很强的情况下，市场会趋于垄断（市场倾斜），进而导致的高进入壁垒不仅会扼杀那些新进入者的创新活动，也会削弱在位者的创新动力。因此，有必要根据必要设施理论，赋予相关主体强制访问的权利，也即当数据持有者独占或控制被认定为从事商业活动所必需的设施（数据产品）时，其应当遵守公平、合理、无歧视原则（Fair, Reasonable and Non-piscriminatory，FRAND 原则），以合理价格向第三方开放许可。换言之，当某些平台所持有的数据产品是相关市场主体进入市场必要的设施时，即使未得到数据持有者授权，擅自访问获取相关数据产品，亦不会构成非法获取计算机信息系统数据罪。

五、结语

在数字经济时代，数据作为一种重要的生产要素，其重要性不断提升，“数据二十条”颁布后，我国关于数据是否应确权的讨论进入一个新的阶段，数据确权的支持者与反对者目前已经取得了共识性意见，也即所谓的数据产权并非一种绝对排他的权利。数据产品具有财产的本质属性，可归为财产，但鉴于数据产权作为一种数字时代的基础设施资源，其特征与传统财物存在很多区别，对其刑法保护无法直接适用传统的财产犯罪罪名。值得注意的是，无论是采取新设罪名模式，抑或仍适用非法获取计算机信息系统数据罪规制模式，都需要注意数据产品保护的限制与例外事项，在司法认定的过程将之作为非法获取数据的违法阻却事由。

数据交易纠纷中合同权益分配研究

课题组成员

主持人：陈婉玲　华东政法大学经济法学院教授

执笔人：胡莹莹　华东政法大学博士研究生

徐健夫　华东政法大学博士研究生

陈鑫淼　华东政法大学博士研究生

张栢睿　华东政法大学博士研究生

参与人：郑　萌　上海市闵行区人民法院民事审判庭法官助理

内容摘要：数据交易合同权益分配包括合作前“初始权益归属”与合作后“共同权益分配”，在法律上未确立数据财产权的情况下，需要通过法律事实或者合同来确定数据权益分配方案。合同路径下对数据权益的确认需要明确交易客体的法律属性。根据数据交易客体实践类型，数据交易客体是以数据要素为核心的多种要素共同作用之后的产物。根据不同要素的功能划分，不同要素主体承担不同角色，可概括为数据产品提供者、数据基础设施服务提供者、数据产品使用者，彼此间存在着非对称性的权利义务关系。因此，合同权益分配首先要根据各自角色完成各类强制义务的分配。不同法益有不同保护要求，需要不同法律规则类型。数据产品提供者承担数据资源提供者、数据技术支持者以及数据产品创造者的责任，可以借鉴卡—梅框架规则体系中的责任与管制规则类型在合同中植入权利瑕疵担保义务、质量瑕疵担保义务、公平服务义务、数据保护义务等条款。数据基础设施服务提供者承担维持数据服务运行环境稳定性责任，可以通过管制规则在合同中植入强制缔约义务、稳定服务义务、数据与网络安全义务等条款。数据产品使用者若负责提供数据资源的，承担许可使用数据义务；若自行运营数据产品或数据服务供给的，承担合理使用数据义务。两类义务条款可以通过责任规则、管制规则在合同中植入。

关键词： 数据交易客体　数据产品　要素配置结构　卡－梅框架　义务分配

一、问题提出

《中共中央、国务院关于构建数据基础制度更好发挥数据要素作用的意见》（以下简称“数据二十条”）确立了充分释放数据要素价值的基本目标。该目标的实现以“数据要素共享共用”为基本前提。依照市场经济规律，数据要素价值的充分释放需要建立成熟的数据交易制度。可以预见的是，未来我国数据要素交易市场将迎来极大发展，迸发出丰富多样的数据共享共用商业模式。在法律上尚未确立数据财产权制度的情形下，无论是场外交易还是场内交易，合同都是市场主体确定、划分各自数据交易活动中权责利关系的基本手段。如何解决未来会大量出现的数据交易合同纠纷是司法机关迫切需要解决的问题。因为在短期内无法实现数据产权立法并完善数据交易基础设施建设，而且涉数据司法案件将涵盖知识产权法、反不正当竞争法、反垄断法以及数据法等各部门法领域，不同部门法之间的竞合适用也会加剧数据案件法律适用困境。数据交易合同纠纷中最突出的问题是合同权益分配问题，它是数据要素收益分配问题在交易领域的表现，其分配规则是影响数据交易市场活跃度的重要制度条件。因此，先确立以数据交易合同权益分配规则为核心的数据交易合同制度是必要之举。

目前，各国数字经济发展尚处于初级阶段，数据交易实践并不丰富，数据交易的市场制度皆未成熟。为了破除数字经济市场中“数据锁定”问题，欧盟立法探索、司法实践和学界研究在数据确权路径方面经历了“数据库特殊权利”到“数据生产者权”再到《数据法案》时期的“数据访问权”的变化过程。但是数据访问权思路也仅能解决部分问题，因为欧盟数据访问权赋予用户，用户所能调动的数据仅是少量数据，无法起到推动大数据资源流通和利用的作用，例如，由众多用户数据聚合而成的原始数据集和衍生数据集，以及企业经营过程自行产生的各类数据等。[①]整体上，各国理论界和实务界经过努力，发现无论是反垄断法制度、合理使用制度还是数据访问权制度，均无法有效破除企业数据（大数据资源）锁定效应。目前，学界已认识到，既然“谁拥有数据”解决问题效果不显，尝试回答“谁有权使用数据”或许是可行路径。[②]因为企业数据使用权是由企业之间的合同所定义和分配的，所以基于等价有偿原则的交易模式是最为合理的企业数据流通策略。[③]

总体上，各国对数据市场上的交易问题及其失灵问题尚未展开具体分析，没有仔细分析真正的交易问题也无法为数据交易合同制度设计提供明确政策建议。[④]对数据市场交易问题关注的缺乏，主要受经济学上传统产权思想以及知识产权法理念的影响。设计独占性财产权的最重要论据是增强财产在市场上的可交易性，进而实现财产价值，即认为一项财产能够进行市场交易的条件是同时具备权属规则和交易规则，而交易激励是生产激励的自然延伸，无需特别关注交易激励问题。传统产权客体是可被独占的实体财产，法律上可设计绝对排他的所有权，其背后的经济假设是所有权人基于排他占有财产及其收益从而具有生产与交易的激励。知识产权以无形财产为客体，虽然在物理上无法实现排他占有，但考虑到如果不在独创性成果上设置观念上的独占财产权，主体将丧失知识创新的生产激励，更谈不上知识成果的交易激励。简言之，独占性财产权产生交易激励的方式是只要确立可以内部化收益的财产权制度就行，因为只要能够内部化所有收益，那么为了变现生产过程投入的价值自然会选择交易方式实现收益最大化。这就导致早期的学者们认为通过数据独占财产权能够实现市场主体在数据要素方面的投入，自然而然会促进数据要素的流通交易。但是目前数据市场并没有出现生产激励不足

---

① 参见程啸主编：《数据权益与数据交易》，中国人民大学出版社 2024 年版，第 283 页。

② 参见孔德明：《数据财产权到访问权：欧盟数据设权立法转型解析》，载《比较法研究》2023 年第 6 期。

③ 参见付新华：《企业数据财产权保护论批判——从数据财产权到数据使用权》，载《东方法学》2022 年第 2 期。

④ 参见彭诚信主编、[德]塞巴斯蒂安·洛塞等编：《数据交易：法律·政策·工具》，曹博译，上海人民出版社 2021 年版，第 101~103 页。

的问题，各大互联网平台的商业模式以个人数据收集为核心，现代制造业的升级换代也离不开工业数据。同时，数据交易实践表明，即使没有界定数据产权也并不妨碍数据交易。[①] 这意味着数据交易激励并不取决于产权归属。因为数据交易是一种服务类合同，而非商品化的产权交易。[②] 数据的商业化利用，例如各类提供数据集或 API 服务的数据交易活动，它并不以数据（数据产品）的披露、出让为必要。

企业进行数据交易的经济动机，是“有利可图”且“收益可内部化”，数据要素的商业价值已由市场验证，其“收益内部化”方式通常是数据持有者通过技术措施授权特定第三方访问其控制的数据，从而实现事实上的“产权分配”。[③] 交易收益的分配须经初始投入确认与后续贡献权重确认。数据交易主体通过事实控制与合同安排实现数据要素收益分配，同时解决了上述的两次数据权益确认（分配）问题。但是完全基于意思自治的合同并不能带来公平关照各方参与者的交易收益。因为数据交易活动的发生，尤其是数据产品的生产、使用等行为，由于数据的依附性，它需要依托于各类数据分析技术、数据基础设施等其他生产要素的共同作用。“数据二十条”也将数据要素收益分配制度界定为数据要素各参与方之间的利益分配。[④] 其中具有事实控制力的参与主体得益于技术优势、数据资源聚合优势，以及平台规模优势等势能，可以同时拥有丰富的数据要素与大数据机制，从而具有相当的议价能力。所以，我们需要在充分研究数据交易客体实践类型的基础上，明确数据交易中参与主体的类型及其相互间关系，从而确定彼此的贡献权重，为其设定相应的分配规则，避免因议价能力的实质不对等带来交易收益的分配不公。

需要强调的是，数据财产权客体与数据交易客体并不能直接等同。数据

① 参见孔德明：《数据财产权到访问权：欧盟数据设权立法转型解析》，载《比较法研究》2023 年第 6 期。

② 参见梅夏英：《数据交易的法律范畴界定与实现路径》，载《比较法研究》2022 年第 6 期。

③ 参见孔德明：《数据财产权到访问权：欧盟数据设权立法转型解析》，载《比较法研究》2023 年第 6 期。

④ 我国“数据二十条”中确立的“建立体现效率、促进公平的数据要素收益分配制度”是关照所有利益相关者利益的分配制度。它按照“谁投入、谁贡献、谁受益”原则，着重保护数据要素各参与方的投入产出收益。通过分红、提成等多种收益共享方式，平衡兼顾数据内容采集、加工、流通、应用等不同环节相关主体之间的利益分配。

财产权客体服务于数据确权制度，该制度的功能在理论上不仅有助于促进数据交易（满足初始确权与收益分配），也有助于在非交易场合明确不特定他人的义务并确定侵权责任。所以，数据确权应当采取一般化方案，简单化陌生人对数据财产权的识别与不干涉，这意味着数据产权客体只能是“数据”，而不需要区分衍生数据、数据产品。[①]数据交易客体的确定则需要一种类型化方案，即需要更加贴近交易实践以关照更多交易细节。因为数据交易合同权益是数据要素与其他要素结合之后共同作用所获得的价值增量，数据要素是核心但不是唯一的生产物质条件。数据交易合同规则关于交易增量价值的分配就不能只停留于数据财产，这也印证了需要回到数据交易市场实践梳理交易客体实践类型的重要性。

由此，本研究报告的主要内容，首先是研究数据市场实践中数据交易客体的实践类型，并提炼其共性结构，从而抽象出结构类型[②]。根据数据交易客体的实践类型，梳理其参与主体的实际类型，并抽象其结构类型，从而确定不同参与主体的要素投入与功能角色。从交易效率与公平的角度出发，根据不同交易主体的功能角色设计差异化的权和义务内容。作为交易客体的“数据（产品）”上承载着他人利益与公共利益，且数据资源分布不均衡，作用方式需要依附于其他要素等原因，使得不同参与主体的议价能力悬殊，不能简单适用传统合同法规则。据此，本文将引入“卡—梅框架”规则，以满足数据交易权益这一法益上不同主体的法律保护需求。

二、数据交易客体实践类型的实证研究

本文所要探讨的数据交易客体主要是指数据产品。数据交易客体不仅限于“（狭义的）数据产品”，还包括原始数据。从实践角度看，数据交易客体可以视为数据产品，一方面是因为数据产品概念有广义与狭义之分，数据产

① 参见程啸主编：《数据权益与数据交易》，中国人民大学出版社 2024 年版，第 234、238 页。

② 此处的结构类型是指法律上的结构类型，是法学的产物，例如主体权利与契约的类型。它们来源于现实生活，当立法者要调整它们，常是在法律生活的现实中先发现它们，把握它们的类型属性，然后再设定他认为适合这些契约类型的规则。当然，立法者不需要原封不动地因袭法律生活中的类型，他可以借助规则来增添新的特征并排除一些特征。参见［德］卡尔·拉伦茨：《法学方法论》（全本·第六版），黄家镇译，商务印书馆 2020 年版，第 584 页。

品是数据资源以及数据产品经过实质性加工的产物，实质性加工是“程度副词”，加工产物覆盖范围可从原始数据的简单集合到复杂的数据产品，而且数据产品是大数据技术应用的具体结果，它具有较为清晰的边界。[①]另一方面，“数据二十条”明确要求谨慎对待原始数据交易，在场内交易实践中例如上海数据交易所仅交易数据产品，因而，从我国数据交易市场实践看，数据交易客体即数据产品。[②]需要强调的是“数据商品”也是数据交易标的，为了涵盖更多实践样本，我们并不严格区分两者。[③]同时，我们也不严格区分“数据产品”与“数据作为产品”（data as a product）两个概念，因为前者由后者延伸而来并遵循相似的思想。[④]目前，理论界与国内外产业界，都对数据产品概念进行了一定程度的研究，我们将分别从法学与经济学视角讨论数据产品概念。

（一）数据交易客体的概念

1. 数据交易客体的法学定义

法学学者认为，实质性加工是数据产品的必要条件。所以数据产品是原始数据经实质性加工形成的衍生数据以及数据衍生产品，属于数据资源。[⑤]

---

① 参见武腾：《数据交易的合同法问题研究》，法律出版社 2023 年版，第 119 页。

② 为了尽可能穷尽实践样本，本课题所称的数据交易客体即数据产品，数据交易即数据产品交易，两者不作专门区分。

③ 《信息安全技术数据交易服务安全要求》（GB/T 37932—2019）以数据商品作为交易对象。国家市场监督管理总局、国家标准化管理委员会于 2023 年 8 月 25 日公开征求意见的《信息安全技术数据交易服务安全要求》则以数据产品作为交易标的。上述规范将数据交易标的由数据商品变更为数据产品，它的目的在于突出数据交易中的主要标的物应当是具有功能性和使用性的数据产品，淡化原始数据的可交易性，与“数据二十条”“谨慎对待原始数据交易”的规定相符。

④ “数据作为产品”（data as a product）与数据产品概念有所区别，后者由前者延伸而来并遵循相同的思想。前者是产品思维方法在软件（或数据集）开发中的应用，确保其具备可发现性、安全性、可探索性、可理解性、可信性等一系列能力。它意味着软件需要从消费者角度出发，以提供最佳用户体验的方式进行设计。它可以打包出售给利益相关者和最终用户。随着大数据价值的不断挖掘，数据（软件是数据处理的工具）逐渐被视为对公司有价值的东西，不再仅仅是软件开发的副产品。数据产品的一些示例包括报告、仪表板、预测模型、欺诈检测系统等。作为产品的数据的示例包括数据集、数据库、数据流、API 或数据馈送。本文从广义上理解数据产品，即将“数据作为产品”也视为数据产品类型。See *What is a Data Product*? https: //www.datamesh-manager.com/learn/what-is-a-data-product, 2024-10-17.Xavier Gumara Rigol, Data as a product vs data products,What are the differences? https: //towardsdatascience.com/data-as-a-product-vs-data-products-what-are-the-differences-b43ddbb0f123, 2024 年 10 月 1 日访问。

⑤ 参见孙莹：《论数据权益客体中的基本范畴》，载《东方法学》2024 年第 1 期。

不同学者在具体描述上各有不同，但都体现出了实质性加工的处理过程，例如对原始数据进行采集、整合、清洗、分析和建模等处理后形成具有实用价值和功能性的成果；[①] 对原始数据采用一定的算法，经过深度的分析过滤、提炼整合及脱敏处理后而形成的具有交换价值和技术可行性的衍生数据；[②] 对数据集合进行深度加工与处理，从而形成一种智慧决策，作为产品升级或企业制定营销计划的依据。[③] 这种观点也体现在司法实践与地方性法规中，例如某宝诉某景案的判决也认为数据产品应当经过实质性加工；[④] 另外，《深圳市数据产权登记管理暂行办法》规定，"数据产品，是指自然人、法人或非法人组织通过对数据资源投入实质性劳动形成的数据及其衍生产品"。当然也有部分学者认为数据产品"实质性加工"条件认定过于宽松，只要是原始数据的加工产物即可视为数据产品。[⑤] 显然，"加工程度"是一个不确定性概念，数据和数据产品的区分可能成为哈特所言的"头秃问题"。[⑥]

需要强调的是，法学者对数据、数据产品等概念的解读，是从权利客体的角度展开，仅限于对数据资源的讨论，并不包含作用于数据产品生产过程的技术、基础设施等其他生产资源。它是利用法律技术提炼而成的一般性抽象概念，是数据赋权与权益配置一般化方案的组成部分。[⑦] 所以，这些抽象概念层面的数据交易客体需要获得数据市场商业实践的校准。当然，我们对

---

① 参见程啸主编：《数据权益与数据交易》，中国人民大学出版社 2024 年版，第 258 页。

② 参见李晓珊：《数据产品的界定和法律保护》，载《法学论坛》2022 年第 3 期。

③ 参见姬蕾蕾：《企业数据保护的司法困境与破局之维：类型化确权之路》，载《法学论坛》2022 年第 3 期。

④ 杭州铁路运输法院（2017）浙 8601 民初 4034 号民事判决书。

⑤ 参见高富平：《数据生产理论——数据资源权利配置的基础理论》，载《交大法学》2019 年第 4 期。

⑥ 头发掉到何种程度可以称为头秃，加工至何种程度可以称为实质性加工。参见程啸：《论数据产权登记》，载《法学评论》2023 年第 4 期。

⑦ 对数据权利客体的界定，不同学者也有不同观点。有的学者认为数据权利客体的本质是一种无形的信息内容，而不是作为"符号层"的"数据"，更不是承载信息内容的各类有形物质载体，而数据产品是数据开发和转让市场中的基本单元，因而数据产品才是数据产权配置的客体。有的学者则认为作为数据权益客体的数据仅针对电子数据，指向其中的数据符号层。数据资源是指可作为生产资料投入生产之中形成数据产品的数据的总称。数据产品是指原始数据经实质性加工形成的衍生数据以及数据衍生产品，属于数据资源。原始数据产权激励"数据收集劳动"，而数据产品产权激励"数据加工劳动"。参见刘维：《论数据产品的权利配置》，载《中外法学》2023 年第 6 期；孙莹：《论数据权益客体中的基本范畴》，载《东方法学》2024 年第 1 期。

数据交易客体实践类型的研究，并不是对实践类型的简单罗列，而是立足于数据产业角度，借助经济学概念，对其实践类型与要素配置结构进行客观描述。因此，我们需要对数据产品的产业界定做个简单梳理。

2. 商品视角的数据产品定义

商品视角的数据产品即数据商品，它从消费者或需求者角度看待数据产品。不同消费主体消费需求不同，数据产品的种类丰富多样，其范围也非常广泛，出现了广义与狭义的数据产品概念。

（1）广义的数据产品概念。数据产品经理认为数据产品是一种降低用户使用数据的门槛，并发挥或提高数据价值的产品类型。根据使用对象，数据产品分为用户数据产品、商用数据产品和企业数据产品三大类。[①] 用户数据产品一般面向普通用户提供数据查询服务，如 Google 推出的 Google Trends，它对数据资源的加工方式主要是进行一定程度的提炼，以便于使用和分析。商用数据产品是为企业或商家等实体提供数据服务，如 GrowingIO 和阿里巴巴的生意参谋。而企业数据产品则是由企业自建自用的，以辅助决策和提高业务效率的数据产品。更加宽泛地来讲，我们甚至可以再分出一类叫“泛化数据产品”，特指那些看起来与数据没有太大关系，但本质上也是利用数据来优化用户使用体验和提高商业效率的互联网产品形式。例如 Google、百度在内的搜索引擎。

（2）狭义的数据产品概念。在大数据时代，各种产品或多或少都同数据有关，特别是那些偏向中台和后台的、不直接面向终端用户的产品。为了更准确地理解何为数据产品，有人提出了相对狭义的概念，即数据产品是为了提高数据应用效率而产生的产品，包括平台型产品、系统功能模块、移动端 App 等多种具体形态。[②] 这个定义中有两个关键词“数据应用”和“效率”。“效率”是指数据应用效率，是“数据产品”和“与数据相关的产品”之间的最大差别。它包括如何减少人力投入、如何缩短数据处理的时间周期、如何降低出错概率、如何确保准确性、如何提高及时性、如何提高数据的精细

① 参见杨楠楠等:《数据产品经理：实战进阶》，机械工业出版社 2020 年版，第 5 页。

② 参见李阳:《数据产品经理宝典：大数据时代如何创造卓越产品》，电子工业出版社 2020 年版，第 4 页。

度等。“数据应用”就是使用数据的过程。从数据处理的角度来讲，其内容包括数据的采集、存储、计算、可视化、消息触达等；从数据治理的角度来讲，其内容包括集成、治理、质量保证等；从应用目的的角度来讲，其内容包括统计、监控、分析、洞察，以及基于数据的决策等。[①]狭义上的“数据产品”区别于“与数据相关的产品”，其功能在于为产品使用人提供一种数据处理结果以为其提供决策依据或方案，这是对数据资源中信息内容的挖掘，所以数据产品并非符号层面的数据。[②]

RightData 是一个低代码、生成式 AI 驱动的数据产品平台，它们认为语义层的数据是释放孤立组织中数据力量的关键。语义层是位于底层数据基础架构之上的统一逻辑层，有助于以人类和机器都易于理解的方式协调和组织数据。它提供了一种与数据交互的标准化方式，无论其来源或格式如何。通过抽象底层数据架构的复杂性，语义层使组织能够克服数据孤岛带来的障碍，并创建一个更加互联、可互操作的数据生态系统。随着组织继续努力应对数据孤岛、互操作性挑战以及对自助分析的迫切需求，语义层的作用已成为当务之急。企业越来越意识到，仅仅拥有大量数据的访问权限是不够的；真正的价值在于确保整个组织内的各个利益相关者都可以轻松访问、解释和使用数据。这就是数据语义层以及它与数据产品和数据市场的关系变得至关重要的地方。[③]

西方学者从可交易性角度界定数据商品。[④]具有交易价值的数据商品必须具有某些属性，这些属性包括数据主权（sovereign）、可信任（trusted）、可重复利用（reusable）、可交易（exchangeable）、可操作性（actionable），以

---

① 五种应用目的，都旨在从数据资源的分析中获得某种结果，对输出内容的要求逐渐提高，并与业务更加贴近。例如分析与洞察的关系，洞察时输入的内容是在数据分析阶段发现的规律，而输出的内容则是更贴近业务的决策、计划、方案等。参见李阳：《数据产品经理宝典：大数据时代如何创造卓越产品》，电子工业出版社 2020 年版，第 9~11 页。

② 参见刘维：《论数据产品的权利配置》，载《中外法学》2023 年第 6 期。

③ RightData, *The Semantic Layer: The Key to Unlocking the Power of Data in Siloed Organizations*, Oct 8, 2024, https: //www.getrightdata.com/resources/the-semantic-layer-the-key-to-unlocking-the-power-of-data-in-siloed-organizations, 2024 年 10 月 15 日访问。

④ See Spiekermann & Markus, *Data marketplaces: Trends and monetisation of data goods*, Intereconomics 54.4（2019）: 208–216.

及可测量性（measurable）。其他有利于交易的数据属性，还包括数据所有权、数据质量、数据价值、隐私、完整性和可审计性。[①]

3. 技术视角的数据产品定义

西方市场数据商品化或产品化的现实动因是“由大数据和云计算技术提供支持的数据驱动型经济”[②]的出现。国外数据要素市场发展得较为快速，已经形成数据集、数据库以及各类数据平台等成熟数据产品。“数据产品”概念是他们最近几年才开始的提法，在这之前数据主要被视为业务运营的副产品。[③]大数据和高级分析的兴起，处理大量结构化和非结构化数据成为可能，这导致了更复杂的数据产品的诞生。机器学习算法和预测分析技术的出现，又推动实时洞察和更准确的决策支持系统的产生。

因此，西方数据专家一般从技术角度界定数据产品概念。他们认为数据产品（Data Goods）是专门用于支持数据服务的专业工具和应用程序。更具技术性的描述是，“数据产品（Data Goods）是一个逻辑单元，它包含处理和存储分析或数据密集型用例的域数据的所有组件，并通过输出端口将它们提供给其他团队。我们可以将其视为用于分析数据的模块或微服务。”[④]它们可能像将数据集转换为可视化的程序一样简单，也可能像基于大型语言模型

---

① 对这些数据属性的具体描述，详见 Yuri Demchenko & Wouter Los, Cees de Laat, *DATA as Economic Goods:Definitions, Properties, Challenges, Enabling Techno Logies for Future Data Markets*, ITU Journal: ICT Discoveries, Special Issue No. 2, 23 Nov. 2018.

② Yuri Demchenko & Wouter Los & Cees de Laat,*Date as Economic Goods: Definitions, Properties, Challenges, Enabling Techno Logies for Future Data Markets*,ITU Journal: ICT Discoveries, Special Issue No. 2, 23 Nov. 2018.

③ 之前被称为“数据作为产品”（data as a product），它与数据产品概念有所区别，后者由前者延伸而来并遵循相同的思想，但不应该将其视为同义词。前者是产品思维方法在软件（或数据集）开发中的应用，确保其具备可发现性、安全性、可探索性、可理解性、可信性等一系列能力。它意味着软件需要从消费者角度出发，以提供最佳用户体验的方式进行设计。它可以打包出售给利益相关者和最终用户。随着大数据价值的不断挖掘，数据（软件是数据处理的工具）逐渐被视为对公司有价值的东西，不再仅仅是软件开发的副产品。数据产品的一些示例包括报告、仪表板、预测模型、欺诈检测系统等。作为产品的数据的示例包括数据集、数据库、数据流、API 或数据馈送。本文从广义上理解数据产品，即将“数据作为产品”也视为数据产品类型。See *What is a Data Product*? https: //www.datamesh-manager.com/learn/what-is-a-data-product, 2024-10-17.Xavier Gumara Rigol, Data as a product vs data products. What are the differences? https: //towardsdatascience.com/data-as-a-product-vs-data-products-what-are-the-differences-b43ddbb0f123, 2024 年 10 月 1 日访问。

④ Jochen Christ, *Data Mesh Architecture: Data Mesh From an Engineering Perspective*, https: //www.datamesh-architecture.com/, 2024 年 10 月 17 日访问。

（LLM）的机器学习系统一样复杂，例如ChatGPT。所有数据产品的共同点就是通过数据及其技术的应用来实现特定目标。

显然，技术视角与商品视角的数据产品定义一样都很宽泛，所有网络产品都有可能是数据产品，因为它们都使用数据及其技术来促进目标。为此，数据专家Simon O'Regan补充了一个重要的判断方式：使用数据来促进最终目标的产品和主要目标是使用数据来促进最终目标的产品之间是不同的，严格意义上说，数据产品是后者即主要目标以数据为中心的产品。① 所以，数据产品得以应用的技术都是与数据相关的技术，即技术视角的数据产品是用"（大）数据技术"来界定产品性质的。

可见，从商业或产业实践看，为了支持决策并解决业务问题，即便是最简单的数据产品也由多种组件构成。这些组件需要结合相应的数据技术，它们包括：（1）数据存储和管理技术，例如数据库和数据仓库，用于存储和管理数据产品使用的数据；（2）数据处理和分析技术，例如机器学习和自然语言处理，用于处理和分析数据；（3）以用户友好方式呈现数据和见解的可视化和报告工具，例如仪表板和图表；（4）用户界面和设计技术，例如Web开发和用户体验（UX）设计，为数据产品创建直观且用户友好的界面；（5）项目管理和协作工具，例如敏捷开发方法和协作平台，用于协调和管理开发过程。② 因此，构建数据产品通常需要结合使用专门的数据技术和通用的开发和设计工具。其中，大数据分析技术的创新能够对科技进步、社会发展产生重大影响，提高大数据分析技术的激励作用也将成为数据交易或产权制度着重考虑的因素。

---

① See Simon O'Regan, *Designing Data Products*, https: //towardsdatascience.com/designing-data-products-b6b93edf3d23, 2024年10月10日访问。

② 一个数据产品通常由以下8个重要部分组成：数据源（Data source）、数据管道（Data pipelines）、数据存储（Data storage）、数据模型和算法（Data models and algorithms）、用户界面（The user interface）、API和端点（APIs and endpoints）、实时监控和记录（Monitoring and logging）、文档（Documentation）等。See Dennis O'Reilly, *What Are Data Products and Why Do They Matter*? December 27, 2023, https: //www.dataversity.net/what-are-data-products-and-why-do-they-matter/, 2024年10月15日访问。

4. 数据产品的综合定义

目前，国内外数据产品已经从早期的数据报告、数据集发展成平台型产品，例如 BI 平台、数据中台等。这类产品旨在通过分析数据的方式提供综合性的解决方案。开发人员通过智能地应用数据、技术和人类专业知识，最终形成的数据产品是数据、数据技术以及各类组件的组合。

RightData 认为数据产品本质上是数据处理、分析和解释的有形输出（tangible output），这些输出是可用于推动决策的情报。与传统商品或服务不同，数据产品以信息为中心，获取原始数据（如数据集）并利用其构建有价值的见解、预测或可视化。数据集可以转换为各种形式的数据产品，它们的共同点是都依赖数据作为主要输入，强调提取有意义的模式、趋势和知识来创造价值。①

美国知名存储垂直媒体 Solution Review 文章的观点认为，数据产品是技术、数据和流程的创新融合，利用数据的力量以可扩展和可重复使用的方式解决问题、满足需求或增加价值。从本质上讲，数据产品利用数据作为关键资产，将原始信息转化为可供最终用户、企业或流程使用的可操作见解、服务或商品。它不仅能够提供信息，还能根据数据驱动的洞察采取行动或提供解决方案。② 这种能力将数据产品与简单的数据报告或分析区分开来。复杂数据产品的开发涉及跨职能方法，该方法集成了数据科学、工程、产品管理等领域专业知识，以确保产品不仅能解决预期的问题或机会，而且在技术上可行、可用且经济上可行。

Luzmo（原名 Cumul.io）是一个专为 SaaS 公司打造的嵌入式数据分析平台。它们认为数据产品是帮助最终用户作出数据驱动的决策或基于数据分析解决问题的任何类型的产品。数据产品通常是通过结合使用数据科学和分析来构建的。数据产品将原始数据转化为有意义的见解，并以易于使用的方式

---

① Rightdata, *Data Products 101: What Is a Data Product*, Mar 25, 2024, https: //www.getrightdata.com/resources/data-products-101-what-is-a-data-product, 2024 年 10 月 18 日访问。

② See Tim King, *What is a Data Product*? Data Product Definition & Key Use Cases, Feb 6, 2024, https: //solutionsreview.com/business-intelligence/what-is-a-data-product-data-product-definition-key-use-cases/, 2024 年 10 月 18 日访问。

呈现。借助数据产品，可以进行预测分析、增强分析、数据挖掘等。①

世界银行对数据产品的定义也采取了综合视角，认为数据商品（Data Goods）由数据、可重现的方法（代码）、样本见解和培训指导组成。与产生一次性报告或可视化的传统数据分析不同，数据商品旨在定制、重复使用和更新，从而提高组织的能力，以快速有效地提供复杂的数据科学解决方案来应对紧迫性的挑战。世界银行为其合作伙伴提供的数据商品包囊括了数据集、可重复使用的数据产品、洞察和指标、培训和传播、数据实验室团队。②

综上所述，数据产品的概念基于视角不同而有所差异。而且随着市场需求与技术发展，数据产品的概念与外延也在不断扩张。容易让人产生困惑的是，数据产品与“其他互联网产品”“与数据相关的产品”“数据技术”的区分并不是特别清晰。因此，给数据产品下一个定义既不可能也没有必要。但是通过上述实证研究，我们可以提取出不同数据产品普遍包含的本质特征，包括以数据为中心、以数据应用为基本方式、以数据与数据技术组合为结构框架，以支持决策为基本目的。

（二）数据交易客体的实践类型

实践中，数据产品已经发展出丰富体系。我们将以国际上场内与场外两种场景的交易标的为实践样本，同时结合我国国家数据局“数据要素 ×”典型案例以及决赛项目中的典型数据产品类型，提炼数据产品的实践类型，并用以验证上述数据产品本质特征的科学性。

1. 场外交易数据产品类型

场外数据产品交易市场非常活跃。目前最受欢迎的数据产品可能是ChatGPT，其他常见的数据产品包括推荐引擎（亚马逊等）、预测分析工具、数据 API、实时仪表板（Microsoft BI）、个人理财工具（Quicken）、可穿戴健

① 数据产品的主要特征包括决策支持、交互性、实时或近实时数据处理、预测分析或规范分析、个性化、可扩展性、与业务工作流的集成。创建数据产品的典型步骤包括：（1）明确你的目标；（2）确定数据源并收集数据；（3）清理并预处理数据；（4）进行探索性数据分析；（5）进行特征工程；（6）进行模型开发；（7）评估；（8）整合；（9）进行 UI 设计和测试；（10）部署并收集反馈。See Mile Zivkovic, *What are Data Products + How to Build One*, Feb 28, 2024, https: //www.luzmo.com/blog/data-products, 2024 年 10 月 18 日访问。

② See World Bank, *What is a Data Good*? https: //worldbank.github.io/data-good-training/docs/introduction-to-data-goods.html,2024 年 10 月 17 日访问。

康监测产品（Apple Watch）。[①] 从数据产品复杂程度上看，原始数据、衍生数据、算法、决策支持和自动化决策等数据产品的复杂程度依次加深。[②] 从软件载体上看，数据产品类型包括：帮助企业可视化和分析其销售数据的“软件应用程序”、提供实时交通信息以帮助通勤者规划路线的“网站”、利用数据连接客户与服务提供商的“在线平台”“移动应用程序”“机器学习模型”。[③]

从数据产品使用主体看，用户数据产品是最简单的一类产品，以数据集或数据报告为主要形式，是对各类信息的记录和汇总。它根据数据来源可细分为指数型、统计型和生活型，例如包括百度指数、七麦数据、网易有钱等。商用数据产品由企业或个人开发，提供给外部企业使用的，具备数据采集、计算、存储、展示和分析等功能的产品。一般可分为数据分析师平台（Data Analyst Platforms）、数据科学平台（Data Science Platforms）、机器学习（Machine Learning）产品、BI 平台（BI Platforms）、Web/ 移动端 / 交易分析（Web/Mobile/Commerce Analytics）、可视化产品（Visualization）、社交分析（Social Analytics）和数据源产品（Data Source）等 8 个类型。企业数据产品主要是自建自用的 BI 平台。根据内部定位，又可再细分为应用型和平台型。企业数据平台能通过丰富场景、赋能业务来提升整个企业使用数据的意愿和效率，赋予业务方高效使用和挖掘数据的能力。它的主要使用场景如下：辅助企业决策（如市场动向、用户分析和财务分析等）、建立数据流程、优化用户体验、挖掘数据资产等。应用型企业数据产品，更多是结合业务场景设计对应的工具来提高效率。企业数据应用按内容可分为数据策略、数据化运营、智能分析等若干个方向。

从数据产品应用领域看，在电子商务领域的数据产品类型，主要是可以

---

① 数据产品的组件也被称之为数据产品架构。也有人将数据产品的典型组件概括为输出端口、输入端口、探索港、所有权、转换代码、数据存储、测试、文档、成本管理、政策即代码、CI/CD 管道、可观察性。See *What is a Data Product*? https: //www.datamesh-manager.com/learn/what-is-a-data-product, 2024 年 10 月 17 日访问。

② 这五种数据产品类型是按照复杂性增加的顺序排列的，它们越复杂，用户思考的就越少。See Simon O’Regan, *Designing Data Products*, https: //towardsdatascience.com/designing-data-products-b6b93edf3d23, 2024 年 10 月 10 日访问。

③ See Girish Bhat, *What is a Data Product and Why You Should Care*, December 15, 2022, https: //www.acceldata.io/blog/what-is-a-data-product-and-why-you-should-care, 2024 年 11 月 10 日访问。

增强客户体验和优化运营的推荐引擎、个性化营销活动和需求预测模型。在医疗保健领域，数据产品可以是患者诊疗结果预测分析、人口健康管理工具和诊断支持系统等。在金融领域，主要是用于辅助风险管理和战略投资的欺诈检测算法、信用评分模型和投资组合优化工具。在制造业中，数据产品也包括预测性维护系统、供应链优化工具和质量控制算法。[①] 此外，还包括智慧城市、农业等领域的数据产品。[②]

2. 场内交易数据产品类型

各国数据交易场所发展模式不同，挂牌交易的数据产品类型亦有所不同。选择进场交易的数据产品，通常具有两种特质，首先，从交易成本看，一般只有描述复杂性和资产专用性足够低、交易频率比较高的产品才属于数据平台市场的交易产品类型。其次，从需求方看，进入交易所交易的数据产品一般主要是商用数据产品，而且是通用型的商用数据产品。

西方国家场内交易的数据产品主要是为实现数据共享与流通目的的数据集或数据库，该类产品描述复杂性和资产专用性足够低且交易频率高。美国数据交易市场采取数据经纪商模式，主要提供广告营销、人员搜索、财务信息和个人健康等领域的结构化数据集产品；英国为了促进数据流通与共享，推进数据信托试点并实施开放银行战略，目前开放银行成员通过提供 API 方式实现商业银行与第三方机构之间的数据和服务共享，第三方服务机构则为用户提供旨在优化财务决策、便利支付和借贷服务的财务管理应用程序和支付工具；欧盟共同数据空间计划与数据中介机制，旨在形成共享数据的生态系统，其所提供的数据产品主要是数据集或数据库；日本则采取数据银行交易模式，侧重个人数据资源的交易。[③]

目前，国内各大数据交易所挂牌的数据产品包括 7 个大类：数据集（或

① Rightdata, *Data Products 101: What Is a Data Product*, Mar 25, 2024, https: //www.getrightdata.com/resources/data-products-101-what-is-a-data-product, 2024 年 10 月 18 日访问。

② See Tim King, *What is a Data Product*? Data Product Definition & Key Use Cases, Feb 6, 2024, https: //solutionsreview.com/business-intelligence/what-is-a-data-product-data-product-definition-key-use-cases/, 2024 年 10 月 18 日访问。

③ 参见中国信息通信研究院：《数据交易场所发展指数研究报告（2024 年）》，2024 年 8 月发布。

称为数据包）、基于 API 的信息服务类产品、基于许可证（license）使用的数据产品、以清洗加工处理为主的数据处理服务、以分析和建模为主的数据应用服务、数据分析工具服务和行业研究报告。这些数据产品在“描述复杂性”与“资产专用性”方面不同。从描述复杂程度上看，数据集描述简单，API、许可证、数据处理服务中等，数据分析工具与数据应用服务的描述程度高度复杂。一般数据处理服务、数据应用服务具有高资产专用性，API、数据分析工具等受技术标准化影响，其专用性程度一般。[①] 我国数据交易所挂牌的产品也包含了“与数据相关的产品”。贵阳大数据交易所挂牌的产品类型除了数据产品之外，还包括算法工具、模型以及算力资源（云计算服务、云存储服务、云数据库服务、云中间件服务、云网络服务等）。海南省数据产品超市也包含了算法模型、通用软件等与数据相关的产品。从上述数据产品的综合定义看，上述挂牌产品也应属于数据产品。

下文我们将以上海数据交易所发布的《数据要素流通典型应用场景案例集》中案例为实践样本，[②] 分析其中的数据产品实践样态。此处我们着重分析该类数据产品可交易性的条件，或者说可交易数据产品的类型与特征（见表 1）。

从应用场景看，它们包括各行业领域、各产业链环节、各业务需求，以及跨行业的应用，如商业医疗健康保险数据产品、由公路交通数据赋能的中小微金融产品“高速通”等。从应用目的看，它们旨在满足支持各类决策的需求，根据决策支持程度的不同可分为半自动化决策与自动化决策。[③] 其中自动化决策数据产品主要是各类“模型”，例如金融领域的工行手机银行登录行为异常识别模型；半自动化决策数据产品以自主决策为主并辅之以部分自动化分析功能，这类产品占绝大多数。复杂的如金融科技贷数据模型平台、城市治理及公共决策风险防范感知系统（“城感通”），简单的如各类数据共享平

① 参见黄丽华等：《数据流通市场中数据产品的特性及其交易模式》，载《大数据》2022 年第 4 期。

② 详见上海数据交易所等：《数据要素流通典型应用场景案例集》，2023 年全球数商大会发布。

③ 根据“是否需要人工介入”标准，也可分为辅助决策型数据产品与智能决策型数据产品，辅助决策即半自动化决策，智能决策一般是指自动化决策。参照杨楠楠等：《数据产品经理：实战进阶》，机械工业出版社 2020 年版，第 80 页。

台。从框架结构看，以模型、平台、系统为基本形式，是不同数据处理行为与处理技术的嵌套结构，基本涵盖数据采集、聚合、分析、应用各个环节。

表 1　数据要素流通典型应用场景案例中的数据产品

行业领域	案例名称	应用场景	应用模式	产品类型
工业	普元信息：建筑全产业数字中台赋能企业国资运营监管	建筑企业数字化转型	构建全产业数字中台，创新之处是使用流式数据实时采集技术，建立数字化中台，实现数据的统一采集和汇聚，促进跨单位、跨部门的数据共享	全产业数字中台
	商安信：全球商情信息平台在外经贸场景中的应用	外经贸场景	拥有庞大的数据库，其高级功能是通过精准的大数据算法和实时更新，为用户提供最新、最全面的商业信息。该系统的核心在于其强大的全球信息索引库、先进的分词搜索技术和灵活的多条件查询功能	全球商情信息平台
	芯化和云：精准产业数据赋能化工行业创新和发展	化工全产业链数据整合	在数据采集上，芯化和云强调精准度，并结合自动化提取与人工核实来确保之。在数据处理上，芯化和云通过对行业的深入了解实现了数据的多维度整合，以释放更大的数据价值。此外，它提出了一个以数据为核心赋能交易的模式，这为数据服务行业提供了新的思路	全球化工产业智链（化工产业图谱）和化工产业链洞察
	蚂蚁产业风控平台：大宗贸易供应链采购赊销场景	供应链核心企业采购和赊销交易的风险控制	基于大宗贸易的客商风险管控场景，形成产业数据、产业模型、产业决策平台三要素	产业风控平台
金融	大智慧：金融机构投资决策，风险管理应用场景	金融行业各机构业务发展及监管的多重需求	来源丰富的数据，运用先进的数据处理技术，进行数据双向交易流通，丰富的产品线和针对性的产品设计	“财汇金融资讯”产品（包括金融数据库产品、企业及风险数据库产品）
	工商银行：联邦学习平台在电信反欺诈中的应用	银行电信反欺诈场景，突破数据孤岛困境	在技术层面，该案例通过联邦学习在确保数据安全合规的前提下，实现银行电信反诈数据与运营商数据流通融合和价值释放	工行手机银行登录行为异常识别模型
	中证数智：信用风险关联关系识别	信用风险监测场景	整合多源异构数据，利用自主研发的多源数据整合技术完成数据拉通，利用ETL技术处理数据，设计多维模型，建立指标体系等。创新点包括：疑似实控人核查、风险传导预警模型、资本集团挖掘	“图谱数”产品（涵盖各类企业知识图谱数据）

续表

行业领域	案例名称	应用场景	应用模式	产品类型
金融	民生银行：小微主动授信智能决策	中小微企业融资场景	采用“1+1+1”（本地政务类数据、民生银行自有数据、场景对接数据源）三维模式建立贷前、贷中、贷后模型，并通过数据积累不断打磨优化现有模型	小微主动授信智能决策产品“民生惠”
	数新网络：科技指数模型推动金融科技贷	科技型中小企业融资场景	通过汇集政务数据对企业进行评价分析，打造企业数字画像、金融超市、数字预授信、一键秒贷和政策快兑等多跨功能细分场景	金融科技贷数据模型平台
医疗	上海数产：基于临床试验的医疗数据共享和流通平台	临床试验数据需求	平台采用 1+N+2 的模式，以上海数产中心作为医疗数据运营主中心，选定 N 家医院为参与建设单位，进行医疗数据对接和应用开发试点，秉持着“原始数据不出域、数据可用不可见”的合规和应用要求， 支持受试者医疗数据共享、受试者实时招募两个场景的应用	基于临床试验的医疗数据共享和流通平台
	健交科技：商保大数据服务平台	商业医疗健康保险	以数百亿条健康大数据为底层数据支撑，利用 AI+ 大数据算法，提供多款商业健康保险数据产品，实现卫健、医保等政府部门与保险公司、投保人群之间的供需拉通	商保大数据服务平台（IDS）（包含既往风险提示、健康风险评估和真实性核验三款商业健康保险数据产品）
农业	左岸芯慧：创新智慧农业新模式驱动农村金融数字化变革	农业数字化转型	平台将收集的农作物历史数据整理成分析图表。同时，“神农口袋”提供农机调度、农药管理、物联网管理、灾情预报等服务。为了帮助金融保险机构更好地进行用户画像和风险评估，左岸芯慧整合了海量农业数据，形成“神农大数据”，在上海市农业农村委员会的授权指导下，以接口的方式开放给对应下游金融机构和征信机构，为其更好地进行产品设计和决策支持赋能	“神农口袋”农场数字化管理系统（包含“农村金融”板块、“穗优农险”创新金融产品等）
交通	金润征信：公路交通数据产品跨界赋能中小微金融	高速公路通行数据在数字普惠金融领域的应用场景	该产品的主要数据来源是现有的高速公路联网收费系统，是交通行业公共数据，该系统通过 ETC 门架等设备判断车辆车型、监测车辆行驶路线和载重，并计算车辆通行费。除交通数据外，金润还积极获取其他数据以丰富其产品体系	数据产品“高速通”

续表

行业领域	案例名称	应用场景	应用模式	产品类型
交通	零数科技：智能网联汽车数据共享平台推动汽车产业创新	汽车数据产业发展场景	VDBP 通过创建一个分布式汽车数据共享交易网络，实现数据所有者和需求方之间的连接，并确保数据的私密性和所有权。该技术平台由四个主要组成部分构建：区块链系统、隐私计算系统、企业节点系统和业务管理系统	智能网联汽车数据共享平台（Vehicle Data Blockchain Platform，VDBP）
	岚图科技：基于 Corner case 数据驱动智能驾驶产品力跃升	智能驾驶相关技术的开发和智能驾驶行业的发展	智能驾驶数据采集和流通的系统解决方案，包括车端场景数据采集、云端数据管理分析和需求端数据获取与应用三个部分	岚图智能驾驶数据采集和流通的系统解决方案
电力	蚂蚁区块链科技：基于源头可信数据要素的储能资产管理平台	储能行业数据不可信问题的解决	通过数据采集设备可以统一规范地收集储能电站的电站电量指标数据、电站效率指标数据、电站可用性指标数据、电站安全指标数据和电站储能单元运行数据，并将这些数据记录上链，解决了行业数据收集和处理不规范的痛点。同时区块链和隐私安全技术也解决了数据安全和隐私问题，打消了企业共享数据的疑虑	蚂蚁区块链基于源头可信数据要素的储能资产管理平台
智慧城市	密度信息：全媒体多模态数据在智慧城市中的应用	智慧城市	该系统依托全媒体多模态大数据、AI 技术与区域治理评价指标体系，结合政府内部数据助力智慧城市建设	城市治理及公共决策风险防范感知系统——“城感通”
	维智卓新	政府、企业数据驱动的选址决策	该产品凭借维智地图库、人群热力动态数据及 AI 算法，为企业选址、政府规划提供时空场景信息数据服务	维智址寻
营销	氚羊智能：天域数擎在线营销增强服务	存量时代企业用户增长困境的解决	天域数擎使用的底层数据来源于合作企业与 C 端用户，授权链路完整。天域数擎在线营销增强服务的投放模式是：每次真实曝光前，广告平台都通过 API 询问广告主是否参竞，然后结合广告主返回的决策进行下一步广告的优选投放，广告主通过不参竞对业务价值无效 / 低质的流量，达到提升广告主的广告投放效果的目标	在线营销增强服务产品

3. 国家数据局“数据要素 ×”典型案例中的数据产品

根据 2024 年“数据要素 ×”大赛赛题指南，[①] 对参赛项目的基本要求是通过数据要素驱动解决了产业弱点、行业盲点、企业痛点，并具有示范与推广价值。但是根据《“数据要素 ×”三年行动计划（2024—2026 年）》（以下简称《行动方案》）制定过程对 12 个行业领域选择、排序的考量，[②] 它主要侧重的是产业、行业等中宏观领域问题，同时侧重公共服务、城市治理等领域问题。所以，“数据要素 ×”参赛项目与典型案例中涉及的数据产品主要是“平台型商用与公用数据产品”。

结合数据产品的综合定义，我们选择从“行业领域”“应用目的”“应用方式”与“效率提升”四个维度来评价 48 个典型案例（见表 2），从而对这些平台型数据产品进行分类。

① 国家数据局等部门于 2023 年 12 月 31 日发布了《“数据要素 ×”三年行动计划（2024—2026 年）》，规定了 12 个重点行动领域，包括工业制造、现代农业、商贸流通、交通运输、金融服务、科技创新、文化旅游、医疗健康、应急管理、气象服务、城市治理、绿色低碳。国家数据局等部门于 2024 年 5 月 6 日发布《关于举办 2024 年“数据要素 ×”大赛的通知》（国数政策〔2024〕53 号），并于 10 月 1 日发布了全国总决赛项目名单，涵盖 12 个领域共计 666 个项目。同时，国家数据局分别于 5 月 24 日和 8 月 29 日发布了两批“数据要素 ×”典型案例，首批 20 个案例，第二批 28 个案例，涵盖了 12 个领域。

② 欧阳日辉介绍，对 12 个行业和领域的排序有多重考虑。第一，按照三次产业、公共服务来排序；第二，根据《“十四五”数字经济发展规划》中重点行业数字化转型提升工程的要求；第三，制造业是我国经济的压舱石，要深入实施智能制造工程，综合各方意见，我们把智能制造排在第一位。蔡跃洲表示，“这 12 个行业和领域的选取，主要考虑其在我国数字经济乃至整个经济社会发展中的重要性、数据资源要素的积累状况、整体数字化发展基础等因素。将智能制造排在第一位的主要考量在于：制造业是实体经济的主体，智能制造是数字经济和实体经济深度融合的主战场；制造业领域整体的数字化智能化转型程度较高；很多制造业企业从早年信息化建设开始便有意识地收集生产运营过程中的各种数据，已经积累了大量的数据资源。”参见新京报：《“数据要素 ×”三年行动计划如何落地？的参与起草专家详细解读》，载 https：//www.sohu.com/a/745541413_114988，2024 年 8 月 14 日访问。

表 2　国家数据局首批 20 个“数据要素 ×”典型案例中的数据产品类型

行业领域	案例名称	应用目的	应用方式	推广价值	产品类型
工业领域	国家能源集团：数据要素驱动适应多式联运需求的运输装备协同制造	打破上下游数据壁垒	汇聚运输装备数据、构建智能模型、形成类装备设计和研发数据集、搭建交易平台、形成定价模型	实现了运输装备产品设计和功能优化	产业链数据共享平台
	四川长虹：打造工业数据空间赋能产业链上下游发展	推进产业链上下游信息共享	建立工业数据空间，共享测试、生产、库存、应付账款、供应商资信等数据；依托供应链数据强化供应链金融	依托供应链数据增强了融资效率	供应链数据共享平台
现代农业	江苏互联网农业发展中心：多源数据融合提升稻麦重大病害监测预警能力	实现稻麦重大病害有效监测预警	融合农情、植保、气象、基础空间等数据，基于此提供历史病害、监测分析、预警发布等服务	年均挽回稻麦损失 200 万吨	农作物病害监测预警平台
商贸流通	浙江中国小商品城集团：数据要素赋能小商品数字贸易便利化	解决企业出口结算账期长、货款回收难、中小企业融资难等问题	建立公共数据授权运营平台，融合小商品城企业数据，推出企业信用、供应链金融等数据产品服务	为 3.3 万余户小微企业提供融资支持	中小企业信用产品
	上海钢联：产业链数据融合应用助力提升大宗商品流通效率	为国内外现货和衍生品市场提供结算基准和定价参考	汇聚企业内部数据并融合外部企业提供的遥感卫星数据，开发商品价格指数等多个系列的数据产品	服务 30 多万个付费用户，以及 300 多万个免费用户	商品价格指数产品
交通运输	浙江四港联动发展：多式联运数据贯通促进物流降本增效	打造智慧物流云平台	整合多个运输服务系统，汇集并对接各类物流数据，应用智能识别技术，提供一站式查询服务	提升了多式联运承载能力和衔接水平	智慧物流云平台
金融服务	浙江网商银行：融合农业农村大数据和遥感风控数据助力普惠金融服务	优化银行的授信评估模型	融合农田遥感、农业生产、农户授权数据，搭建授信评估模型	累计为 260 万农户提供授信 638.8 亿元，其中 53 万农户首次获得银行贷款	农户授信评估模型

续表

行业领域	案例名称	应用目的	应用方式	推广价值	产品类型
科技创新	合肥机数量子科技：高质量化学及材料科学数据集加速材料研发范式变革	打造材料研发新模式	融合各类材料及其实验数据，并建立机数大材库	开发效率提升超百倍，大幅提升新材料研发效率	研发数据共享平台
	国家空间科学数据中心等：多元数据融合支撑空间与天文科技创新发现	加速科学研究范式变革	加强科学数据全生命周期治理与融合开发，打造高质量科学数据资源，并为典型科学场景提供数据分析应用服务	助力取得十余项国际领先的重大科学发现	科学数据分析应用服务
文化旅游	湖南省博物院：数据资源融合应用助力文物传承保护和价值增值	推动文物数据跨领域融合创新	融合各类文物数据、推出云展览、动画视频、沉浸式体验等数字化项目以及大型线下数字展览	实现了营收	数字化文物（用户数字消费产品）
	武汉理工数传：图书出版数据融合创新应用推动产业转型升级	引导出版企业出版更符合大众需求的优质文化产品	整合多渠道图书出版标签、发行渠道、读者评价等数据，为出版单位提供多款“预测型”应用与产品	已为300多家出版单位提供了1300多款应用与产品	市场需求预测型数据产品或服务
医疗健康	讯飞医疗：医疗数据智能化分析辅助提升基层诊疗水平	为基层医生提供辅助诊疗服务	融合各类医疗数据，训练智慧诊疗AI模型	大幅提升了基层医疗服务能力	智能辅助诊疗服务（数据+AI模型）
	北京市计算中心：高质量药物数据集提高新药研发质效	降低新药研发周期	收集汇聚药物研发关键数据,建立数据集,进行智能化分析和挖掘	辅助新药研发项目100余项、建立人工智能预测靶点1万余个	新药研发数据服务平台（采集+聚合+分析+应用一体化）
应急管理	广东省应急管理厅：“一网统管”风险防控与应急指挥体系	提高应急管理能力	整合各类跨部门监测数据和相关企业感知数据，构建大数据智慧分析模型	2023年，有效应对了30轮强降雨和6次台风，未发生重大安全事件	应急管理大数据平台（采集+分析+应用一体化）
	福建省电子政务建设运营公司：强化大数据应用构建数字应急体系	提高应急管理能力	融合各类应急数据与安全生产企业数据，建立福建省数字应急综合应用平台	2023年以来，全省有效处置各类安全事故550余起	应急管理大数据平台

续表

行业领域	案例名称	应用目的	应用方式	推广价值	产品类型
气象服务	四川省修复防治院等：跨部门气象数据共享助力地质灾害分级预警体系建设	提升地质灾害气象风险预警能力	搭建地质、气象大数据共享平台	2022年以来，有效支撑全省范围发布地质灾害气象风险预警5839次，实现成功避险123起	地质灾害气象风险大数据预警服务
	台州市气象局等：“气象保险增值服务”赋能风电设施建设运营减损增效	提升企业电力调度、工程推进决策的科学性	企业低成本从保险公司处获得实时气象数据服务，结合企业的智慧工地平台数据，支撑科学决策	助力风电企业降本增效	风电企业气象预报预警平台（实时气象数据服务）
城市治理	烟台市大数据中心：跨层级数据贯通提升基层治理现代化水平	减少基层数据重复填报和手工筛查工作	建设镇街综合数据平台，整合各级数据、提供智能报表台账服务	表格缩减率达34%、填报缩减率超过52%，为基层治理现代化提供了有力支撑	基层综合治理大数据平台（治理数据分析、统计服务）
绿色低碳	国网新疆电力公司：推动数据要素创新应用助力新能源发展及消纳	增强新能源并网运行稳定性和减少弃风弃光	推动新能源数据汇聚融合，开展新能源数据建模分析应用，开展新能源数据共享定制服务	提高了新能源发电上网监测的准确性，节约新能源发电项目建设和运营成本	新能源数据分析应用、共享定制服务
	合肥市生态环境局：贯通多层级多行业生态环境数据提升蓝藻治理水平	提升蓝藻治理水平	打通数据壁垒，构建智能预测模型，推进模型应用	2023年巢湖水质稳定保持在Ⅳ类，创1979年以来最好水平	蓝藻精准预测预警服务平台

如表2所示，数据产品在结构框架上，大部分都是平台型产品。只有个别案例的数据产品是“一次性买断”的数据报告类型，例如浙江中国小商品城集团“中小企业信用产品”，或者定制服务，例如绿色低碳领域国网新疆电力公司“新能源数据共享定制服务”。在应用目的上，它们的决策类型基本上都是半自动化决策类型，其中数据共享平台类产品更侧重决策所需信息资源的获取，例如科技创新领域的典型案例；利用融合数据进行建模应用的

综合应用或管理平台（系统），自动化决策程度相对较高。关于自动化决策程度，统计、监控、分析、洞察、决策这些应用目的对输出内容的分析要求逐次提高，自动化决策程度则逐次降低。尤其是基于数据驱动的决策，它的决策内容来源于对数据的分析和解释而非直觉或观点，它需要仔细收集相关数据、分析趋势并提取可付诸行动的见解。①

经分析发现，两张表格中的数据产品具有相似性，都具有平台型数据产品的某些特质，基于决策内容即应用场景的不同，其决策类型、数据应用方式以及技术组合嵌入程度会略有差别，但在数据产品的整体结构框架上是类似的，都是依托于适配性数据技术的不同数据处理行为的综合。区分不同数据产品的根本点是"决策需求"，它决定了数据采集范围、数据挖掘程度（简单清洗还是建模挖掘）、数据分析要求（符号层面的逻辑排列还是语义层面的信息内容提取）以及数据分析结果呈现方式。

因此，这些平台型数据产品在信息内容（信息语义层面）方面不同，在载体形态（数据符号层面与技术框架）方面具有相似性。一个完整的数据产品，必须是信息内容与载体形态相统一。第二批"数据要素 ×"典型案例中的数据产品类型延续了首批案例的类型（见表 3）。

表 3　国家数据局第二批 28 个"数据要素 ×"典型案例中的数据产品类型

行业领域	案例名称	应用目的	应用方式	推广价值	产品类型
现代农业	农业农村部大数据发展中心：打造农业农村大数据平台有效支撑农业强国和乡村振兴建设	支撑农业强国和乡村振兴建设	打造农业农村大数据平台	提升农业发展效率	农业农村大数据平台（数据服务）
	中国科学院计算技术研究所：伏羲农场—智慧农业数据底座	实现农业生产降本增效，带动粮食增产	搭建"智慧农业数据底座"，打通农场生产数据流	农户和村集体增收	农业生产链数据服务平台

① See Digital Ocean, *Data-Driven Decision-Making: How to Use Quantitative Insights for Business Success*, https: //www.digitalocean.com/resources/articles/data-driven-decision-making, 2024 年 10 月 20 日访问。

续表

行业领域	案例名称	应用目的	应用方式	推广价值	产品类型
现代农业	浙江省畜牧农机发展中心：畜牧产业大脑助推畜牧业高质量发展	实现畜牧业高质量发展	构建“畜牧产业大脑”平台，提供集行业分析、监测预警、数据服务一体化服务，支撑管理部门及生产经营主体的科学决策	提升决策效率	畜牧业产业大数据平台
商贸流通	国能互通内蒙古网络科技有限公司：产业链数据要素应用赋能产业协同效率提升	提升全产业链经营效率	全产业链数据整合，提供精准对接、风险评估等数据服务	提升了煤炭产业供应链对接精准度	产业链数据应用服务（精准对接、风险评估）
	企迈科技有限公司：多源餐饮数据实时精准服务赋能餐饮行业数字化增效	赋能餐饮行业数字化增效	融合业务数据和用户行为数据，为企业提供智能补货、门店经营分析等实时数据服务	实现企业的精细化经营	实时数据服务（优化经营决策）
	山西全球蛙电子商务有限公司：海量消费数据赋能传统零售业转型升级	实现传统零售业转型升级	整合全链路数据，提供供应链优化、供应链协同等数据应用服务	提升了传统零售企业服务效能	全链路数据分析、应用服务
交通运输	舟山市港航和口岸管理局中国电信舟山分公司：打通江海联运数据助力航运物流降本增效	助力航运物流降本增效	贯通全链条物流数据，支持多业务协同	提升了物流组织效率	全链条物流数据服务（支持业务协同）
	江苏满运软件科技有限公司：公路货运智慧物流数据助力物流领域降本增效	助力物流领域降本增效	汇集公路货运行业各环节动态数据，为产业链上下游参与主体提供有效服务	降低了物流综合运输成本	公路货运物流数据服务
	重庆市公共交通控股（集团）有限公司：公交数智化运营助力提升市民生活品质	满足市民高品质、多元化出行需求	共享数据资源，跨场景协同管理，人车资源统筹优化	促进了重庆公交的高质、高速、高效发展	公交数智化运营服务
	新奥能源物流有限公司：能源物流数智管理平台引领危化运输新模式	打造危化品运输新模式	汇聚全要素数据，构建危货运输智能管理系统	提高了危化品运输的安全性	能源物流数智管理平台

续表

行业领域	案例名称	应用目的	应用方式	推广价值	产品类型
交通运输	杭州数交所等："以数补链"发展新质生产力赋能车路云一体化产业能级提升	构建"以数补链、以链优数"的产业协同创新生态	融合红绿灯、交通事故、道路施工等公共数据和路侧车路协同行业数据，打造车路云一体化产业升级平台	提升产业能级	产业协同创新大数据服务（以平台为载体）
金融服务	西藏高驰征信有限责任公司：搭建普惠金融综合服务平台破解中小微企业融资难点问题	破解中小微企业融资难点问题	搭建普惠金融综合服务平台	提供可靠、高效的征信服务	数据增信服务（以平台为载体）
科技创新	中国科学院文献情报中心等：科技文献数据挖掘助力科研效率提升和大模型训练	助推科研范式变革	深度挖掘科技文献中的数据价值，构建覆盖多领域的高质量数据集，支持科技领域大模型建设	提升了科研和大模型训练效率	高质量科研数据集服务
	中国工程院战略咨询中心等：工程科技数据融合加速工程技术创新	加速工程技术创新	汇聚整合数据资源，跨领域共享，提供信息支撑和知识服务	促进知识倍增效应	工程科技数据支持创新服务
	云南省科学技术院：数据赋能稀贵金属产业发展	赋能稀贵金属产业发展	建设专业基础数据库和典型材料专用数据库，发展多方协同的一体化材料数据研发应用	有效支撑稀贵金属产业技术创新	专业数据库及其研发应用服务
文化旅游	故宫博物院：汇聚优质文物数据资源加速文化传播和文创产业发展	加速文化传播和文创产业发展	推出文物数据资源平台"数字文物库"，推动更多优质的数字文化资源开放共享	赋能出版、教育、展览等行业	文物数据支持文化产业发展（数据服务）
	敦煌研究院：数据资源共享共创助力文物保护、艺术传承、文化推广	创新文物数据资源开放、共享、共创模式	梳理各类文物数据资源，利用区块链、数字水印等版权保护技术，进行文物数据资源开放、共享、共创	提升文物保护、艺术传承、文化推广效率	文物数据资源共享共创服务
	甘肃省文化和旅游厅：文旅数据共享提升旅游目的地影响力	提升旅游目的地影响力	整合公安、交通、民航等多源数据，为用户提供客流分析、景区监测、智能导游等服务	推动了旅游数据要素流通与价值释放	文旅数据应用（支撑客流分析、景区监测、智能导游等服务）

续表

行业领域	案例名称	应用目的	应用方式	推广价值	产品类型
文化旅游	江苏省数字文化智慧旅游发展中心：多源数据共享提升旅游目的地影响力	提升文旅服务	省域数据共享应用，以此支撑客流测算、消费分析、景区监测、风险预警等服务	提高文物保护利用和旅游服务效率	文旅数据共享应用服务
医疗健康	诸暨市卫生健康局、讯飞：人工智能助力医疗健康数据融合应用助力提升基层医疗服务能力	提升基层医疗服务能力	基于医疗机构门诊数据、体检数据、个人就医数据等为基层医生提供科学问诊、精准诊断、合理用药、智能随访等智能辅助决策服务	增强了基层医生诊疗能力	诊疗数据应用
医疗健康	北京中医药大学等：全流程数据融合加速中药调剂传承创新	加速中药调剂传承创新	挖掘中药调剂关键知识数据，推动中药调剂全流程数据融合	有效提升了相关参与单位的中药调剂效率和服务质量	全流程数据分析应用
应急管理	中国科学院西北生态环境资源研究院等：数据支持自然灾害应急响应处置	优化自然灾害应急响应处置机制	构建跨部门数据联动共享机制，创建了数据工程灾害应急响应服务平台，实现多源数据接入、确权、治理、流通、聚合和应用	提升了灾害应急处置速度和能力	多源应急数据应用服务
气象服务	新疆气象服务中心：跨行业数据要素融合应用构筑铁路安全新防线	降低铁路行车安全风险	打通气象与铁路数据、创新气象服务模式，实现跨行业数据有效利用	筑牢维护乘客生命财产安全的“防风墙”	跨行业数据融合应用
绿色低碳	国家电网大数据中心：数据赋能能源行业绿色低碳转型	实现能源行业绿色低碳转型	建设能源行业数据空间，实现水、电、气等跨领域数据共享流通，孵化“能源＋绿色低碳”“能源＋数字政府”能源＋数字经济”等融合应用	推动绿色低碳发展	多源能源数据融合应用
绿色低碳	广东电网：基于多源数据融合的能源行业数据空间赋能绿色低碳发展	实现能源行业绿色低碳发展	开展能源数据汇聚、共享和应用，培育碳足迹核算、能耗监测等典型应用场景	有力推动数据要素价值释放	多源能源数据融合应用（支持碳足迹核算、能源监测等）

续表

行业领域	案例名称	应用目的	应用方式	推广价值	产品类型
绿色低碳	四川省生态环境监测总站："大数据+数字孪生"助力提升四川省流域水环境监测预警水平	提升水环境监测预警水平	通过立体化监测技术获取地表水环境数据，打造常态化运行的流域水环境数字孪生产品	提升了地表水风险应对和污染管控效率	地表水环境数据采集、应用服务
	云南电网：能耗监测数据多源应用助力政企绿色高质量发展	助力政企绿色高质量发展	汇聚云南省16州（市）能源、公共服务领域等多源数据，研发"电—能分析算法模型"，准确研判区域、行业、企业能耗等情况	促进能源高效利用，减少碳排放	能耗监测数据多元应用
	国网吉林电力有限公司：基于能源智慧观碳平台探索"双碳"领域数据流通应用	探索"双碳"领域数据流通应用	汇聚企业用能、市场交易和公共服务等领域数据，培育面向政府、行业、企业的碳管理服务	有助于精准制定"双碳"目标路径，推动实现"双碳"目标	"双碳"领域数据流通应用

4. 国家数据局"数据要素 ×"总决赛项目中的数据产品

入选2024年"数据要素 ×"大赛全国总决赛的666个项目，与上述两批典型案例一样，都是数据要素 × 产业链应用，旨在打通产业链重点需求的难点堵点，不同行业领域的难点堵点不同，数据要素应用方向不同。例如数据要素在工业制造领域优化供应链管理，提高协同效率；在金融服务领域提升金融服务的智能化和风险管理能力；在健康医疗领域改善医疗服务质量和效率，在教育领域推动教育创新和个性化学习；在文化旅游领域提升旅游体验和文化保护；在应急管理领域提高应急管理的响应速度和精确度；在城市管理领域提升城市管理的智能化和精细化水平，促进环境保护等。但是数据要素应用方式具有相似性，即多源数据资源整合支撑企业的各类决策，从而实现降本增效，形成各类数据应用服务（见表4）[①]。

① 参见《深挖666个大赛入围项目 万字解析"数据要素 ×"实践和优势》，载数治网，https://dtzed.com/studies/2024/10/12254/，2024年10月8日访问。

表 4　2024 年“数据要素 ×”大赛全国总决赛典型项目中数据产品类型

行业领域	项目名称	数据应用方式	数据产品类型
工业制造	全产业链数据驱动天津长荣打造智能化运营新模式	集成与协同全产业链数据，通过大数据分析技术智能化支持决策并提供个性化定制服务	全产业链数据应用服务
	基于数据协同驱动的端到端轻量化铝制汽车零部件智能制造项目	全流程数据协同支持产品设计与生产	全流程数据应用服务
	创新经营决策支持系统 全方位支持企业敏捷管理	整合与分析企业内外部数据以支持经营决策	多源数据应用服务
	基于研发云的设计工艺一体化协同平台创新应用	通过研发云平台，整合跨部门的产品全流程研发数据	跨部门数据融合应用
	内蒙古能源（电力）大数据平台	整合多个维度的数据资源，进行跨域数据融合共享，支撑产业链上各个环节的决策	多维度数据融合应用
金融服务	智能融合“人、车、险”多维数据 赋能新能源车险精准定价	融合“人、车、险”多维数据，利用大数据分析和机器学习算法，支持精准定价	多维数据智能整合应用
	数据要素跨域流通与价值转化的数字金融平台	搭建数字金融平台，接入多个数据源，进行数据清洗、分析和应用	多源数据综合应用（以数字金融平台为载体）
	释放公共数据价值赋能普惠金融新质生产力	金融机构获取与共享公共数据方式优化客户金融服务	多源数据综合应用
	多元数据融合提升政府性融资担保风险管理水平	通过平台融合多元数据，并进行大数据分析、搭建风险评估模型	多元数据整合应用
商贸流通	金丝智眸：基于三域数据融通的烟草消费者洞察创新应用	融合三域数据支持产品研发	多域数据融合应用
	数据要素引领，京博控股集团开辟供应链数智化发展新模式	透明化供应链各环节的信息	供应链数据应用
	多源异构数据融合赋能数字消费新场景构建	融合多源异构数据开拓消费新场景	多元数据融合应用
	数字赋能多层联动 助力智慧供应链整体质效双升	促进供应链各环节信息共享	供应链数据应用
	纺织服装供应链平台助力产业能级提升	通过搭建供应链平台集中和共享全链路信息	供应链数据应用（以供应链平台为载体）

续表

行业领域	项目名称	数据应用方式	数据产品类型
交通运输	基于 AIS 数据的全球海域 GNSS 干扰智能感知预警防护技术	通过多源数据的融合分析，能够准确识别和预警潜在的 GNSS 干扰源	多源数据融合分析应用（以支撑海域实时安全监测）
	基于多源数据融合的智慧交通综合管理信息化平台	该项目通过整合来自不同来源的交通数据，如交通流量、路况、天气等，利用大数据分析和人工智能技术，提供实时的交通管理和决策支持	多源数据融合分析应用（以信息化平台为载体）
	基于一路多方数据融合高速公路应急处置能力提升项目	该项目通过收集和分析高速公路上的多源数据（如车辆行驶数据、路况监控、气象信息等），构建一个综合的应急处置平台，提升高速公路的应急响应能力	多源数据融合分析应用（以应急处置平台为载体）
	基于全域车时空数据集的城市交通数治新模式	该项目利用全域车时空数据集，结合大数据和人工智能技术，构建一个智能化的城市交通治理体系，实现交通流量的精准调控和交通拥堵的智能疏导	全域车时空数据集应用（以城市交通治理体系为载体）
	基于区块链的多式联运信息服务云平台	该项目通过区块链技术，构建一个多式联运信息服务云平台，实现货物和运输工具的实时追踪、信息共享和协同管理	全链条物流数据分析应用（以信息服务平台为载体）
科技创新	基于卫星数据和信令数据融合的动态监测科创范式研究与应用	结合卫星数据和信令数据，动态监测地表形变，提供高精度的灾害预警和应急响应数据支持	多源数据融合分析应用
	基于数智融合的矿山无人驾驶项目	利用数智化技术，进行矿山的智能化管理和操作	数据应用服务（以数智化技术为工具）
	混合异构数据统一访问平台	该平台能够整合不同来源和格式的数据，提供统一的数据访问接口，促进数据资源的共享和利用	混合异构数据共享平台
	高质量多模态数据集赋能的智能座舱交互空间	通过收集和处理高质量的多种类型数据，可以提升智能座舱的用户体验，例如通过语音识别、手势控制和情感分析等技术，增强用户的交互体验	多模态数据融合应用

续表

行业领域	项目名称	数据应用方式	数据产品类型
科技创新	地球大数据促进全球和区域可持续发展目标实现	地球大数据平台通过整合和分析全球范围内的环境、经济和社会数据，为政策制定和项目实施提供了科学依据	多源数据整合应用（以地球大数据平台为载体）
文化旅游	“一键游广西”项目	通过整合广西各地的旅游资源，利用大数据和云计算技术，为游客提供一站式的旅游服务	多源旅游数据分析应用（以平台为载体）
	“海南放心游”旅游消费投诉先行赔付项目	通过建立旅游消费投诉处理机制，利用数据分析和人工智能技术，实现快速响应和处理旅游投诉	理赔数据应用（以技术为手段）
	AI 数字化赋能“一部手机游海南”核心场景研发及应用	利用人工智能技术，将海南的旅游信息进行智能化处理，为游客提供更加精准的旅游推荐和服务	旅游数据智能化应用（以技术为手段）
	基于多源数据融合的智慧旅游综合服务平台	通过整合来自不同来源的数据（如交通数据、气象数据、景区数据等），构建一个全面的智慧旅游服务平台	多源数据综合应用（以平台为载体）
	数绘武当·数据要素驱动文旅产业融合应用	利用大数据和人工智能技术，对武当山的旅游资源进行深度挖掘和分析，推动文旅产业的融合创新	文旅产业数据智能化应用（以技术为手段）
医疗健康	基于多模态大模型技术构建全周期健康管理生态新体系	利用多模态大模型技术，整合患者的生理、病理、基因等多维度数据，构建全周期的健康管理生态系统	多维度医疗数据融合应用（以管理系统为载体）
	基于互联互通 2.0 架构的医疗健康数据要素网络及应用	构建基于互联互通 2.0 架构的医疗健康数据要素网络，实现医疗数据的实时共享和高效利用	医疗健康数据要素共享共用网络（网络为载体）
	基于药用海马人工养殖与中药研发的数据要素产业融合实践	通过数据分析和智能算法，可以优化养殖过程，提高药材质量	研发数据产业应用
	数智化口腔虚拟患者构建技术	利用数智化技术构建口腔虚拟患者，进行模拟诊断和治疗	患者口腔数据应用（以虚拟、数智化技术为手段）

续表

行业领域	项目名称	数据应用方式	数据产品类型
医疗健康	基于移动互联网构建全孕程健康管理新模式	该模式能够实时监测和记录孕妇的健康数据，提供个性化的健康建议和干预措施，保障母婴健康	母婴健康数据应用
应急管理	德龙软件智能安全管控平台	德龙软件智能安全管控平台通过集成多源数据，实现了对安全生产场所的全面监控和预警	多源数据融合应用（以平台为载体）
	数字赋能，打造“智慧应急”服务应用体系	该体系通过数据融合和智能分析，能够在突发事件发生时迅速做出反应，提高应急管理的效率和效果	数据融合应用（以技术为手段）
	基于“云上水电”的流域水灾害监测与防控	通过云计算和大数据技术，该系统能够处理海量数据，提供准确的预警信息	水文数据应用（以技术为手段）
气象服务	基于气象数据的重点环境影响企业运行实时分析与监测系统	该项目结合气象数据和环境监测数据，实时分析企业的运行状况，识别受环境影响的关键因素	多源数据融合应用（以系统为载体）
	“数智”航空气象服务，提升飞行安全和效率	智能化处理气象数据，为航空领域提供精准的气象信息	气象数据智能化应用（以技术为手段）
	基于AI大模型的气象数据产品助力气象科技产业创新发展	利用人工智能技术，对气象数据进行深度分析和挖掘，开发出多种创新的气象产品和服务	气象数据产品和服务
	广东省气象数据要素融合应用众创平台	该项目通过构建一个开放的数据共享平台，促进气象数据与其他行业数据的融合应用，推动气象服务的多元化和智能化	气象数据服务或产品（多源数据融合应用，以平台为载体）
	基于多源观测数据的强对流智能预报模型	该项目利用多源观测数据，建立了强对流智能预报模型，该模型通过实时监测和分析气象数据，提前发布预警信息	多源观测数据融合应用（以预报模型为载体）
城市治理	滨州市一站式助企服务平台	该平台通过数据融合，提升了政府服务的智能化和个性化水平，为企业提供便捷高效的办事服务	多源数据融合应用（以平台为载体）

续表

行业领域	项目名称	数据应用方式	数据产品类型
城市治理	济宁交通运输云执法平台（水上非现场执法平台）	该平台利用大数据和云计算技术，提升了数据处理的效率和准确性，有助于及时发现和处理违法行为	数据综合应用（以技术为手段，以平台为载体）
	乘数而上 赋智腾飞——时空大数据赋能数字城市高质量发展	该平台通过整合多源时空数据，实现了对城市运行状态的实时监控和分析，提供了科学决策支持	多源数据整合应用（以平台为载体）
	推进市域治理数字化转型，构建一网统管、协同共治的现代化治理体系	该平台通过数据融合和智能化技术，实现了对城市各项治理活动的全面覆盖和协同管理	多源数据融合应用（以技术为手段）
绿色低碳	基于柔性排产的数据要素赋能智能制造智慧能碳系统	通过数据要素优化生产排程，实现智能制造与能源管理的紧密结合	数据智能化应用（以智慧系统为载体）
	“以电折煤”数智融合赋能煤炭生产与科学保供	通过用电数据分析和模型预测，企业可以更准确地把握煤炭市场的供需变化	数据分析应用
	基于数据要素运营的环保产治污联防联控工业互联网平台	通过数据集成和智能分析，实现环保设施的精准控制和高效运行	数据集成应用（以平台为载体）
	“铅蛋”创新荟聚数据要素赋能循环经济高质量发展	通过数据要素整合和优化资源利用，帮助企业更好地理解废弃物和资源之间的关联，促进废物的回收和再利用	数据（关联性）分析服务
	基于三维荧光技术的城市地下管网水污染监测与预警体系建设	三维荧光技术能够提供高分辨率的地下水污染图谱，结合数据要素分析，能够准确识别污染源和污染路径	数据分析服务

如表 4 所示，平台型数据产品旨在建立一种数据生态，尝试搭建多源数据资源的聚合与共享平台，并在此基础上开发出可适用于各个领域的数据服务，而且在数据应用目的上都是为特定经营或治理领域提供基于数据驱动的综合解决方案。全产业链、全物流链、多源异构数据聚合共享平台，已经具有了数据应用基础设施的特质。例如工业领域全产业链数据应用平台，它

得以存在的工业互联网产业链生态，包括终端层、网络层、平台层和应用层，它们是数据采集、传输、管理分析、应用的载体或设施。[①] 其中终端层负责收集企业端的各类数据，并通过网络层传达给平台；平台对数据进行管理、存储、分析与共享等操作。最终数据经由平台到达应用层，并服务于特定行业。平台型数据产品对用户展示的主要是处于应用层的 App、网页、系统。数据产品的生产、使用、反馈、更新都是在终端层、网络层、平台层进行的，在全产业链数据产品、城市智能化治理平台中，它们通常是数据应用的基础设施。所以这类数据产品生产主体既是数据产品生产者也是数据基础设施服务提供者（运营者）。

总体来说，可以作为数据交易客体的数据产品已经发展出丰富的类型，涵盖不同的应用目的、复杂程度不同的技术框架，不同的产品载体形式等，但它们具有相似的产品逻辑结构，都是关于数据资源的汇聚融合、算法分析与智能运用。

三、数据交易客体共性结构及其主体法律关系特质

（一）数据交易客体的共性结构

1. 数据产品结构是多元要素配置结构

根据数据产品的实践类型，绝大部分的数据产品都包含了一种框架结构，最核心的要素是数据要素，但它要依托于其他生产要素，包括公共信息网络基础设施。所以，从数据要素价值实现角度看，通过数据产品的“生产”与“消费”而获得的价值增量，即数据产品交易合同收益，来源于多种要素的共同作用。数据产品的基础是用于创建、交付、使用和维护产品的数据、算法和基础设施。如果无法访问正确的数据，并且没有处理和分析数据的能力，数据产品就无法向用户提供有用的见解和信息。除了数据和算法，数据产品还需要强大的信息基础设施来支撑其运行。

数据产品的形成过程可以概括为四个步骤：[②] 第一步数据收集和存储。这

① 参见中国电信 5G 产业创新联盟：《5G+ 工业互联网生态合作白皮书》，2020 年发布。

② Rightdata, *Data Products 101: What Is a Data Product,* Mar 25, 2024,https: //www.getrightdata.com/resources/data-products-101-what-is-a-data-product,2024 年 10 月 18 日访问。

涉及识别来源、确保数据质量以及建立强大的存储基础设施。第二步处理和分析。在最终用户看到结果之前，数据产品必须能够成功地处理和分析数据，通常通过统计技术、机器学习算法和其他分析方法来获得有意义的见解。第三步可视化和通信。以用户可理解的方式传达信息至关重要。数据产品通常包含可视化、仪表板和报告，以使最终用户能够轻松理解和操作复杂的信息。第四步集成。数据产品很少独立存在；相反，它们通常必须与现有系统、应用程序或工作流程集成，以确保在组织内无缝采用和使用。数据产品形成过程的最后一步必须确保产品能够与周围环境“对话”。

例如，工业数据产品需要依托于工业互联网产业生态，后者由终端层、网络层、平台层、应用层构成，终端层是负责采集数据的各类设施设备以及数据储存器，网络层是各类网络基础设施，平台层包含各类管理平台、监测平台等，应用层是具体制造业企业内部的管理系统、App 等，既涵盖工业数据处理的所有环节，又嵌入技术、网络、管理、人力等非数据生产要素。①

医疗数据产品一般依托于医疗数据行业产业链，它的上游是基础层，包括数据采集基础设施、数据采集端口；中游是数据层和应用层，包括数据管理平台、数据应用；下游是需求方，包括 B 端和 C 端。整个医疗行业的数据流通过程中，涉及医疗机构、医药机构、保险机构和政府等多个主体和多个场景，总之，医疗数据发挥价值依赖于一套完整、规范、安全的数据流通机制。②

再如，农业数据产品，它需要存在于整个农业数据价值产业链中。它包含感知层、网络层、支撑层、应用层。感知层负责数据采集，即通过传感器、农业设施控制器、摄像头、3G 视频服务器、传感器网关等采集数据，网络层负责农业数据的传播，支撑层以农业物联网运营云数据中心为主，应用层是农业数据应用的各类场景，包括农业生产全流程，以及下游金融贷款、农业保险、物流仓储等。③作为推动数字农业和智慧农业发展的核心要

① 参见中国电信 5G 产业创新联盟：《5G+ 工业互联网生态合作白皮书》，2020 年发布。

② 参见前瞻产业研究院：《2023 年中国健康医疗大数据行业发展痛点分析》，2023 年发布。

③ 参见微构大数据：《科技赋能农业变革："大数据 + 农业"重新定义产业体系》，2023 年发布。

素，数据贯穿农业生产经营周期始终，但也需要依托于其他要素的作用。

智慧交通基本架构也是围绕数据应用而展开。它也包括感知层、通讯层、平台层、应用层。感知层负责收集与车辆和道路相关的诸多数据，并通过通信技术传达给平台。平台对数据进行管理、存储、分析与共享等操作。最终数据经由平台到达应用层，并服务于智能驾驶等。①

借助结构经济学中的“结构”一词，实现数据产品创建和运用的“组件”或“层次”本质上是多种生产要素的配置结构。② 数据产品所蕴含的多元要素配置结构即数据、数据技术（算法等）、基础设施等，是生产要素与基础设施的组合。同时数据作为一种生产要素，具有公共物品的特质，例如来源于公共数据的数据资源，以及承担了部分公共服务供给功能的云平台或互联网平台等。换言之，数据产品是私人性生产要素与公共性生产要素及相应基础设施相聚合而形成的结构。

2. 数据产品具有“架构财产权”的特质

“架构财产权”是胡凌教授提出的数据财产权观点，它不同于单一生产要素财产权观点。互联网平台企业不断通过技术、竞争法和商业实践在赛博空间中塑造出某种围绕“架构”组织起来的新型财产权利，即“架构财产权”。架构是一个拟制的抽象空间性概念，从某种意义上说，架构就是数字化生产方式本身，它定义了赛博空间如何按照控制 / 生产的逻辑被创制出来，要求涵盖硬件终端、服务器、传输管道等，包装成一个连续性的整体。所以，架构财产权比要素财产权更适应数字经济的发展，能够帮助整合碎片化的赛博空间，并能更好地回应价值生产、流动性和分配。③ 根据数据产品的实践类型与特征，它们确实符合“架构财产权”的定义。所以，数据交易合同权益分配，并不是简单的数据权属和收益的分配。一方面，数据财产权

---

① 参见前瞻产业研究院：《2023—2025 智慧交通发展趋势分析》，2023 年发布。

② 经济学家林毅夫在其新结构经济学的理论框架中指出，经济结构内生决定于要素禀赋结构，即一个经济体在每个时点上的产业和技术结构内生于该经济体在该时点给定的要素禀赋结构。同时，基础设施也是一个经济体的禀赋的一部分，因为它影响每个企业的交易成本和投资的边际利益。一个经济体产业升级过程倘若基础设施无法同时改善，各个行业的升级过程都将面临 Leibenstein（1957）讨论过的 X- 低效率（x-efficiency）问题。参见林毅夫：《新结构经济学：反思经济发展与政策的理论框架》，北京大学出版社 2012 年版，第 17~20 页。

③ 参见胡凌：《数字经济中的两种财产权从要素到架构》，载《中外法学》2021 年第 6 期。

只是对数据产品生产环节核心要素“数据”来源的确认，并不能直接决定数据产品的权属进而确定数据产品收益的归属。另一方面，数据交易合同权益是数据产品使用或交换带来的价值增值，结合数据产品的框架特质，它是作为一个整体在创造增量价值的，基于经济效率和法定数据保护义务履行效率的考量，它需要整体归属于某个主体，但在收益分配时必须尊重其他要素投入者的回报。这种财产权观点有点类似于添附物所有权规则，即尊重物的效用最大化。

综上，数据产品所蕴含的多元要素结构是服务于数据产品正常运作的“经济结构利益”。经济学上的“经济结构利益”是一种共同体利益，具有整体性。这种整体性是局部的整体性，非社会整体利益意义上的整体性，它会影响局部的经济宏观运行。与社会整体利益相比较，它显化了其利益的结合过程，以及利益的分配方式，而不是抽象的整体，换言之，它具有可分配性。这种分配性体现为参与结构建构的市场主体基于要素所有权获得相应的利益分配。但共同体利益并不等同于其成员市场主体利益之和，在成员分配之后，还有作为整体而存在的剩余价值，它们构成要素禀赋，并用于下一阶段的再生产过程。所以，“经济结构利益”并不能完全归于生产要素的持有者，例如数据本身的价值只有和平台架构结合起来才有意义，将数字经济的价值来源全部归结为数据本身就是偏颇的。[①]同时，从义务角度考量，数据产品也需要一个单一的主体对外承担数据产品上附着的法定或约定义务，当然这不影响内部不同要素投入者对该法定或约定义务的划分。概言之，数据产品作为一种“架构财产权”，它权责利的分配需要在多元主体之间进行，需要正视不同主体的要素投入与责任类型，这远远超出了单一数据财产权的范畴，[②]数据交易合同需要承担起数据产品权益分配的制度功能。

---

① 参见胡凌：《数字经济中的两种财产权：从要素到架构》，载《中外法学》2021年第6期。

② 有学者秉持同样的观点，他主张，就数据而言，数据提供必须和特定应用场景的提供、特定应用目的的实现共同构成交易的内容，这便往往超出财产转让、财产用益的范围。以典型的个人数据为例，不考虑其应用场景的个人数据买卖都是违法行为。参见武腾：《数据交易的合同法问题研究》，法律出版社2023年，第144页。

3. 数据交易合同权益主体的多元性及其相互关系

一般合同交易是“以物易物”的活动方式，其权益主体主要是交易双方，主体相对单一。数据（产品）交易合同，除了信用报告这类单一交易标的之外，其他交易标的不仅在物理上表现为一种平台或模型（添附物特质），而且都具有数据生态系统的特质，其创造与服务是复杂的持续性过程，主体是多元的，各自承担着不同的角色并履行不同的义务。投入要素的初始确权并不能直接确认合同增益的分配，我们还需要明确不同参与主体的要素投入及其功能承担情况，从而确定其贡献比例与分配权重。

数据交易合同需要安排数据产品设计、生产、销售、使用、售后等整体流程，会涵盖数据处理全流程，数据产品的经营者即数据交易合同主体，它会与外部第三方、消费者（数据产品使用者）发生各种合同关系。基于交易成本的考量，主体对数据产品的生产与创造既可能由组织内部完成，也可能采取合同方式交由外部市场完成；同样地，数据产品的销售与运营基于交易成本考量也会进行同样的选择。因此，数据产品的整个应用过程可能会存在生产者、销售者、运营者、维护者，以及数据技术支持者、基础设施服务提供者，若将数据产品消费环节也纳入其中，还将包括数据产品使用者。从数据处理角度看，可能存在数据资源持有者、数据加工处理者、数据产品经营者。在特定情形下，除了数据产品消费者或使用者之外，其他角色都可能集中于一个主体，例如同时掌握丰富数据资源与数据处理技术的互联网巨头，更有利于其获得数据经济的规模效应。

从数据产品的实际控制角度看，有两类主体会成为数据交易合同的主要成员，即数据产品生产者与数据产品经营者。它们是数据产品得以创造与使用的主要劳动者，也是数据保护义务的应然承担者。另一类比较特殊的主体是数据或信息基础设施运营者，例如公共数据共享平台或公共数据空间等，决定数据产品得以创造与使用的网络传输、云存储等条件。数据产品使用者在特定情况下也需要承担合理使用义务。下文，我们将结合数据产品的实践类型来讨论四类主体的要素投入、功能承担等情况。

第一是数据产品生产者。结合数据产品的实践类型，数据产品生产者，通常是拥有丰富数据资源的主体，或者是拥有数据采集、分析技术的主体，兼具两种优势的数据产品生产者也很常见。例如，山西全球蛙电子商务有限公司作为一家国际电子商务平台，拥有海量的线上消费数据，同时拥有分析数据的软硬件技术，它能够整合零售行业采购、供应、销售、服务等全链路数据，推出了数据产品“智能零售数字化应用系统（数据中台）”，为用户提供智能补货、供应链优化、供应链协同等服务。[①] 因为数据产品生产是海量数据资源与数据技术的融合运用，数据产品生产者需要同时储备数据资源和技术资源，自身通常是数据资源持有者或者数据加工使用者，即享有数据资源持有权或数据加工使用权，与该权利之上负担着数据来源合规保证义务、数据合规采集以及后续处理义务，并承担数据产品中的权利瑕疵担保责任、数据来源合规保证责任、数据产品质量瑕疵担保责任等。即便仅是作为数据资源供给者或数据处理技术支持者，也需要作为数据产品生产者的合作方依据法定和约定履行数据保护义务和数据来源处理合规义务。

第二是数据产品经营者。数据产品经营者既可能是数据产品生产者，也可能是受数据产品生产者委托代为运营数据产品的市场主体。它一方面具有客户资源，要么本身具有丰富的特定数据产品消费者群体，要么具有丰富的获客经验；另一方面它具有数据产品的运营经验和人力资源。金融机构是典型的数据产品经营者，例如浙江网商银行运营的农户授信评估模型。一般以智能化或数字化服务为主营业务的主体，可能会选择与外部数据技术公司合作生产数据产品，但一般会选择自主运营数据产品，例如新奥能源物流有限公司作为一家提供货物运输解决方案、咨询服务的物流服务公司，它具有构建并运营“运途云”危货运输数智管理系统的资源与经验。[②]

公用数据产品的运营者均是负责供给公共服务的公共部门或经授权的市场主体。公共部门具有丰富的公共数据资源，但是通常不具有数据技术资源，需要委托他方生产公用数据产品，同时也需要在运营过程中委托他方提

① 详见国家数据局发布的 2024 年“数据要素 ×”典型案例（第二批）之“海量消费数据赋能传统零售业转型升级”。

② 详见国家数据局发布的 2024 年“数据要素 ×”典型案例（第二批）之“能源物流数智化管理，引领危化运输新模式”。

供技术支持以满足数据服务供给的基本需求。基于效率考虑，经授权运营公用数据产品的市场主体通常也负责生产该产品。例如应急管理领域的各类应急管理大数据平台、城市治理领域的烟台市大数据中心运营的镇街综合数据平台等，这类数据平台的运营，需要协同辖区内的各地政府部门，授权委托市场主体运营存在协调难度，市场主体一般可以作为技术支持者参与数据平台、系统的日常运维。需要注意的是，这类公用数据平台提供的是公共数据服务，不同于数据应用基础设施。

数据产品运营者享有数据产品经营权，扮演着数据服务（产品）供给者的角色，需要在整个运营过程中代表所有参与主体对外承担法定与约定的数据保护义务，并承担数据产品中的权利瑕疵担保责任、数据来源合规保证责任、数据产品质量瑕疵担保责任等。

第三是数据应用基础设施运营者。数据应用基础设施是数据产品得以创造与运用的物质基础条件，为数据产品的创造提供灵活多样的生产工具，为数据产品的持续性运营提供软硬件载体支撑。[①] 国家数据局局长刘烈宏指出，数据基础设施是从数据要素价值释放的角度出发，在网络、算力等设施的支持下，面向社会提供一体化数据汇聚、处理、流通、应用、运营、安全保障服务的一类新型基础设施，是覆盖硬件、软件、开源协议、标准规范、机制设计等在内的有机整体。它包括以 5G、光纤、卫星互联网等为代表的网络设施，为数据提供高速泛在的连接能力；以通用、智能、超级算力为代表的算力设施，为数据提供高效敏捷的处理能力；以数据空间、区块链、高速数据网为代表的数据流通设施，旨在打通数据共享流通堵点；以隐私计算、联

---

① 数据产品的创造过程，需要借助一系列的工具平台对数据进行加工处理。原始的数据可能会包括文档、表格、视频、图片、声音等诸多结构化和非结构化的素材，这些“原始材料”无法直接产生价值，需要经过一系列的处理，如抽取、转换、加载、存储、挖掘、计算、分析、可视化等。对数据的处理需要借助各类大数据技术。大数据技术基础是大数据平台，它可以分为硬件平台和软件平台。硬件平台如阿里云计算平台，其核心功能是虚拟化，即把多台机器或一台机器虚拟成一个资源池，然后供成千上万人使用，用户各自租用相应的资源服务等。软件平台如 Hadoop，也可以狭义理解为 Hadoop 生态圈，其功能是把多个节点资源（可以是虚拟节点资源）进行整合，作为一个集群对外提供存储和运算分析服务。因此，大数据平台是处理数据的工具平台，它通常会集成了各种（私有）技术和（公有或公用）基础设施。参见中国信息通信研究院、人民邮电出版社主编：《驭数之道：还原真实场景的企业大数据应用实践》，人民邮电出版社 2019 年版，第 63 页；李少波、杨静编著：《大数据技术原理与实践》，华中科技大学出版社 2020 年版，第 13 页。

邦学习等为代表的数据安全设施，以保障数据的安全。[①]数据应用基础设施不仅是指硬性基础设施，还包括软性基础设施，例如存算设施标准、网络设施标准、流通利用设施标准等数据基础设施标准体系。[②]

因此，数据应用基础设施运营者，它们贯穿数据产品应用生命周期的始终，不仅仅是作为微观市场主体间数据交易活动的外部环境，而是数据交易活动的构成条件，因为数据的流通与处理离开了这些基础条件便不具有可能性，[③]因此它们通常也会成为数据交易合同的一方主体，以便通过合同方式加强基础设施的支撑作用。在多源数据的汇聚环节，它负责网络传输的安全性与流畅性，云储存环境的便利性和安全性；在数据分析挖掘环节，负责算力资源的稳定供给与扩容空间，负责分析计算的安全性与保密性等。它们通常为数据技术提供者提供技术实施的软硬件环境，也构成数据技术应用的基础条件。相应地，它们也承担着数据产品生产与运用全流程的质量担保责任、数据及网络安全责任等。如果属于关键信息基础设施运营者的，还需承担法定的数据与网络安全责任。

第四是数据产品使用者。数据产品使用者在数据交易关系中是数据产品需要满足的对象，它的对价是支付货币或者让渡部分个人信息或企业数据权益，一般不承担其他义务，尤其是自然人用户，还享有相应的消费者权益和个人信息权利。但是在一些特殊情况下，数据产品使用者需要承担合理使用数据产品的义务。正如上文所述，数据产品依据使用主体可分为用户数据产品（面向 C 端用户）、商用数据产品（面向企业外部）和企业数据产品（面向企业内部）。商用数据产品使用者即企业用户（B 端用户），对数据产品的应用需求较为复杂，除了获取已经转化为信息内容的数据报告之外，其使用数据产品的常见方式是 API、许可证、可视化界面等。企业使用者在访问或

① 《重磅：刘烈宏首论数据基础设施》，载腾讯网，https: //new.qq.com/rain/a/20231123A064N600, 2024 年 10 月 22 日访问。

② 中国电子技术标准化研究院等发布的《数据要素流通标准化白皮书（2024 版）》将数据流通利用设施标准体系细分为数据流通接入要求、数据流通传输服务、数据流通平台技术要求、数据流通应用技术要求、数据流通利用流程、数据流通利用管控等标准。

③ 例如，关键信息基础设施的中断运营，是“不能承受之重”。参见陈越峰：《关键信息基础设施保护的合作治理》，载《法学研究》2018 年第 6 期。

提取数据集之后，可能采用修改代码、去匿名化等方式，再次暴露数据产品中的原始数据，存在泄露个人隐私、泄露商业秘密等侵害数据产品上在先权利的可能。企业自用数据产品，企业对数据产品的运行并非出于运营目的而是自用目的，但是合理使用数据产品与合理运营数据产品在要求上具有相似性，不得侵犯数据产品上的先在权利，包括个人隐私、其他企业商业秘密、技术方知识产权等。

上述四类主体是数据产品交易生态中的常见主体类型，相互之间均存在交易关系。根据交易成本节约的需要，四类主体既可以叠加存在也可以再度分化。四类主体可能集中于一个主体，例如互联网巨头开发的自用数据产品，这种情况就不属于数据产品交易。当该类巨头开发用户数据产品时，它自身集合了数据产品生产者、经营者以及基础设施运营者三重身份。商用数据产品的交易关系中一般也是数据产品生产者、经营者集于一体，在成熟的产业链中，生产者与经营者开始分离。这些是最为常见的情形，即数据产品提供者与使用者分离。随着产业链的深度发展，数据资源采集技术、数据产品的生产技术、运营模式、销售策略、使用方式都会发生变化，在数据产品生产环节参与主体可划分为数据资源提供者、数据产品技术提供者、数据产品设计服务提供者等主体类型，在数据产品运营环节参与主体也可细分出数据产品营销主体、数据产品运维主体、数据产品维保主体等等。

数据产品交易生态中的市场主体类型，如表 5 所示，根据自身的要素资源优势在数据产品交易中投入不同的要素并承担不同的角色功能，进而享有相应的权利与利益，同时承担相应的责任与义务。一个主体集中多重身份的，其权利与义务也叠加享有和承担。概言之，数据交易合同权益的划分，需要明确数据产品的结构框架，以明确数据产品交易全流程的参与主体及其要素投入与功能角色，最终确定其权责利内容。

表 5　数据产品交易生态中常见的市场主体类型

<table>
<tr><th>角色功能</th><th>要素投入</th><th>权利</th><th colspan="2">利益</th><th colspan="2">义务</th></tr>
<tr><td rowspan="2">生产者</td><td>数据资源</td><td>数据资源持有权 / 数据加工使用权</td><td>数据资源采集 / 加工劳动收益</td><td rowspan="2">产品定制 / 生产收益</td><td>来源合规义务、在先权利保护义务</td><td rowspan="2">产品质量合规义务、数据网络安全义务</td></tr>
<tr><td>数据技术</td><td>知识产权</td><td>知识产权收益</td><td>处理合规义务、在先权利保护义务</td></tr>
<tr><td rowspan="2">经营者</td><td>运营资源</td><td>数据产品经营权</td><td>产品经营收益</td><td rowspan="2">产品经营收益</td><td>经营合规义务、在先权利保护义务</td><td rowspan="2">产品质量合规义务、数据网络安全义务</td></tr>
<tr><td>数据技术</td><td>知识产权</td><td>知识产权收益</td><td>处理合规义务、在先权利保护义务</td></tr>
<tr><td>基础设施运营者</td><td>数据应用基础设施</td><td>基础设施经营权</td><td colspan="2">基础设施服务收益</td><td colspan="2">公平服务义务、质量合规义务、数据网络安全义务</td></tr>
<tr><td rowspan="4">使用者</td><td>货币</td><td>所有权</td><td colspan="2">产品使用利益</td><td colspan="2">支付义务</td></tr>
<tr><td>个人信息</td><td>个人信息权利</td><td colspan="2">产品使用利益</td><td colspan="2">授权使用个人信息</td></tr>
<tr><td>企业数据</td><td>企业数据权利</td><td colspan="2">产品使用利益</td><td colspan="2">授权使用企业数据、合理使用数据产品</td></tr>
<tr><td>公共数据</td><td>公共数据权利</td><td colspan="2">产品使用利益</td><td colspan="2">授权使用公共数据、合理使用数据产品</td></tr>
</table>

（二）数据交易合同的结构类型

数据交易合同权益以“数据产品”为法益载体，其价值创造是以数据要素与其他要素共同作用的结果，基于不同要素的不同作用，要素所有者扮演不同角色，享有和承担差异性的权利义务内容。基于此，数据交易规则无法简单套用传统合同法规则，需要新的规则类型，以满足数据交易活动中异质性主体间的差异化权利义务分配关系。寻求适配性的数据交易合同法律规则，需要明确其法律关系的结构类型，以揭示数据交易合同法律规则内在的意义脉络及其与传统合同法律规则的意义关联。[①] 从价值法学观点看，这种类型思考方式可以用来详细描述某些种类的法律关系，特别是主体权利以及

① 正如拉伦茨所言：“法律上的结构类型值得特别重视，因为它对于发现法律的意义脉络以及理解特定的部分规则体都具有重要的认识价值。”我国台湾地区学者黄茂荣进一步解释道“类型化在此，不但有经由触类旁通降低认识上之劳动强度的意义，而且可以利用来检查属于同一上位类型之下位类型的规定，有无应规定而未规定之漏洞，或者有无应一致而不一致之矛盾的情形。”参照［德］卡尔·拉伦茨：《法学方法论》（全本·第六版），黄家镇译，商务印书馆 2020 年版，第 585 页；黄茂荣：《法学方法与现代税法》，北京大学出版社 2011 年版，第 94 页。

契约关系。这些类型是源于法律现实的“法律上的结构类型”，因为它涉及法律构造物的特殊结构。[①] 但是，即使是取自于法律传统，法律上的结构类型及其相应的规则都是在社会现实中出现的构造物。[②] 法律类型的建构，立法者若无改变现实生活的意图，只禹以经验为基础，单纯接受现实存在之类型即可；立法者若欲改变现实生活，在单纯接受现实类型之外，还可以超出现实特征的取舍，增加现实本来不存在的特征，此种类型为思考上的产物而非现实生活上本来存在的构造物，此即法律结构类型的建构过程。[③] 概言之，法律结构类型的构造是对法律现实和生活现实中构造物的调和。

1. 数据交易合同结构类型的法学建构及其不足

关于数据交易合同及其客体结构类型的提炼，普遍方法是在经济学分类基础上抽象出规范性的交易标的物，然后与现行法上的有名合同进行比较，进而确定可适用的合同类型及其合同法规则。大体上，数据交易合同类型具有多样性，可分为典型合同与非典型合同，非典型合同与已有合同类型相似，可受已有合同法规则的调整，其特别之处作为已有合同法规则的特别规则存在。

有学者认为，只有对数据类型作适当划分，才能有效讨论数据财产和数据交易问题，目前主流的数据类型划分都具有一定意义和价值，[④] 从便于讨论数据财产和数据交易的角度来说，需要重视数据资源与经过深加工的数据产品之区分。数据资源交易需要较强的国家干预，而数据产品交易更加强调经营自主。在数据交易市场活动中，数据产品许可使用、数据技术服务恰恰具有十分重要的地位。数据产品具有无形财产的特质，有必要进一步类型化现行合同法中的无形财产合同。[⑤] 数据产品交易的基本合同类型包括知识产权许可合同与数据技术服务合同（包括技术咨询合同与技术服务合同），前者

① 参见［德］卡尔·拉伦茨：《法学方法论》（全本·第六版），黄家镇译，商务印书馆 2020 年版，第 584 页。

② 参见［德］卡尔·拉伦茨：《法学方法论》（全本·第六版），黄家镇译，商务印书馆 2020 年版，第 587 页。

③ 参见黄茂荣：《法学方法与现代税法》，北京大学出版社 2011 年版，第 93 页。

④ 例如个人数据、企业数据和公共数据，公开数据和非公开数据，原始数据和衍生数据，数据资源和数据产品的分化。

⑤ 参见武腾：《数据交易的合同法问题研究》，法律出版社 2023 年版，第 142 页。

本质上是知识产权许可合同，后者不以存在财产权为前提条件，其目的在于提供技术预测等服务，如持续不断的数据更新和未来事件预测。数据技术服务以大数据分析技术的应用为中心，以满足特定商业目的为目标，一般属于继续性合同。[①] 简言之，根据数据产品构成无形财产的可行性，数据交易合同可分为以知识产权为基础的许可使用合同与以大数据技术为基础的预测型技术咨询合同。

另有学者更注重数据权益的特殊性，一方面将数据产品区别于知识产权客体，另一方面将数据处理技术（或工具）排除在数据产品之外，[②] 所以将数据交易客体概括为两类，即数据集合与数据服务。因为在企业数据交易实践中，企业利用数据的方式主要有两种：一是取得数据使用权或数据财产权，其交易客体通常是特定的数据集合；二是通过利用数据获取数据处理结果所呈现的信息内容，其数据交易客体是特定的数据处理服务。在此基础上该学者在《民法典》的基础上提出了企业数据交易合同类型可以包括数据转让合同、数据处理合同（包括数据咨询合同与数据定制合同）、数据访问合同。其中，数据集合、API 数据的交易由数据转让合同进行规制，它强调数据（产品）财产权的转移；数据应用由数据访问合同进行规制，它强调对数据（产品）使用权的享有；数据标注、数据加工由数据定制合同规制；数据报告由数据咨询合同进行规制。[③] 数据定制合同与数据咨询合同分别属于技术服务合同与技术咨询合同，它们的主要区别在于工作成果的性质，前者需要就特定技术问题的解决提供工作成果（即针对数据这一"原料"本身的技术处理），后者不要求提供特定工作成果，可以仅是咨询报告或意见（即不强调符号层面的数据处理仅需数据处理后所呈现的特定信息内容）。[④]

上述两种关于数据交易客体与合同结构类型的构造方式，都存在"用概

① 参见武腾：《数据交易的合同法问题研究》，法律出版社 2023 年版，第 165 页。
② 参见程啸主编：《数据权益与数据交易》，中国人民大学出版社 2024 年版，第 205、265 页。
③ 参见程啸主编：《数据权益与数据交易》，中国人民大学出版社 2024 年版，第 268 页。
④ 参见程啸主编：《数据权益与数据交易》，中国人民大学出版社 2024 年版，第 303 页。

念逻辑代替生活逻辑”的问题。[①] 第一位学者尝试将数据产品纳入传统财产权范畴，从而适用知识产权许可使用规则、商业秘密保护制度，该路径只覆盖了可以作为知识产权客体与符合商业秘密条件的数据产品类型。第二位学者虽然认识到数据产品的特殊性并尝试从新型财产权中寻找新的适用规则，但将数据技术从数据产品的概念中剥离出去，没有认识到大数据技术在数据产品的语境中与其他技术的不同之处，例如任何数据处理行为都是利用数据技术进行数据处理的行为，其行为上负担着数据处理者的法定义务。从这个角度看，该种思路忽视了数据产品运作的经济规律。在传统财产权制度中，作为权利客体需要有明确的物理边界，方能在交易中实现初始投入的清晰界定与事后收益的公平分配。但是数据产品无法套用传统财产权制度，而作为交易客体的数据产品需要正视其要素配置结构与多元主体关系，方能明确其交易法律关系的客观实质，法律结构类型的提炼不得背离该种实质。

2. 数据交易合同结构类型的再建构：非对称性与多元性

新型法律关系的出现，类型化工作可以始于生活现实也可始于法律现实，当法律现实的解释力显而易见地滞后于现实类型发展速度时，类型化工作应当优先尊重现实生活。上文我们梳理了数据产品与权益主体的实践类型。数据产品的本质特征包括：以数据为中心、以数据应用为基本方式、以数据与数据技术组合为结构框架、以支持决策为基本目的。数据产品的实践类型根据复杂程度不同涵盖原始数据、衍生数据、算法、决策支持和自动化决策等类型。实践中数据产品的生产与使用，需要依托于各类大数据技术与数据基础设施，并结合各类算法工程师、数据分析专家的专业能力，由此形成了数据产品的基本结构框架。越简单的数据产品，其结构框架越简单，越复杂的数据产品，其结构框架越复杂。

相应地，通过合同参与创造与运用数据产品的主体类型也表现出多样性。参与主体既可能仅有数据产品提供者与数据产品使用者，也可能扩展到数据产品从生产到应用各个环节都有独立主体参与，涵盖数据资源持有者、

---

① 正如耶林所言：“生活不是为了概念的目的而存在，相反，概念却要为了生活目的。不是逻辑被赋予存在的权利，而是生活、社会关系、正义的感觉所要求的东西才有存在的权利。” See Rudolf von Jhering, *Law as a Means to an End*, Boston: The Boston Book Company, 1913, p.330.

数据产品生产者、数据产品经营者、数据技术提供者、数据基础设施服务提供者、数据产品使用者等。伴随产业链的完善，专业化分工会产生更多参与者，彼此之间都可通过合同关系参与数据产品生产与应用环节，成为数据交易活动的组成部分。

可见，结合上述数据交易客体实践类型的共性结构，我们认为围绕数据产品生产与应用而产生的合同关系具有“非对称性”与“多元性”。“非对称性”是指数据交易合同关系中主体间的权利义务关系不具有一一对应的特质，存在强弱主体的权利义务关系，以及功能主体单向的特殊权利或义务。“多元性”是指数据交易合同主体可能涵盖数据产品生产与应用全过程的不同要素投入者或功能承担者。

因此，我们对数据交易合同结构类型的提炼，首要工作是提炼数据交易主体与客体的结构类型。如果类型化工作始于生活现实，需要明确将所有类型整合成一个体系的“意义”即“事物本质”。它是生活关系的意义，是在现实中显现的价值，① 是生活关系上升为法律关系的媒介。② 从现有的数据要素政策、数据交易实践中，我们可以提炼出“促进数据要素高效流通与数据要素收益公平分配”两个观点作为数据交易市场规则合理性的评价标准。这

① 参见［德］阿图尔·考夫曼：《类推与“事物本质”——兼论类型理论》，吴从周译，我国台湾地区学林文化事业有限公司 1999 年版，第 105 页。

② 萨维尼认为法律关系具有两种因素：作为实质要素的生活关系以及作为形式要素的法律规定。形式要素使得法律关系具有规范属性，是一种规范关系，其中存在评价，从而与作为事实关系的生活关系区分开来；而实质要素使得法律关系与生活关系保持一种紧密的联系，这种联系通过限制技术而发生，法律关系具有现实的基础。这种限制技术就是法律规定对生活关系的评价，但对于如何评价萨维尼并没有论述。考夫曼认为来源于生活关系的“事物本质”构成评价标准的组成部分。这个评价过程实质上就是从“事实”向“规范”的跨越。我国有学者认为这个跨越的过程可以参考杜威以寻求因果律为核心的探究逻辑，将其视为“从特定问题的不同解决方案中不断寻求最佳解决方案时的判断过程”，此时的价值判断是对决策者在不同可选方案中进行权衡、比较和选择的思维活动，是对不确定情形下将要做什么的一个预判，如果我们所构建的目的（价值判断）是一个可期待的后果，那么这个价值判断就是合理的。由此，考夫曼的“事物本质”是对生活关系中特定问题解决方案的权衡标准。现行法作为一个体系，它也能为新型生活关系提供价值判断标准，即便部门法无法提供，上位法或宪法层面也是可以提供相应的判断标准。它们的互相调适就构成类型化工作的评价标准。参见朱虎：《法律关系与私法体系：以萨维尼为中心的研究》，中国法制出版社 2010 年版，第 35~37 页；［德］阿图尔·考夫曼：《类推与“事物本质”——兼论类型理论》，吴从周译，我国台湾地区学林文化事业有限公司 1999 年版；吴义龙：《社科法学如何处理规范性问题？兼与雷磊教授商榷》，载《中外法学》2022 年第 6 期。

两个观点的本质是效率与公平兼顾，与法律上已有的基本原则相同，它的规则化可以视为法律上效率与公平原则在数据交易领域的具体化，它与其他已有法律规则的区别点在于实现该目的的手段不同，因而规则内容体现出差异性。

首先是效率与公平兼顾原则对数据交易主体结构类型提炼工作的指导。数据要素高效流通的前提是数据要素能够给市场主体带来价值增益，即通过深度加工数据资源形成数据产品是有利可图的。从数据产品运作的经济规律看，它与其他生产要素是相互促进与共同作用的关系，必须构造出以数据要素为核心的要素配置结构才能获得数据（字）经济规模效益。所以，需要正视上述数据交易主体的四种实践类型，即数据产品生产者、经营者、使用者以及数据基础设施运营者，在数据交易关系中功能定位的市场选择（尊重意思自治）。当然，数据交易主体过于复杂并不符合效率原则，同时也加大了数据使用者权益主张与保护的难度。因此，依照功能角色的相似性，可以抽象化为数据产品提供者、数据基础设施运营者与数据产品使用者三类。数据产品提供者的核心功能是“处理数据”，依照分工程度，可再细分为数据资源提供者、数据产品生产者、数据产品经营者以及数据技术服务提供者，无论何者对外声称“数据产品提供者”，都负担着数据产品使用者权益保护义务。数据产品使用者的核心功能包括支付货币和提供数据资源，同时考虑到数据产品使用者对数据产品应用的自主性，可能会对数据产品上的先在权利产生影响，因而也负担着合理使用数据产品的义务。数据基础设施运营者的核心功能是为数据产品的应用提供公共服务，包括网络传输服务、云计算服务等，承担着公共服务公平、安全供给的义务。上述主体的核心功能是基于数据要素配置结构而产生的，具有客观性，需要被提炼为数据交易主体的结构类型。

其次是效率与公平兼顾原则对数据交易客体结构类型提炼工作的指导。正如上文的商业实践与理论研究，一般将“数据产品”视为数据交易客体，但是它的定义模糊，实践类型丰富多样且复杂程度不一，与（原始）数据之间也存在模糊的边界（依加工程度界分）。“数据产品”的内涵和外延不确定，纳入法律保护的范围过大，会增加制度成本与执行成本，纳入法律保护的范围过小，又会挫伤交易积极性，阻碍数据要素流通。对于尚处在发展中的数据产品市场，它的类型化工作即对数据产品实践类型共同特征的提取，需要适当放宽要求，以数据要素自由流动和市场主体积极性目标为指导。正如上文所述，我们提炼了数据产品的本质特征与共性结构，即它是以数据要素为核心的多元要素配置结构。对这个定义的理解，需要明确的是数据产品与大数据技术、“与数据相关的产品”（如智能产品）之间的区分与关系，以及数据产品生产与应用过程依赖与依托的大数据技术与智能产品（软件、平台）等是否应当一并纳入数据交易合同法律规制。

“数据产品”的概念容易引人误解，传统产品的交易形式是买卖（交付），维修、技术支持等服务内容作为附带义务存在，而数据产品的交易形式也包含转让财产权的形式，但主要是提供数据服务。[①] 欧盟数字合同法律将“提供数字内容”作为给付内容，“提供数字内容”是一种“产品服务化”形式。[②] 在立法技术上，“数字内容”概念能够涵盖数字服务，但若采用“数字产品”概念，就会因产品的多种混合形式而导致难以进一步对数字产品进行特定化和具体化。[③] 换言之，“数据产品”并非字面意思的产品而主要是

---

① 数据产品交易的提法容易令人以为该交易的标的物是标准化的“数据商品”。其实，数据产品交易主要是以提供数据技术服务为给付内容，以改善特定行为的效果为交易目的。参见武腾：《数据交易的合同法问题研究》，法律出版社 2023 年版，第 164 页。

② 参见金晶：《数据交易法：欧盟模式与中国规则》，中国民主法制出版社 2023 年版，第 133 页。

③ 欧盟《数字内容指令》采用“数字法治”概念，而没有采用实践常见的“数字产品”（digital goods）概念，立足于一定的立法考量。首先，软件类型是区分数字产品和数字内容概念的一项特别示例。软件的买卖与租赁常常与经营者的其他数字形式的给付相互关联，单纯以“有形数字载体的可交付性”标准来判断软件类型具有不确定性。其次，从数字内容的管理组织形式而言，若供应商签订数字合同时亦为用户提供相应数字支持设施，例如社交网络平台，那么合同就兼具服务合同的特征性给付。此时若仍限于数字产品概念，易自我设限于买卖合同类型。最后，履行给付的时限和频率可能会限定数字内容概念，尤其是可以将一次性即时提供的内容理解为数字内容，进而排除继续性债务关系，由此将产生区分问题。例如，数字流常可在一定时段内访问相关链接，并在该时限内允许多次访问。若不将此种给付视为数字内容合同，就可能导致有关“撤回权消灭”规定的规范目的落空。参见金晶：《数据交易法：欧盟模式与中国规则》，中国民主法制出版社 2023 年版，第 124~125 页。

服务，数据交易合同给付内容并非交付产品而主要是提供数据服务。[①] 如果数据交易合同的给付内容是“提供数据服务”，那么给付的满足就不仅仅是特定数据处理结果的提供，还包括数据服务实现的整个技术、载体、基础设施条件的齐备与共同运转。它实际上涵盖了“与数据相关的产品”“大数据技术”，它们是“提供数据服务”得以实现的物质条件。所以，如果数据交易客体仅限于狭义上的数据加工物“数据产品”，那么会带来法律适用的复杂性。狭义的“数据产品”使用数据交易合同规则，大数据技术适用技术合同规则，数据产品应用软件或 App 等“与数据相关的产品”则适用相应的产品买卖合同规则。这也会降低法律适用的公平性，作为通用技术的大数据技术与作为标准化的“与数据相关的产品”，与作为数据交易客体“数据产品”组成构件的大数据分析技术与产品不能完全等同，后者是特定数据处理行为的组成部分，属于专用性的技术与产品，例如依照定制要求开发的算法模型、各类专用性 BI 平台等，它们作为数据技术提供者、数据产品生产者本质上都是数据处理者，却因适用不同法律可能享有和承担不同权利与义务。申言之，统辖于数据产品概念之下还可以提高数据权益保护效率，数据产品使用者得直接向该类主体主张权利，在先权利人也可以直接向该类主体主张权利。

综上，数据交易主体与交易客体的结构类型均可勾勒大体轮廓，彼此之间构成多元且非对称性的权利义务结构（关系）。由于数据服务需求差异较大，数据产品结构复杂不一，所以数据交易合同的结构类型暂时难以确定。正如上文所述，我国学者在现行合同法内寻找数据交易合同的结构类型，具有一定参考价值，普遍认为数据交易合同的典型类型并非数据转让合同，而是不同给付内容的数据服务合同。[②] 与此相似的是，德国法上也根据给付内容将提供数字内容的合同区分为非典型的互易合同（或一次性即时转让数据

① 我国有学者主张，数据产品交易的核心在于，通过大数据分析产生精准预测能力，并以此为基础提供服务。数据交易并不是把这种预测能力“出售”给他人，而是在特定范围内由服务接受者享受该预测能力带来的改善决策的效果。参见武腾：《数据交易的合同法问题研究》，法律出版社 2023 年版，第 152 页。

② 参见夏梅英：《数据交易的法律范畴界定与实现路径》，载《比较法研究》2022 年第 6 期。

内容）与典型的混合合同（或数据网络的持续性适用）。因为，合同类型应依据特征性给付确定，而非形式性地依据合同名称确定。[①] 所以，我们研究的重点并非为数据交易合同确定名称，而是关注数据交易合同的不同给付，进而确定多元数据交易主体各自的权利义务，最终明确数据交易合同权益的分配规则。

四、数据交易合同权益分配规则设计

（一）"卡—梅框架"规则引入：满足差异化法益保护需求

1."卡—梅框架"规则的基本逻辑与制度功能

为了满足特定法益的配置需求，进行法律规则类型选择时，所依据的评价标准包括交易成本、分配偏好和对于正义的考量。[②]"卡—梅框架"规则从法益保护效果模式出发，根据法益的"转让自由""定价意愿"两个标准形成"财产规则""责任规则"和"禁易规则"，在此基础上引入法益的"初始归属"和"限价方式"两个新标准，可以增添"管制规则"和"无为规则"，由此形成一个市场自由程度与国家干预程度不同的规则谱系，打破了传统公私法、部门法以及程序法和实体法的规则分类。[③] 从可操作性上看，它提供了一套标准明确而体系完善，用以进行利益衡量与价值取舍的尺子或者天平。[④]

"卡—梅框架"规则谱系中的财产规则、责任规则与管制规则，为数据权益（法益）保护提供了规则选择思路及其规则组合空间。财产规则意味着国家允许和保护法益的自愿交易，即"要想从拥有者那里得到法益，必须通

① 参见金晶：《数据交易法：欧盟模式与中国规则》，中国民主法制出版社 2023 年版，第 133 页。

② See Guido Calabresi & Douglas A.Melamed, *Property Rules, Liability Rules, and Inalienability: One View of the Cathedral*, 85 Harvard Law Review, vol.85, 1972, p.1095.

③ 参见凌斌：《法律救济的规则选择：财产规则、责任规则与卡梅框架的法律经济学重构》，载《中国法学》2012 年第 6 期。

④ 参见杨峰、刘先良：《卡—梅框架下我国排污权担保的规则配置研究》，载《现代法学》2019 年第 5 期。

过自愿交易，也就是从拥有者那里以卖方同意的法益价格加以购买”①。责任规则是以法益的“强制转移”和以此为基础的“客观补偿”为构成要素的规则类型，可以简称“强买强卖”规则。在该规则之下，法益的移转不再需要当事人的同意，而是在既定的法律事实发生后，由法益的获得者向法益的初始拥有者进行补偿的方式来实现法益的移转。②因此，与财产规则相比，在责任规则下，一个私人主体拥有的不再是一项完整的无限权利，而是一个在法定情形下可以被他人以法定赔偿强行剥夺的有限权利。③管制规则的要点在于，法律明确指定法益的归属，并且允许法益的私人转让，但是严格限定了法益转让的法定条件，而制定和审核相应法定要求的并非当事双方，而是代表国家的第三方权威（通常是行政机关）。它与责任规则的区别在于，前者是对交易方式的法律界定，后者是对交易价格的法律界定。④

财产规则、责任规则、管制规则的排序中，市场自由度不断降低，国家干预程度不断加强，这意味着其对应的法益中包含了需要法律加强保护的内容，这与不同主体数据权益的差异化保护需求相适应。在数据交易场合，为了促进数据要素的自由流通，通过财产规则赋予各类参与主体自决权。但考虑到“数据锁定”效应，需要通过责任规则赋予特定主体强制缔约义务或公平交易义务，以促进数据交易市场的公平性。为了实现数据保护目标，则需要通过管制规则等落实特定主体（例如处理数据的数据产品运营者）的个人信息保护、企业数据保护以及网络安全等义务。需要强调的是，“卡—梅框

---

① See Guido Calabresi & Douglas A.Melamed, *Property Rules, Liability Rules, and Inalienability: One View of the Cathedral*, 85 Harvard Law Review, vol.85, 1972, p.1092.

② 参见丁晓强：《个人数据保护中同意规则的“扬”与“抑”——卡—梅框架视域下的规则配置研究》，载《法学评论》2020 年第 4 期。

③ 参见凌斌：《法律救济的规则选择：财产规则、责任规则与卡梅框架的法律经济学重构》，载《中国法学》2012 年第 6 期。

④ 管制规则与责任规则的具体区别，首先是前者是事前或事中救济，由行政部门加以执行；后者是法益遭受侵害之后的事后救济，由法院加以裁决。其次是前者给出了法益转让的“顶层价格”，是在事前就强行控制了法益的定价范围而非最终定价；后者给出的是“基准价格”，允许双方当事人在此基础上进行事后的“科斯谈判”。最后是前者的法益定价不仅是受到第三方定价（比如税额）或者第三方标准（比如行政许可）的影响，而且价格的支付或者标准的审核也是由代表国家的第三方实施；后者的法益价格虽然是由第三方定价，但其支付对象是对方当事人。参见凌斌：《法律救济的规则选择：财产规则、责任规则与卡梅框架的法律经济学重构》，载《中国法学》2012 年第 6 期。

架”规则是对初始权属明确的法益[①]的不同保护模式。目前，数据权属的界定暂不明确，在数据交易场合，我们暂时采取“事实控制”状态作为界定数据权益初始归属的方法。

2. 数据交易合同权益分配规则类型的选择

数据交易是数据法益转移的场合，它包含交易活动初始投入时的法益确认与交易活动完成时的共同法益确认，后者即数据交易合同权益分配。交易活动完成时的共同法益是经由不同交易主体初始法益的多个转让行为而创造，例如数据产品使用者货币资金、个人信息等法益的转让或使用，数据产品提供者数据资源、大数据技术、人力资源等法益的转让或使用等。所以，数据交易合同权益分配是不同参与主体的不同法益与数据权益互相转让的过程。正如上文所述，不同法益因交易成本、分配偏好和对于正义的考量，会采取不同的法律保护模式。在数据交易合同中，主给付内容是提供数据服务，我们以数据权益作为核心法益，确定其法律保护模式与具体规则类型。

数据权益保护目标是兼顾数据充分利用与数据有效保护，规则类型选择需要根据不同主体所承担的不同功能角色而定。数据充分利用目标，基于交易成本与分配偏好考量，交由市场自主选择最具效率优势，数据交易合同规则应当以财产规则为主。但是考虑到数据资源拥有者，例如互联网平台，具有锁定数据资源的动机，需要通过责任规则，强制其共享数据资源，即设置强制缔约义务；同时考虑到数据产品提供者作为数据资源实际控制者（包括处理者）、大数据技术资源拥有者、数据处理专业知识拥有者，对原始数据来源的合规性以及数据服务质量具有控制能力，需要通过责任规则强化其数据服务瑕疵担保义务，包括权利瑕疵担保义务与质量瑕疵担保义务。数据有效保护目标，已有《民法典》《个人信息保护法》《数据安全法》等法律作出规定，它们成为数据交易主体需要承担的法定数据保护义务，需要以管制规

① “卡—梅框架”所谓的“法益”（legal entitlement）是介于“权利”和“利益”之间的概念，指代的是所有受法律保护的权利和利益，既包含私有权利，也包含共有权利，既包括财产权利，也包括人格权利，既包含受到绝对权利保护的“权利化”的利益，也包括有待法院在具体情形加以确定的绝对权利保护之外的“纯经济利益”。See Helmut Koziol, *Recovery for Pure Economic Loss in the European Union*, 48 Arizona Law Review 871（2006）.

则形式嵌入数据交易合同规则中。

财产规则为任意性规范，管制规则多为强制性规范。我们主要探讨强制性规范的设计，任意性规范保留由市场主体自主协商（见表 6）。需要强调的是，责任规则除了强制性责任规则之外，还有自治性责任规则，有学者称之为“经由合同产生的责任规则”（Contracting into Liability Rules）[①]，它的典型例子是默示规则，例如专利法律领域的默示许可。自治性责任规则的本质在于权利人主动寻求交易成本的降低而自愿在一定程度上削弱权利的排他性，即权利人将排除他人实施的“排他权”自愿转化为许可费请求权这一“合同权利”。[②] 自治性责任规则弱化了责任规则的强制性，为数据权益的“强买强卖”提供了更具弹性化的规则设计。例如数据交易中的强制缔约义务，它不用于公共服务领域的强制缔约义务，并不能为所有拥有数据资源的人设置强制性的缔约义务，这不仅挫伤了市场主体交易的积极性，也增加了司法机关或行政部门的执法成本。

表 6　数据交易合同权益分配规则类型

主体	功能 / 角色	义务类型	规则类型
数据产品提供者	产品生产者	权利瑕疵担保义务、质量瑕疵担保义务	责任规则
		个人信息保护义务、数据安全义务	管制规则
	产品运营者	质量瑕疵担保义务	自治性责任规则
		个人信息保护义务、数据安全义务	管制规则
	技术提供者	质量瑕疵担保义务	自治性责任规则
		个人信息保护义务、数据安全义务	管制规则
	特殊提供者	强制缔约义务	自治性责任规则
数据基础设施运营者		强制缔约义务、服务稳定供给义务、个人信息保护义务、数据安全义务、网络安全义务	管制规则
数据产品使用者	数据资源提供者	授权使用数据义务	自治性责任规则
		合理使用数据义务	管制规则、责任规则
	使用费支付者	合理使用数据义务	管制规则、责任规则

① See Robert P.Merges,*Contracting into Liability Rules:Intellectual Property Rights and Collective Rights Organizations*, California Law Review Vol 84, 1996, p.1302.

② 参见张扬欢：《责任规则视角下的专利开放许可制度》，载《清华法学》2019 年第 5 期。

具体而言，如表6所示，我们认为数据交易合同权益分配规则的主要类型是自治性责任规则与管制规则。数据产品提供者，是让渡数据权益的一方，其让渡方式是通过生产数据产品并基于数据产品提供特定的数据服务，交易双方可以通过合同对数据产品要求、服务质量标准、服务供给方式等进行自由协商，但是必须符合法定的最低标准，此即构成质量瑕疵担保义务，同时考虑到生产原材料数据资源来源的合规性，即避免侵犯他人合法数据权益，需要设置权利瑕疵担保义务。质量瑕疵担保义务的履行可以通过合同约定更高的服务质量标准。因此，质量瑕疵担保义务与权利瑕疵担保义务分属自治性责任规则与强制性责任规则，它们共同构成数据服务瑕疵担保义务。相应地，参与数据产品生产和服务过程的生产者、技术提供者、运营者，都受数据服务瑕疵担保义务约束。有一类特殊的数据产品提供者，例如互联网平台，它承担着数据要素公平供给的市场责任，承担强制缔约义务，但考虑到公平性与操作性问题，强制缔约义务的设置需要明确该义务“承担主体”的筛选标准或者申请标准，所以该类规则也具有自治性责任规则的特质。而对于数据产品提供者的个人信息保护义务、数据安全义务是法定义务，而且受监管部门监管，其义务规则类型属于管制规则，并不能通过交易合同的约定排除。

数据基础设施运营者作为公共服务提供者，承担法定的公平服务义务、服务稳定性供给义务，以及数据保护义务，需以管制规则限制其法益转让与定价行为，不能由合同约定排除。数据产品使用者，在一般交易场合它属于法益的受让者，其承担的主要义务是让渡货币所有权。在数据权益交易场合，如果数据服务所依赖的数据资源来源于使用者本身，它需要授权生产者使用其数据，使用权限范围、使用方式等内容，以自治性责任规则方式约定；如果数据使用者接受数据服务的方式是使用数据产品，而非获取数据分析报告的，它属于依合同获得数据处理权限的数据处理者，需要履行法定和约定的数据合规处理和保护义务，即其义务规则属于管制规则与自治性责任规则。概言之，我们下文将通过管制规则和责任规则设置数据交易合同中多元主体非对称性的权利义务结构，以满足不同法益的不同保护需求。

（二）数据交易合同权益分配规则的具体设计

义务是对法益转让条件的限制，我们将从主体义务角度阐述规则内容。因为义务范畴的规范功能与逻辑推导功能[①]可以明确数据交易关系中不同主体的角色分工及其失责引起的法律后果，从而达到控制法益转让条件的目的。同时，不同主体的义务条款，既可能安排在同一个合同中，也可能分散于同一个项目的不同细分合同中。无论何种形式，数据产品提供者与数据产品使用者是交易主合同的双方，数据产品提供者对参与数据产品创造与应用的数据产品生产者、运营者、大数据技术提供者甚至数据基础设施服务提供者的义务履行承担担保责任，由数据产品使用者委托的大数据技术提供者、基础设施服务提供者，对它们的数据产品合理使用义务承担担保责任。

1. 数据交易合同权益描述条款

数据交易合同权益描述条款旨在确认合同的主要给付内容即数据服务内容与标准。目前，数据交易市场尚未成熟，各类产品标准尚未形成，对数据服务有效性的确认就离不开对数据应用场景的描述，它包含了（数据产品使用者）业务需求、数据服务目的、数据应用方式，它们有助于明确数据产品的设计结构与投入要求，可构成数据服务质量瑕疵担保责任的内容。数据交易合同权益描述条款的另一重要作用是明确初始投入的数据权益的归属。我国数据产权登记制度尚未成熟，数据要素投入者所持有的数据资源（原始数据）、数据产品的使用权主要是通过其业务合同获得的，在新的数据交易合同中，需要通过描述的方式明确其权属来源，作为履行权利瑕疵担保义务的一种方式。数据交易合同权益条款内容包括数据产品结构、数据服务应用场景、数据原材料及其大数据技术框架、数据基础设施服务类型等具体情况的描述。

---

① 正如有学者指出，在法律不宜或不能将主体的某些利益确认为权利时，可以通过其他主体的义务与责任配置来实现，例如消费者与经营者之间的权利义务配置。参见张永忠、梅树林：《经济法的主体塑造：框架、工具与策略》，载《华南师范大学学报（社会科学版）》2014 年第 2 期。同时有学者指出，义务是独立的法学范畴，它是指主体应当采取的行为模式，是引起偏离行为模式的行为者承担法律责任的理由，它的构成要素包括"应当""行为"和"引起法律责任的可能性"。所以它的逻辑建构功能在于把义务主体和义务内容联系起来，进而达到矫正现实行为以符合预期行为的目的。参见钱大军：《法律义务研究论纲》，科学出版社 2008 年版，第 41、45 页。

数据产品结构说明的主要内容是数据交易客体的要素配置结构，首先是明确数据要素、技术资源、人力资源、资金的投入情况，以明确参与数据交易活动的主体类型；然后是描述数据产品的载体形式、技术框架、应用方式，例如数据共享平台、数据智能化综合管理平台或算法模型，以明确不同交易主体贡献要素的权重。例如，数据集转让合同的核心要素是数据资源，主要权益人便是数据资源持有人或使用权人。

数据服务应用场景，相较于数据产品结构框架，是对数据交易合同主要给付内容实质方面的揭示。数据产品在框架结构上具有相似性，例如上述国家数据局“数据要素 ×”典型案例中的平台型数据产品，在载体形式、技术框架甚至应用方式都较为相似。只有结合其数据应用场景才能对不同数据产品进行实质区分，从而明确特定数据服务要求的实质内容，因为数据只有在特定应用场景中才能体现其支持决策的具体要求。目前，《行动方案》、国家数据局“数据要素 ×”典型案例和全国总决赛案例，确定并发展了 12 个行业领域的数据应用场景，可在此基础上进一步描述各自垂直细分领域的实际应用场景。

数据原材料的描述旨在确定投入数据产品生产的数据资源的类型及其来源，从而确保初始数据权益来源的合规性（即起到明确初始法益的归属）。在数据的生产与再生产链路中可作为生产原材料的数据资源包括原始数据、数据产品。原始数据需要明确其数据类型及其授权凭证，其中个人信息要获得个人授权、企业数据需要获得企业授权、公共数据要获得公共部门授权。数据产品需要有明确的许可或服务合同，获得数据产品提供者的明确授权。授权范围应当包括本次数据交易合同项下的数据处理项目及其相应的处理方式。

大数据技术框架旨在明确数据服务提供全过程涉及的所有大数据技术类型以及技术提供者或操作者。在数据服务提供过程中的数据处理行为实际上主要是由技术人员指导各类模型进行操作。相应地，数据技术操作者属于数据产品提供者，还是数据外部独立的数据技术提供方，会产生责任方面的细微差别。虽然上述两种情况都是要求数据产品提供者对使用者承担数据服务质量瑕疵担保责任，但在第二种情况，数据产品提供者需要在合同中对外部数据技术提供方的妥当行为作出承诺并明确监督责任的履行方式。目前，数据型企业可以大致区分为数据资源密集型企业、数据技术密集型企业以及数据资源与技术密集型企业。数据资源密集型企业除了通过购买方式获得通用技术之外，一般需要引入大数据技术企业服务于自身数据产品的研发和应用过程，以满足专用技术的开发需求。相较于其他两类企业，数据资源密集型企业承担较重的技术方监督与保证责任，需要在合同条款中明确责任履行的措施与步骤等内容。

数据基础设施服务类型描述旨在确定合同项下数据运行环境的安全性与稳定性。条款内容包括满足合同规定的数据服务要求需要的基础设施服务类型，基础设施服务提供主体及其资质，参照的基础设施服务标准等内容。

2. 数据产品提供者的义务条款

（1）权利瑕疵担保义务。设置数据权益权利瑕疵担保义务的目的在于防止因第三方权利主张影响数据产品使用者对数据产品的使用或者接受数据服务。数据产品负载着原始数据来源主体、数据资源持有者、数据产品所有权人甚至数据技术专利权人的权利等第三方的先在权利。数据产品提供者，尤其是数据资源提供者、大数据技术使用者，需要确保自身具有合法的数据资源加工使用权、数据产品财产权、大数据技术专利权。数据产品提供者违反权利瑕疵担保义务条款，可参照《民法典》第 723 条规定设计，[①] 即因第三人主张权利，致使数据产品使用者无法使用数据产品或接受数据服务的，数据产品使用者可以请求减少价款或不支付价款。数据产品提供者违约责任的成立要件包括存在权利瑕疵，因第三人主张权利致使数据服务目的不能实现，数据使用方对于权利瑕疵事先不知情。数据产品提供者的免责情形包括未因第三人主张权利致使数据服务目的不能实现，数据产品使用方明知存在权利瑕疵而签订合同，因数据产品使用方未尽及时通知义务而导致权利瑕疵损害等三种情形。该义务条款通常存在于数据产品使用方需要处理符号层面数据

① 《民法典》第 723 条第 1 款规定："因第三人主张权利，致使承租人不能对租赁物使用、收益的，承租人可以请求减少租金或者不支付租金。"第 723 条第 2 款规定："第三人主张权利的，承租人应当及时通知出租人。"

资源的合同类型中，包括数据访问合同、数据转让合同、数据定制合同。在以获取数据信息内容为目的的合同，其数据服务要求是提交数据分析结果报告，不涉及对符号层面数据资源的处理，不存在权利瑕疵担保义务。

（2）质量瑕疵担保义务。数据产品提供者的质量瑕疵担保义务，可以参照《民法典》第 708 条“出租人瑕疵担保责任”条款[①]设计。相较而言，出租人质量瑕疵担保义务指向的对象与数据产品提供者的不同。数据质量瑕疵担保义务指向的对象是数据产品本身或者数据服务，前者是对无形物质量的担保，后者是对行为过程妥当性的担保。在数据转让合同中，对数据集质量的担保涉及无形物数据集的数据类型、性质、数量、准确性、完整性、真实性、时效性以及满足数据集应用要求的元数据、领域表和其他技术规格，同时确保数据的供应频率和更新内容等。在其他数据服务合同中，涉及数据服务质量担保的，例如平台型数据产品的交付和运营，不仅涉及平台质量的担保，还涉及整个平台运营过程与数据应用场景的适配性以及满足服务稳定性和持续性要求。没有明确数据产品提供者质量瑕疵担保义务的，根据合同目的确定。同时，数据产品提供者还需对因第三方原因造成的质量瑕疵提供担保责任，第三方包括大数据技术提供者与基础设施服务运营者。概言之，数据产品提供者因其选择的参与数据产品生产或数据服务提供主体原因致使质量缺陷并给数据产品使用者带来损失的，应当承担损害赔偿责任。

（3）公平服务义务。公平服务义务是强制缔约主体在进入数据交易合同关系之后对交易相对方承担的义务。该义务条款包括主体认定标准、服务基准选择、公平费用确定等内容。公平服务义务主体实质上是指承担强制缔约义务的特殊主体，通常是数据资源密集型企业，包括控制公共数据集合的公共部门与掌握具有公共属性数据集合的企业，[②]平台型企业、公共数据管理部门以及掌握全产业链或全链路数据资源的行业组织等都是典型例子。强制缔约义务主体的认定标准目前暂无公认标准，一般观点认为对该类主体的认定无须达到“数据垄断”要求，综合考量因素包括掌握的数据类型、该数据是

① 《民法典》第 708 条规定：“出租人应当按照约定将租赁物交付承租人，并在租赁期限内保持租赁物符合约定的用途。”

② 参见武腾：《数据交易的合同法问题研究》，法律出版社 2023 年版，第 213 页。

否具有不可替代性以及强制缔约义务的履行会不会影响义务主体的合法权益等。[①]在未明确强制缔约主体的法定认定标准前，公平服务义务主体的认定可适当宽泛，将重点放置在对不同交易对象的公平服务方面，即任一交易相对方所接受的数据产品或数据服务水平不亚于任何其他交易相对方，包括服务质量与服务价格。公平服务义务主体违反公平服务义务的，数据产品使用者可请求提高服务质量或降低服务价格至与其他交易相对方同等水平。

（4）数据保护义务。数据产品提供者的数据保护义务是法定义务。它与同为法定义务的在先权利保护义务不同，但具有重叠的部分。先在权利保护义务是对数据产品上或数据服务过程潜在的第三方权利主张的防御，重点在于确保数据资源来源合规性。在个人信息领域，个人信息的来源合规即采集行为合规，它也属于数据处理者处理行为合规要求的组成部分，在这个层面上，它们存在重叠。具体到数据保护义务，首先是个人信息保护义务，根据《个人信息保护法》，在数据产品 / 服务创造与应用的全过程都要满足个人信息保护要求，包括相应的个人信息处理规则、个人信息安全管理责任等内容。其次是企业数据保护义务，根据《数据安全法》，数据产品提供者需要履行数据安全管理义务，但主要管理对象是重要数据和核心数据，对企业的一般数据尚未作出明确规定，所以需要根据《民法典》规定的主体数据权益保护规则，细化企业数据保护条款，包括防止泄露、防止黑客攻击等安全义务，还包括确保企业数据的真实性、完整性以及有用性等责任。最后是公共数据保护义务，根据《数据安全法》规定，公共数据一般属于重要数据，数据产品提供者承担公共数据的安全管理义务，除了安全管理之外，依据公共数据权益保护规则，也应承担确保公共数据的真实性、完整性及有用性等责任。需要强调的是，在数据产品使用者自行应用数据产品时，上述法定的数据保护义务转移至数据产品使用者，构成其合理使用数据产品义务的内容。数据产品提供者与使用者违反上述义务的，会引致行政责任，也可能会带来违约责任。

---

① 参见程啸主编：《数据权益与数据交易》，中国人民大学出版社 2024 年版，第 285~289 页。

3. 数据基础设施服务提供者的义务条款

数据基础设施服务提供者与大数据技术提供者的服务功能具有相似性。大数据技术提供者的数据处理活动本身就包含了对数据应用基础设施的利用，它主要是以系统软件、应用程序、中间件等为载体发生于应用层的活动。数据应用基础设施为数据产品的持续性运营提供软硬件载体支撑，涵盖终端层、网络层、平台层，即在网络、算力等设施的支持下，提供一体化数据汇聚、处理、流通、应用、运营、安全保障等一系列服务。相较而言，前者侧重于大数据分析技术的应用，后者侧重于对数据产品持续性运营整体环境的维持。从商业实践看，数据基础设施服务提供者也能提供大数据技术服务，可由同一主体承担。但总体上，它的义务侧重于数据产品持续性运营或数据服务稳定性供给运行环境的良好维持，具体包括如下义务类型。

（1）强制缔约义务。《民法典》为强制缔约提供了一般规则，[①]强制缔约产生情形及其交易条件，一般有其他法律、行政法规明确规定。目前，我国法律明确规定了从事公共交通、邮政服务、电信服务、电力供应、供水、供气、供暖等公共服务行业的企业，负有强制缔约义务。[②]数据基础设施服务运营者强制缔约义务的具体要求尚未有法律规定，但可参照《民法典》一般规则设计该类主体的强制缔约义务，结合国家、行业标准完善数据基础设施服务供给的具体标准。与特殊数据产品提供者的强制缔约义务或公平服务义务一样，该义务规则的主要内容包括义务主体的认定标准与服务内容的具体标准。在尚无法律规定的情况下，可参照相关的国际或国家标准执行。数据基础设施服务提供者违反强制缔约义务的，既可能承担民事违约责任，也可能承担行政处罚责任。

（2）服务稳定供给义务。数据基础设施服务的稳定性供给是基于数据产品应用或数据服务供给的客观规律而产生。《网络数据安全管理条例》第 16 条第 1 款规定："网络数据处理者为国家机关、关键信息基础设施运营者提

---

① 《民法典》第 494 条第 2 款规定："依照法律、行政法规的规定负有发出要约义务的当事人，应当及时发出合理的要约。"第 3 款规定："依照法律、行政法规的规定负有作出承诺义务的当事人，不得拒绝对方合理的订立合同要求。"

② 参见崔建远：《合同法》（第七版），北京大学出版社 2021 年版，第 48 页。

供服务，或者参与其他公共基础设施、公共服务系统建设、运行、维护的，应当依照法律、法规的规定和合同约定履行网络数据安全保护义务，提供安全、稳定、持续的服务。”该条例明确了服务稳定供给义务的主体类型，但尚未明确服务安全性、稳定性和持续性的具体要求和标准。依据该条例规定，在法律、行政法规未对其具体要求和标准进行规定的，可以通过合同约定方式明确数据服务质量，合同约定则可参照相关的国际或国家标准，没有国际或国家标准的可参照行业标准或者自治标准。数据基础设施服务运营者参照自治服务标准的，该标准应当经过公开论证或认证以及主管部门备案，并获得服务接收方的同意。

（3）数据与网络安全保护义务。该义务的法律、行政法规依据包括《个人信息保护法》《数据安全法》《网络安全法》以及《网络数据安全管理条例》。它们规定的义务主体包括关键信息基础设施运营者，或者参与其他公共基础设施、公共服务系统建设、运行、维护的主体。其他主体可能包括网络平台服务提供者，尤其是大型网络平台服务者，它们根据其用户规模、服务性质可能成为事实上的数据基础设施服务供给者。[①] 相较于作为数据处理者的数据产品运营者或大数据技术提供者，该类义务主体主要是为数据产品运营或数据服务提供基础运行环境，包括网络设施、算力服务、存储服务等，它们并不具有对数据进行分析处理的权利，因而《网络数据安全管理条例》第16条第2款针对该类义务主体规定：“未经委托方同意，不得访问、获取、留存、使用、泄露或者向他人提供网络数据，不得对网络数据进行关联分析。”与数据处理者的数据与网络安全保护义务相比，数据基础设施服务提供者的数据与网络安全保护义务的侧重点在于网络运行环境的安全，对其运行环境中网络数据负有不作为的义务，违反该义务的可能引发违约损害赔偿责任、侵权损害赔偿责任，也可能引发行政处罚责任，造成严重后果的可能引发刑事责任。

---

① 根据《网络数据安全管理条例》第62条第8项规定：“大型网络平台，是指注册用户5000万以上或者月活跃用户1000万以上，业务类型复杂，网络数据处理活动对国家安全、经济运行、国计民生等具有重要影响的网络平台。”

4. 数据产品使用者的义务条款

（1）许可使用数据义务。该类义务主体是自行提供原始数据、数据产品用于新的数据产品或服务生产的数据产品使用者。在个人数据应用场景中，个人应当授权（通过告知同意规则）数据产品提供者（各类互联网平台）使用其个人信息。在企业数据应用场景中，企业应当授权数据产品提供者使用其企业数据、拥有所有权的数据产品。仅享有数据加工使用权的企业，委托他人生产或开发数据产品时，应当在原始数据来源主体授权范围内对外授权，并向原始数据来源主体履行告知义务，包含敏感个人信息的还需履行单独告知同意义务。在公共数据应用场景中，公共部门委托他人生产数据产品的，同时需要授权他人公共数据加工使用权。该类义务的本质是满足数据产品使用者自身需求，需要根据数据产品生产者提供符合要求的数据资源，尤其是在企业数据资源、公共数据资源。实践中较为常见的是数据资源密集型的企业会委托数据技术密集型的企业开发相关的数据产品，前者在履行数据许可使用义务时，后者需要履行数据产品开发所需数据资源具体要求的解释说明义务以明确数据资源的提供要求，因为后者在这方面具有专业优势。所以只有当后者尽到了解释说明义务而前者未适当履行数据许可使用义务影响数据产品开发时，前者才需要承担违约责任，此时后者也需尽到及时通知的义务。

（2）合理使用数据义务。承担该类义务的数据产品使用者接受数据服务的方式通常是自行运用数据产品，例如对数据资源的访问，对数据集的自主处理，对数据平台的管理等，构成实际上的数据处理者。此时，数据产品使用者的数据合理使用义务包括约定的数据处理义务与法定的数据保护义务。具体而言，不得通过技术手段暴露数据产品中的个人信息、企业商业秘密、国家安全信息等重要或敏感信息；不得通过植入木马病毒等方式破坏数据产品得以运行的网络运行环境；不得通过篡改代码或反向工程等方式侵害数据产品中的软件著作权、数据技术专利权等。数据产品使用者自行委托大数据技术服务公司、购买基础设施运营服务的，应对受托人的数据（产品）合理使用义务承担担保责任。数据产品使用者违反该义务的，既可能会产生违约责任、侵权责任，也可能会引发法定的数据处理者责任，包括行政责任、刑事责任。

总体上，根据数据交易客体本身的结构特质，以及数据交易主体的多元与非对称关系特质，数据交易合同权益分配规则的核心在于主体义务及其法律责任的分配，它由数据要素价值释放经济规律与我国数据要素政策偏好共同决定。它们体现了国家强干预的数据权益（法益）保护模式，这些规定义务的责任规则与管制规则无法被合同约定排除，应当被吸收为合同法的强制性规范，或者以示范合同必备条款形式存在。

数据资源配置及交易机制研究

课题组成员

主持人： 吴　涛　上海对外经贸大学法学院讲师

执笔人： 顾之沁　华东政法大学法律学院研究人员

参与人： 韩　强　华东政法大学党委副书记

蔡一博　上海市政府办公厅干部

郭福卿　华东政法大学法律学院研究人员

内容摘要： 数据资源配置模式以分配模式为基础，发挥出数据资源配置的新质效能，具体涉及数据确权与登记（初始分配）、数据生产与流通（初次分配）、数据产业治理（纵向二次分配）、数据社会治理（横向三次分配）。数据交易机制的基础是在规范层面确立以数据财产性利用机会为核心的使用利益，并进行数据权益的标准化和体系化建构。私法层面的数据财产权以数据使用机会为实质内容，以使用利益为表现形态，并基于法律许可的强度而划分出不同阶层，包括意定许可、推定许可和法定许可三种类型；意定许可阶层又可以进一步分为简单同意的程度、债法层面同意的程度以及权益转让同意的程度。根据同意机制所要求的透明性和决定自主性，应当发展出一个阶梯式的解释工具，区分一般的社会交往、具体的数据服务、明确的数据交易这三种情境。对数据财产权的判断还需要增加时间维度，区分“已用”与“可用”两部分财产权益，数据来源者的控制力仅针对“可用”部分，而对于“已用”部分则经由“使用行为”和“已用财产”概念发展出抽象使用利益，以及相应的补偿请求权。

关键词： 数据权益　数据财产　数据交易　数据要素收益　分配机制

数据确权命题旨在规范层面确立以数据财产性利用机会为核心的使用利益，并进行数据权益的标准化和体系化建构。如何在新质生产力理论下重新认识数据资源配置模式，如何界定数据财产权的法律属性，以及如何分配数据要素收益，形成正当的数据市场激励机制，是数据要素市场发展的重要命题。

一、问题及现状：新质生产力理论下的数据要素流动

从供给侧结构性改革、现代产业体系到新质生产力，充分体现了以高科技和高效能为核心的经济社会高质量发展目标。新质生产力的提出，不仅是发展命题，更是改革命题。发展新质生产力不仅要加快实现高水平科技自立自强，培育发展新动能，更要建立与新质生产力相适应的生产关系，激发新质生产力发展活力，提供新质生产力要素配置的制度基础。①“数据要素 ×”凭借其促进多维度创新、提高生产效率、优化资源配置以及推动产业融合等显著特点，成为新质生产力发展的重要驱动力。数字经济是重要内容，既包括数字产业化，涉及芯片技术、人工智能技术、数据要素开发与交易、全国一体化算力建设等方面；也包括产业数字化，涉及产业链供应链升级、工业互联网技术与平台、智慧工厂与工业等方面。

在数据要素市场建设的背景下，如何建设数据要素资源配置模式？这关系到数据要素市场的建设思路，以及市场主体的行为预期，其中数据权属又是建立流通秩序和交易规则的第一道难关。数据作为新的生产要素，在重构生产力方面体现为依附倍增性和集约替代性，②在重构生产关系方面体现为网状共享性和分配特殊性。

数据要素凭借其促进多维度创新、提高生产效率、优化资源配置以及推动产业融合等显著特点，成为新质生产力发展的重要驱动力，其资源配置模式及其新质效能值得作为新质生产力的典型范式加以研究。新质生产力具有融汇性、共创性等独特属性，包括新技术、新要素、新通道、新分工四大核

① 参见王政武、杨俏丽、陈春潮：《科技创新赋能新质生产力发展：作用机理、现实困境与政策优化》，载《企业科技与发展》2024 年第 3 期。

② 参见周文、叶蕾：《新质生产力与数字经济》，载《浙江工商大学学报》2024 年第 2 期。

心构成，该理论对数据要素市场建设具有纲领性指导意义，对产权配置、法律界权、产业运作都有重要影响，并从本质上解释了为何数据区别于传统的财产客体。

（一）新质生产力理论对数据资源配置的影响

新质生产力主要涉及新劳动者和劳动工具、劳动对象和新型基础设施两个方面。从劳动主体方面来看，生产力水平的跃迁往往以劳动工具的技术性突破为特征，以劳动者的劳动方式变革为标志。新质生产力催生了社会的数智化发展以及“数实融合”的新型产业发展模式，传统的专职劳动模式演化为集兼职、生产消费融合、人工智能辅助等多方面特征的混合劳动模式，例如兼职博主采购智能设备并运用直播平台的自动美颜功能开展直播活动。生产者和消费者的身份逐渐融合，运用ChatGPT等生成式人工智能以及区块链、元宇宙技术等新型生产工具的创新创造活力迅速涌现，[①]劳动形式逐渐向数据化发展，物质化劳动形式则不断被机器所取代。

从劳动客体方面来看，数据化的价值生产方式催生了信息、创意等市场要素的爆发式增长以及传统生产要素的高效组合。数据要素有利于革新传统生产要素的价值实现途径，促进劳动对象和劳动资料的绿色化、清洁化、高质量、高效能发展。数据要素也催生了新型基础设施的建设和发展，提升数据化产品的质量和数量，支撑资源配置效率、要素流动速度和精度，推动高技术产业向高价值领域延伸。

（二）新质生产力视角下的数据确权与登记

生产要素重新配置是生产力决定生产关系的表现。技术的革命性进步会促成生产要素重新配置，形成与当时科技水平相匹配的配置方式，进而对生产力本身产生深刻的影响。为了选准关键维度来划定数据财产秩序的边界，有序协调数据之上的多重利益主张，形成一套富有描述力、解释力和秩序感的数据财产权体系，应当引入“使用利益”作为核心法学概念加以体系化建构，并基于许可事实的不同阶层予以差异化保护。数据财产权的本体是数据

---

① 赵峰、季雷:《新质生产力的科学内涵、构成要素和制度保障机制》，载《学习与探索》2024年第1期。

使用利益，实质内容是数据使用机会，并基于意定和法定关系衍生出诸多财产权益。数据财产权不属于资产性权益，而是依附于数据、决定于数据使用行为的财产性权益，亦即使用机会的具体实现，因此现行的数据登记制度、数据流转制度，并不适合采取资产登记、资产流转的模式，而是应当采取许可登记的方式，并独立判断数据使用利益的归属，核心是围绕着对数据使用机会的界定和让渡进行法律评价，因此许可事实阶层的判断至关重要，这是数据财产权生成的法律基础。

（三）新质生产力视角下的数据生产与流通

在资本的视角下，数据是一种独特的资本形式，收集数据逐步形成了“资本积累的永久循环”，① 国外亚马逊和脸书这样的科技巨头正在圈禁数据以确保对用户数据的某种利益归属，② 国内“丰鸟大战”也揭示了对用户数据剑拔弩张的争夺态势。匈牙利哲学家、政治经济学家卡尔·波兰尼指出的资本主义政治经济中基本生产要素的三种投入为土地、劳动力和货币，而在新兴的信息资本主义理论框架下，工业资本主义将这三种投入转变为商品，随后通过信息技术再次重组了它们，成为“数据化投入”并用于提取利润。③ 关于人的数据流成为一个重要的第四类资本主义生产要素，④ 有众多国外学者甚至提出，参考工业文明时代基于入侵和强行剥夺行为的殖民主义，人们的内心生活仿佛成为科技时代的殖民地，被技术公司入侵和开采以获取利润，数据生产的这种基于征服的财富积累形式，与传统殖民形式具有内在的一致性，并产生了新型社会损害。⑤ 数据价值来源于数据生产乃至流通的过程，

---

① Jathan Sadowski, *When Data Is Capital: Datafication, Accumulation, and Extraction*, Big Data & Society, Vol.1, 2019（6）, p.1.

② Julie E. Cohen, *Between Truth And Power: The Legal Constructions of Informational Capitalism*, Oxford University Press, 2019, p.67–68.

③ Shoshana Zuboff, *The Age of Surveillance Capitalism: The Fight for a Human Future at the New Frontier of Power*, Public Affairs, 2019, p.103–104.

④ 中国将数据列为五大市场要素之一，从生产力的角度上看，数据和技术具有一定的重叠性。参见 2020 年中共中央、国务院发布的《关于构建更加完善的要素市场化配置体制机制的意见》。

⑤ See Nick Couldry & Ulises A. Mejias, *The Costs of Connection: How Data Is Colonizing Human Life And Appropriating It For Capitalism*, Stanford University Press, 2019; Shoshanna Zuboff, *Big Other: Surveillance Capitalism and the Prospects of an Information Civilization*, Journal of Information Technology, Vol.1, 2015（30）, p.75–89.

也因此衍生出数据生产理论、数据流通理论，以及相应的数据生产者权、[①]数据流通理论下的数据获取权、[②]利益相关者（Relevant Stakeholders）理论。[③]从该理论假设出发，我们可以认同的是，数据只是工具不是目的，法律要保护的是其上所承载的利益，既包括不同利益主体接触（access）数据对象的利益，也包括数据所承载的人身财产利益与风险预防性利益。其内在逻辑是法律实质理性所追求的应然状态，理论假设是采取私法自治与意定主义，在数据的生产、流通等环节穷尽可能存在的利益内容和形态。

（四）新质生产力视角下的数据产业治理与社会治理

数据要素融入了现代生产函数并发展了经济增长理论，[④]催生了以数据要素为关键资源的数字经济新形态。传统社会的数据是单一的、零散的、静止的、非结构化的，其价值量和价值实现方式极为有限。伴随着大数据和智能分析技术的发展，对数据的处理和使用行为逐渐生产出大体量、标准化、结构化的数据集合，并可以由此提炼出行为预测、趋势预测等有用信息，实现数据基于聚合而产生的增值。这一特征促进了各类信息平台、共享平台以及物联网的发展，极大扩张了产业结构性变革的可能性，[⑤]增加了生产要素的融合效率。

数据要素具有新质生产力的根本功能——解放和成就人，实现人类个体的自由发展和全面发展。中国具有体制优势和自信，在新时代社会主义国家的人不是原子化的孤立个体，而是以人民的本质而组成具有共同利益的整体，这超越了西方人文理论框架的社会认知。以人民为中心是中国特色社会主义制度的鲜明特征，数据要素的流动和价值创造必须促进人的全面发展，让人民共建数据要素市场、共享数据要素收益。资本主义社会的演进历史教

① European Commission, *Building A European Data Economy*, COM（2017）9 final, 13.

② Herbert Zech, *Building a European Data Economy*, IIC - International Review of Intellectual Property and Competition Law, Vol. 48, 2017, p.501–503 .

③ European Commission, *Proposal for a REGULATION OF THE EUROPEAN PARLIAMENT AND OF THE COUNCIL on harmonised rules on fair access to and use of data（Data Act）*, COM（2022）68 final 2022/0047（COD）, p.5.

④ 参见陈晓红、李杨扬、宋丽洁等：《数字经济理论体系与研究展望》，载《管理世界》2022年第2期。

⑤ 王凯：《数字经济、资源配置与产业结构优化升级》，载《金融与经济》2021年第4期。

训和贫富分化趋势充分说明了，中国的数据要素市场建设一定要脱离西方治理模式和话语体系，避免因生产力跃升造成社会动荡和社会不公，“中国式现代化是全体人民共同富裕的现代化”[①]。一方面，要发挥数据新质生产力潜力，实现社会财富的几何级增长，扩大增量；另一方面，要妥善安排数据要素收益分配与再分配机制，平衡存量。

二、原因剖析：数据资源的特征分析

“数据保护”一词实际上具有误导性，[②]因为严格意义上受保护的不是数据，而是保护作为数据来源者的公民，实现信息自决的基本权利。[③]传统的数据保护法例如德国早期的数据保护法，本质上是一部管理个人数据处理活动的通信领域规范。[④]由于过去数十年中社会数字化转型的发展出乎意料，超越了通信领域的范畴，如今的数据具有巨大的经济价值，不再仅仅关乎通信和交往，还关乎数据驱动的商业模式“原材料”，从而最终关乎社会和经济发展。[⑤]

（一）区分“信息”“数据”“数据载体”三个概念

根据词源，“数据”的含义是“已知的（gegeben）”，[⑥]法语中的donn é e

① 习近平：《高举中国特色社会主义伟大旗帜 为全面建设社会主义现代化国家而团结奋斗——在中国共产党第二十次全国代表大会上的报告（2022年10月16日）》，人民出版社2022年版，第22页。

② Eric Hilgendorf & Paul Vogel, *Datenrecht im Umbruch, Aktuelle Herausforderungen von Datenschutz und Datenwirtschaft in Europa*, JuristenZeitung（JZ）Jahrgang 77（2022）/ Heft 8, S. 380-388.

③ 保护个人数据的经典理由来自德国联邦宪法法院（BVerfG），即信息自决的基本权利（Grundrecht auf informationelle Selbstbestimmung），该法院1983年的人口普查裁决，确立了“自决权”是一个以公民的行动和参与能力为基础的自由民主社会的基本功能条件。Zum Recht auf informationelle Selbstbestimmung “ im Kontext desPersönlichkeitsrechts Kube, in: Isensee/Kirchhof（Hrsg.）, Handbuch des Staatsrechts（HStR）, Bd. VII, 3. Aufl. 2009, § 148 Rn. 66 ff.

④ Roßnagel MMR 2007, 16；Hornung, Erosion traditioneller Prinzipien des Datenschutzrechts durch Big Data, in: Hoffmann-Riem（Hrsg.）, Big Data – Regulative Herausforderungen, 2018, S. 81（90 f.）m. w. N.

⑤ Dazu（am Beispiel des vernetzten Fahrzeugs）die Beiträge von Buchner, Hornung und Haustein in: Roßnagel/Hornung（Hrsg.）, Grundrechtschutz im Smart Car. Kommunikation, Sicherheit und Datenschutz im vernetzten Fahrzeug, 2019；umfassend Kolany-Raiser/Heil/Orwat/Hoeren, Big Data. Gesellschaftliche Herausforderungen und rechtliche Lösungen, 2019.

⑥ Von lat. datum: gegeben.

和荷兰语中的 gegevens 同样表达了这一含义。① 每个已知的客体都对应一个数据。"信息（in-form-ation）"是事物留给观察者的印象并影响观察者，自古以来，被观察的信息会像滴蜡一样，在观察者的身上留下印记。即使在今天，英语中的"to inform"不仅指"告知"，还指"烙印（赋特征）"。根据今天的理解，这种"烙印"即指增加接收信息者的知识。② 信息具有人类的语义内涵，③"数据"则是信息在符号中的句法表述。④ 换言之，信息就是通过解码，可以被赋予一定意义的数据。例如，一本书的印刷文本就是数据，而通过解码字母，向读者揭示的人类文本意义则是信息。书本身是数据的物理载体，我们也可以说是"结构意义上的信息"。⑤ 在此背景下，"数字化"是将信息转换为数据的数字格式并存储在物理载体上，是信息存储的一种特殊形式，⑥ 数字化绝不是一种新现象，其已经存在了几千年。公元前 4000 年，苏美尔人就用书面形式，即所谓的楔形文字记录了账目信息。⑦ 然而，今天人们谈论"数字化"以及数字化产生的数据时，显然不仅仅指文本的书写。"数字化"意指运用字符数据存储信息，尤其是以二进制字符存储信息。因此很多情况下与其说是"数字化"，不如说是"二进制化"更为准确，即将文本、颜色、形状、声音等各种信息编码为二进制数据的能力（通过二进制

---

① 参见欧盟基本权利宪章第 8 条的法语和荷兰语版本：https: //eur-lex.europa.eu/legal-content/FR/TXT/PDF/?uri=CELEX: 12012P/TXT&from=FR; https: //eur-lex.europa.eu/legal-content/NL/TXT/PDF/?uri=CELEX: 12012P/TXT&from=EN。

② Rafael Capurro & Birger Hjørland, The concept of information, Annual Review of Information Science and Technology, 2005, p.343; Mireille Hildebrandt, Law as information in the era of data - driven agency, The Modern Law Review, Vol.79, 2016（1）, p.1–30.

③ Claude E. Shannon, A Mathematical Theory of Communication, The Bell System Technical Journal, Vol.27, 1948, p.379; Luciano Floridi, Is semantic information meaningful data? Philosophy and Phenomenological Research, Vol.70, 2005（2）, p.351–353; Luciano Floridi, The Philosophy of Information, Oxford University Press, 2011, p.83; Herbert Zech, Information als Schutzgegenstand, Mohr Siebeck, 2012, S.24 ff.

④ Jan Oster, „Information "und „Daten" als Ordnungsbegriffe des Rechts der Digitalisierung, JuristenZeitung（JZ）Jahrgang 76（2021）/ Heft 4, S. 167–168.

⑤ Herbert Zech, Information als Schutzgegenstand, Mohr Siebeck, 2012, S.16 ff.

⑥ Viktor Mayer-Schönberger & Kenneth Cukier, Big Data: A Revolution That Will Transform How We Live, Work, and Think, HarperCollins Publishers, 2013, p.15–78.

⑦ Jürgen Kaube, Die Anfänge von allem, Rowohlt Berlin, 2017, Kap.11, S.229–235.

化实现数据的生产），并在技术上可以存储和处理不断增长的海量大数据，[①]通过互联网，特别是“物联网”进行数据的通信发展，再进一步引入数字代理机制，即通过执行基于这些数据集的预设规则（自动化系统例如智能合约），甚至创建自主系统来实现与外部世界互动的算法。[②]法律制度的基础是区分信息的语义、句法和结构三个层面，即狭义的信息、数据和数据载体三个概念，现行法律术语在这方面尚不精确。[③]

在规范适用方面，信息、数据和数据载体分别指向不同的法律客体和法政策导向，这在以下几个方面可窥一斑。第一，在数据知识产权与传播自由之间的冲突与协调方面，我们可以将知识产权视为“数据保护权”，但不是“信息保护权”，作者对其作品中的信息（包括思想），在运用物理方式体现或运用句法编码进行利用时，此时知识产权法是适用的；然而，作品所固定的信息必须适用传播自由的利益平衡标准。第二，数据财产权只能根据与数据相关的基本权利来设计，而不能受到信息内容的影响，否则个人信息保护制度以及与个人数据相关的基本权利将很大程度上排除数据上的权利，而分层保护则可以有效缓解二者的张力。第三，在数据智能领域，人工智能的“行为”是基于算法定量概率计算，而不是基于人为定量理解，因此对信息的语义理解不能直接作用于人工智能技术，人工智能使用的是“数据”，而不是“信息”，[④]因而与信息相关的法律制度很多时候无法适用于人工智能，但与数据相关的法律制度完全可以应用于人工智能。

这里我们需要区分的是，“数据财产权”“与数据相关的财产权”这两个概念。“数据财产权”指向数据层面，而“与数据相关的财产权”则既包括数据财产权，也包括信息层面和数据载体层面的财产权益。信息层面财产权益的典型代表是商业秘密，因为必须在人类语义层面才可以理解商业秘密，

① Viktor Mayer-Schönberger & Kenneth Cukier, *Big Data*, 2013; Neil M. Richards & Jonathan King, *Big Data Ethics*, Wake Forest Law Review Vol.49, 2014, p.393; Karen Yeung, *Hypernudge: Big Data as a Mode of Regulation by Design*, Information, Communication & Society, Vol.20, 2017（1）, p.118.

② Stuart Russell & Peter Norvig, *Artificial Intelligence: A Modern Approach*, Pearson, 2016, p.34.

③ Jan Oster, „Information “und „Daten“ als Ordnungsbegriffe des Rechts der Digitalisierung, JuristenZeitung（JZ）Jahrgang 76（2021）/ Heft 4, S. 169–170.

④ Jan Oster, „Information “und „Daten“ als Ordnungsbegriffe des Rechts der Digitalisierung, JuristenZeitung（JZ）Jahrgang 76（2021）/ Heft 4, S. 167–175.

并且直接产生竞争性利益，但知识产权则不属于信息层面财产权益，因为法政策保护的是创造活动，而智慧成果更好的定位是服务于人类整体福祉；此外，人格权益的商品化也产生信息层面财产权益，因为人格是不能作为商品的，但是人类语义可理解并认可的人格特质是可以产生经济效益的。数据载体层面财产权益则更直观，例如承载数据的移动硬盘或物理服务器，本身就涵摄于物权法的保护范围，用于收集数据的传感器、用于传输数据的光缆、用于分析数据的计算机，都存在载体层面的先在权利，而数据层面的财产权并不会直接对其产生影响。

（二）数据的相关关系属性

数据要素具有“相关关系”属性，使得数据存在横向、纵向两个方面的价值来源：[①] 第一，从数据的纵向关系出发，数据无论是指向个体，还是指向个体的物，都将与个体建立联结，从而产生独特的经济价值并且尚未得到法律的积极确认；不能指向个体的数据，其价值往往采取传统的法律可以保护，例如对空气、对矿藏的描述可以归入知识产权或者商业秘密，抑或公共领域的常识范畴。第二，从数据的横向关系出发，数据往往是在群体层面描述共同的特征和共同的行为模式，“人作为其社会关系和群体行为的集合体被置于群体中进行洞察并得出行为模式，这种基本方法使得建立行为定位、任务预测、风险评估、反馈系统成为可能，并且有利可图”[②]。将数据的横向关系性视为数据生产和流通过程的附属品的观点是错误的，因为从数据主体和现状数据治理的角度来看，数据的横向关系确实导致了可观察到的外部性影响，而这些影响所产生的社会成本并没有反映在数据主体所参与的交易中。[③] 这种外部性的存在，导致了数据生产和流通的社会效应背后存在结构性的不平等，也产生了横向关系问题。（见图 1）

① 关于数据的横向和纵向关系，更详细的论述参见 SALOMÉ VILJOEN, *A Relational Theory of Data Governance*, The Yale Law Journal, 2021, 131（3）,pp.573–654.

② Frank Pasquale, *The Black Box Society: The Secret Algorithms That Control Money and Information*, Harvard University Press, 2015, p.191–194.

③ Daniel J. Solove, *Privacy Self-Management and the Consent Dilemma*, Harvard Law Review, Vol.126, 2013, p. 1880–1883；Joel R. Reidenberg & N. Cameron Russell & Alexander J. Callen & Sophia Qasir & Thomas B. Norton, *Privacy Harms and the Effectiveness of the Notice and Choice Framework,* I/S: A Journal of Law and Policy for the Information Society, Vol. 11, 2015, p.485–486.

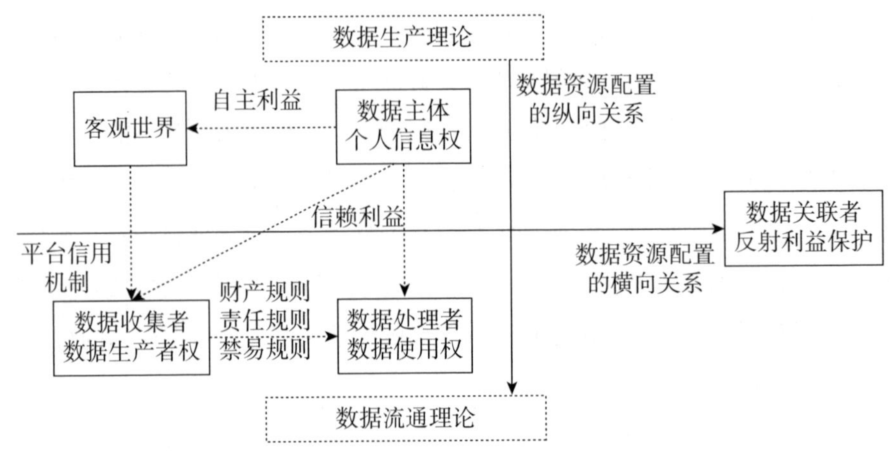

图 1　数据要素的横向关系与纵向关系

（三）数据确权的核心命题

在法律没有明确规定数据权利的情况下，使用数据的可能性仅仅建立在实际获取的事实基础之上。数据具有非排他性与非竞争性等特征，传统的财产权逻辑在面临数据确权问题时经常捉襟见肘。并且，个人信息与数据之间的相关关系在理论上存在无限蔓延的可能性，数据确权命题无法回避个人信息保护制度的存在。只要能证成与个人信息相关的数据（以下称个人数据）确权路径与交易秩序，那么顺着数据私法自治的基本原理，工业数据的制度建构问题自会迎刃而解。有学者指出，数据法领域现有理论尚未妥善解决数据来源者、数据资源持有者、数据加工使用者、数据产品经营者之间的利益冲突问题。① 只有将数据财产权的私法制度安排作为基础，法经济学、法社会学、产权制度等方面的讨论才能更有效率。然而数据确权命题在核心的私法概念体系以及相应的规范适用路径方面尚存在争论。

1. 数据财产权理论之检讨

从权利（Rechte）、法益（Rechtsgüter）与利益（Interessen）这三个法学概念审视数据财产权，目前可取得的共识是数据财产权是一种法律承认的"利益"，但是否是"权利"、是何种"法益"，则产生了诸多的理论争鸣。这

① 张素华、王年：《数据产权"双阶二元结构"的证成与建构》，载《中国法律评论》2023 年第 6 期。

使得数据财产权争议在诉诸法院时，法律规范的适用面临不确定性。例如债法基于法定债务关系，仅保护个人的法益与权利免遭第三人的侵害，并为所发生的损害与不正当的财产转移提供合理的补偿，① 数据财产权仅有“利益”层面的共识无法支撑此类规范供给。目前，学界围绕数据财产权开展了充分的讨论，相关论证思路可以被概括为三种类型。

第一类是权利形式多元论，以大陆法系的绝对权和相对权二分逻辑体系为基础进行设计。例如以物权法为蓝本的数据用益权理论，将源自罗马法的“虚空所有权（Nuda Proprietas）”② 概念应用于数据权益，在权利内容层面区分数据所有权和用益权，③ 采取“权利限制”思路来平衡广泛存在的数据利用需求。甚至有德国学者进一步提出“数字化役权（Digitale Dienstbarkeit）”，④ 试图将现代事实与罗马法嫁接。再如以合同法为蓝本的数据界权，⑤ 数据相关的给付内容具有多样性和混合性的特征，因而合同规则也可以发挥出灵活调整利益关系的功能。数据承载利益的多元性使得所有权权能分离形成“数据利用权”，⑥ 催生了以占有、使用、收益、处分为核心的多种权利形式。这使得债权与物权的二元划分、违约责任与侵权责任的二元责任得以在数据财产权益上延续，其优势是法律适用的规则明确、权益内容清晰稳定，但缺陷是较难在个案中提供数据相关方多元利益平衡的方案，容易陷入一刀切的判断逻辑。

第二类是权利内容多元论，以英美财产法理论尤其是衡平理论为基础进

① Vgl. Dirk Looschelders, *Schuldrecht Allgemeiner Teil*, 19. Auflage, Verlag Franz Vahlen, 2021.

② 指一项权利仅仅是名义上享有归属利益，但对物不享有任何实际支配能力。Cfr. Feliciano Serra, *Diritto private economia e società nella storia di Roma*, Prima parte, Napoli: Jovene, p. 278. 转引自汪洋：《从用益权到居住权：罗马法人役权的流变史》，载《学术月刊》2019 年第 7 期。

③ 参见申卫星：《论数据产权制度的层级性：“三三制”数据确权法》，载《中国法学》2023 年第 4 期。

④ 2020 年德国学者 Peter Biniok 以 App 等技术应用为例，对“数字化役权”的概念进行了探讨。Vgl. Peter Biniok. Digitale Dienstbarkeit. Apps und Co. als Stell-vertreter und Empowerer. Digitale Technologien zwischen Lenkung und Selbstermächtigung. Beltz/Juventa. June 2020.

⑤ 例如 2019 年《欧盟关于提供数字内容和数字服务的部分合同部分问题的指令》创造性地规定了以数字形式数据、数字形式提供的服务和数据交互服务等为基本内容的提供数字内容合同，以此来规范提供数据和服务的交易。

⑥ 参见宁园：《从数据生产到数据流通：数据财产权益的双层配置方案》，载《法学研究》2023 年第 3 期。

行设计。该类理论以“所有权思维”为批判对象，搁置了权利形式（规范载体）的问题，采取“权利束”“权利块”[①]等抽象概念对权利内容进行阐发。该类理论以“淡化所有权、强调使用权”为核心，不直接预设数据产权的种类形式。这使得财产利益基于利用方式和司法实践的检验而成为“权利的冶炼炉”，各种权利可以平等共存，避免因单一权利的绝对优势而产生利益失衡问题。“事后界权”[②]的思维也使得卡—梅框架等法经济学成果可以无缝衔接到数据确权领域。但此类观点的缺陷是尚未形成稳定可用的法解释学工具，需要逐案厘清数据上承载的不同类型利益，在司法实践中摸索数据确权的方案，[③]相当于将共识捆绑好、将争论留给法院。卡—梅框架等法经济学范式虽然将财产权规则的类型和层次进行了梳理，但其中最核心的命题是“责任规则”下的补偿规则，仍然需要回归到民法中的权益侵害得利返还问题以及权益侵害损害赔偿问题并加以讨论。

第三类是权利主体多元论，以英美财产法理论为蓝本，并进一步吸收了产权理论和关系理论的相关成果，从财产权的“排他”和“治理”策略出发，[④]突出数据的多主体之间流通利用的价值以及多主体之间的数据共享理念。[⑤]美国学者更进一步提出数据的“纵向关系”与“横向关系”，[⑥]使得数据财产权的版图从平面转向立体。数据财产权的排他性特征区分为事实和规范两个层面，数据确权时需要实现多元主体“互不干涉地使用”、多元数据“分别设置权利限制规则以妥善兼容”；[⑦]数据财产权的治理特性颠覆了

---

① 所谓权利块，指的是“半自律性的子系统，通过和其他同样的子系统按照一定的规则相互联系而构成的更加复杂的系统或过程”，形成“作为模块的权利”（Right as Modularity）。参见许可：《数据权利：范式统合与规范分殊》，载《政法论坛》2021 年第 4 期。

② 参见张永健：《物权法之经济分析：所有权》，北京大学出版社 2019 年版，第 22~27 页。

③ 参见包晓丽：《二阶序列式数据确权规则》，载《清华法学》2022 年第 3 期。

④ See Henry E. Smith, *Exclusion versus Governance: Two Strategies for Delineating Property Rights*, The Journal of Legal Studies, Vol.31, 2022, p.453−488.

⑤ 参见高富平：《数据持有者的权利配置——数据产权结构性分置的法律实现》，载《比较法研究》2023 年第 3 期；高富平：《论数据持有者权——构建数据流通利用秩序的新范式》，载《中外法学》2023 年第 2 期。

⑥ 韩强、吴涛：《论数据要素收益分配的制度基础——基于用益补偿的视角》，载《行政管理改革》2023 年第 5 期。

⑦ 沈健洲：《数据财产的排他性：误解与澄清》，载《中外法学》2023 年第 5 期。

对传统产权范式的路径依赖，转而建构适应数据价值释放和产业规律的新型治理结构，从而在多方利益平衡的基础上建构一套新型治理规则，避免在来源者、持有者、使用者多主体之间产生看似合理却不符实际的理论冗余，影响数据效率价值的实现。[①] 该类理论揭示了数据确权领域的核心问题，试图破除数据权利上纷繁芜杂的海市蜃楼，但仍然有待发展出一个核心的法解释学工具，在规范层面予以支撑，这也是本文论证的重点。

数据权利上迷雾重重，学界演绎了诸多可以自圆其说的理论蓝本。“从霍菲尔德到科斯，很容易说出财产就是权利，而财产原有之意不复存在”[②]。例如法律现实主义所倡导的分割产权在揭示复杂关系碎片化现象方面表现出色，然而其无意中破坏了财产法概念的边界。[③] 眼花缭乱的创新概念未能为区分财产权与其他任何权利提供连贯的理论依据，不仅模糊了财产相关的法学概念，对司法实践中界定财产权也并无裨益，徒增概念纷扰。如果从奥卡姆剃刀原理出发，如无必要勿增实体，强行套用各类模板，只会让本就困难的数据确权问题更添桎梏。笔者认为，运用现有的法解释学工具已经可以解决数据确权问题，无需过多进行价值理念的论证；应当区分规范事实与生活事实，新型治理结构在私法层面需要经由是否产生“具有法律相关性的可赔偿的损害”的概念加以界定，避免数据上多元利益格局的过度蔓延而导致难有定论。

相比而言，数据形式多元论的最大贡献是法律上确认“财产性利用机会”。数据与传统财产客体存在物理性状、生产模式与利用方式等诸多差异，数据权利形式多元论所预设的“数据所有权”，从一开始就是“空心球”的权利假象，将数据归属于单一主体的规范逻辑无法适应真实世界的行为样态，[④] 因为所有权的使用权能需要应对数字化处理和规模化利用，而占有、收益、处分都需要在此基础上展开。数据财产权的规范功能主要集中在“用

① 参见姚佳：《企业数据权益：控制、排他性与可转让性》，载《法学评论》2023 年第 4 期。

② See Emily Sherwin, *Two-and Three-Dimensional Property Rights*, 29 Arizona State Law Journal, 1997, p.1075–1086.

③ 马斌：《分割数据产权的不适性——转向基于模块理论的数据持有权》，载《东方法学》2024 年第 1 期。

④ 许可：《数据权利：范式统合与规范分殊》，载《政法论坛》2021 年第 4 期。

益权”，本质上描述的是“财产性利用机会”，[①]这种利用机会需要频繁地在数据资源持有者、数据加工使用者、数据产品经营者以及数据来源者之间让渡，因此构建一个“空虚的”所有权结构并不能直接解决财产性利用机会的转移和补偿问题，反而可能陷入传统的所有权困局之中，利益平衡问题嵌套在物权法的基础规则之上衍生出诸多例外情形，德国法中繁复的所有人占有人关系（EBV）即为例证，这脱离了提升规则确定性的初衷。

数据内容多元论的最大贡献是理论上提升“数据权益标准化”。数据上的利益共生与相互依存关系伴随着数据生命周期，[②]把数据承载的各种利用机会或财产利益抽象为“权利束”“权利块”，虽然形象直观，也确实避免了数据权利形式论的“空心球”问题，但这让产权问题和法律问题的边界变得模糊，其并未提供理解和解释财产法问题的明确方法，反而是其主张财产并没有什么可定义的“核心”和可决定性的“权利”，这导致了财产权在适用中的泛化，脱离了确立财产分配秩序、降低交易成本的初衷。[③]“权利束块”的本质是产权理论下财产利益的识别基础，在回归法律适用的过程中，广泛生活层面的财产利益将被裁剪为教义规范层面的财产权益，“权利束块”也将从产权层面被裁剪为法规范层面的“权利颗粒”，因为法律问题中的权利一定是个人本位的，社会控制论、横向关系论都仅能丰富法官的心证以及释法说理工具，并不能代替法律规范本身。数据权利内容多元论的核心贡献，是揭示了数据“权利束块”从一开始就被分割成各种权利条块被不同的利益相关者所享有，从“所有权”观念转向“权利束块”视角来理解数据资源上的权利图景，有助于更准确地呈现各利害关系人在数据上可以分别主张的数据权益束块，[④]但仍需要采取符合法律逻辑的方式对这些束块作出标准化处理，尤其是有序协调数据之上的多重利益主张。[⑤]

数据主体多元论的最大贡献是在规范和事实层面确认“使用利益”。“治

---

① 熊丙万：《论数据权利的标准化》，载《中外法学》2023 年第 5 期。

② 龙卫球：《数据新型财产权构建及其体系研究》，载《政法论坛》2017 年第 4 期。

③ See J. E. Penner, *The Bundle of Rights Picture of Property,* UCLA Law Review, Vol.43, p.711–820（1996）.

④ 王锡锌：《国家保护视野中的个人信息权利束》，载《中国社会科学》2021 年第 11 期。

⑤ 熊丙万：《论数据权利的标准化》，载《中外法学》2023 年第 5 期。

理”和“排他”是财产法的两个极端特征如同光谱的两端，在二者的共同作用下可以识别不同类型的财产，并提供产权演化的分析框架。[①] 然而当我们回归法律适用时，“当权利是占有性的，排除效能似乎总是与财产权相伴，排除效能的范围界定了权利的范围，对现存的但非占有性的财产利益，例如役权、取水权、利润权等，虽然利益持有人没有权利将他人排除在范围以外，但其被赋予了一整套法律权利以保护他们拥有的有限利益不受他人干扰。”[②] 由于排他特征蕴含了排他效力，乃是财产关系的核心，如果存在不具有排他特征的财产权，那么该财产就并非私产，[③] 这将脱离法学论证的核心范畴。治理策略仅可以作为描述和解释财产权的视角或工具，尚未建构财产权内容的完整理论模型，其本质是揭示了对资源使用的方式，即通过自愿或非自愿的方式调整对财产（权益）的使用范围和方式，可以被概括为对财产使用利益的识别方法。

如果我们将上述三类观点的贡献进行统合，即可概括为：在规范层面确立以财产性利用机会为核心的使用利益，从而提升数据权益的标准化。这就是拨开迷雾之后，数据确权的核心命题。

2. 界定数据财产权的核心是使用行为

数据使用行为确立了权益归属秩序。数据法领域的法律评价往往会预设正当的财产秩序为何，然后按照理想的财产状况对现状进行纠正，虽然具有“矫正正义”的外观，但预设正当秩序的实质是“分配正义”，这就需要大量借助财产法的视角予以审视。只要财产秩序一直未被纠正，财产的“价值存在”（Wertsein）就会在无权利人手中“自行实现”（aktualisiert sich）。通过财产移转（Übertragung）的请求权，权利人可以在未来重新获得与财产相关的使用可能性。但是，这并不能改变无权利人在过去使用财产时已经获得的好

① See Henry E. Smith, *Exclusion versus Governance: Two Strategies for Delineating Property Rights*, The Journal of Legal Studies, Vol.31（No.4）, p.453−488（2002）.

② Thomas W. Merrill, *Property and the Right to Exclude,* Nebraska Law Review. Vol.77. 1998（4）. pp.748.

③ See Yun-chien Chang & Henry E. Smith,*An Economic Analysis of Civil versus Common Law Property*,Notre Dame Law Review, Vol.88（Issuel）, p.1−56（2012）.

处（Vorteil）。[①] 经过一系列数据处理流程，包括数据清洗、标注、完善、组合、集成，以及深入的剖析分析和挖掘分析等融合计算分析，最终形成具有特定价值的知识或数据产品，这种处理行为是对数据的深度处理，旨在改进或创造价值。[②] 数据的使用机会在经过特定场景实现后，便衍生出更多的财产利益甚至财产权利，例如数据经过模型训练所产出的预测结果，便可能构成商业秘密或知识产权。

数据财产权不属于资产性权益，[③] 而是依附于数据、决定于数据使用行为的财产性权益，亦即使用机会的具体实现。数据使用机会所衍生出的财产利益或财产权利，已经有知识产权等法律制度予以调整，并不需要另起炉灶。针对数据财产权的数据登记制度、数据流转制度，不适合采取资产登记、资产流转的模式，而是应当采取许可登记、用益流转的方式。

作为数据使用行为的执行者，数据处理者基于使用机会而享有数据财产权，这不意味着数据处理者可以自由支配数据，而仅具有消极性质的保有利益正当性基础。通过数据使用行为来加以界定，可以有效避免通过数据客体进行确权的"头秃问题"[④]。数据财产权所涉及的各类客体，都是将使用行为作为核心，例如数据表现形态层面的数据产品、数据资源，使用过程层面的数据集合、数据服务，数据使用结果层面的数据商品、数据资产。[⑤] 这些概念所指向的权益归属内容存在大量重叠交叉的现象，法律效果也往往陷入语词之争中，最终仍然是将使用行为作为核心予以判断。

有观点认为，排他性规范会阻碍数据平行开发，其暗含逻辑是一旦为数据配置具有排他性的绝对权，则世上与此相同的所有数据不问来源与出处，均为其权利客体。财产权的排除效能可以使得权利人有权禁止他人对权利客

① Vgl. Erik Röder, Nutzungsausgleich im Bürgerlichen Recht, Mohr Siebeck 2021.

② 高富平：《数据生产理论——数据资源权利配置的基础理论》，载《交大法学》2019 年第 4 期。

③ 黄丽华、杜万里、吴蔽余：《基于数据要素流通价值链的数据产权结构性分置》，载《大数据》2023 年第 2 期。

④ 头发掉到何种程度可以称为头秃，加工至何种程度可以称为实质性加工。参见程啸：《论数据产权登记》，载《法学评论》2023 年第 4 期。

⑤ 孙莹：《论数据权益客体中的基本范畴》，载《东方法学》2024 年第 1 期。

体的获取和利用，阻却后来者对数据的平行开发。[①] 如果我们以使用行为的视角去审视多个数据处理者的平行财产权，就可以发现所谓的数据可无限复制性并不会妨碍数据财产权的界定。行为人经过独立收集并获取数据，有权享有数据财产权，即便在存在相同在先数据且已享有财产权的情况下，行为人后取得的数据财产权亦不会与之产生冲突，两者可并行存在。[②] 每个平行持有人都基于自身的使用行为享有数据财产权，并排除外界的干涉。如果存在协作则可以按照使用行为的价值贡献度来分配剩余价值。在平行持有人之间，法律不会基于同一数据客体就赋予其排他性的财产权利，[③] 但可以基于使用行为，承认各个平行持有人对使用利益的保有，并对抗外界的侵扰。我国当前的数据“三权分置”可以被建构为不同主体的使用权，并为数据来源者创设法定访问权。[④] 通过使用利益的私法概念来重构使用权和访问权等数据权利，便于调和各方利益关系，并体现出促进数据开放共享的法政策导向。

3. 数据财产权的本质是数据使用利益，并基于意定和法定关系衍生出诸多财产权益

数据要素的价值在于汇集和满足不同计算分析目的的使用行为，[⑤] 对数据使用利益的界定是明确权益归属判断的关键，并承接了从“持有”到“经营”的逻辑枢纽。如何理解私法视角下的“使用”？对数据的使用如何影响法律意义上的权益归属判断？这些问题直接影响到政策层面的“三权分置”如何在法学层面落地，并决定了在具体案件中的利益平衡工具应当如何设计，从而妥适缓和数据多方主体权益之间的内在张力。

首先我们要区分数据与数据要素收益两个层面，不可等量齐观。数据具有非排他性和非竞争性特点，可无限复制，具备无形财产权的一般性特征，例如使用数据不会产生物理损耗。其可以通过技术手段恢复，也可以通过区

---

① 参见钱子瑜：《论数据财产权的构建》，载《法学家》2021 年第 6 期。

② 沈健洲：《数据财产的排他性：误解与澄清》，载《中外法学》2023 年第 5 期。

③ 熊丙万：《论数据权利的标准化》，载《中外法学》2023 年第 5 期。

④ 参见孔德明：《数据财产权到访问权：欧盟数据设权立法转型解析》，载《比较法研究》2023 年第 6 期。

⑤ 高富平：《数据持有者的权利配置——数据产权结构性分置的法律实现》，载《比较法研究》2023 年第 3 期。

块链不可篡改特性实现固定，与传统社会的财产客体具有本质差异，因而很难沿用传统所有权中心主义下的权利规则。数据还存在关系性特征，数据处理不仅不会减损其价值，将其关联到更多知识产出活动后反而可能增加财产价值；部分数据因稀缺性产生了额外的垄断价值，例如罕见病数据，使用频率越高、医疗手段越丰富，其价值密度就越低。因此数据财产权利的法律构造需要兼顾数据关系性和数据稀缺性的不同面向。正是由于关系性特征，数据权益与个人信息权益存在难以分离的现象，个人数据具有可识别性特征，对其识别建立在相关关系的判断之上。相关关系是一个宽泛的概念，根据直接相关与间接相关的定性研究，理论上存在无限蔓延的可能性，因而个人信息权益往往会伴生于数据财产权。任何数据都有可能与个人产生联系，法律问题经常会聚焦于判断这种联系是否过于遥远。①

相比数据而言，数据要素收益则具备排他性和竞争性。这与“水权”颇为相似。水权的实质在于用水人依法享有使用水资源并从中获利的权利，主要包括取水权和用水权。由于水资源承载着经济价值以及不具有排他性和竞争性的生态环境功能和社会公共利益，因此需要公权力的介入以提供必要的保护。从这个角度来看，水权可以被视为一种“具有公权性质之私权”。②尽管水资源不具备排他性和竞争性，但水权的有权方在合法用水过程中所获得的利益却是排他性和竞争性的。例如，虽然公共水井不能被个人占有，但只要在符合法律和习俗的前提下，通过水桶取水并合理使用，那么水桶中的水及其相关权益便具有明确的边界。③

因此，关于数据非排他性、非竞争性的讨论并不会影响数据要素收益层面的财产权论证，我们可以精细地区分出数据利用过程的“非排他性”和数据利用结果的“排他性”。④数据使用的财产价值基础主要包括权利附属财产价值、处理活动的财产价值。权利附属财产价值又可以进一步区分为

① 韩强、吴涛：《论数据要素收益分配的制度基础——基于用益补偿的视角》，载《行政管理改革》2023年第5期。

② 参见裴丽萍：《水权制度初论》，载《中国法学》2001年第2期。

③ 韩强、吴涛：《个人信息权的内涵、逻辑与体系建构》，载《北京航空航天大学学报（社会科学版）》2022年第1期。

④ 参见沈健洲：《数据财产的排他性：误解与澄清》，载《中外法学》2023年第5期。

人格权附属财产价值（人格权益商品化）、知识产权附属财产价值（包括数据库权附属财产价值）、商业秘密附属财产价值。处理活动的财产价值基础为生产要素投入，涉及劳动赋权的基本原理。如果没有资本、技术、劳动力等生产要素的投入，单纯的数据持有不会产生财产价值。[①]数据要素收益的本质可以被涵摄于“用益”（Nutzungen），用益包括孳息和“使用利益”（Gebrauchsvorteile），例如作为社团成员的投票权。由于人格要素不能直接作为商品进行流通，个人数据主体无法基于人格权享有孳息性质的收益，但是可以享有“权利的使用利益”，即不耗尽权利的情况下能够从权利中产生的利益。[②]如果存在无权利人使用其错误持有的数据并获得利益，那么除了删除数据以及获利返还外，还必须对权利的使用利益作出补偿。

传统社会中同样存在与数据财产权较为相似的情形。例如，从流水中获得的水力可以被理解为水权的“使用利益”。[③]再如，根据《德国民法典》第100条，非有体物、权利所产生的利益也可以算作使用利益，这尤其适用于无形财产的使用，例如商业秘密。[④]货币也可以带来使用利益，尽管严格来说货币并没有被“使用”，而是作为交换手段被消费，以获得对价财产，在这种情况下使用利益的客体是与所获得的货币捆绑在一起的“资本”。[⑤]“资本”即为抽象使用利益在无权使用货币场景中的具体表现。

至于广泛受到讨论的数据占有问题，我们需要引入“财产持有”这一概念，并将其与占有进行区分。在罗马法中，占有最初仅表示对物的单纯事实状态，与真实权利无涉。占有本身无法既体现本权，也不以本权为基础。即便不存在本权，占有依然得以成立。此外，虽可对物进行实际上的管领，但不符合市民法上的占有或裁判官法上的令状占有的条件者，为持有人（Inhaber），比如保管人、借用人、承租人等，在这些情形中只有占有人可以

---

① 参见韩强、吴涛：《论数据要素收益分配的制度基础——基于用益补偿的视角》，载《行政管理改革》2023年第5期。

② ［德］迪特尔・梅迪库斯：《德国民法总论》，邵建东译，法律出版社2013年版，第891~894页。

③ Staudinger/Stieper（2021）BGB § 100, Rn 4.

④ Staudinger/Stieper（2021）BGB § 100, Rn 4.

⑤ Staudinger/Stieper（2021）BGB § 100, Rn 3.

享有令状保护。[1] 在法学理论的发展过程中，占有更侧重描述权利状态，而持有更侧重描述对财产的事实控制。因此广泛受到关注的数据资源持有权，其实是从事实控制层面描述了数据资源持有者保有数据的正当利益，这本身就可以从民法的不当得利制度中推导出来，即使不存在“数据资源持有权”这一概念，数据相关方仍然可以借助不当得利制度的内涵来保有数据使用利益，排除“反射利益”[2] 的返还。

数据财产权的本质是数据使用机会，这种使用机会来源于社会交往风俗习惯、来源于人类社会的惯常秩序、来源于利益相关者的横向关系，通过数据治理机制被识别，并基于保有利益的正当性而存续。这种财产性利益处于“权益以上、权利未满”的状态，因此最契合这一财产权形态的法学概念是“使用利益”，也是目前已经取得较大共识的“数据权益”[3] 更进一步的法学表达。为了区别于孳息和损耗，界定使用利益概念的前提，是假定对财产（权益）的使用本身就是一种独立存在的利益。[4] 这种独立存在的利益即为数据财产权的本体，通过意定关系可以衍生出数据用益权、数据合同权益等内容，这与前述的“数据财产权形式多元论”实现了嫁接；通过法定关系可以衍生出数据侵权责任、数据不当得利、数据不法管理等内容，这暗合了“数据财产权内容多元论”的思维；通过社会治理模式可以衍生出数据监管责任、数据行业自律责任、数据行业惯例与公序良俗等内容，这亦是“数据财产权主体多元论”的法学表达。

四、建立中国特色社会主义数据资源配置模式

数据资源配置模式以分配模式为基础，发挥出数据资源配置的新质效能，具体涉及数据确权与登记（初始分配）、数据生产与流通（初次分配）、数据产业治理（纵向二次分配）、数据社会治理（横向三次分配）。（见图 2）

---

① Kaser/Küntel, Römisches Privatrecht, 20.Aufl., München 2014, § 19 Rn 16f.

② 参见王泽鉴：《不当得利》（第二版），北京大学出版社 2015 年版，第 2 页。

③ 参见姚佳：《数据权益的构造及其动态比较》，载《中国应用法学》2023 年第 3 期。

④ Erik Röder, Nutzungsausgleich im Bürgerlichen Recht, Mohr Siebeck 2021, S.14.

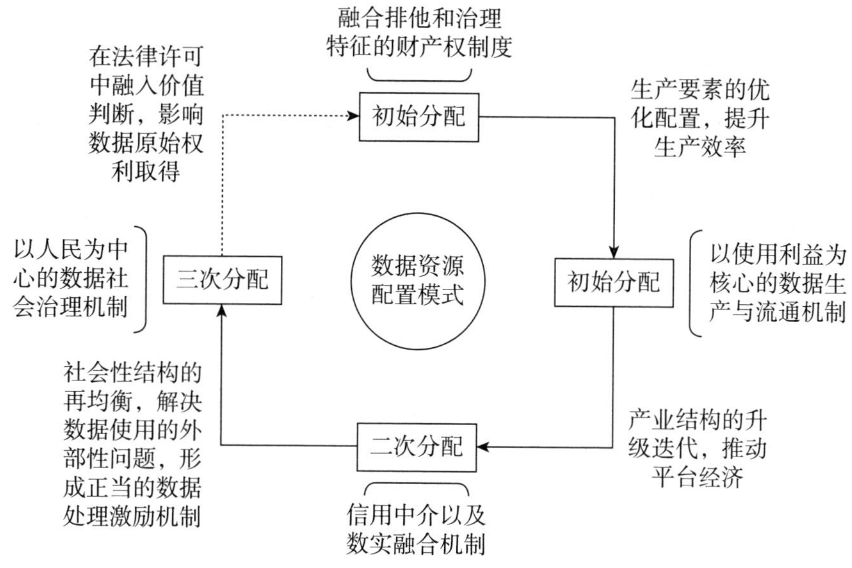

图 2　数据资源配置模式

（一）初始分配：数据确权与登记

目前关于数据财产权的监管理论研究已经汗牛充栋，治理机制研究也成为一门显学，欧盟层面的新举措也充分运用了现有理论成果：《数字服务法》旨在重新平衡互联网用户、大型平台运营商和公共当局的责任，并赋予公民更有力的地位；《数据治理法》和《数字市场法》也试图建立一个高效、清晰的“在线平台透明度和问责制框架”，以及“促进内部市场的创新、增长和竞争力”；《人工智能法》则对全欧洲的新技术发展和使用进行规范。[①] 然而，关于数据财产权的私法属性，则一直存在较多争论。在前文分析完数据财产权规范基础之后，我们有必要再回顾一下数据财产权的事实来源。

数据处理者的财产权事实基础是数据共享使用行为，其既是数据财产化的“因”，也是数据财产化的“果”。[②] 以使用利益为表现形态的数据财产权，

① 2024 年 10 月 2 日 访 问 于 https: //digital-strategy.ec.europa.eu/en/policies/european-approach-artificial-intelligence。

② 梅傲、柯晨亮：《数据共享与数据财产化》，载《四川师范大学学报（社会科学版）》2023 年第 3 期。

主要来源于三个方面的事实基础，

第一，物或权利的使用利益，数据使用者在进行数据处理活动时，不可避免地会涉及某些财产权利的运用。这些权利包括但不限于基于算法的知识产权，以及用于收集信息的传感器等。这些权利的使用利益应当被合理地纳入数据财产权的分配体系中，以确保权益的公正分配和利益的均衡。

第二，劳动经营利益，数据使用者必须投入生产要素，通过劳动创造的方式，才能获取这部分利益。事实上，历史上某些国家甚至将这部分利益直接定义为“孳息”的一种。为了激发生产活动的积极性并保障劳动成果，根据孳息产生的根源，孳息被细分为加工孳息与自然孳息，并认可劳动和经营所带来的财产性利益。[①]

第三，反射利益，数据使用的情形还应当考虑到社会交往的基本原理以及公共利益。对数据的使用应当满足社会对数据的最低限度利用需求，并且不侵害其他权益、符合善良风俗。这也被称为反射利益，正如利用他人灯塔夜航捕鱼一样，其是基于保有利益的正当性基础而存在的。[②]这是人类社会通过信息交互维持运转的基础，否则人类难以互助存续，同时这也是数据的社会控制论、国家控制论等理论的内在机理。

关于个人数据来源者的人格权附属财产价值，则不应当认为其具有数据财产权的性质，但可以享有基于人格权使用利益的用益补偿（Nutzungsausgleich）。理由有二：数据要素收益初始生成于使用者，如果肯定个人数据主体的财产权利，会人为制造大量的财产权利侵害以及财产利益返还的情形，大量增加诉讼案件以及社会成本；个人数据主体对数据不具有支配性利益，但基于对其人格要素的控制性利益，可以享有补偿请求权，从而将人格权的使用利益合理分配。只不过，在很多场景下因为价值密度过低、不足够明显而难以得到救济。[③]

---

① 周枏：《罗马法原论》，商务印书馆 1994 年版，第 314~361 页。

② 王泽鉴：《不当得利》（第二版），北京大学出版社 2015 年版，第 2 页。

③ 韩强、吴涛：《论数据要素收益分配的制度基础——基于用益补偿的视角》，载《行政管理改革》2023 年第 5 期。

（二）初次分配：数据生产与流通

纵观世界各国，美国基于重视商业判断规则的传统，在“选退机制”影响下采取弱许可、强监管的方式，极大地刺激了数据产业的发展，使得企业基于经营行为而享有确定的财产权益；欧盟延续了高度重视基本权利的传统，在规范创制过程中，实质上已经认可数据为“可交易的财产”（handelsfähigen Gütern），[①] 但并没有迈出真正的数据“所有权”这一步，并且在“数据作为对价”方面争论不断。目前在世界范围内可以达成共识的是，提供数据的给付行为具有财产性利益并且可以参与市场交易，但数据本身不能作为商品，尤其是作为所有权制度下的商品进行流通。

有观点认为，并无实质上的数据财产权，应当从数据独占权转向数据访问权。[②] 该类观点虽然揭示了将数据直接作为财产客体的概念困境，但也混淆了财产与财产权、财产权与财产权负担之间的区别。概言之，数据因个人识别性和公共性，不应作为商品经济中的财产概念加以理解，但使用数据的利益作为财产权（益）可以得到法律的承认和保护；数据访问权、可携权等概念虽然披着权益的外观，但实际上是数据财产权的负担或限制，本质上是使用数据应当履行的义务；由于数据还关涉公共利益，因此数据权的社会义务也尤为明显，表现为横向关系的治理机制以及纵向关系的共享机制。虽然各国法律尚未出现对数据权属的明确界定，但在许多情况下依然存在规范和事实上的保护，特别是通过法律强化的技术保护措施（technische Schutzmaßnahmen）、反射责任保护（reflexhafter Schutz），例如通过财产规则保护数据载体或数据库制造商的权利，以及基于合同规则实现债法保护等，[③] 这间接实现了对数据财产权本身的保护。数据保护制度有些构成了数据财产权的形成条件，有些则是数据财产权的限制规则。其中，合法性基础规范是

---

① Eric Hilgendorf & Paul Vogel, Datenrecht im Umbruch. Aktuelle Herausforderungen von Datenschutz und Datenwirtschaft in Europa, JuristenZeitung（JZ）Jahrgang 77（2022）/ Heft 8, S. 388.

② Jürgen Kühling, Der datenschutzrechtliche Rahmen für Datentreuhänder, Datenschutz und Datensicherheit - DuD 45（12）, Dec. 2021, S.783−788.

③ Linda Kuschel, Tereza Pertot（Hrsg.）unter Mitwirkung von Martin Schmidt-Kessel und Fabio Padovini: Rechte an Daten, Literatur, Archiv für die civilistische Praxis（AcP）Jahrgang 222（2022）/ Heft 2, S. 293.

最为典型的数据财产权形成条件。数据财产权的本质是数据使用机会在法律层面的映射，涵摄于“使用利益”这一法学概念，核心为数据使用行为。要驱动一个数据使用行为，首先需要审视数据处理者是否有权为之，而合法性基础规范则是最先需要考虑的。

1. 合法性基础确立了使用利益的前提条件

合法性基础指的是个人信息处理所依据的“正当的法律理由”。[①] 这是判断个人信息处理合法与否的基本规则，也是判断侵害数据权益的侵权责任是否成立的重要依据。各国个人数据保护法中普遍存在合法性基础条款，例如中国、欧盟及其成员国，其设计思路为“附许可保留的预防性禁止”（präventives Verbot mit Erlaubnisvorbehalt），[②] 虽然没有将数据处理活动作为危害性行为予以一般性禁止，但是规定需要通过许可才能从事这类行为。这就成为数据财产权的重要法律基础。

“合法性”不能等同于“正当性”。个人数据处理者通过个人同意或法定许可取得合法性基础，但并不当然代表处理行为是正当的，也不代表数据财产权具有对抗效力。作为使用行为的核心标准，合法性基础赋予了个人数据处理者的行为依据，对应着数据来源者承担了法律所附加的容忍义务，但这种容忍义务不是无限度的，而是需要划出一个各方利益平衡的合理界限，这个合理界限便是符合正义标准的、正当性的限度，也是数据财产权的前提条件。逾越此正当性限度处理个人数据的，即被视为权益侵害行为，数据持有者所依仗的保有利益正当性也将不复存在。因此，数据使用利益需要根据合法性基础所确立的事实判断框架来审视，很难用一刀切的标准加以界定，这也是数据确权难的重要原因之一。

2. 合法性基础与合理使用制度之间的关系

《个人信息保护法》第 13 条采取的立法语言是“个人信息处理者”在

---

① 高富平：《个人信息使用的合法性基础——数据上利益分析视角》，载《比较法研究》2019 年第 2 期。

② Michael Grünberger, Philipp Hacker: Datenprivatrecht. Neue Technologien im Spannungsfeld von Datenschutzrecht und BGB, Literatur, Archiv für die civilistische Praxis（AcP）Jahrgang 221（2021）/ Heft 4, S. 604-605.

法定情形下“方可处理个人信息”，而《民法典》合理使用制度规则（第1036条）采取的立法语言是“行为人”在法定情形下“不承担民事责任”。合法性基础的存在，使得处理者可以得到法秩序的许可而实现数据使用机会。虽然使用行为具有权益侵害的广泛可能性，但也受制于责任承担范围的构成而避免过度蔓延，合法性基础规范无疑是数据使用者行为归责的核心规范，这与《民法典》中合理使用制度的结果归责模式相得益彰。整体上看，《民法典》的个人信息合理使用制度系事后的、对处理行为进行整体判断的法律依据，其重点在于确定民事责任的分配；《个人信息保护法》的个人信息处理合法性基础是在事前、事中、事后各个环节，结合处理行为目的与场景进行利益衡量的法律依据，其立法逻辑是防控风险并确立行为义务。

首先，合法性基础规范采取“方可处理”的许可型表述，属于侵权责任成立阶段的判断，其直接针对的是行为的违法性，关注的是行为与权利受侵害之间的关系；而《民法典》采取“不承担民事责任”的责任型表述，属于侵权责任承担范围的判断，其直接针对的是责任后果，缺省了责任成立的要件判断（包括对不法行为的判断），关注的是权利受侵害与损害之间的关系，并通过明定的方式对责任进行免除。这一点通过比较立法语言的差异便可推知，《民法典》第1036条采取“不承担民事责任”的表述，在责任承担范围上进行了全部免除，而《个人信息保护法》第13条采取“方可处理”的表述，也就是针对“缺乏法定事由”的违法阻却事由。实践中也有观点认为，《个人信息保护法》第13条的合法性基础规范，系《民法典》关于免责事由条款的细化，或者认为与《民法典》免责事由以及“合理使用”制度相关联，笔者认为失之偏颇。合法性基础规范具有相对独立的体系地位。在立法语言表述中，“方可”不同于“不承担责任”，可以行为不代表终局性的免责，即使符合该条保护性规范，依然可能因为违反其他保护性规范，或者因故意悖俗而导致侵权责任的产生。

其次，合法性基础规范的直接对象是“处理者”，而《民法典》规范的直接对象是“行为人”，二者的差别主要体现在是否仅限于“自己责任”。如前所述，我国对“个人信息处理者”采取广义定义，“处理者”不一定是个人信息处理活动的直接“行为人”，立法语言并未采取“个人信息处理行为”概念，甚至《个保法》全文都未出现“处理行为”的表述。其背景是现代侵权法越来越重视危险责任和风险担保责任，不必然需要责任主体有具体的侵害行为。因此，个人信息处理的合法性基础规范既可以作为自己责任的判断依据，也可以适用于替代责任。

最后，合法性基础的重点在于防范风险而非确定责任。从体系解释来看，《个人信息保护法》具有较强的公法色彩，体现为事前准入、事中监管和事后处罚三位一体的管制体系，以行为管制为核心，如果将合法性基础单纯从事后整体责任承担来理解，势必造成事前和事中监管的缺位。因此，合法性基础在私法领域的适用旨在基于场景理论确定法律价值和秩序，并对行为目的不法以及相应产生的风险作出判断。至于是否承担民事责任，以及承担多少民事责任，仍需结合其他私法规范予以判断。值得注意的是，《民法典》第 1036 条规定的责任免除类型是“民事责任”，而违反合法性基础等保护性规范所产生的责任包括民事责任、行政责任甚至刑事责任，需要跳出部门法的藩篱，从主观权利所要求的客观价值秩序层面进行理解和适用。

合法性基础规范影响的是侵权责任成立阶段的不法行为认定，不延展至侵权责任承担范围。如前所述，即使符合《个人信息保护法》第 13 条，仍然需要判断方式上的合法性；相反的，即使违反了《个人信息保护法》第 13 条，如果存在免责事由，依然可以不承担民事责任。免责事由指的是一些法律事实，因其存在而使侵权责任的某些成立要件不具备，或免除了责任承担，亦即我国立法用语中的“不承担责任的情形”。[①] 免责事由的范围及于一切免除侵权责任的理由，而违法阻却事由只针对责任成立阶段的违法性判断。法律规范基于利益衡量，为避免侵权责任的扩张过度抑制行为自由，对责任最终承担结果还可以通过法律上的因果关系进行限制。《民法典》个人信息“合理使用”制度基于法律原因的可预见性或风险标准，通过法定情形

① 参见程啸：《侵权责任法》（第三版），法律出版社 2021 年版，第 325~326 页。

下的“不承担民事责任”，实现责任的免除。二者逻辑正好相反，《个人信息保护法》偏重行为管制思路，从处理目的出发，还需要结合其他外在的法律规范最终完成整个处理活动的合法性判断；而《民法典》偏重权益保护思路，从责任承担结果出发，对责任承担范围的私法效果直接予以规定，而过程中的裁判衡量因素就内化在了法条的适用中。

（三）纵向二次分配：数据产业治理

1. 完善数据要素收益的税收制度

二次分配主要是公权部门平衡地区、行业、群体之间的收益差距，运用税收和社会保障机制等多种手段进行社会利益格局的调节，在效率价值的基础上实现公平。由于数据要素市场的发展极为依赖数据基础设施体系的建设，而这往往需要政府提供巨大的财政支出，以及广泛的数据公共服务，例如2023年工业和信息化部牵头专门印发的《算力基础设施高质量发展行动计划》。这都需要落实税收制度，对信息计算力、网络运载力、数据存储力提供充分支持。完善数据要素收益的税收制度，有利于营造良性健康的收益再分配生态，[①]培育数据市场机构积极履行社会责任和社会义务的健康价值观。

2. 促进数据产业价值链形成

党的二十大报告和中共中央、国务院《数字中国建设整体布局规划》都提出了融合数字经济和实体经济的要求，也诞生了“数实融合”的理念。从数据应用场景看，数实融合意味着通过科学技术融合创造新质生产力，再推动市场产业融合；[②]从数据应用阶段看，数实融合存在知识、技术、应用、产业四个融合阶段。[③]这意味着数据资源需要在收集阶段增强技术创新驱动，在使用阶段放松管制，降低交易成本，从而有效扩大数据要素流动范围并实现规模经济，迎合日益复杂的社会需求。降低交易成本的本质是

---

① 参见张世明：《税收法律制度对于公民意识的培养解析》，载《政法论丛》2023年第3期。

② CURRAN C S, LEKER J. Curran C S, *Leker J. Patent indicators for moni-toring convergence-examples from NFF and ICT*, Technological Forecasting and Social Change, 2011, 78（2）: 256–395.

③ HACKLIN F, MARXT C, FAHRNI F. Hacklin F, marxt C, Fahrni F. An evolutionary perspective on convergence: Inducing a stage model of interindustry innovation, International Journal of Technology Management, 2010, 49（1/2/3）: 220–249.

让数据要素在产业链层面按照供需关系和生产力水平自由流动，促进供需效率的增长。

在产业链层面，数据资源配置需求主要集中在动力机制、创新机制、保障机制三个方面。动力机制方面，需要加大高端劳动力、资本和技术生产要素的高效投入，实现人才驱动、资本驱动和技术驱动三驾马车并驾齐驱，同时鼓励发现并满足多元化的产品需求。创新机制方面，优化竞争秩序，完善反垄断、反不正当竞争监管，提升对知识产权、商业秘密等企业正当财产权益的保护力度。保障机制方面，加大数字基础设施建设和公共服务供给，探索“共建共投”机制。① 通过数据产业价值链的形成，增大数实融合的经济效益、绿色效益、社会效益空间。

（四）横向三次分配：数据社会治理

1. 完善数据要素收益的第三次分配机制

数据资源在经历了初始分配、初次分配和二次分配三个过程后，并不能完全解决发展不平衡、资源要素过度集聚的问题，需要通过道德和社会治理机制实现财富移转，② 并营造数字社会共同体共建共治共享的新型社会治理模式。这种财富移转模式被称为“三次分配”，是中国特色社会主义概念以及本土孕育的治理理念。国外虽有相似的“第三部门”服务于公共目的，并强调基于资源配置的自生自发秩序，③ 但存在主体局限、行为局限等多方面限制因素，不能与中国特色的“三次分配”机制相提并论。数据要素是新时代社会建设的底层基础，在尊重经济发展规律的同时，还要注重让社会共同分享数据要素收益带来的财富，这也是中国特色社会主义制度下共同富裕理念的必然要求。

一是贯彻以人民为中心的理念倡导全体人民共享互助的数据治理氛围，根据数据要素的横向关系特征，对弱势群体予以针对性保护，并倡导通过捐

---

① 张楷卉：《“十四五”时期数字经济与实体经济深度融合的创新机制》，载《经济体制改革》2022 年第 4 期。

② 厉以宁：《股份制与现代市场经济》，商务印书馆 2020 年版，第 68 页。

③ 参见黄春蕾：《第三次分配若干基本问题的再认识》，载《西安交通大学学报（社会科学版）》2023 年第 2 期。

赠等方式实现数据要素收益向未成年人保护、数字基础设施等方面单向流动。将数据资质认证、数据社会商誉等机制与三次分配机制紧密联系，推动企业家精神、社会认同感培育工作与三次分配机制相互促进，形成具有中国特色的数据要素收益三次分配模式。

二是在执法和司法案件中的利益平衡范围内，重点考虑数据来源者的风险负担，和数据处理者以及使用者的保护义务，并作出妥适的平衡方案。[①] 三次分配不是只考虑平均主义的“劫富济贫”，而是建立符合社会公平正义理念的基本面总体公平，[②] 涉及程序正义、机会公平和实质平等。执法者和裁判者可以依托社会主义核心价值观的融合工作，在合理的范围内考虑数据价值生产过程中的风险分布、财产秩序变动、正当价值来源等因素，既尊重经济规律的客观性，也要尊重社会治理需求以及风险防控成本，将数据要素收益的三次分配机制融入国家治理体系现代化的建构之中，[③] 通过三次分配机制实现良币驱逐劣币的效果。在执法和司法案件中确立数据保护义务，[④] 以及与数据安全、数据质量相关的财产性惩戒手段，形成健康的数据营商环境。

三是推动建立我国民法体系的获利补偿机制。我国《民法典》侵权获

① 参见韩国个人信息泄露案件，裁判法院：韩国首尔高等法院，载 https: //www.scourt.go.kr/portal/dcboard/DcNewsViewAction.work?gubun=44，2024 年 9 月 13 日访问；韩国文件出示令案件，裁判法院：韩国首尔高等法院，载 https: //www.scourt.go.kr/portal/dcboard/DcNewsViewAction.work?gubun=44，2024 年 9 月 13 日访问；德国使用软件应用程序处理员工数据的纠纷案件，裁判法院：德国汉诺威行政法院，载 https: //beck--online-beck-de-s--zhe.cnu100.rbltsg.top/Dokument?VPath=bibdata%2Fzeits%2Fnza-rr%2F2023% 2Fcont%2Fnza-rr.2023.264.1.htm&ReadableType=Parallelfundstellen&HLWords=on&JumpType= SingleHitJump&JumpWords=VG%2BHannover%2BUrt.v.9.2.2023&Readable=Suche%2Bnach%2BGericht%253a%2BVerwaltungsgericht%2BHannover%2Bund%2B%2526%252339%253bUrt.v.9.2.2023%2526%252339%253b，2024 年 9 月 13 日访问。

② 参见赵峰、钟荣盛、赵奕菡等：《收入分配、技术结构与财政支出乘数——基于马克思再生产理论的分析框架和经验研究》，载《财贸经济》2023 年第 9 期。

③ 袁曾：《分配视角下的数据利用规则再造》，载《东方法学》2024 年第 1 期。

④ 参见甲科技公司诉乙网络公司服务合同纠纷案，上海市第二中级人民法院（2022）沪 02 民终 9215 号民事判决书；个人信息访问记录查阅复制案，北京互联网法院（2022）京 0491 民初 22720 号民事判决书；某信息科技有限公司与杭州某光纤网络有限公司侵害著作权、表演者权及不正当竞争纠纷案，浙江省杭州市中级人民法院（2023）浙 01 民终 4722 号民事判决书；北京某科技公司、浙江某科技公司与襄阳甲科技公司、襄阳乙科技公司、湖北某科技公司不正当竞争纠纷案，浙江省杭州市中级人民法院（2023）浙 01 民终 4707 号民事判决书。

利赔偿（《民法典》第1182条）和违约获利赔偿（《最高人民法院关于适用〈中华人民共和国民法典〉合同编通则若干问题的解释》第62条），共同表达了将不法行为所获利益从行为人转移至权利人的规范内容。该规范内容还散见于《著作权法》《商标法》《专利法》《反不正当竞争法》《公司法》《证券法》《证券投资基金法》等法律。但目前理论层面对该类规范原理的理解存在争论，主要涉及不当得利制度、损害赔偿制度、不法管理制度之间的衔接关系；实践层面法官往往径行采取酌定的方式，缺乏裁判说理过程和事实判断框架，导致适法路径不统一、当事人难以服判。因此，对该类规范进行体系解释，可以构建清晰稳定的解释学框架，有助于我国《民法典》实质性债法总则的提炼以及实践指引。我国《民法典》债法体系的编纂基础是“法效果的统一性”（Einheit der Rechtsfolgen），债的效果规则就形成了中国实质性的债法总则。在行为人因不法行为所获得的利益大于受害人所遭受的损失时，如果允许行为人保留额外获得的利益，则可能产生鼓励不法行为的疑虑。为解决此问题，学者们提出了获利返还规则，并从侵权损害赔偿制度、不当得利制度和无因管理制度分别予以论证。然而，这些单一视角均存在一定的不足之处。我们应该对损害赔偿、获利返还、法官酌定的损失以及惩罚性赔偿这四者概念进行明确的区分。学界采取的获利返还、获益赔偿等表述存在文义上的逻辑矛盾，应当采取“法定补偿义务”的方式统一对获利移转责任的规范表达。获利补偿规则的独立性体现在对财产权益归属秩序的判断逻辑，而不在于对任何一个单一请求权基础的理论扩张。事实上，损害赔偿法、不当得利法等制度在获利返还范围的判断方面皆有重叠和不能彼此覆盖的部分，也因此具有不真正无因管理的表象。准确把握获利补偿规则的核心思路，是对民法中特有的“使用利益补偿”（Nutzungsausgleich）现象的抽象和提炼，并用以解决包括“物之抽象使用利益”在内的财产使用后的利益平衡问题。由是观之，获利补偿规则存在阶梯式的特征，经由保有利益之正当性判断，划分成不同程度的补偿责任以及对应的构成标准，如此方能弥合制度间的缝隙。进而，可以构建私法中权利人取得不法行为人的获利的一般理论，形成我国《民法典》实质性债法总则的一项重要内容；发展“使用利益补偿”的法解释学工具，用以解决个人信息权益、数据财产权益等新型财产权益的法律属性、救济方式以及利益分配问题；对《民法典》合同编、侵权责任编以及散见于民事单行法的获利补偿责任进行体系解释，建立统一的解释学框架以及事实构成阶层。

2. 推进数据伦理和监督机制建设

数据要素市场发展衍生出数据歧视（杀熟）、数据垄断、算法黑箱等数据难题，需要注重数据的社会治理并实现数据要素收益的第三次分配，尤其要体现出数据伦理建设，并通过数据伦理的社会认知发展来影响数据初始权利配置，逐步形成经过实践检验以及侵权“冶炼炉”的新型法定权利。数据伦理的基本价值预设是个人尊严和基本价值要在数据活动中得到保障而非贬损，随着社会数据化的纵深发展，个人的数字人格应该得到相匹配的保障机制。[①] 数据确权不只是为了促进数据流通和数据资源分配，更重要的是尊重数据伦理的基本要求。数据社会治理模式的发展，本质上是促进以数据正义为价值载体，以习近平法治思想以及社会主义核心价值观为具体表现的数据法治。

在伦理基础上，要推动形成数据时代的社会治理共同体，借助中国特色监督机制的建设契机，重点推进数据要素的社会监督模式。通过公权监督的方法必然会带来成本和范围的限制，而社会监督可以有效揭示数据要素的不平等使用、过度使用等问题，避免“数字权贵”和“数字贫民”的两极分化，实现数据要素市场治理过程中各主体之间权利义务的再平衡。

五、数据资源交易机制的基础：许可事实阶层论

数据财产权以使用利益为表现形态，以数据使用机会为实质内容，考虑到个人数据保护制度，其财产权的法律基础主要集中于许可制度。按照德国的许可阶层论，以“同意”为表现形态的许可，按照强度可以划分为“简单

① 郑玉双：《数据伦理的法理构造与治理模式》，载《甘肃社会科学》2024 年第 4 期。

（schlichte）同意”“债法层面同意”“权益转让层面同意”，[①] 这三个层面的许可分别决定了数据财产权的不同强度。“许可”和“同意”概念的区别在于，许可是法秩序视角，同意是意思表示视角，从外部观察时二者经常重合。除了同意机制，数据财产权还可以基于法定许可而产生，即《个人信息保护法》第 13 条第一款第 2 项至第 7 项；由于数据财产权极度依赖基于使用行为的个案判断，法官的审查意见将极大影响数据财产权的界定，基于个案的推定许可（也可以称为酌定许可）同样至关重要。有鉴于此，数据财产权的强度可以基于许可的强度而划分出不同阶层，包括意定许可阶层、推定许可阶层和法定许可阶层，而意定许可阶层又可以进一步分为简单同意的程度、债法层面同意的程度以及权益转让同意的程度。

（一）意定许可阶层：意思自治的数据财产权

意定许可系《个人信息保护法》第 13 条第 1 款第 1 项，通过“取得个人同意”，使得处理目的得到数据来源者的确认。在作出同意时，数据来源者中有些人会结合具体场景对处理目的进行审慎判断，但更多的个人并不会在大量一揽子文件中“浪费”时间。在同意的基础上开放自我决定权尚未确立绝对性的主观“在数权（Rechts am eigenen Datum，与在物权逻辑相似）”，[②] 而且任何处理数据的意定许可仅具有相对效力，但有效的同意机制可以使数据来源者能够对这种决定权进行经济利用以换取服务，[③] 从而产生了使用利益这一财产性权益，数据处理者可以由此合法地获取数据使用机会。因此，数据保护法中的同意不仅仅是一种形式上的法律许可，其在实质上通过个人干预自身权益的方式赋予了数据处理者事实上的使用权，迎合了“未经许可不得使用”这样的一般性禁令。[④]

---

① Ansgar Ohly, *Volenti non fit iniuria - Die Einwilligung im Privatrecht*, 2002, S. 168 170, 448.

② Buchner, *Die informationelle Selbstbestimmung im Privatrecht*, 2006, S. 313.

③ Gemäß Art. 20 Abs. 2 DS-GVO hat das Datensubjekt zwar „das Recht, zu erwirken, dass die personenbezogenen Daten direkt von einem Verantwortlichen einem anderen Verantwortlichen übermittelt werden “. Hieraus folgt jedoch allenfalls eine treuhänderisch gebundene Geltendmachung des Anspruchs des Datensubjekts durch den neuen Verantwortlichen. Zu den Möglichkeiten und Grenzen der Datentreuhand: Wendehorst/Schwamberger/Grinzinger, in: Pertot（Hrsg.）, Rechte an Daten, 2020, S. 103ff.; Kühling, ZfDR 2021, 1ff.

④ So bereits zur Einwilligung im deutschen Privatrecht: Ohly, Volenti non fit iniuria, 2002, S. 173f.

在数据行业实践中，绝大多数以个人数据为履约标的的合同都是在格式条款的基础上达成的，也就是处于“信息噪音”中的大量企业方强势条款。通过同意机制对数据界权的困难在于，缺乏统一的、充分的、实质的、可行的实践审查标准，而仅仅能够用抽象的表述来宣示个体权益的重要性以及数据处理者应当达到的注意标准。这些标准取决于同意机制所要求的透明性（知情权）和决定的自愿性（自主选择权），因此更务实的做法是基于透明性和自愿性，在法律规范的基础上将其发展成一个阶梯式的解释工具。①

第一，当合意建立在一般的社会交往中，交易透明性程度最低、决定自愿性最低，因而企业获取的数据使用机会限制最多，数据财产权强度最弱。例如走入商场试图连接公共 WiFi 时“勾选同意”，此时数据来源者的经济意愿主要集中于“用数据换取生活便利”，如果此时问其是否愿意让企业充分利用个人数据，得到的答案往往是否定的，但为了便利其作出的行为却是背道而驰，也就是所谓的“数据隐私悖论”。② 此时的同意仅仅是一种简单同意，属于单方法律行为，既可以在侵权法中表现为被害人同意，也可以在意定代理中表现为内部授权行为，此时数据来源者可以任意撤回同意而不受限制。③

第二，当合意建立在具体的数据服务中，交易透明性程度居中、决定自愿性居中，因而企业获取的数据使用机会可以基于合同规则而加以扩张或限缩。例如从商场出来开始使用网约车 App，此时数据来源者的经济意愿主要集中在“用数据换取特定服务”，从而节省开支或分享利润，如果此时问其是否愿意让企业充分利用个人数据，得到的答案往往是“看情况而定”。在有限的利用程度以内、不妨害个人权益的前提下，企业充分利用个人数据是得到默许的。在数据服务或数据产品的合同关系中，同意作为履约内容或订约条件，属于合同的主给付义务，这显然超越了简单同意，使得数据财产权

---

① Andreas Sattler, Informationelle Privatautonomie, Mohr Siebeck 2022, S.203–204.

② Acquisti/Grossklags, Losses, Gains and Hyberbolic Discounting: An Experimental Approach to Information Security Attitudes and Behavior, 2003; vgl. auch Metzger GRUR 2019, 129（134 f.）.

③ Benedikt Buchner, Informationelle Selbstbestimmung im Privatrecht, 2006, S. 231 236.

获得了高于简单同意模式的强度。数据来源者此时并不能真正地“任意”撤回同意，[①] 而是应当对任意撤回同意规则进行目的性限缩解释。

如前所述，此处要注意的是同意行动和给付行为是有区别的，同意行动仅是许可，并不当然实现具体的给付行为。债务人可以承诺表示同意，但仅是债权请求权并不能使行为合法，债务人必须实际上表示同意。[②] 尽管在经济上存在联系，但同意行动和使用行动，在法律上本身就是两个相互独立的行动，[③] 前者是“你可以”，后者是“我承诺”，因此债法中的同意不仅需要具备简单同意的程度，还需要具备债法层面的承诺意义。

第三，当合意建立在明确的数据交易中，交易透明性程度最强、决定自愿性最强，因而企业获取的数据使用机会可以基于权益转让规则而极大扩张。例如商场开展用户调查，对特定群体用户的使用习惯进行分析并优化广告推介程序，使得用户在采购验孕棒后便会收到婴幼儿产品的定向广告，此时数据来源者的经济意愿主要集中在“用数据换取交易对价”，从而直接将个人数据变现，具体变现方式既包括节省开支或分享利润，也包括人格权益商品化的对价，如果此时问其是否愿意让企业充分利用个人数据，得到的答案往往是“看合同约定”，在合同约定的框架下，企业充分利用数据是数据来源者获得经济利益的交换条件。

在人格权益商品化方面，数据财产权与肖像财产权并无二致，都是实现了人格权益的附属财产价值。再如罕见病数据的研究授权合同，由于稀缺的个人疾病数据可以推动治疗手段的升级以及商业化运作，因此最充分的数据利用（事关生死）行为是完全可行且被容忍的。而治疗费用的豁免、恢复阶段的经济供给、意外情况下的经济补偿都是可接受的，原因在于此类数据使用利益是建立在“权益转让同意”的模式下，由于个人和机构对关键数据的利用效率不同，允许特定主体之间转让数据使用机会，无论是用于社会福祉还是用于私营逐利，在法律上都应当建立一条合法路径允许通行。在数据

① Andreas Sattler, *Personenbezogene Daten als Leistungsgegenstand*, Juristen Zeitung 72（2017），S. 1036ff.

② Ernst Zitelmann, Ausschlu B der Widerruflichkeit, AcP1906, 43.

③ Wolfhard Kohte, Die rechtfertigende Einwilligung, AcP 1985, 105, 136.

交易类型的合同关系中，企业明确要求数据来源者进行数据给付行为，从而开展算法模型训练、特定数据特征分析等活动，此时对任意撤回同意规则应当进行更为严格的限缩解释，让数据处理者可以基于合同而抗辩，对抗数据来源者事后的反悔。前文所述的数据和信息二分逻辑，完全可以支持这一论断。

第三层次的同意已经具备了处分行为的特质，数据来源者的同意直接改变了双方的法律地位，属于“处分级别的履行行为”（Erfüllungsgeschäft auf der Verf ü gungsebene）。[①] 此时数据来源者的同意超越了简单同意和债法层面同意的程度，而是在权益转让层面附加了对数据使用机会的处分效力，即便同意无效（被撤回或被撤销），合同中关于数据使用机会的条款仍然不受影响，双方依然可以按照合同约定维护自身的使用利益。

个人数据同意的效力应当与数据合同效力区分认定，同意的有效性在意思表示瑕疵规则以及解释规则的基础上，取决于个人数据保护制度的规范要求，例如同意能力的主体规则（涉及未成年人）、告知说明义务以及禁止捆绑规则等。只要同意符合意思表示的解释规则和个人数据保护规则，即便是基础合同存在瑕疵，同意的效力也不会受到影响，因为至少可以达到第一阶层的简单同意程度。反之，当同意无效或被撤回时，合同的效力也不受影响，作为合同当事人的数据主体及处理者完全可以根据合同关系主张权利，从而维护自身的使用利益，[②] 因为此时数据使用机会已经基于合同分化为数据来源者和数据处理者两方面的利益。（见表 1）

---

① Thomas Riehm, Freie Widerrufbarkeit der Einwilligung und Struktur der Obligation Daten als Gegenleistung? in: Tereza Pertot（Hrsg.）, Rehte an Daten. 2020, S. 175ff.

② Louisa Specht, Datenverwertungsverträge zwischen Datenschutz und Vertragsfreiheit-Eckpfeiler eines neuen Datenschuldrechts, in: B riner Robert G. / Funk Axel（Hrsg.）, DGRI-Jahrbuch 2017, 2018, S. 35ff.

表 1　基于同意的许可事实阶层模型（Stufenmodell der Erlaubnistatbestände）[①]

<table>
<tr><th></th><th>名称</th><th>功能</th><th>规范</th><th colspan="2">事实</th></tr>
<tr><td rowspan="3">第一阶层</td><td rowspan="3">单纯同意（生活层面同意）</td><td rowspan="3">实现个人数据私法自治</td><td rowspan="2">《个人信息保护法》第 15 条、GDPR 第 7 条第 3 款</td><td colspan="2">可自由撤回的同意</td></tr>
<tr><td>B2B：限期可自由撤回同意</td><td>B2C：限期或永久可自由撤回同意</td></tr>
<tr><td>《个人信息保护法》第 14 条、GDPR 第 7 条第 4 款</td><td colspan="2">考虑自由意志因素，如果负责人具备市场支配力，则严格适用竞争法</td></tr>
<tr><td>第二阶层</td><td>合同附加要求（债法层面同意）</td><td>限缩性解释：同意规则中处理者义务的豁免</td><td>《个人信息保护法》第 13 条第 1 款第 2 项、GDPR 第 6 条第 1 款（b）项</td><td colspan="2">认定数据控制者的商业目的，必须具有第一阶层的同意基础</td></tr>
<tr><td>第三阶层</td><td>权益转让的利益平衡（个保法层面同意）</td><td>辅助事实认定：如果结合处理目的，征得同意是不可能的，或者所付出的努力不成比例；尤其是个人数据涉及多方利益，但对数据来源者个人风险较低的情况</td><td>《个人信息保护法》第 13 条第 1 款第 2 项、第 6 项、第 7 项，GDPR 第 6 条 第 1 款（f）项</td><td colspan="2">对“直接营销”等场景中同意撤回规则的限缩性解释（债法关系的相对性）；特别敏感的个人数据除外</td></tr>
</table>

欧洲有观点认为，应不惜一切代价避免将个人数据称为对价，这将否定第三阶层的企业数据财产权证成。因为个人数据涉及基本权利，不应被视为商品。该类观点甚至将其与器官交易相提并论，总会有人愿意付钱买器官，但立法者不应使这种做法合法化。[②] 欧盟《数字内容指令》部分采纳了欧洲数据保护监督者的表述，根据第 3 条个人数据并不等同于商品。虽然第 3 条第 1 款的措辞有所调整，区分了数字内容与个人数据，但消费者提供个人数据的情形仍然涵摄于指令。对规范文本的体系解释[③] 也不会产生明确

---

① Vgl. Andreas Sattler, Informationelle Privatautonomie, Mohr Siebeck 2022, S.357−358.

② European Data Protection Supervisor, Stellungnahme 4/2017 zu dem Vorschlag für eine Richtlinie über bestimmte vertragsrechtliche Aspekte der Bereitstellung digitaler Inhalte, 14.3.2017, insb. Rn. 14 und 17.

③ 根据《欧盟运作条约》第 342 条以及第 1/19584 号条例第 4 条，欧盟的所有官方语言本身具有同等地位，因此在解释时应同等使用。因此在对欧盟法规范进行解释时，必须对不同的语言版本进行比较。Vgl. Streinz/Herrmann, 3. Aufl. 2018, AEUV Art. 342 Rn. 35.

的结果，在语言版本不同的情况下，必须采取系统性的思维和目的论确定欧盟中的法律概念。[①] 英文版本中“消费者向商家提供或承诺提供个人数据的情况”，其中“承诺”对应法文 s'engage à fournir、西班牙文 se comprometa a suministrar，英法西三个短语的中文表述都是“承诺”，但所暗示的责任程度各不相同。西班牙语 comprometerse 与德语 verpflichten（承担责任的承诺）对应，但与西班牙合同法中的 obligar 相比，comprometerse 并不是专门用于合同义务的明确用语。[②] 在法语中，s'engager 和 obliger 也有类似的并列用法。[③] 英语中 undertake 虽然可用于合同语境，但这不是强制性的。[④] 对德语、英语、法语和西班牙语规范表述的总体分析无法得出一个明确的结果，但至少我们可以将其理解为一种合同义务，只是不能强制这个义务的履行。[⑤] 从解释论来看，将提供数据的积极或消极行为作为给付义务，并不会直接产生将人格要素进行商品化的问题，正如同人格权益可以通过商品化路径衍生出受到法律保护的财产性权益，但不会产生可交易的“肖像”“姓名”“声音”。正是由于“承诺”表述的模糊性，欧盟各国可以通过国内法确立将个人数据作为“给付”时的法效果，[⑥] 从而决定许可事实的第三阶层效力。我国法律规范对此问题尚无明确规定，但可以解释出第三阶层效力。第一，《民法典》宣示的“个人信息权益”包含双重意涵，数据来源者的人格权附属财产利益可以为第 111 条所涵摄而非第 1034 条。《民法典》第 111 条与第 1034 条的第一句都规定了“个人信息受法律保护”，追求提取公因式技术的《民法典》在总则编和人格权编进行了一字不差的重复并非冗余，而是体现出了开放

① Calliess/Ruffert/Wichard, 6. Aufl. 2022, AEUV Art. 342 Rn. 17 f.

② Siehe z.B. Artículo 1445 des spanischen Código Civil, der den Kaufvertrag regelt, und sich des Verbs „obligarse“ bedient.

③ 参见《法国民法典》第 1582 条和第 1601—2 条。

④ Vgl. https: //dictionary.cambridge.org/de/worterbuch/englisch/undertake, letzter Zugriff am 22.12.2021.

⑤ Tabea Bauermeister, Die „Bezahlung“ personenbezogenen Daten bei Verträgen über digitale Produkte, Archiv für die civilistische Praxis（AcP）Jahrgang 222（2022）/ Heft 3, S. 382−383.

⑥ Tabea Bauermeister, Die „Bezahlung“ mit personenbezogenen Daten bei Verträgen über digitale Produkte, Archiv für die civilistische Praxis（AcP）Jahrgang 222（2022）/ Heft 3, S. 383.

性，给予数据主体获得用益补偿的财产权解释空间。第二，《个人信息保护法》第44条采取直接确认"知情权、决定权"的立法用语，这是第四章外延最广、解释空间最大的权利性立法表述，具有纲领性的作用，该章其他各个权利条款都可以归入"决定权"的解释空间，存在新型财产权利的解释和发展空间。

（二）法定许可阶层：法律直接赋予的数据财产权

同意是数据财产权的重要但不唯一的基础，存在无须同意的数据使用机会，原理是基于公共利益或他人正当利益的法律授权，信息自决利益在个案中被更优位的利益所压倒。[①] 根据法益位阶理论，为了舒缓意思自治与公共利益、第三人利益之间的张力，不仅需要立法通盘考虑，也需要司法实践中法官基于个案考虑，甚至由法官决定不同权益的优先保护顺序。[②]

法定许可事实对数据财产权的证成是极其重要的，因为如果对法定许可类型的合法性基础规范解释越严格，数据处理者对获得有效同意的依赖性就越大，数据产业发展的阻力以及社会成本也就越高，因为私法关系中的行为禁令只能通过意思表示层面的同意机制来予以解除并将相关行为合法化。[③] 从体系的角度来看，同意机制应被视为优先于法定许可以及相关利益平衡机制的合法性基础，因为其要求更为具体，可以经由意思表示的解释予以充分论证，而法定许可则非常宽泛和抽象，极大依赖于法官的价值偏好。如果通过法定许可实现了相同的数据处理行为，并且满足了抽象的事实要求，那么同意机制所对应的具体事实要求将变得毫无意义。[④]（见表2）

---

① 杨旭：《〈个人信息保护法〉第13条第1款（个人信息处理的合法性基础）评注》，载《中国应用法学》2023年第6期。

② 参见顾全：《民事法律行为效力评价体系中法益位阶的理解与实证分析》，载《法律适用》2020年第17期。

③ So der zutreffende Ausdruck von Bunnenberg, Privates Datenschutzrecht, 2020, S. 35.

④ Ebenso Wendehorst/v. Westphalen, NJW 2016, 3745（3747）; Engeler, ZD 2018, 55（56）; Bunnenberg, Privates Datenschutzrecht, 2020, S. 51f./76f.

表 2 基于法定基础的许可事实阶层模型

第四阶层	法定许可（私法层面推定同意）	无须取得明示同意的行动自由	《个人信息保护法》第 13 条第 1 款第 2 项、第 6 项、第 7 项、GDPR 第 6 条第 1 款（b）（c）（d）（f）项	对事实状态的推定
第五阶层	法定许可（公法层面强制同意）	无须取得明示同意的行动依据	《个人信息保护法》第 13 条第 1 款第 3 项、第 4 项、第 5 项、第 7 项、GDPR 第 6 条第 1 款（c）（d）（e）项	法益位阶的权衡

法定许可的事实阶层主要建立在个案判断，可以进一步细分为私法层面的推定同意和公法层面的强制同意。私法层面的法定许可，主要依据的是法官通过经验法则和逻辑法则对私法事实进行推定的结果。由于意定基础中“取得个人同意”被附加了较多限制性条件，例如告知和充分说明义务等，仅仅通过意思表示的解释有时候难以应对复杂的利益平衡情形，因此需要法官对许可事实进行必要的心证。《个人信息保护法》第 13 条中所出现的“必需”“合理”表述以及“合法、正当、必要、诚信”原则，都涉及对法定许可事实的推定，典型如《个人信息保护法》第 13 条第 1 款第 6 项中的“合理范围”“已经合法公开”的事实判断。推定是依据事物间的常态联系，由一个或一组事实（基础事实）的存在推出与之相关的另一事实（推定事实）的存在或不存在的认识方法。[①] 根据推定事项的不同，可以将其分为对事实状态的推定、对权利状态的推定和对意思表示的推定，第四阶层的推定则属于对事实状态的推定。这一阶层的事实推定并不是数据法所独有，在专利默示许可等领域亦有先例，在英美法系涉及禁反言理论，在大陆法系涉及意思表示、信赖保护、利益平衡和机会主义等理论。这是一种融入了价值判断与政策考量的事实判断方法。即使是高举“欢迎修改”旗帜的合同法，也会对合同自由进行一定限制，从而弥补合同漏洞、矫正因绝对合同自由导致的当事人利益失衡。

公法层面的法定许可，主要依据的是特殊主体的行为规范和特殊场景的

---

① 张继成：《推定适用的逻辑基础及其条件》，载《华中理工大学学报（社会科学版）》1999 年第 4 期。

利益平衡规范。一方面，基于法定职责或法定义务，“特定政务部门进行个人信息处理应当具有法律的明确授权”[①]，此时虽然无需取得个人的同意，但基于公法原理需要经由合法性基础规范引致到明确具体的公法行为规范。另一方面，对特殊场景下的利益平衡问题，《个人信息保护法》第 13 条第 1 款第 4 项、第 5 项显然无法穷尽所有的法益位阶权衡情形，因此第 7 项的兜底条款有待未来经由司法实践充分发展。对此，法院拥有两项灵活的工具，即相称性原则和公平处理原则的理解与适用。[②]

第四阶层和第五阶层的许可事实不受数据来源者自由意志的干预，数据来源者仅能在事后对个人数据进行控制，无法排除已经形成的数据财产权益，即已经实现的数据使用机会。由于无需获取数据来源者的明确同意，处理者不再受制于同意规则和合同条款的约束，数据使用机会的可能性最广泛，因而数据财产权的强度要高于第三阶层。尽管数据来源者基于基本权利仍然可以在事后取得对个人数据的控制力，但如果我们对财产权益的判断增加了时间维度，区分“已用”与“可用”的两部分财产权益，那么我们可以发现，数据来源者的控制力仅针对“可用”部分，而对于“已用”部分，财产法中的“使用概念（Nutzungsbegriffs）”至关重要。[③]《德国民法典》第 100 条采取“用益”作为统摄孳息和使用利益的上位概念，并对使用利益的定义采取策略性的模糊表述。规范技术的“合目的性”（Zweckmäßigkeit）是用益概念形成的基础，并通过孳息和使用利益的概念范畴与“已用财产”（genutzten Gutes）联系起来。[④]类似于债法中解除（溯及过去）与终止（面向未来）的区别，以所有权为代表的财产性权能中，“使用权能”实际上是面向未来的，在损害认定时的差额说针对的是“可用”部分的财产权益，但无法解决的是溯及过去的“已用”部分。例如一个无权占有并用益所引发的

---

① 张新宝、葛鑫：《个人信息保护法（专家建议稿）及立法理由书》，中国人民大学出版社 2021 年版，第 178 页。

② Hacker, Datenprivatrecht, Mohr Siebeck, 2020, S. 262 ff.

③ Erik Röder, Nutzungsausgleich im Bürgerlichen Recht, Mohr Siebeck 2021, S. 28 f.

④ Erik Röder, Nutzungsausgleich im Bürgerlichen Recht, Mohr Siebeck 2021, S. 29 f.

法律后果，包括“已用部分的状态差 + 可用部分的恢复原状”[①]两部分权益，对已用部分的财产性权益保护应当独立于可用部分的固有利益保护。已用部分根据所有权人的财产计划，确定的是损害赔偿（例如租赁合同确定的租金、许可使用合同确定的使用费），但问题是如果缺乏财产计划以及可感知性，则需要补偿性的概念予以填补；可用部分则是依据恢复原状原则，若恢复不能就存在替代金钱赔偿。因此，不仅数据财产权可以证成抽象的使用利益以及相应的补偿请求权，现行物权法同样可以支持这一论断。[②]

结论

本课题初步梳理了数据交易的法解释学基础，建立了数据要素资源配置的基本模型。一是回应数据特征问题。数据的无限可复制性、个人信息权益伴生性等特征，使得其有别于传统的财产客体。如何应对财产形态变迁的问题，是制度设计的逻辑起点，也需要借助跨学科研究方法。二是规范数据治理。数据的社会影响牵涉个人（和社会）自主权价值，但还需关注数据生产和流通所导致的不平等，不局限于数据主体自我形成和自我实现。数据生产带来的社会不平等也是信息伤害的一种特殊形式。三是关注数据信赖利益问题。收集者基于数据生产过程产生的信用介入、处理者基于实质平等原则承担的信义义务、数据主体横向关系产生的反射利益等内在问题，都须深层次回应现代经济社会结构变迁。四是形成权利保护的激励机制。数据主体普遍存在“隐私悖论”，一方面恐惧信息泄露和滥用，另一方面却积极提供信息与外界建立联系。法律需要通过规则设计对数据产业形成激励机制，落实数据权利保护原则和技术保护手段。

为了选准关键维度来划定数据财产权的边界，有序协调数据之上的多重利益主张，形成一套富有描述力、解释力和秩序感的数据财产权体系，应当

---

① Vgl. Larenz, Lehrbuch des Schuldrechts, 1. Band, Allgemeiner Teil, 14. Aufl., C. H. Beck, München, 1987, § 28, S. 468.

② 林志强：《论物之使用利益丧失的侵权损害赔偿》，载《南大法学》2023 年第 5 期。

引入“使用利益”作为核心法学概念加以体系化建构，并基于许可事实的不同阶层予以差异化保护。第一，界定数据财产权的核心是使用行为。数据财产权的本体是数据使用利益，实质内容是数据使用机会，并基于意定和法定关系衍生出诸多财产权益。数据财产权不属于资产性权益，而是依附于数据、决定于数据使用行为的财产性权益，亦即使用机会的具体实现，因此现行的数据登记制度、数据流转制度，并不适合采取资产登记、资产流转的模式，而是应当采取许可登记、用益流转的方式，核心仍然是围绕着对数据使用机会的界定和让渡，因此许可事实阶层的判断至关重要，这是数据财产权生成的法律基础。第二，合法性基础规范确立了实现使用利益的前提条件，并对许可事实进行了体系划分。以“同意”为表现形态的许可，按照强度可以划分为“简单同意”“债法层面同意”“权益转让层面同意”，这三个层面的许可事实分别决定了数据财产权的不同强度。根据同意机制所要求的透明性（知情权）和决定的自愿性（自主选择权），应当在法律规范的基础上将其发展成一个阶梯式的解释工具，区分一般的社会交往、具体的数据服务、明确的数据交易不同情形。第三，同意是数据财产权的重要但不唯一的基础，存在无须同意的数据使用机会，原理是基于公共利益或他人正当利益的法律授权，信息自决利益在个案中被更优位的利益所压倒。法定许可事实对数据财产权的证成是极其重要的，因为如果对法定许可类型的合法性基础规范解释越严格，数据处理者对获得有效同意的依赖性就越大，数据产业发展的阻力以及社会成本也就越高。对数据财产权的判断需要增加时间维度，区分“已用”与“可用”的两部分财产权益，数据来源者的控制力仅针对“可用”部分，而对于“已用”部分则经由“使用行为”和“已用财产”概念发展出抽象使用利益，以及相应的补偿请求。

新能源汽车数据交易及资产化法律问题研究

课题组成员

主持人： 王成名　上海市新能源汽车公共数据采集与监测研究中心副主任

执笔人： 李施晨　上海车云数据科技有限公司数据分析工程师

参与人： 闫少伟　上海车云数据科技有限公司战略分析部经理

张　岷　上海市新能源汽车公共数据采集与监测研究中心数据管理专家（初级）

内容摘要： 近10年来，新能源汽车产业得到了长足发展，新能源汽车渗透率接近40%。新能源车的网联化、智能化程度要高于传统燃油车，每一辆新能源车都产生了海量的数据。这些数据包括但不限于车辆数据、个人数据、车外数据、新能源汽车服务数据等。随着新能源汽车产业不断发展，针对新能源汽车相关的数据需求不断涌现，新能源汽车数据市场交易逐渐旺盛。但新能源汽车数据种类繁多，数据重要程度以及泄露后的危害性各不相同，比如测绘数据、交通流数据泄露将会对国家安全产生严重威胁。为有效控制新能源汽车数据使用的影响，中国以及国外从法律层面对数据安全进行监管，同时出台多项政策指导新能源车企及相关企业落实数据监管，便于数据流通。本文对数据交易和数据资产化的法律政策进行了调研，但国内新能源汽车数据交易直接相关的法律政策较少，亟须推动相关法律的落地，形成标准。本文分析了部分新能源汽车数据及数据交易的法律相关的问题（新能源汽车数据中重要数据、个人数据的识别问题等等）并进行了典型案例研究，总结未来新能源汽车数据交易及资产化的发展趋势并提出了部分法律方面的建议。

关键词：新能源汽车　数据交易　数据资产化　案例研究

一、背景介绍

（一）新能源汽车发展现状

新能源汽车，是指采用新型动力系统，完全或者主要依靠新型能源驱动的汽车，包括纯电动汽车、插电式混合动力汽车、增程式混合动力汽车和燃料电池汽车等。国内的新能源汽车的主要种类包括纯电动汽车、插电式混合动力汽车和燃料电池汽车。

如图 1 所示，2023 年全球新能源汽车（乘用车）销量接近 1400 万辆，同比增长 30%，高于 2022 年 14% 的增长率。全球新能源汽车（乘用车）2023 年的销量绝大多数集中在中国（60%）、欧洲（25%）和美国（10%）①。总的来说，全球新能源汽车处在蓬勃发展的阶段，各个主要地区和国家销量均持续增长。

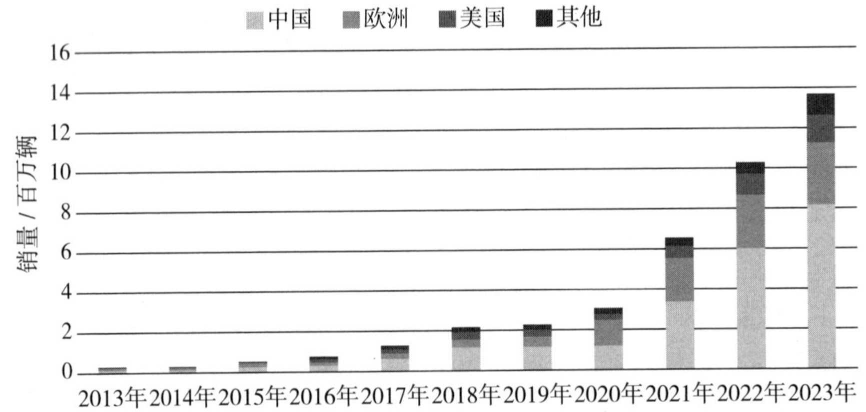

图 1　2013—2023 年全球新能源乘用车年度销量情况

① 参见上海市新能源汽车公共数据采集与监测研究中心 、上海国际汽车城（集团）有限公司、国际铜业协会等：《上海市新能源汽车大数据研究报告（2024 年）》，第 3 页。

1. 国外新能源汽车市场

《上海市新能源大数据研究报告（2024 年）》中指出欧洲新能源汽车渗透率超过 20%，美国新能源汽车超过 10%。

2023 年，欧洲新能源汽车总销量约 320 万辆，同比 2022 年增长 20%。其中德国成为世界第三个年销量超过 50 万辆的国家，渗透率约 24%。另外，法国 31 万辆、英国 31 万辆、芬兰 13 万辆。此外还有一些欧洲国家的新能源汽车渗透率超过 50%，如图 2 所示，分别是挪威、冰岛、瑞典、芬兰。①

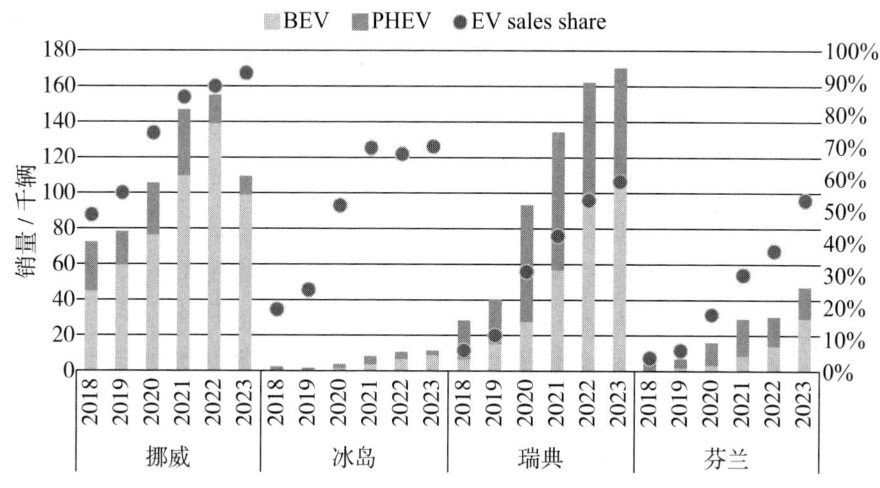

图 2　欧洲部分国家新能源汽车销量及渗透率

2023 年，美国新能源汽车总销量约 147 万辆，同比 2022 年增长 49%，由于 IRA 法案引入 FOEC 细则，许多来自海外的电池材料、整车均不享受整车补贴，预计对美国新能源汽车销量存在一定的影响，2024 年销售增长率预计将下降至 24%②。

2. 国内新能源汽车市场

如表 1 所示，根据国家统计局相关数据，2023 年汽车产量排名前十的中国省份及直辖市中有五个省份新能源汽车生产数量占比超过 39%，其中上

① 参见上海市新能源汽车公共数据采集与监测研究中心 、上海国际汽车城（集团）有限公司、国际铜业协会等：《上海市新能源汽车大数据研究报告（2024 年）》，第 4 页。

② 参见中信证券：《2023 年美国新能源汽车车市场分析与 2024 年展望》，第 1 页。

海市及陕西省新能源汽车生产数量占比分别达到了 59.68% 和 71.55%。2023 年中国新能源汽车产量达到 958.7 万辆，同比增长 35.8%①。

表 1 2023 年中国新能源汽车生产占比

省份	2023 年汽车产量（万辆）	2023 年新能源汽车产量（万辆）	新能源汽车占比
广东省	519.19	253.18	48.76%
重庆市	231.79	50.03	21.58%
上海市	215.61	128.68	59.68%
安徽省	208.80	37.95	18.18%
山东省	197.39	18.83	9.54%
湖北省	178.99	38.83	21.69%
江苏省	165.03	69.39	42.05%
吉林省	155.89	11.78	7.56%
浙江省	152.59	59.72	39.14%
陕西省	147.01	105.19	71.55%

如图 3 所示，根据中国汽车工业协会发布的数据，中国 2013 年至 2023 年新能源汽车销售数量持续增长。尤其在进入 2022 年及 2023 年后，新能源汽车销售数量急速增长，2023 年新能源汽车市占率达到了 31.6%，新能源汽车销量达到 949.5 万辆，同比增长 37.9%②。

在产量和销量同时保持较大增长的情况下，中国新能源汽车渗透率持续增长。如图 4 所示，根据中国汽车工业协会相关数据，2023 年中国新能源汽车渗透率达 31.6%，较 2022 年同比提升 5.9pt。2024 年 5 月底新能源汽车渗透率达到了 39.5%③。鉴于 2024 年发布的全新以旧换新补贴政策，新能源汽车渗透率有望进一步提升，预计新能源汽车在中国汽车市场占有率将会继续提升。

---

① 参见师建华：《2024 中国新能源汽车产业发展趋势报告》，第 3 页。

② 参见中国汽车工业协会：《2023 年我国新能源汽车销售 949.5 万辆，市占率达 31.6%》，第 1 页。

③ 参见华金证券：《新能源汽车深度报告》，第 4 页。

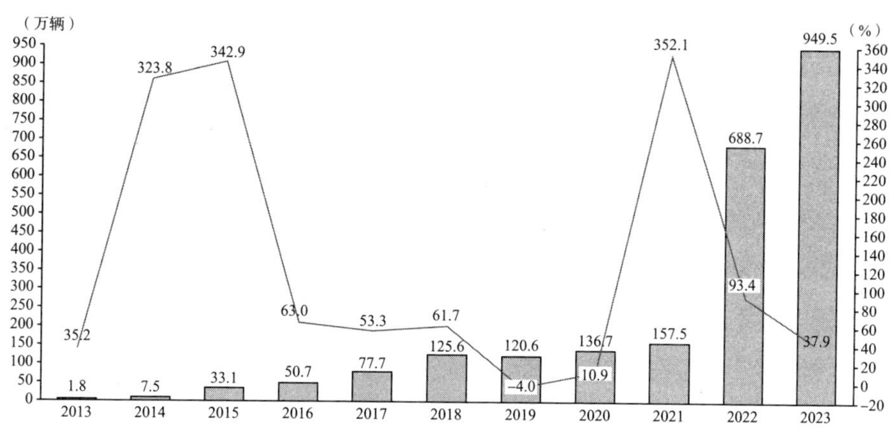

图 3　2013—2023 年新能源汽车销量及增长率

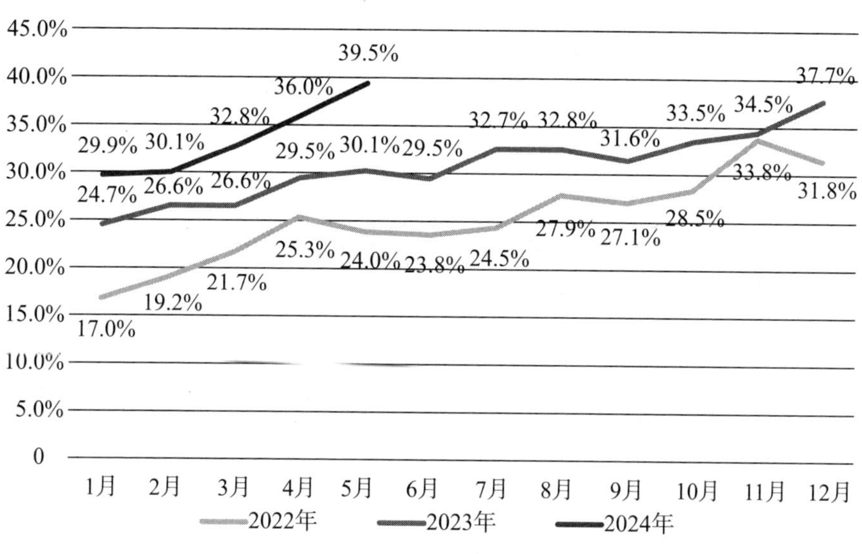

图 4　中国新能源汽车渗透率

（二）新能源汽车数据特点

相较于传统燃油汽车，新能源汽车产业链的核心零部件的研发与车企逐渐分离，例如电池、电机等核心零部件、部分智能化硬件以及软件和算法，主机厂可以与其他企业合作开发，新能源整车厂的进入门槛更低，企业发展空间更大。随着新能源汽车市占率、渗透率逐步攀升，新能源汽车产业链不断成熟，上游的原材料及零部件，中游的整车，下游的后市场服务都得到了蓬勃发展。而在未来，例如充电桩、换电站、电池回收等后市场服务也将在新能源汽车产业链中占据愈加重要的地位。

随着新能源汽车的成熟化、规模化、智能化、网联化，每辆新能源汽车每一天就会产生多达 10TB 的数据，而国内新能源汽车已经有了数百万辆的规模，这些新能源汽车每天都在产生海量的各类数据。相比传统燃油车，新能源汽车在汽车智能化及网联化程度都比传统燃油车要高出不少，产生数据的数据来源也较多。

新能源汽车产生的数据大致可以分为五个阶段：材料生产制造阶段（组装车辆使用的原材料的采购信息、车辆生产过程中的质量控制数据、车辆生产线的运行数据等），车辆制造和组装阶段（组装车辆零部件的采购信息、车辆组装过程中的质量控制数据、车辆生产线的运行数据）、车辆销售和市场营销阶段（车辆各个渠道的销售数据、市场营销活动的效果数据、客户反馈信息）、车辆使用和维护阶段（车辆的行驶数据、充电数据、车辆维护记录、车辆故障报告、车辆出险情况等）、报废和回收阶段（车辆的报废时间、回收处理数据）。这部分数据可用于厂商对于汽车产品、模型、人机交互等方面的优化，数据价值极高，经过处理后可以被应用于更广泛的业务场景。

然而，新能源汽车行业上下游链条长、参与主体多、规模化程度高，数据资源类型多、总量大、范围广，对于新能源汽车产生的这部分海量数据的传输、存储、处理都存在着巨大的挑战。此外，大部分新能源汽车销售后为私人所有，而新能源汽车产生的相当一部分的数据具有较高的个人隐私及法律风险。随着云计算、AI、区块链等新一代的信息技术加速向汽车行业不断渗透，对新能源汽车数据的管理、流转、交易提出了更高的要求。

（三）政策与市场环境

1. 国外新能源汽车数据政策发展现状

（1）欧盟。欧盟通过数据分类安全管理来保护关键数据，同时借助监管机构与车企之间的协同合作，提升新能源汽车的数据安全，以此促进新能源汽车行业的发展。

欧盟发布了多项与新能源汽车相关的数据政策与法规，如《2023/2024年数字战略》《通用数据保护条例》（General Data Protection Regulation，GDPR）《数据法案》以及《人工智能法》等。这些法规对欧洲车企在车辆及个人数据的处理方面提出了明确的规定和要求，将对新能源汽车行业产生重大影响，并使新能源汽车的数字化进程面临更大的挑战。

此外，《电子隐私指令》（ePD）对存储或访问存储于终端设备的用户数据设定了要求，有效地保护了新能源汽车行驶过程中产生的用户数据。

另外，将于2025年生效的《数据法案》（Data Act）适用于在欧盟市场上提供互联设备的制造商以及服务提供商。该法案将赋予个人或企业访问和使用新能源汽车相关数据的合法权益。

欧洲数据保护委员会（EDPB）曾发布一份意见书，称车辆识别码（VIN码）属于个人数据。然而，根据后续欧洲法院的裁决案例，只有当VIN码可以用于与自然人联系起来时，它才被视为个人数据。此外，包括德国监管机构在内的许多监管机构、汽车行业本身以及一些欧盟成员国的立法仍将VIN码本身视为个人数据。

汽车制造商不仅需要遵守GDPR，在设计车辆使用的工艺和系统时，还必须遵守其他相关法规。例如，当汽车制造商从车辆提取数据时，关于欧盟《电子隐私指令》第5（3）条（访问“终端设备”中的数据）或该指令在成员国法律中的实施细则的含义和适用范围，仍存在争议。

EDPB对第5（3）条所述范围作了宽泛的解释，导致在未经数据主体同意的情况下，将车辆数据用于产品开发、用户画像、市场营销等次要目的的难度大大增加。通常很难确定制造商的法律义务（如产品是否遵循有关规定）与法律允许的数据保护之间的界限[①]。

欧盟有关新能源汽车数据的政策法规主要关注新能源汽车数据收集的合法性以及个人数据保护，而关于新能源汽车数据资产化及交易相关的政策法规则相对较少。

---

① 参见泰乐信律师事务所：《自动驾驶与数据保护——汽车制造商需要关注的常见问题？》，载微信公众号“泰乐信律师事务所”，2024年8月9日。

（2）美国。美国以车辆安全审查评估为主线，针对新能源汽车供应链的安全持续提升监管力度，保障供应链安全。

美国并没有像欧盟一样有统一的新能源汽车数据方面的政策或法规，主要以各个联邦出台的联邦法规为主，例如《加利福尼亚消费者隐私法案》（CCPA）、《加州隐私权法案》（CPRA）、《弗吉尼亚消费者数据保护法》（VCDPA），其中均有效指出了企业在收集消费者及消费者所有物的相关数据的相关规定。

美国针对新能源汽车相关的联网车辆、远程诊断、车辆地理位置、制造等相关方面制定了各类法规以及存在与新能源汽车数据相关的监管机构，例如《美国国家公路交通安全管理局》（NHSTA）、《美国联邦贸易委员会》（FTC）。同样地，美国针对新能源汽车数据资产化以及交易相关的政策法规较少。

（3）小结。总的来说，国外新能源汽车数据政策现在主要注重保护个人隐私和数据安全，以及新能源汽车数据使用方面的合法问题。现今并没有较详细的有关新能源汽车数据交易的法律与政策。

2. 国内新能源汽车数据政策发展现状

当前我国在新能源汽车数据领域重点关注数据安全与数据收集合法性，通过相关法律与政策引导落实安全监管，并且通过部分相关法律对新能源汽车数据进行保护。我国已经形成“三法一条例”为主体的数据管理框架促进数据价值释放，避免数据滥用。《网络安全法》《数据安全法》以及《个人信息保护法》已经对企业、个人、公共方面的数据提供了有力的保护。另外，相关主管部门也对汽车数据行业不断加强监管和保护。

2021 年 8 月，国家互联网信息办公室、国家发展和改革委员会等部门联合发布了《汽车数据安全管理若干规定（试行）》，该规定旨在通过规范汽车数据处理，保护个人与组织权益，维护国家安全与公共利益，并促进汽车数据的合理开发与应用。

根据工信部于 2021 年 7 月发布的《关于加强智能网联汽车生产企业及产品准入管理的意见》，企业应当建立健全的汽车数据 / 网络安全管理制度，设置安全部门负责人，建立数据资产台账。同年 9 月，工信部发布《关于加强车联网网络安全和数据安全工作的通知》，提出要遵守网络安全和数据安全的基本要求，加强智能网联汽车、车联网网络、车联网服务平台、数据几个部分的安全保护，以保证智能网联汽车及公众权益和安全受到有效保障，稳步推动智能网联汽车持续发展[①]。

2022 年 2 月工信部发布《车联网网络安全和数据安全标准体系建设指南》，指南要求于 2023 年年底初步构建车联网网络数据安全标准体系，于 2025 年形成完善的车联网网络数据安全标准体系。指南中还定义了网连通信安全标准以及数据车联网相关数据安全标准（包括通用要求、分类分级、出境安全、个人信息保护、应用数据安全等 5 类标准）及应用服务安全标准[②]。

2024 年年初，国家数据局与中国网信办等 17 个部门联合发布的《“数据要素 ×”三年行动计划（2024—2026 年）》中指出要“推动数据交易平台建设，规范数据交易行为，强化数据安全监管”，持续推进数据资产交易行为。其中指出了 12 个领域有关数据要素资产化的重要行动计划，“数据要素 × 交通运输”为重要行动计划之一，其中要求持续推进智能网联汽车创新发展，支持自动驾驶汽车在部分场景下进行商业化试点。推进打通车企、第三方平台、运输企业等主体间的数据壁垒，使用数据促进道路基础设施优化，优化交通流量管控机制，分析驾驶行为提升智能网联汽车产品力等，推动汽车数据要素流通[③]。

总的来说，近几年随着新能源汽车产业得到蓬勃发展，国家推出的有关新能源汽车数据的标准、指南、行动计划对新能源汽车车企、主机厂等相关企业在新能源汽车数据资产化及交易大方向上给予了很多指导。但现在仍然缺少新能源汽车数据交易、交易标准、管理制度相关的详细政策及法规。

（四）数据安全及其技术应用

新能源汽车产生的大量数据中，有相当一部分数据具有较高的安全级

① 参见大数据技术标准推进委员会：《汽车数据发展研究报告》，第 4 页。

② 参见工信部：《车联网网络安全和数据安全标准体系建设指南》，第 7~8 页。

③ 参见《以数据要素乘数效应赋能经济社会发展——聚焦〈“数据要素 ×”三年行动计划（2024—2026 年）〉》，载新华网，2024 年 12 月 1 日访问。

别，若发生泄露将带来较大的安全隐患。因此，需要对重要的新能源汽车数据进行分类分级的同时使用相关技术对重要数据进行加密保护，保障新能源汽车数据交易的健康发展。

1. 新能源汽车数据分类分级

数据分类分级是数据流通的基础性工作，合理的数据分类分级可以帮助确定新能源汽车的流通方式和保护措施，为新能源汽车数据合法流通提供依据。

根据《汽车数据安全管理若干规定（试行）》，新能源汽车重要数据被定义为：

一旦遭到篡改、破坏、泄露或者非法获取、非法利用，可能危害国家安全、公共利益或者个人、组织合法权益的数据，包括：（1）军事管理区、国防科工单位以及县级以上党政机关等重要敏感区域的地理信息、人员流量、车辆流量等数据；（2）车辆流量、物流等反映经济运行情况的数据；（3）汽车充电网的运行数据；（4）包含人脸信息、车牌信息等的车外视频、图像数据；（5）涉及个人信息主体超过10万人的个人信息；（6）国家网信部门和国务院发展改革、工业和信息化、公安、交通运输等有关部门确定的其他可能危害国家安全、公共利益或者个人、组织合法权益的数据。

如表2所示，数据安全推进计划发布的《智能网联汽车数据分类分级实践指南2022年》将汽车产生的数据分为车辆数据、用户数据、车外环境数据三大类。[①]

表2　新能源汽车数据分类

大类	小类	数据范围
车辆数据	车辆基础数据	车型型号、生产企业、品牌、VIN、发动机号、电池编码、软硬件版本号、车牌、颜色、尺寸等车辆特性数据
	车辆运行数据	车身系统、动力系统、电气系统、舒适系统等车辆运行状态参数
	车辆感知数据	点云数据、车载摄像头收集的类似道路、建筑、地形等数据
	驾驶习惯数据	驾驶员加速、刹车、最高时速等驾车行为习惯等

① 数据安全推进计划：《智能网联汽车数据分类分级实践指南2022年》，第33~34页。

续表

大类	小类	数据范围
用户数据	个人身份数据	用户身份证号、电话号、住址个人基本信息用户个人习惯等
	驾驶统计数据	用户出行时间、出行地点、位置等
	用户服务隐私数据	用户使用习惯数据、个人通话数据、车内音视频数据、用户财产信息及用户监测数据等
车外环境数据	基础设施数据	地图数据、兴趣点数据
	V2X 数据	实时道路交通信号及监控数据、车路协同数据等
	交通状况数据	车流量、数据情况数据

其次，如表 3 所示，《汽车数据通用要求》中明确对新能源汽车数据进行了数据分级，划分了新能源汽车数据的重要程度以及泄露后的危害[①]。

表 3　新能源汽车数据分级

数据分级	说明	示例
极高	● 危害程度： ○ 影响国家安全、经济、科技研究等涉及国家安全的其他事项 ○ 影响社会稳定性，公共服务、公共设施等涉及公共利益的其他事项 ● 重要程度： ○ 数据处理须在各方面投入巨大成本，并且数据依赖程度非常高，无任何替代方案 ○ 数据可以在技术、社会、经济等方面带来巨大利益	√ 车流、人流交通信息数据 √ 测绘数据 √ 汽车充电网运行数据
高	● 危害程度： ○ 严重影响车辆相关人员的人身、财产安全受到严重危害 ○ 严重影响企业权益，如企业的生产、科研、经济等涉及企业权益的相关事项 ● 重要程度： ○ 数据处理须在各方面投入较高成本，并且数据依赖程度较高，无可替代方案或替代方案成本较高 ○ 数据可以在技术、社会、经济等方面带来较大利益	√ 车辆感知层相关数据 √ 车牌号及个人生物特征 √ 驾驶员操作数据 √ 系统部件及系统决策数据 √ 整车状态数据

① 参见《汽车数据通用要求》(GB/T 4464—2024)，第 9~10 页。

续表

数据分级	说明	示例
中	● 危害程度： ○ 会影响个人信息主体合法权益，带来负面影响 ○ 有限影响企业权益，如企业的生产、科研、经济等涉及企业权益的相关事项 ● 重要程度： ○ 数据处理须在各方面投入一定成本，并且有一定数据依赖，有可替代方案或替代方案成本较高 ○ 数据可以在技术、社会、经济等方面带来有限利益	√ 车辆主要基本数据 √ 车外非生物特征数据 √ 用户身份标识数据 √ 用户与座舱交互数据
低	● 危害程度： ○ 无法关联或识别到个人信息主体，或主动公开的可使用的数据 ○ 对企业权益不造成影响，或主动公开的可使用的数据 ● 重要程度： ○ 数据处理几乎无成本，对达成预设目标无影响 ○ 数据无法带来利益	√ 车辆以外的其他车辆信息 √ 车辆属性数据

此外，在《2022北京市高级别自动驾驶示范区数据分类分级白皮书》中，车辆数据分类分级得到了明确的示范。同时，GB/T43697—2024《数据安全技术数据分类分级规则》对数据分类分级的规则及要求作了具体的说明。这些新能源汽车数据分级要求和规范，对于相关企业建立数据管理标准体系、提升使用新能源汽车数据时的合法性，具有积极的指导作用。

2. 区块链数据安全应用

2024年8月28日，香港金融管理局公布了Ensemble项目第一阶段进展，朗新科技与蚂蚁数科合作在香港完成的国内首单基于新能源实体资产RWA（即实物资产通证化）的项目正式对外公布。

在此次合作当中，朗新旗下新电途作为新能源数字化平台的运营方和服务方，将RWA锚定资产选定为平台的部分充电桩，并在区块链上发行“充电桩”数字资产，每一个充电桩的部分收益权即代表一个数字资产。而蚂蚁数科旗下的蚂蚁链提供技术支持，利用区块链技术确保数据安全、透明和不可篡改。这一方式为投资者打造了一个可信的绿色投资环境。

此次双方合作是基于人工智能以及区块链技术的深度融合，合作产生的新能源实体资产 RWA 的标的金额约 1 亿元人民币。这部分资金将用于新能源领域的储能和充电桩产业，为储能、充电桩运营商提供帮助，助力中国新能源产业发展①。

以上案例清晰地体现了区块链技术在新能源汽车相关数据交易中的优势和可实操性。在数据交易方面，区块链技术的透明性和安全性可以大大提高数据交易的可信度。所有交易记录都能被公开验证，防止数据篡改和欺诈行为。这为新能源汽车制造商、供应商和消费者之间的数据交换提供了一个安全可靠的平台。

在数据交易与资产化方面，区块链可以将新能源汽车产生的大量数据进行资产化处理。例如，车辆使用数据、充电记录等可以通过区块链进行加密并存储，确保数据的唯一性和不可篡改性。这些数据可以作为一种数字资产，进行交易或用于其他商业用途。

3. 匿名化数据安全应用

在当今时代，数据的广泛应用不可避免地带来了数据隐私保护的问题。数据匿名化技术作为一种关键的隐私保护手段，能够大幅度降低数据泄露的风险，从而有效守护个人隐私。该技术主要通过删除或替换数据中的识别信息，或者采用其他技术方法，使得数据无法直接关联到个人身份，从而达到保护个人隐私的目的。

据《个人信息保护法》第 73 条，匿名化，是指个人信息经过处理无法识别特定自然人且不能复原的过程。是数据挖掘中隐私保护的最主要的一种技术手段。

当前匿名化技术主要包括扰动和泛化、K 匿名化和 I 多样性、分布式隐私保护、降低数据挖掘结果的效果、差分隐私保护等方法。

匿名化与去标识化虽然都是对于数据保护的技术手段，但其也有很大区

---

① 参见《朗新集团与蚂蚁数科完成首单新能源 RWA》，载上海证券报、中国证券网，2024 年 12 月 1 日访问。

别，根据 GB/T 35273—2020《信息安全技术 个人信息安全规范》对去标识化的定义，是指通过对个人信息的技术处理，使其在不借助额外信息的情况下，无法识别或者关联个人信息主体的过程。其中去标识化结合其他信息可以指向特定个人，处理后的信息在特定条件下可以复原为个人信息。因此，根据《个人信息保护法》的要求，在处理个人信息的过程中应采取匿名化的保护措施，确保经处理后的个人信息无法识别特定个人且无法重新标识。

中汽数据（天津）有限公司和中国第一汽车股份有限公司合作，通过深度卷积神经网络训练，将车牌和人脸信息合并成一个模型，完成面向车端部署的脱敏算法轻量化设计，实现了脱敏算法在车端的落地实施，满足企业车外视频信息收集的合法性并有效保护了用户的数据隐私安全。① 而现在“哨兵”“千里眼”等车外采集图像的功能得到更多的普及，因此，车辆会收集大量驾驶者以及交通参与者相关的图像、音频，匿名化技术可以有效避免个人信息的泄露，在新能源汽车、车联网、智能交通领域有较为广泛的应用前景。

4. 隐私计算数据安全应用

隐私计算是一种在保护数据不泄露的前提下，实现数据分析和计算的技术集合，旨在实现数据“可用、不可见”的目标。其核心目标是在充分保障数据和隐私安全的基础上，实现数据价值的转化与释放。从技术角度看，隐私计算是多学科交叉融合的技术，主要包括三大方向：基于密码学的隐私计算技术，以多方安全计算为代表；人工智能与隐私保护技术融合衍生的技术，以联邦学习为代表；基于可信硬件的隐私计算技术，以可信执行环境为代表。这些技术通常组合使用，既保证了原始数据的安全和隐私性，又能够完成数据的计算和分析任务。

当前主要的隐私计算技术包括多方安全计算、联邦学习、可信执行环境、多方中介计算等。通过隐私计算，可以有效地隐藏具有高敏感度的新能源汽车数据，例如个人信息、车辆信息、车辆行驶信息，避免信息泄露的同

---

① 参见《工业领域数据安全典型案例丨车外人脸信息匿名化保护设计方案及量产化应用》，载微信公众号“国家工业信息安全发展研究中心”，2024 年 6 月 1 日。

时，也使经过隐私计算处理后的数据可以用于数据交易，从而提升新能源汽车数据的流动性。

二、现状调研

（一）新能源汽车数据市场交易现状

中国数字经济占GDP的比重持续提升，数据要素市场规模也在逐步增长。2022年，中国数字经济规模突破50万亿元，占GDP比重超过40%。据国家工信安全中心预测，2023年数据要素市场规模将突破1200亿元，预计复合增长率为25%，到2025年市场规模有望达到1990亿元。

从新能源汽车数据交易的市场需求来看，麦肯锡未来出行研究中心在《释放智能网联汽车数据全生命周期价值潜力》报告中指出，智能网联汽车的数据变现潜力极高，智能网联汽车中的传感器数据、驾驶员交互数据、汽车行驶数据等都能积累大量有价值的数据，可以为汽车行业带来其他渠道无法提供的宝贵意见①。新能源汽车在行驶过程中会产生大量前文提到的数据，这些数据具有很高的交易价值。

例如2023年2月，四川数字交通科技股份有限公司在上海数据交易所挂牌上架了自动驾驶仿真场景库数据，可以用于自动驾驶仿真平台使用。2024年2月，许昌市投资集团推出“新能源汽车交通流量和停车需求分析”数据产品，成功完成交易并且由上市公司于季报中完成披露。

然而，目前新能源汽车数据交易的样本仍然较少，尚未形成规模，这主要由以下几个原因造成：首先，近年来，新能源汽车相关的知识产权、数据归属权纠纷案例持续增长。2024年7月6日，在“2024智能网联汽车知识产权与法律论坛”上发布了智能网联汽车知识产权十大案例，其中的案例大部分都与新能源汽车相关，例如新能源汽车底盘应用技术产权纠纷、自动驾驶算法产权纠纷等，产生纠纷内容也大不相同，例如技术产权、算法产权、数据产权、商标产权等。目前我国尚未建立起明确的数据产权制度，使得数据市场的交易秩序无法建立，交易可能会使交易双方承担更多的风险。其

① 参见麦肯锡：《释放智能网联汽车数据全生命周期价值潜力》，第3页。

次，新能源汽车数据主要由各主机厂、车企负责收集存储，“数据孤岛”的情况较为明显，持有数据的公司出于潜在法律风险以及自身知识产权保护的角度对数据交易持观望态度。此外，国内“数据黑市”猖獗，据中国互联网协会关于黑灰产的调查显示，数据黑市规模已超过 1100 亿元，从业者超过 200 万人，数据的泄露风险较高。

虽然新能源汽车产生的数据交易潜力巨大，但由于数据孤岛现象、企业未能有效调整组织以适应数据变现、数据归属权不明确以及数据交易法规不完善等问题，导致数据变现困难，市场交易进展缓慢。

（二）新能源汽车数据交易和数据资产化的法律现状

中国虽然近年来逐步建立起了以《网络安全法》《数据安全法》《个人信息保护法》等法律为基础的数据保护监管体系，规范数据处理行为，而且汽车行业，伴随着各项前沿数据技术的普遍应用，受到了政府部门的重视。然而，对于新能源汽车数据交易和数据资产化，国内详细规定的法律法规尚为空白，有待进一步完善。法律的滞后性在此问题中尤为凸显，同时，司法实践中针对新能源汽车数据交易和数据资产化的指导案例也严重不足。例如，以“数据交易”“新能源汽车”为关键词在中国裁判文书网（https://wenshu.court.gov.cn/）和威科先行法律信息库（https://law.wkinfo.com.cn/）等第三方资源网站进行搜索。公开案例仅三篇，分别为昆明某某公交有限公司、云南某某汽车有限公司买卖合同纠纷二审民事判决书、北京某电力科技开发有限公司、四川某林业有限公司买卖合同纠纷民事二审民事判决书，以及四川某林业有限公司与北京某电力科技开发有限公司买卖合同纠纷一审民事判决书。上述三篇案例的案由均为“买卖合同纠纷”，内容也均与新能源汽车数据交易和数据资产化毫无关联。可见，在司法实践中，新能源汽车数据交易领域也未能有指导意义的案例。

在这种既缺乏明确立法又缺乏司法实践案例指导的法律现状下，新能源汽车数据交易和数据资产化的稳定性受到了直接影响。市场经济的发展离不开法律法规的保驾护航，如果相关纠纷得不到恰当处理，将进一步阻碍新能源汽车数据交易和数据资产化市场的蓬勃发展。此外，这类纠纷具有高度专业性，法官在审理相关案件时可能需要相关领域专家的支持与说明。因此，综上所述，目前亟须汇聚各界力量，推动相关法律的落地实施，并形成统一的标准。这将有助于为新能源汽车数据交易和数据资产化市场提供稳定的法律环境，促进该领域的健康发展。

（三）新能源汽车可交易和数据资产化的典型应用

随着汽车行业智能化进程的加速推进，汽车数据的应用范围不断拓展，现已全面覆盖“研产供销服”各个环节。一方面，高阶智能驾驶技术的实现离不开大量车辆数据的支持，这些数据对于提升智能驾驶的精准度和安全性至关重要。同时，汽车营销、保险等业务也愈发依赖于各类驾驶行为数据来进行精准定价和风险评估。

另一方面，汽车数据在智慧交通、智能座舱、数据闭环、数字孪生等新兴领域的应用也在持续深化。通过挖掘和分析这些数据，企业能够不断创新商业模式，提升服务品质，从而创造出新的商业价值。这些应用不仅推动了汽车行业的转型升级，也为社会经济的发展注入了新的活力。

1. 新能源汽车数据交易主要产品类型

《深圳市数据交易管理暂行办法》对现有数据交易的主要交易标的进行了明确界定，包括数据产品、数据服务、数据工具以及其他经主管部门同意的交易标的。以下是对这些交易标的在新能源汽车数据交易中的具体应用形式的详细阐述。

数据产品：该类交易标的通常基于新能源汽车相关数据开发，旨在满足不同的市场需求。例如，电池健康度检查数据产品可以帮助用户了解新能源汽车电池的当前状态和未来性能预测，从而作出更明智的充电和维护决策。网约车识别数据产品则可以通过分析驾驶行为数据，为网约车平台提供乘客识别和行程规划等服务。这些数据产品通过精准的数据分析和处理，为新能源汽车行业带来了更多的商业机会和价值。

数据服务：该类交易标的涵盖了新能源汽车数据采集和预处理、数据建模与分析处理、数据可视化以及数据安全等多个方面。数据采集和预处理服务可以帮助企业收集并整理大量的新能源汽车数据，为后续的数据分析和应用提供基础。数据建模与分析处理服务则可以通过建立数学模型和算法，对新能源汽车数据进行深度挖掘和分析，为企业提供有价值的洞察和决策支持。数据可视化服务则可以将复杂的数据转化为直观的图表和图像，帮助企业更好地理解数据并作出决策。数据安全服务则致力于保护新能源汽车数据的安全性和隐私性，防止数据泄露和滥用。

数据工具：在新能源汽车数据交易中，数据工具也是不可或缺的交易标的。这些工具包括新能源相关数据存储和管理工具、新能源数据采集工具、数据清洗工具以及数据分析工具等。数据存储和管理工具可以帮助企业高效地存储和管理大量的新能源汽车数据，确保数据的完整性和可用性。数据采集工具则可以自动化地收集新能源汽车数据，提高数据收集的效率和质量。数据清洗工具则可以对原始数据进行清洗和整理，去除冗余和错误的数据，为后续的数据分析提供准确的数据基础。数据分析工具则提供了丰富的数据分析功能和算法，帮助企业深入挖掘新能源汽车数据的价值。

综上所述，《深圳市数据交易管理暂行办法》所界定的数据产品、数据服务和数据工具等交易标的，可以广泛被用于新能源汽车的各个领域，推动了新能源汽车行业的智能化和数字化转型。

2. 国内数据交易所调研

（1）国内数交所现状。自 2014 年起，全国范围内便开始了数据交易机构的建设进程，贵阳大数据交易所作为全国首家数据交易机构正式挂牌成立。随着国家层面和政策层面的持续推动，截至 2024 年 3 月，全国数据交易机构的数量已达到 50 家。其中，多个地区的数据交易机构在数据要素交易方面取得了相当可观的规模。2023 年，深圳数据交易所的交易规模达到了 50 亿元，位居全国第一，跨境数据交易额也突破了 1 亿元。贵阳大数据交易所上架的产品数量近 1500 个，交易额超过 20 亿元，实现了 400% 的增长。上海数据交易所的月交易额也超过了 1 亿元，并呈现出稳步提升的态势。这些数据交易所的发展充分体现了市场对于数据交易需求的逐渐旺盛，以及数据交易市场的巨大潜力。上海数据交易所发布的《全国数商产业发展报告 2023》中指出，全国数商数量到 2023 年将突破 200 万家[①]。

在新能源汽车数据交易方面，2023 年 6 月，西部数据交易中心正式上线了全国首个汽车数据交易专区。该专区涵盖了智能网联汽车、新能源汽车以及传统汽车三个核心板块，依托“平台 + 资源 + 服务”的能力体系，通过聚合数据与生态资源，致力于打破汽车数据的孤岛状态，提高数据的流通效率，并加速数据价值的释放。在该交易专区上，首笔数据交易由重庆安驿汽车技术服务有限公司与国内某车企就自动驾驶数据合作达成意向。目前，平台新能源汽车整体数据量已超过 900TB，包含自动驾驶训练数据、产业数据以及新能源汽车等各类数据资源[②]。

（2）数交所产品交易情况调研。为了深入了解国内主要数据交易所在新能源汽车数据交易方面的现状，我们进行了相关调研。如图 5 所示，国内 5 个数据交易所（上海数交所、深圳数交所、广州数交所、北京国际大数据交

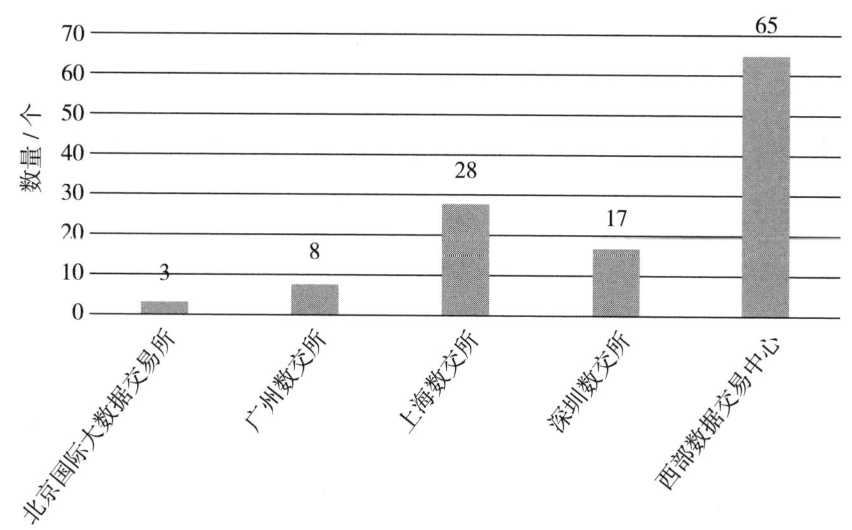

图 5　各数交所新能源汽车产品数量

① 参见上海市数商协会、大数据流通与交易技术国家工程实验室、上海数据交易所《全国数商产业发展报告 2023》，第 21 页。

② 参见《西数交上线全国首个汽车数据交易专区，助力重庆打造万亿智能网联汽车》，载微信公众号“数据要素社”，2023 年 6 月 29 日。

易所、西部数据交易中心）中，我们发现有关新能源汽车相关的数据商品共计 121 个。其中，西部数据交易中心的新能源数据商品数量最多，共计 65 个；而北京国际大数据交易所的数量最少，仅有 3 个。

在五家数据交易所中，上架新能源汽车数据产品的公司数量存在差异。具体而言，北京国际大数据交易所仅有两家公司上架了相关数据产品，广州数交所为 8 家，深圳数交所为 4 家，西部数据交易中心为 5 家，而上海数据交易所则高达 14 家。

在五家数据交易所中，上架新能源汽车数据产品的公司数量存在差异。具体而言，北京国际大数据交易所仅有两家公司上架了相关数据产品，广州数交所为 8 家，深圳数交所为 4 家，西部数据交易中心为 5 家，而上海数据交易所则高达 14 家。

如图 6 所示，在调研的这五家数据交易所中，场内交易的所有公司里，上架产品数超过十个的仅有 1 家公司，上架 6 个至 10 个商品的公司共有 4 家，上架 2 个至 5 个商品的公司有 6 家，而上架仅一个商品的公司则多达 23 家。由此可见，大多数在数据交易所上架产品的数商，其新能源汽车数据产品的数量较少，这也在一定程度上反映了数商的交易积极性有待提高。

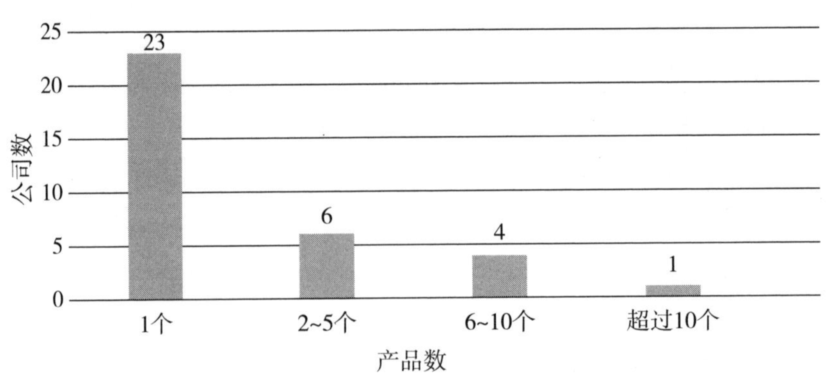

图 6　各公司新能源汽车数据产品上架数量分层

在上架产品数较多的公司中，杭州费尔斯通科技有限公司尤为突出，共发布了 56 个与新能源汽车紧密相关的数据产品。然而，需要指出的是，这些产品中绝大部分聚焦于产业链图谱、公司经营数据等领域，尽管数量众多，但数据的实际价值和可用性却相对较低，难以满足市场对高质量数据的迫切需求。

相比之下，上海市新能源汽车公共数据采集与监测研究中心则更加注重数据的实用性和深度。该中心共发布了 7 个与新能源汽车相关的数据产品，涵盖了新能源汽车电池健康度、驾驶员画像、路径回溯等多个关键领域。这些数据产品不仅具有较高的数据价值，而且能够为新能源汽车行业的研发、运营和决策提供有力的数据支持，展现出了较强的可用性和实用性。另外，深圳市和讯华谷信息技术有限公司及火石创造科技有限公司主要上架的也是新能源汽车产业的相关数据。总体来说，当前市场上的数据产品在某种程度上存在着相似性较高的问题，并且不少产品的实用性有待提高。尽管有部分公司发布的数据产品数量较多，但在种类的丰富度上仍有待加强，产品种类显得比较单一。

此外，一些发布数据的公司在资质和数据来源的标注上可能不够详尽，产品详情页所提供的信息相对较少，这使得用户难以充分了解产品的具体形态和内容。以杭州费尔斯通科技有限公司发布的产品为例，该公司发布了新能源汽车产业链图谱、新能源 / 智能网联汽车图谱、新能源 / 智能网联汽车产业图谱等相似度较高的产品，而这几款产品的价格分别为 25000 元 / 月、50000 元 / 月、面议，用户也无法获得有效信息来辨认产品的定价是否合理，在售产品价格不够透明，平台缺乏清晰的定价机制。而产品详情页中与产品内容、产品形式相关的介绍非常少，用户无法分辨产品之间的区别，不同的产品详情页信息的内容多少不一、不同数交所的产品信息展示标准不同、各数交所缺乏有关上架产品信息披露的统一标准。

目前，数据交易所中涉及的新能源汽车数据来源主要分为汽车产业数据、汽车使用数据和汽车研发数据三大类。从数量上来看，汽车产业数据和汽车使用数据占据了主导地位，分别为 72 个和 36 个，而汽车研发数据相对较少，仅有 13 个。如图 7 所示，这种分布特征较为明显。

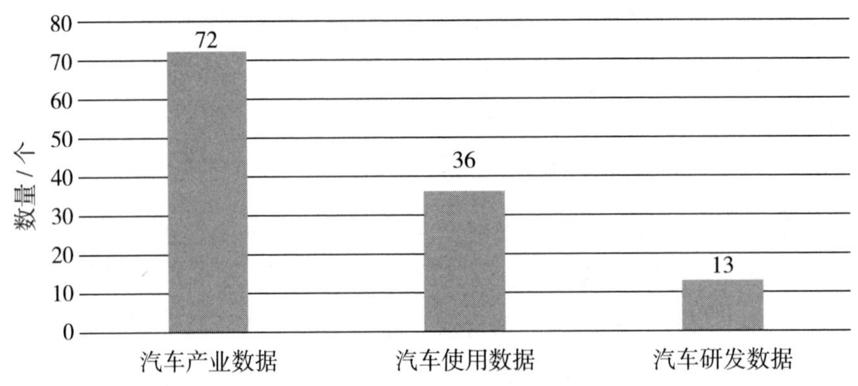

图 7　新能源汽车交易数据种类

然而，从数据的价值角度来看，汽车研发数据往往具有更高的使用价值，但由于其涉及更多的机密性和个人隐私，因此在流通上受到了一定的限制。这部分数据在总数据量中仅占比约 10%，显得较为稀缺。

造成这种现象的原因主要在于，高价值的数据往往伴随着更高的敏感性和风险。在现有法律和政策体系尚未完全明确和落地的情况下，数据权的归属及其利益关系变得复杂而难以理顺。这导致许多公司在考虑新能源数据场内交易时持谨慎态度，积极性不高，从而阻碍了有价值数据的流通和价值的充分释放。

当然，我们也看到随着市场的发展和技术的进步，数据交易所正在逐步探索和完善新能源汽车数据的交易机制和服务生态。通过加强合法性审核、提升数据质量评估能力等措施，有望在未来推动更多高价值数据的流通和价值的实现。

（四）调研小结

目前我国在数据交易领域已经迈出了重要的一步，初步构建起了一套针对数据交易的政策体系，并明确了诸如数据产权、收益分配、流通交易等基础制度。这些制度为数据交易提供了基本的法律框架和制度保障。

然而，在实践层面，我们仍然面临着一些挑战。尽管已有政策体系，但针对数据交易的专门法律和更详细的指引性文件仍然缺失，尤其是在新能源汽车数据交易这一细分领域，政策和规则尚未形成完整的体系。这使得数据交易在实践中缺乏足够的法律约束和明确指导，给交易双方带来了不确定性。

此外，从全国范围来看，各数据交易所的交易规则存在较大的差异，这不利于全国性的数据流通和场内交易活力的激发。不同交易所之间的规则不一致，增加了数据交易的复杂性和成本，也限制了数据资源的优化配置和高效利用。

因此，新能源汽车数据交易仍面临着一些挑战，包括政策体系的不完善、数据交易所缺乏数据交易相关标准等。

1. 数据交易所缺乏部分数据交易相关的标准

（1）数据产品定价体系尚待完善。新能源汽车数据作为大数据应用的关键领域，目前尚未形成有效的数据资产价值评估体系。这一缺失导致了新能源汽车数据交易过程中产品价格透明度不足，可信度有待提升，进而阻碍了新能源汽车数据交易市场的健康发展。由于价格的不透明，买方往往难以准确判断数据的真实价值，从而降低了其参与交易的积极性。

（2）数据产品缺乏产品信息披露标准。当前，部分数据交易所上架的数据产品存在信息披露不充分的情况。产品的详细信息、数据来源、处理过程、质量评估等关键信息往往没有得到清晰、全面的展示。这使得数据购买方难以准确了解产品的真实情况和价值，从而增加了交易的风险和不确定性。由于各数据交易所的运营模式和定位不同，其对于数据产品信息披露的要求和标准也存在较大差异。这种差异导致了数据产品信息披露的混乱和不规范，使得数据购买方在比较和选择产品时面临困难。同时，也增加了数据交易市场的复杂性和监管难度。

2. 相关法律缺失或不完善，交易风险高

（1）数据确立权属法律缺失。我国尚未构建起明确的数据产权制度，这一现状导致数据市场的交易秩序难以有效建立，使得交易双方可能面临更多的潜在风险。新能源汽车数据的权属问题尤为复杂，它牵涉车主、车企、政府等多方面的利益主体。当前，对于数据权属的界定尚未达成共识，且我国普遍认同个人信息所有权归属于个人。这种权属界定的模糊性进一步导致了数据交易双方责任边界的不清晰，极大地影响了企业参与数据交易的积极性。

在交易过程中，数据来源合法问题尤为突出，特别是在涉及个人信息以及包含多个参与主体和数据产品多次流转的复杂交易场景中。初始数据提供方对后续数据接收方的监管能力有限，难以有效限制接收方对数据的处理行为。同时，数据接收方在无法清晰辨认数据来源是否合法的情况下，也难以判断产品定价的合理性。

因此，在缺乏清晰的数据确权相关法律的情况下，大部分新能源汽车数据难以进行合法交易，这不仅容易引发数据归属权的纠纷，还可能增加个人数据泄露的风险。

（2）个人信息隐私保护。新能源汽车在日常运营过程中，会产生大量涉及个人隐私和行驶轨迹的数据信息。为了保护这些数据中的个人隐私，目前较为常用的方式是采用“匿名化”处理机制对个人隐私数据进行处理，再使用处理后的数据作分析。然而，这种处理方式在实际操作中却面临着诸多合法性的挑战。具体而言，如何证明匿名化处理的合理性和合法性，目前尚缺乏统一的法律标准和明确的法律依据。这导致在数据交易过程中，匿名化处理后的数据是否真正符合法律要求，往往难以得到有效验证和确认，无法进行交易[①]。

（3）可交易数据边界界定不清晰。新能源汽车在日常使用过程中，会产生大量涉及个人隐私、汽车行驶数据、保险、车机运行数据等涉及多方面的数据。而其中的数据，哪些数据是可以交易的，哪些数据是处理后可以交易的，比如授权后的车辆数据经过匿名化、脱敏处理后是否可以交易？哪些数据是不能交易的，比如商业机密、未经过授权的个人隐私数据等。目前没有详细法规及政策对数据是否可以交易作详细界定，新能源汽车数据的交易属性需要根据数据的性质、来源以及相关法律法规的规定进行界定。

① 参见通力法评:《数据交易法律难点与对策》，载微信公众号“通力律师”，2024 年 9 月 4 日。

三、法律相关问题及典型案例研究

（一）个人信息识别与应用

1. 问题描述

新能源汽车产生的可以反映驾驶习惯、维保行踪、消费能力、消费习惯等内容的历史车况信息数据能否认定、识别为个人信息。

2. 相关案例

案件名称：余某某诉查博士隐私权、个人信息保护纠纷案①

案号：（2021）粤0192民初928号

原告：余某某

被告：北京某网络科技有限公司

审理法院：广州互联网法院

案件内容综述：原告诉称，北京某网络科技公司旗下App可以付费获得包括案涉车辆的年均行驶里程、维修保养项目等信息的历史车况报告，综合反映其驾驶习惯、维保记录、消费能力和消费习惯等，属于其个人信息及隐私。

法院观点总结如下：

历史车况信息不涉及个人信息：该信息仅反映车辆的使用情况，不包含能直接识别自然人的身份、联系方式等信息。历史车况与特定个人无关，且车架号可以通过肉眼观察获得，并不隐藏。

复原成本高：一般理性人想要复原信息，需要考虑多重成本，如技术难度、第三方数据、经济成本和时间等，识别难度较大。

商业秘密保护：数据提供方的主体和协议细节属于商业秘密，不公开披露，这降低了公众将车况信息与第三方信息结合，进而识别个人的可能性。

因此，法院认为，历史车况信息难以与其他信息结合识别特定自然人，不能认定为个人信息。

裁判结果：驳回原告诉讼请求。

---

① 参见广州互联网法院（2021）粤0192民初928号民事判决书。

3. 观点

此案中，法院认为历史车况信息不属于个人信息，其中提到车架号是可以通过车身直接获取的，不属于隐私数据。《GB/T35273 信息安全技术个人信息安全规范》的附录 A 及附录 B 中对于个人信息和个人敏感信息作了详细的列举，在识别新能源汽车个人数据时可进行参考。

（二）新能源汽车产业链各主体对于个人信息数据的采集与交易相关法律问题

1. 问题描述

个人信息数据以及网络用户信息数据是否可以被采集，并被交易。

2. 相关案例

案件名称：某宝公司诉某景公司不正当竞争案[①]

案号：（2017）浙 8601 民初 4034 号

原告：某宝公司

被告：某景公司

审理法院：杭州铁路运输法院

案件内容综述：某景公司开发了一款名为“生意参谋”的插件，该插件可以抓取并分析某宝平台上商家的数据，包括但不限于商品销售量、用户评价等，并向第三方提供这些经过加工的数据产品。某宝认为这种行为侵犯了其合法权益，构成了不正当竞争。就本案双方争议的权利边界焦点问题，某宝主张，某景公司在未获得授权的情况下大量获取其平台上的非公开数据，并将这些数据用于商业目的，违反了《反不正当竞争法》的相关规定，损害了某宝的利益及用户的隐私权。

法院观点总结如下：

网络大数据产品提供的服务虽然同原始数据一样源于网络用户信息，但经过网络运营者大量的智力劳动成果投入，经过深度开发与系统整合，最终呈现给消费者的数据内容，是与网络用户信息、原始网络数据无直接对应关系的衍生数据。网络运营者对于其开发的大数据产品，应当享有自己独立的

① 参见杭州铁路运输法院（2017）浙 8601 民初 4034 号民事判决书。

财产性权益。某宝公司在收集、使用用户行为痕迹信息时符合法律规定，其行为具备正当性。法院认为某宝公司对“生意参谋”数据产品享有独立的竞争性财产权益。而在互联网行业中，数据产品的研发及其市场应用已经成为主流的商业模式，构成了网络运营者获取市场竞争优势与构建核心竞争力的关键要素。因此某景公司的行为被认为违反了诚信原则和商业道德，构成了不正当竞争。在网络行业中，数据产品的研发及其市场应用已经成为主流的商业模式，构成了网络运营者获取市场竞争优势与构建核心竞争力的关键要素。法院强调，互联网企业应遵循诚信原则，不得通过非法手段获取或使用他人平台的数据资源。

裁判结果：某景公司停止不正当竞争行为，赔偿某宝人民币 200 万元。

3. 观点

《个人信息保护法》第 23 条规定个人信息处理者在处理个人信息时，必须告知信息主体处理目的、方式、范围和存储期限等信息，并获得其同意。信息主体有权查询、修改、删除其个人信息，并可随时撤回同意[①]。

根据《个人信息保护法》第 13 条第 1 款规定，个人信息处理者需取得个人同意方可处理个人信息（法律规定的特殊情形的除外），因此新能源汽车产业链各主体对于个人信息采集应取得个人同意[②]。

据此，对于数据产品来说，若在涉及个人信息交易时，应当向个人告知接收方的名称或者姓名、联系方式、处理目的、处理方式和个人信息的种

---

① 参见《个人信息保护法》第 23 条：“个人信息处理者向其他个人信息处理者提供其处理的个人信息的，应当向个人告知接收方的名称或者姓名、联系方式、处理目的、处理方式和个人信息的种类，并取得个人的单独同意。接收方应当在上述处理目的、处理方式和个人信息的种类等范围内处理个人信息。接收方变更原先的处理目的、处理方式的，应当依照本法规定重新取得个人同意。”

② 参见《个人信息保护法》第 13 条：“符合下列情形之一的，个人信息处理者方可处理个人信息：（一）取得个人的同意；（二）为订立、履行个人作为一方当事人的合同所必需，或者按照依法制定的劳动规章制度和依法签订的集体合同实施人力资源管理所必需；（三）为履行法定职责或者法定义务所必需；（四）为应对突发公共卫生事件，或者紧急情况下为保护自然人的生命健康和财产安全所必需；（五）为公共利益实施新闻报道、舆论监督等行为，在合理的范围内处理个人信息；（六）依照本法规定在合理的范围内处理个人自行公开或者其他已经合法公开的个人信息；（七）法律、行政法规规定的其他情形。依照本法其他有关规定，处理个人信息应当取得个人同意，但是有前款第二项至第七项规定情形的，不需取得个人同意。”

类，并取得个人的单独同意。

若交易的信息经过匿名化处理，根据《个人信息法》第 4 条规定，匿名化处理后的信息可不被认定为个人信息，在交易过程中无需进行告知和取得同意[①]。

对于网络用户信息，根据《网络安全法》，网络产品、服务具有收集用户信息功能的，其提供者应当向用户明示并取得同意。此外，对于数据的权利或权益，法院提供了其观点，即我国法律目前对于数据产品的权利保护虽然尚未作出具体规定，对于网络用户信息这类原始数据，数据收集者不享有财产权，但经过网络运营者的智力劳动成果投入后，整合成的衍生数据，网络运营者享有数据权益。

（三）汽车本身数据与商业秘密之间的界定问题

1. 问题描述

新能源汽车本身数据（包括技术资料、图纸及数模等），是否具备被认定为商业秘密的能力。

2. 相关案例

案件名称： 新能源汽车底盘技术秘密侵权案[②]

案号：（2023）最高法知民终 1590 号

原告： 浙江吉某控股集团有限公司、浙江吉某汽车研究院有限公司

被告： 威某汽车制造温州有限公司、威某汽车科技集团有限公司、威某智慧出行科技股份有限公司、威某新能源汽车销售（上海）有限公司

审理法院： 最高人民法院

案件内容综述： 2018 年，吉某控股集团发现威某集团的部分离职员工在原单位（吉某）接触并掌握了新能源汽车底盘应用技术及相关技术信息（包括 12 套底盘零部件图纸及数模），这些离职员工随后以发明人或共同发明人的身份申请了 12 件实用新型专利。另外，在没有任何技术积累或合法

---

① 参见《个人信息保护法》第 4 条："个人信息是以电子或者其他方式记录的与已识别或者可识别的自然人有关的各种信息，不包括匿名化处理后的信息。个人信息的处理包括个人信息的收集、存储、使用、加工、传输、提供、公开、删除等。"

② 参见最高人民法院（2023）最高法知民终 1590 号民事判决书。

技术来源的情况下，威某集团迅速推出了EX系列电动汽车，涉嫌侵犯吉某控股集团的技术秘密。因此，吉某控股集团要求威某集团停止侵犯其技术秘密，并赔偿由此造成的经济损失。

二审法院观点总结如下：

涉案技术与图纸数模的关联性：法院认为，吉某控股集团请求保护的新能源汽车底盘应用技术与12套图纸及数模之间存在密切关联，不能割裂看待。12套图纸及数模是该技术的重要组成部分，并且承载了技术信息，因此，整体技术及其图纸、数模应一体保护。

技术的非公知性和商业价值：涉案新能源汽车底盘应用技术及其相关图纸和数模具有非公知性，并且作为汽车制造的必要技术条件，能够为企业带来巨大的商业利益。因此，这些技术信息具有较高的商业价值。

威某集团的侵权行为：法院认为，威某集团不仅通过不正当手段获取了吉某控股集团的技术秘密，还通过申请专利的方式非法披露了部分技术秘密，并利用这些技术制造了威某EX系列电动汽车（包括EX5、EX6、E5）的底盘及零部件。

法院认定威某集团的行为构成对吉某控股集团技术秘密的侵害，吉某控股集团的上诉主张成立，法院支持其诉求。威某集团关于其行为不构成侵权的抗辩不成立，法院纠正了一审部分判决，判定威某集团侵害了吉某控股集团的技术秘密。

裁判结果（部分）：撤回一审判决，被告立即停止披露、使用、允许他人使用原告的涉案新能源汽车底盘应用技术以及其中的12套汽车底盘零部件图纸及数模技术秘密，并赔偿原告经济损失6.38亿元。

3. 观点

根据《反不正当竞争法》第9条第4款，商业秘密的定义为："不为公众所知悉、具有商业价值并经权利人采取相应保密措施的技术信息、经营信息等商业信息。"商业秘密的特征大致有以下三点：秘密性，不需要百分之百不被公众知晓，只需不为所属领域的相关人员普遍知悉和容易获得即可；商业性，具有现实的或者潜在的商业价值均可；保密性，对技术人员而言，签了保密协议等即可被认为“采取了相应保密措施”①。

根据上述案例，新能源汽车底盘应用技术以及汽车底盘零部件图纸及数模，可以被认定为是商业秘密中的技术秘密。同时，根据实际情况，纯电动汽车所必须进行的可行性试验和验证的技术资料，也可一并认定为是技术秘密的一部分。据此，新能源汽车本身数据具备被认定为商业秘密的能力。如果相关数据产品在交易时涉及上述内容，也未作任何脱敏加工或处理，则将可能侵犯商业秘密。

（四）汽车销售（销量）数据能否交易，以及交易的范围问题

1. 问题描述

汽车销售（销量）数据是否具有可交易性、交易的范围边界如何定义。

2. 相关案例

虽然目前没有明确的司法实践案例对汽车销售（销量）数据是否具有可交易性、交易的范围边界如何定义予以支持或说明，但上海数据交易中心首席执行官汤奇峰在《数据交易中的权利确认和授予体系》中提到了数据产品交易基本流程主要是：

数据供方提交挂牌申请：数据供方在完成数据产品/服务的确权登记后，将其作为交易标的（如通过可交易数据权）提交给数据交易所申请挂牌。

数据交易所资格认定：数据交易所对提交的交易标的进行资格认定，确认标的是否符合交易条件。资格认定通过后，数据标的可以正式挂牌至数据交易所。

交易撮合与协议达成：数据需方通过数据交易所平台寻找到所需的数据产品/服务，在双方达成交易协议后，数据需方根据协议方式获得数据交易标的。

交易确认与登记备案：交易确认后，数据需方会获得数据交易所发放的

① 参见《反不正当竞争法》第9条第4款：“经营者不得实施下列侵犯商业秘密的行为：……（四）教唆、引诱、帮助他人违反保密义务或者违反权利人有关保守商业秘密的要求，获取、披露、使用或者允许他人使用权利人的商业秘密。经营者以外的其他自然人、法人和非法人组织实施前款所列违法行为的，视为侵犯商业秘密。第三人明知或者应知商业秘密权利人的员工、前员工或者其他单位、个人实施本条第一款所列违法行为，仍获取、披露、使用或者允许他人使用该商业秘密的，视为侵犯商业秘密。本法所称的商业秘密，是指不为公众所知悉、具有商业价值并经权利人采取相应保密措施的技术信息、经营信息等商业信息。”

成交证书，证明交易的合法性。数据交易所同时对该交易进行登记备案。

整个数据交易过程受到相关政府主管部门的依法监管，同时需要完善的保障体系支持，确保数据交易合法、有序开展。

同时，交易势必将涉及汽车数据处理，即加工、传输、提供等。从目前已有的法律法规与政策文件来看，重点仍置于规范汽车数据处理活动，保护个人、组织的合法权益，维护国家安全和社会公共利益，促进汽车数据合理开发利用，并没有将重心放在有关促进交易的方面。然而，国家数据局2024年9月27日发布的《关于向社会公开征求〈关于促进数据产业高质量发展的指导意见〉意见的公告》，明确提到要发展数据流通交易市场，培育数据经纪人、数据托管等新业态，提高第三方服务机构专业服务能力，要繁荣数据流通交易市场、促进数据合法流通交易，鼓励探索多元化数据流通交易方式，支持数据交易机构、数据流通交易平台互认互通。支持企业贴近市场需求，开发数据产品和服务，通过场内、场外合法流通交易数据。构建数据跨境便利化服务体系，推动数据跨境安全有序流动，支持企业利用数据空间等多种形式，开展国际合作。

3. 观点

《汽车数据安全管理若干规定（试行）》中，汽车数据包括在设计、生产、销售、使用和运维等过程中涉及的个人信息数据和重要数据。汽车数据处理涵盖数据的收集、存储、使用、加工、传输、提供和公开等环节。重要数据是指一旦被篡改、破坏、泄露、非法获取或利用，可能对国家安全、公共利益或个人、组织的合法权益构成危害的数据，以及有关部门认定的其他可能造成危害的数据。汽车数据处理，包括汽车数据的收集、存储、使用、加工、传输、提供、公开等。

上述“处理”的概念，并未明确包含“交易”的含义。不过，尽管缺乏法律法规与司法实践的指导，汽车销售（销量）数据，根据上述文件的精神，在合法加工、传输、提供的情况下，原则上可以作为交易标的。至于交易的范围边界如何定义，只要不违反商业秘密保护相关规则，在满足合法的前提下均可以交易并在市场上流通相关数据。

（五）车辆使用过程中的数据能否交易，以及交易的范围问题（包括采集的视频数据、地图数据，大量数据分析出来的交通流数据，包括充电场站数据）

1. 问题描述

车辆使用过程中的数据能否交易以及交易的范围问题。（哪些数据可以交易，包括采集的视频数据、地图数据，大量数据分析出来的交通流数据，包括充电场站数据等）

2. 相关案例

2024 年 4 月 23 日，在青岛市大数据局指导下，青岛西海岸新区工信局与青岛真情巴士集团共同发布了“车智网机务管理及公交服务”数据资产质量评价及估值报告，评估价值为 1009.95 万元，并成功获得齐鲁银行 700 万元数字信贷，这是山东省目前最高数字融资金额。同时，真情巴士与武汉元光科技签署了“公共交通信息服务数据”产品场内交易合同，成为山东省首家实现数据要素流通全流程的企业。①

此外，中国电信股份有限公司成都分公司与成都市智慧蓉城研究院、四川易利数字城市科技有限公司等多家单位合作，以简阳“占道停车”数据为核心，对数据类型、数量、质量、使用情况等进行梳理盘点和合法确权，制定了“新能源车辆停车行为分析”“停车场流量分析”“智慧停车畅享服务”等数据产品，成功在海南数据超市、深圳数据交易所以及成都数据公园完成数据产品上架，标志着四川首单交通类数据资产入表、数据产品开发、数据产品登记顺利完成。②

3. 观点

根据现有案例，车辆使用过程中所采集、分析得出的交通类数据，以及设施类数据（停车场、充电站等）均可以在处理、加工后予以作为数据产品进行交易，同时，需要注意的是，自动驾驶仿真场景库数据等行业数据资产入表案例，也体现了以智能网联汽车为核心载体产生的数据要素资产具有财

① 参见《澎湃新质生产力新动能！真情巴士成为山东省首家完成数据要素流通全流程的交通运输企业》，载大众网，2024 年 12 月 1 日访问。

② 参见《四川首单！交通类数据资产入表》，载微信公众号“简阳发布”，2024 年 5 月 8 日。

产性以及可交易性。

四、政策建议

《中共中央、国务院关于构建数据基础制度更好发挥数据要素作用的意见》明确指出，我国要充分实现数据要素价值、促进全体人民共享数字经济发展红利，是以维护国家数据安全、保护个人信息和商业秘密为前提，以促进数据合法高效流通使用、赋能实体经济为主线，法律和政策端应从以下几个方面入手。

（一）持续进行数据资产交易政策顶层设计，提升数据管理能力

以“三法一条例”等新能源汽车相关的数据管理规则为依据，建议聚焦高价值数据资源，拟定更有针对性的新能源数据资产交易相关政策与标准，例如，新能源汽车数据资产流通及安全流通标准、新能源汽车数据法律体系建设标准、新能源汽车数据资产风险管理机制等，促进新能源汽车数据资产化及提升新能源汽车数据交易市场的活力，确保数据交易的合法性。

（二）完善新能源数据资产确权机制，明确产权归属

为促进新能源数据资产化与交易，需要做到明确新能源数据产权，使法律法规利于流通交易与收益分配，同时要达到安全治理的标准。考虑到数据产权，尤其是车辆数据、用户数据、公共数据，建议在原则上分别制定相关法律法规：车辆数据归属于各自收集（生成）和管理者，例如主要由车辆的传感器和系统收集得来的车辆数据，归属于车辆制造商、经销商和服务提供商，但是涉及行踪轨迹等的特殊内容，必须谨慎处理，不违反《个人数据保护法》或《汽车数据安全管理若干规定（试行）》等法律法规；对于用户数据，例如车主个人数据，车内人员感知数据，车外交通参与人感知数据，需与用户协商约定，经过如何的处理过程后可以加以运用、交易（例如匿名化处理后可由车企在保护用户隐私的前提下予以运用）；至于公共数据，如基础设施数据、车外交通数据、V2X数据、网联系统数据等，以及充电设施、停车场使用情况，道路拥堵情况，新能源汽车产业数据，可能还需进一步分类讨论。对于客观事物与变化情况的一些呈现，例如基础设施数据、交通数据、停车场使用情况等，这些数据的权属归属于相应生成者和管理者，但其应负处理与加工义务，特别是车外数据；有关公共数据的问题可能也需要结合相关政府部门的意见，但总体上应秉持“促进数据合法高效流通使用、赋能实体经济为主线”的原则与精神。

（三）建立新能源数据资产价值评估体系，支撑数据流通交易

当前，新能源汽车行业正经历着迅猛的发展，主机厂、交通服务运营商、车联网服务提供商、移动通信运营商以及零部件企业等汽车产业链的关键参与者，均掌握着丰富的汽车与交通数据资源。这些数据资源中蕴藏着巨大的社会影响力和经济价值。然而，在当前的实践中，数据要素、数据资源、数据资产以及数据产品等概念的使用较为混乱，缺乏统一的标准。同时，数据资产评估的计算方法也尚未形成成熟的方法论。鉴于新能源汽车产业在我国大数据应用领域的核心地位，我国亟须建立一套符合自身新能源汽车产业发展特点的数据资产评估体系。该体系应明确数据资产的确权标准、评估方法、交易平台、价值挖掘途径、安全保障措施以及试点应用场景等关键要素，以确保数据资产能够得到科学、合理、有效的评估和利用。可以通过探索多种新能源汽车数据资产的评估方法，围绕数据完整性、唯一性、有效性、泛化能力、时效性等关键指标建立具有高可靠性和泛用性的新能源汽车数据资产价值评估体系。

（四）完善数据交易所服务生态，促进多方参与

我国已建立超过20家数据交易所，但数据交易所交易活性不足。首先，建议结合地方大数据交易所所在城市的地方优势建立新能源汽车特色板块，促进行业数据汇聚供给及跨行业流通。其次，一方面，在明确权属的基础上，建立数据授权机制，允许数据在合法的前提下进行流通和交易，致力于强化安全审核、算法评估及监控预警体系。并且设立数据交易所数据披露标准，提升交易产品的透明度，不满足披露标准的产品不予以上架。另一方面，国有企业作为国民经济的支柱，应率先在数据确权、授权和交易方面发挥示范作用。通过国有企业的实践，推动整个行业的数据确权、授权和交易机制的完善。同时，积极探索汽车相关数据跨国流通的国际合作治理模式，按照数据的敏感度及重要性进行分级分类，并分阶段、有步骤地推进数据的流通与应用。

五、结论

本文从新能源汽车发展现状出发，阐述了目前我国新能源汽车所涉及的数据特点与当今我国相关行业政策与市场环境，结合实际情况、调研结果，分类逐项分析了在我国新能源汽车数据交易及资产化已有的以及未来可能会产生的法律问题，枚举了相关典型案例，通过实际调研和案例分析，发现新能源汽车数据交易及资产化过程中仍存在主要法律问题，包括数据产权不明、可交易数据或数据产品类型不明、个人信息在新能源汽车数据交易产业链中的如何予以保护和处理、新能源汽车数据是否具备被认定为商业秘密的能力等。在以上基础上，本文试总结我国目前新能源汽车数据交易及资产化法律政策方面还有哪些亟须解决与有待完善之处，预测了未来可能的发展趋势并试提出符合实际的政策建议，包括就完善新能源汽车数据交易、交易价值评估、信息披露标准以及相关政策等试提出见解、明确数据产权以及如何正确处理与个人隐私和信息保护之间的关系、建立新能源数据资产价值评估体系和良好的数据交易所交易环境等。

在总体上，新能源汽车数据交易及资产化推动促进全体人民共享数字经济发展红利，而这需要以维护国家数据安全、保护个人信息和商业秘密为前提，并以促进数据合规高效流通使用、赋能实体经济为主线。就目前而言，在上述背景之下，相关法律问题存在可能的相应解决方案，即正视并克服法律的滞后性，以法治为正蓬勃发展的市场保驾护航。但由于行业专业性，相关法律法规的落地与实施需要集中各界的智慧与力量共同推进。本文给出了部分政策建议，试为我国新能源汽车数据交易及资产化市场发展、新能源汽车数据交易及资产化法律发展赋能并尽一份力。

典型案例

上海法院数字经济司法研究及实践（嘉定）基地第四批典型案例

1. 自媒体舆论监督与公众人物肖像权合理使用之认定

——李某诉某科技公司网络侵权责任纠纷案

体系标签：涉个人信息及关联人格权益保护的案件

关键词：个人肖像权　舆论监督　新闻转载　自媒体

【案情简介】

李某系国内某知名电子竞技俱乐部核心成员，2021 年 11 月，李某与战队成员共同参加某电子竞技大赛获全球总决赛冠军。某科技公司系某微信公众号的运营主体。2021 年 11 月 10 日，某科技公司经案外人授权在该微信公众号上转载了案外人发表的涉案文章。文章开头写道“这是件非常值得庆贺的事情，连央视新闻都在凌晨两点发文”，并使用了一张央视新闻报道截图。该截图中显示，央视新闻凌晨两点发文报道及祝贺李某所在战队夺冠，并配有一张包含战队成员肖像的“我们是冠军”的海报。涉案文章随后描述了战队夺冠之后网络流传的各种网友庆祝行为，对其中已明显超出道德底线与法律规则的行为进行批评与建议。文末对文章作者（即案外人）及其微信公众号进行了简单的文字介绍。李某认为涉案文章采用的截图包含其肖像，某科技公司未经许可使用包含其肖像的图片，进行商业引流、推广服务等营利行为，侵害其肖像权，给其造成巨大经济损失，故要求某科技公司删除链接及图片、赔礼道歉并支付赔偿金和维权费用。

【裁判理由及结果】

法院经审理认为，在行为方式上，某科技公司对涉案文章中引用的央视新闻报道及报道配有的含李某肖像的图片未作任何修改，不存在主动歪曲新闻事实，丑化、侮辱肖像权人肖像的行为。在行为目的上，文章内容主要针对部分网友获悉战队夺冠消息之后，一些引发争议的不妥的庆祝行为，进行评价与批评，倡导"青年热血，也应理性庆祝，尊重女性"，符合我国社会主义精神文明建设的基本要求，属于对李某已公开的肖像的合理使用。在行为效果上，涉案文章虽然使用了李某肖像，但未让读者产生以李某肖像做广告、进行产品推荐的观感，也未对李某所在的战队以及李某作任何负面评价，其主观并无毁损李某健康形象的故意，客观上也不会对李某的形象造成负面影响。故法院未予支持李某的全部诉请。

判决后，李某提出上诉后又撤回上诉，该一审判决已发生法律效力。

【典型意义】

本案系自媒体在网络平台引用新闻报道实施舆论监督与公众人物肖像权冲突司法衡量之案件。本案明晰了涉及数字经济案件中自媒体使用公众人物肖像的行为性质及责任认定，厘定了互联网环境下肖像权合理使用的边界，协调兼顾肖像权保护与公共利益，对同类案件的处理具有参考意义，有助于规范自媒体有序发展，营造良好的网络言论空间，更好地弘扬网络正能量，形成正向的社会舆论与网络风气。

一、肖像权的保护与公共利益的平衡

根据《民法典》规定，自然人享有肖像权。未经肖像权人同意，不得制作、使用、公开肖像权人的肖像。但权利的行使均有边界，肖像权也不例外。《民法典》第 999 条规定，为公共利益实施新闻报道、舆论监督等行为的，可以合理使用民事主体的姓名、名称、肖像、个人信息等。根据上述规定，当公众人物的肖像权不可避免地与社会公共利益发生冲突时，在特定情况下，合理使用肖像可以不经肖像权人同意。

舆论监督是人民群众行使社会民主权利的有效形式，自媒体从诞生到快速发展，逐渐成为新闻传播和舆论监督的重要阵地。本案涉案文章从内容来看，是以战队夺冠后部分网友脱轨庆祝这一新闻报道的社会事件为切入点，对目前一些网络自媒体及网友为“博眼球”“博出位”，不断突破下限、恶意炒作的网络乱象进行梳理、评价与警示，并提出“青年热血，也应理性庆祝，尊重女性”的倡导，属于舆论监督范畴之内，其最终目的在于引导积极向上的社会舆论与网络风气，营造良好的网络秩序，促进社会稳定发展，符合社会公共利益原则。

二、实施舆论监督符合肖像权合理使用的判定

法律规定，为公共利益实施新闻报道、舆论监督等行为的，可以合理使用民事主体的姓名、名称、肖像、个人信息等。因此，如果新闻报道、舆论监督符合对肖像权人肖像“合理使用”的认定，则该使用行为不具违法性，不构成对他人肖像权的侵害。一般而言，“合理使用”应当满足以下两个条件：一是制作、使用、公开是不可避免的、必须的；二是制作、使用、公开的方式是合理的。

一方面，涉案肖像图片来源合法。本案系争肖像图片来源于央视新闻，其出于新闻报道目的使用含李某肖像在内的夺冠队伍照片，属于典型的肖像权合理使用情形，涉案肖像属于已公开肖像。另一方面，首先，涉案文章在分享夺冠消息的同时，为了加深读者对于“战队夺冠”这一事件具有重大影响的认知，特别截取了权威媒体在“凌晨”的新闻报道截图，其中不可避免地包含了报道中已配有的夺冠队伍照片，是自媒体对官方媒体新闻报道的转载，具有合理性。其次，涉案文章对于引用的新闻报道及其配有的含李某肖像的图片未作任何二次编辑，并且仅在该新闻报道截图处使用了含李某肖像在内的战队照片，文章其余分享、评论等原创部分均未再使用李某肖像。故涉案文章对于李某肖像的使用仅在必要范围内，具有适度性。

三、互联网环境下肖像权合理使用的边界

法律规定任何组织或者个人不得以丑化、污损等方式侵害他人的肖像

权。《民法典》第 999 条规定合理使用肖像权，同时也规定了使用不合理侵害民事主体人格权的，应依法承担民事责任。在肖像权与社会公众的监督权、知情权、言论自由权等权利冲突时，应注意结合肖像权主体的具体情况界定权利保护范围和力度。

例如，公众人物在受益于公众舆论的关注时，其肖像权的保护范围和力度较一般公民应作适当限缩，需对他人利用其肖像的行为予以适当容忍。但该种限制和容忍具有条件和限度。一是肖像的呈现应是客观、理性的，而不是丑化、污损、伪造等行为；二是对公众人物肖像的利用，应符合公共利益、社会公众知情权、言论表达自由的要求。司法实践中，对公众人物肖像权的保护范围和力度一般应考虑以下因素：被诉行为方式、主观过错程度、传播范围、损害后果、冲突利益的位阶、社会总体福利的增减等。

本案中，李某并非涉案文章舆论监督的对象，涉案文章使用其肖像是否会对其产生负面影响，也应作为本案肖像是否“合理使用”的考量因素。一方面，涉案文章虽然使用了包含李某肖像的新闻截图，但难言使用了李某肖像的商业价值。另一方面，涉案文章所用图片未对李某的肖像进行丑化或污损，内容上也将突破底线、疯狂庆祝的非理性行为与李某所在战队剥离，某科技公司主观并无毁损李某健康形象的故意，客观上也未造成实害后果。故，某科技公司出于舆论监督的正当目的，转载官方媒体的新闻报道，不可避免地涉及公众人物李某已公开肖像，不构成肖像权侵权。

【案例索引】

一审：上海市嘉定区人民法院

二审：上海市第二中级人民法院

编写人：上海市嘉定区人民法院　陈淏昱

2.“电信轰炸”方式侵害隐私权的认定及责任承担

——吴某诉王某隐私权纠纷案

体系标签：涉个人信息及关联人格权益保护的案件

关键词：隐私权　电信轰炸　生活安宁　侵权责任

被告王某与原告吴某原为朋友，后因情感纠葛产生矛盾。2021 年 12 月至 2022 年 4 月期间，王某向吴某发送多条骚扰、辱骂短信，部分内容污言秽语不堪入目，辱骂对象甚至波及吴某配偶及其子女。此外，王某还在半夜频繁拨打吴某电话，后被吴某设置手机黑名单拦截。2022 年 5 月 2 日，吴某至医院就诊，被诊断为抑郁状态。吴某认为王某上述行为严重影响其和家人的正常工作、生活，使其陷入抑郁状态，精神受到重大创伤，故以王某侵害其隐私权为由诉至法院，要求判令王某停止骚扰、辱骂等侵权行为，公开赔礼道歉，并赔偿精神损害抚慰金 50 万元及律师费。审理中，王某称吴某也通过类似方式对其进行过攻击，但王某提供的证据中并未显示吴某曾向王某发送信息。

【裁判理由及结果】

法院经审理认为，隐私是自然人的私人生活安宁和不愿为他人知晓的私密空间、私密活动、私密信息。除法律另有规定或者权利人明确同意外，任何组织或者个人不得以电话、短信、即时通讯工具、电子邮件、传单等方式侵扰他人的私人生活安宁。本案中，被告持续频繁对原告及其家人进行短信辱骂及电话骚扰，侵扰了原告的私人生活安宁，系侵害原告隐私权的行为，依法应承担相应侵权责任。据此，法院综合考量双方纠纷起因、被告侵权方式、过错程度、损害后果等因素，判令被告以书面形式向原告赔礼道歉，并赔偿精神损害抚慰金 2000 元等损失。

【典型意义】

本案系数字时代侵犯私人生活安宁的隐私权侵权典型案例。本案通过对行为人拨打电话、发送短信的时间、频次、内容、方式的综合分析，判令侵权人承担相应侵权责任，完善了网络私人生活安宁权妨害认定标准，实现权利人、网络用户之间的利益平衡，切实保障人民群众的生活安宁和隐私权，维护和保证网络健康发展。

一、数字时代隐私权的客体

数字信息时代，微信、QQ、网易邮箱等网络通讯软件作为日常交流的基本方式，成为生活场所的延伸。民众的生活场所与网络空间交织，在网络日常生活中独处而不受侵扰的私人生活安宁精神利益需求相伴而生。隐私的内涵不再局限于传统意义的“私密信息”，私人生活安宁亦是其应有之义。

《民法典》第1032条、第1033条将自然人的私人生活安宁纳入隐私权范畴加以保护，将保护领域延伸至网络空间，保护自然人免受他人关注和打扰，排除他人侵害，防止隐私暴露给个体带来不安、焦虑等，帮助自然人获得内心的宁静与精神的愉悦，并审视自我、发展人格，实现人格尊严，满足了人们对美好生活的更高需求。移动互联网时代，相比其他侵害隐私权的方式，通过手机等即时通讯侵扰他人生活安宁的行为日渐增多，但有时往往因情节、后果“轻微”而“维权难”，网络私人生活安宁权妨害认定难的问题尤为突出。

二、电话、短信等方式侵扰私人生活安宁构成侵害隐私权的界定

有别于其他侵扰私人生活安宁的隐私权侵权案件，熟人之间以电话、短信等方式侵扰私人生活安宁的认定更需要妥善平衡双方利益，把握侵权与否的界限。首先，可审查发送短信、拨打电话的内容。正常交流以双方自愿为基础，单方“信息轰炸”不属于正常沟通。如果传达的信息包含侮辱、诽谤、谩骂等不健康内容，则可视为是发送者违背接收者主观意愿的单方任意行为，是认定构成侵扰私人安宁、侵犯隐私权的基础。其次，可审查发送短信、拨打电话的频率及时间。正常的沟通交流频率双方均可接受，且与作息时间吻合。若在非正常时间发送，如深夜、凌晨，而信息的内容却并非刻不

容缓，除非发送者能作出合理说明，否则可认定其目的并非沟通，而系侵扰；如发送信息频率过高、持续时间过长，在发送者不能证明其做法合理性的情况下，也可作出同样认定。需要注意，该项考虑因素需结合通讯内容，如内容是单方任意的，再加上长时间、高频率、不恰当的发送行为，成立侵犯隐私权的可能性极高。在个案认定时，还需考虑双方既往沟通习惯，对发送者行为的性质进行具体分析。再次，可审查发送短信、拨打电话的动机以及接收方的回应。实践中，被诉侵权方往往会以事出有因、实质是双方对骂等事由抗辩，能否采纳抗辩需根据具体案情决定。一般而言，“事出有因”并非侵权行为成立的阻却事由，而“双方对骂”需要被告在原告已初步举证的情况下进一步举证证明原告亦存在发送辱骂信息等行为。即使被告方能举证证明原告也存在骂人情形，还需考虑是谁先发送的消息、原告的行为是否属于自助等情况。如果被告证明其发送消息是回应原告的，则可能因信息不属于单方任意行为而排除在侵权外。最后，需要审查是否存在损害结果，包括精神损害或财产损害，以及其与相应的侵权行为间的因果关系，最终综合认定是否构成侵权。

三、侵害隐私权的责任承担方式

关于此类侵权行为的责任承担，审判实践中常见有三种：其一是停止侵权。如果侵权行为成立的，原告的停止侵权主张应被支持。即使被告在诉讼中未再发短信、打电话，基于“电信轰炸”这一侵权方式成本低、隐秘性高等特点，在判决中也应以支持原告该项诉请为宜。这既有助于保障被侵权人权益，同时也符合实质化解纠纷的原则要求。其二是赔礼道歉。隐私权是人格权的分支，故侵害他人隐私权会造成他人精神损害，原告主张赔礼道歉的，原则上应予以支持。赔礼道歉的形式根据侵权行为给当事人造成的影响广度决定。其三是损害赔偿。精神损害赔偿金额应综合考量被告的过错程度、侵权情节、侵权事由及侵权所造成的后果等因素由法院酌定。律师费具体可由法院结合调查取证的合理费用、律师费计算标准、案件胜败诉比例等因素酌定。

【案例索引】

一审：江苏省太仓市人民法院

编写人：江苏省太仓市人民法院　汪　丹　许琳格

3. 玩家言论自由与游戏公司自治管理权之司法平衡

——林某诉某网络科技有限公司网络服务合同纠纷案

体系标签：涉个人信息及关联人格权益保护的案件

关键词：网络游戏　虚拟人格　约定处罚　提示告知义务

【案情简介】

2018年11月，原告林某实名注册被告某网络科技有限公司运营的军事类对战性游戏账户。《服务协议》约定，若用户言行不雅（包括但不限于使用、散布或者传播辱骂、造谣、诋毁、色情、暴力等不当信息，并适用于角色命名），根据情况可受到以下处罚：（1）禁言；（2）强制离线；（3）封停账号（协议释义为暂停或永久停止违规用户游戏账号登录使用游戏服务的权利）。原告陆续充值12余万元，其中2023年度充值金额为8613元。2023年4月28日晚，原告与真实姓名为王某的广州玩家在游戏聊天界面内互相言语攻击，其中原告言语更为激烈，有多条诸如"你和××一样，骂你嗲"的聊天内容。2023年5月2日，原告修改其游戏角色名为"王某的野嗲"。被告在接到王某的举报后重置原告角色名，并于当日以邮件形式警告原告"若再次使用违规名称，会导致账号封停"。后原告于同日又将角色名改为"王某的契耶"，被告于当日直接将原告该账号永久封禁（等同于协议中约定的永久封停账号），系统提示信息为"角色名违规，永久封禁"。2023年7月5日，被告解除对该账号的永久封禁措施，并致电原告予以告知。封禁期间，原告的游戏账户装备及金币未减少。此外，原告曾三次因言论违规被禁言，后禁言均已解除。现原告以基地被炸、排名下降等服务体验变差为由诉至法院，要求被告赔偿损失 6 万元。

【裁判理由及结果】

法院经审理认为，原告在被告警告并重置角色名的情况下仍沿用“王某”真实姓名，并加“契耶”二字。“契耶”的谐音“契爷”在粤语中意思为义父、干爹，指向的对象王某生活在粤语地区，该用词与原告之前在游戏聊天和首次角色名变更中辱骂对方的方式和内容具有一致性，故原告第二次角色名变更存在针对性和侮辱性具有高度盖然性。《服务协议》中关于言行不雅的处罚条款虽为格式条款，但不存在法律规定的无效情形，应属有效。被告据此有权对原告行为进行处罚。考虑到永久封禁的严厉性、被告之前告知内容仅为封停以及永久封禁后原告沟通渠道受限，被告在履行相应提示或告知义务上存在瑕疵。被告自述如原告申诉并承诺即可解除永久封禁，然原告并不知晓且电话申诉未果。综上，被告处罚行为存在不当之处，但并不构成根本违约。封禁期间，原告的游戏账户装备及金币未减少。原告以充值金额为参考主张损失，但原告累计充值金额已陆续在游戏内消费并享受相应服务，故该主张缺乏依据。原告提出因被告封禁行为而影响服务体验，但鉴于封禁时间较短，该封禁对于原告游戏体验的影响有限且难以直接具化为经济损失。即使该损失存在，原告在收到被告警告邮件后仍采取之前角色名违规起名方式，对后续可能的处罚应有预判，原告对损害结果的造成亦应承担责任，且该损失尚未超过与原告系争行为故意性和危害性相匹配的合理承受范围。据此，法院判决驳回原告要求损失赔偿的诉讼请求。

【典型意义】

本案系在网络游戏中玩家言论自由与游戏公司自治管理权冲突的典型案件。涉及公民在虚拟空间的人格权保护、游戏平台行使处罚权的边界、虚拟财产损失如何确定等热点问题，对同类案件的处理具有参考意义，有利于警示并规范网络游戏等虚拟空间中的不良言行，保护公民在虚拟空间的合法权益，有助于游戏公司审视并强化平台自治管理的规范性与适当性，推动游戏行业的良性健康发展，营造清朗有序的网络生态空间。

一、公民虚拟空间人格权受法律保护

公民在虚拟空间的人格权益作为现实人格权益的投射和延伸，同样受法律保护。虚拟空间中身份的虚拟化、信息的匿名性、空间的扩大化、交流的实时性等特质对人格权的保护提出了新的挑战，虚拟空间日益成为人格权保护的前沿阵地。

用户虚拟空间中的言论自由应受法律法规、公序良俗的约束。用户与平台公司签署的协议中关于言行不雅的处罚条款为格式条款，如不存在法定无效情形，应属有效，用户言论自由亦应受该约定的制约。在虚拟空间中，如用户基于匿名环境追责难的侥幸心理，肆意实施辱骂、诋毁等言语暴力，侵犯其他玩家人格权益，网络平台有权依据法律规定、协议约定采取处罚等管理行为。关于用户名违规与否的认定，可综合纠纷经过、聊天内容、地区语境等具体情况作出审查和认定。如用户名采用“真人姓名+侮辱性用词”，鉴于用户名自带广而告之的属性，可认定用户名违规。

二、网络平台自治管理权的来源与边界

网络场景的规模化、人员的匿名性、信息的海量性、时空的分散性催生了民众对平台自治管理的社会性需求以及平台为了健康运行而监管的衍生需求。基于网络平台自治监管的能力和效率，国家通过《电子商务法》等规定间接赋权网络平台合理自治，用户通过与平台公司签订协议赋予平台自治管理权，也称“算法权力”“数字权力”。

网络平台作为规则的制定者、执行者和裁判者，在行使处罚权时应边界清晰、规则稳定。首先，遵循确定原则，应以作出处罚时向用户告知的理由作为依据，如允许事后补充处罚依据，将偏离真实情况。其次，遵循比例原则，在制定规则时可根据违规行为性质和程度采取阶梯式的处罚方式，在执行阶段选取处罚措施应与用户违规行为相匹配，做到过罚相当，轻重相衡。再次，遵循稳定原则，针对不同用户的同一行为或同一用户的前后行为，采取的处罚方式以及给予的救济权利应具有一致性和可预期性。最后，遵循透

明原则，履行相应提示或告知义务，清晰明白地将权利义务、救济途径等告知用户。

三、用户虚拟财产权益损失认定路径

关于网络虚拟财产的保护，损失的确定关乎赔偿的落实，是用户虚拟财产权益保护的关键一环。实务中，该损失的确定应以填平原则为准，并综合平台性质、协议约定、受损范围、影响时间等情况予以确认。在用户与平台均违约的情形时，根据各自违约程度，从法益平衡角度出发，可同时适用过错相抵原则。

以网络游戏为例，玩家的损失涉及游戏币、其他虚拟物品和游戏体验三个维度。游戏币与虚拟物品本质上是电子数据，游戏公司通过开放系统向玩家提供游戏数据服务，加之游戏种类繁多、规模各异，故关于游戏币与虚拟物品的损失不能简单等同于玩家购入价值。实务中，一般先征询玩家能否同意游戏公司以相应游戏币与虚拟物品进行损失赔偿，如玩家坚持货币赔偿，则需综合协议约定、受损范围、双方过错、游戏性质、有无流通价值等情况予以确认。至于游戏体验，鉴于双方合同系网络服务合同，游戏体验确是服务质量的考量因素，但该类型损失直接转换经济价值存在难度，需要根据协议约定、游戏性质、影响时间与程度、双方过错、游戏过往记录等情况综合判定。本案中，涉案游戏为军事对战类，游戏规模不大，封禁时间较短，对林某游戏体验影响有限，相应损失较小且金额较难量化。林某自身对损害结果的发生负有过错，该损失尚未超过与林某行为故意性和危害性相匹配的承受范围，故驳回林某要求损失赔偿的诉请。

【案例索引】

一审：上海市嘉定区人民法院

编写人：上海市嘉定区人民法院　张　秀

4. 经营者依法依规享有数据财产权益，他人不得以违背商业道德的方式进行数据处理行为

——某数码公司、某信息公司诉某文化公司侵犯商标权及不正当竞争纠纷案

体系标签：涉数据形态财产权益及市场竞争秩序保护的案件

关键词：数据权益　个人信息　平衡保护　合理范围　不正当竞争

【案情简介】

原告某数码公司系某知名互联网视频分享平台（以下简称 B 平台）的运营方。原告某信息公司系 B 注册商标权利人，授权某数码公司使用 B 商标。某数码公司将 B 商标小写字母作为 B 平台网站域名的组成部分进行注册。H 平台是服务于 B 平台用户和品牌主 / 代理商的商业合作平台，由某数码公司和第三人某科技公司共同运营。H 平台的数据存储于 B 平台，用户来源于 B 平台，某科技公司相关权利由某数码公司行使。

被告某文化公司以代理商身份与 H 平台签订协议，入驻 H 平台并获取数据查阅权限，双方就协议履行获得的对方财务、用户资料等信息约定保密条款。某文化公司注册 2 个域名，对应网站名称为 B 平台数据网，域名特征部分为 B 商标的组成部分，网站设置超链接可以跳转至某文化公司运营的 X 数据网（网站名称 B 平台社交数据分析网）。X 数据网展示从 B 平台和 H 平台获取的数据（如用户粉丝数、关注数，商务报价，粉丝年龄、性别、地区等），并自行以求和、百分比等方式简单整理出衍生数据（如用户粉丝增长数及增长趋势等）。X 数据网以会员收费形式向网站用户分级展示上述数据，又通过网站促成平台用户和品牌主商务合作收取服务费。某数码公司、某信息公司遂诉至法院，要求某文化公司为某数码公司、某信息公司消除影响，赔偿经济损失及合理开支共计 150 万元。

【裁判理由及结果】

法院经审理认为，某文化公司注册 B 平台数据网，容易误导用户认为网

站与某信息公司的注册商标存在关联，且B平台域名系有一定影响力的域名，某文化公司的行为侵害某信息公司的注册商标专用权，亦构成对某数码公司的不正当竞争。

某数码公司就相关数据投入劳动和其他要素，享有合法控制、使用、经营等财产性权益。某文化公司从平台获取的数据包括公开数据和非公开数据，还涉及个人信息。某数码公司设置不同条件差别化提供和展示该些数据，又在H平台以保密条款的形式设置保护措施。某文化公司擅自通过技术手段获取数据并借此开展有偿交易服务，其获取及使用数据的方式超出合理限度且有违商业道德，扰乱了市场竞争秩序，有损某数码公司的竞争优势和利益，还可能侵害他人个人信息权益，故某文化公司的数据处理行为不具有正当性。故判决与B商标近似的域名归某数码公司所有；某文化公司为某数码公司、某信息公司消除影响，并赔偿经济损失及合理开支共计10万元。

【典型意义】

本案系典型的涉数据处理行为性质认定的侵权及不正当竞争纠纷案件，涉及私权与市场竞争秩序乃至消费者权益保护等法益衡量，是合理界定和规范数据使用行为、维护市场竞争秩序，助力数据要素市场建设的典型案例。

一、数据获取利用等处理行为存在牵连性，可能同时侵害多种法益

互联网平台经营者取得个人信息主体同意采集信息，在数据开发过程中投入劳动和其他要素贡献，合法合规持有数据，享有包括控制、使用、经营等权能在内的财产性权益。为维护既得或潜在商业利益，数据持有者缺乏数据开放的主动性，而市场竞争者对数据开放的迫切性与日俱增，并通过实施一系列行为实现数据利用目的。本案中，被告的经营依赖于某数码公司的数据，其注册与B平台域名及B商标近似的域名，并建立直接指向B平台的网站，使用户产生混淆以吸引流量。被告又设置超链接使用户可以跳转至其实质经营的X数据网，在X数据网展示和交易来自某数码公司的数据，客观上以违反商业道德方式争夺B平台的交易机会并损害其竞争优势。被告上述商标、域名使用行为和数据使用行为损害法律保护的注册商标专用权、正

当竞争等多重法益。

二、审视市场竞争多元利益，平衡数据权益保护和数据流通共享

对经营者合法数据财产权益的保护，区别于绝对排他性方式，涉及私益与市场竞争秩序乃至消费者权益保护等多元法益衡量，个案中需结合具体场景对数据处理行为合法性和合理性进行判断。

对数据经营权的保护，不应阻碍正常的数据流通和市场竞争秩序。一方面，经营者对他人合理使用其已公开数据负有较高的容忍义务，应合理降低市场主体获取数据的门槛，增强数据要素的共享性和普惠性，促进数据要素流通。用户可在合理范围内处理网站公开数据，但不得采用扰乱市场竞争秩序的方式，实质性妨害网络服务的正常运行。另一方面，对数据必须“取之以道、用之以度”，不得采用扰乱市场竞争秩序的方式，妨害数据权益主体正常经营活动。对于经营者采取一定排他技术的非公开数据，他人不得采用违背商业道德等方式获取和利用，损害经营主体的合法权益。本案被告某文化公司在明知保密条款的情况下，擅自通过技术手段获取平台数据开展营利活动，其行为超出合理限度且有违商业道德，扰乱了市场竞争秩序。

三、对数据处理及其财产权益的处分，不得侵害其上承载的个人信息权益

个人信息是数据要素最基础的来源，数据市场构建和数据流通使用应以保护个人信息为前提。数据处理行为的性质认定应重点关注个人信息保护。对承载个人信息的数据，应当按照个人授权范围依法依规采集和使用。对获取数据中属于自行公开或已合法公开的个人信息部分，他人的处理行为仍应在合理范围之内，平衡个人信息主体对信息传播控制等权益与平台或经营者基于合法公开的个人信息流通利用所产生的财产权益。本案某文化公司在其网站展示的数据包含了用户的个人信息。尽管该些信息已经在平台公开，但某文化公司的行为明显超出了“合理处理他人已合法公开的个人信息”之限度，不具备处理个人信息的正当性基础。

【案例索引】

一审：上海市嘉定区人民法院

编写人：上海金融法院　顾　全

上海市嘉定区人民法院　郑　磊　叶　莎

5. 利用AI技术开展经营活动不得损害他人合法权益

——陈某诉上海某网络科技公司侵害作品信息网络传播权纠纷案

体系标签：涉数据形态财产权益及市场竞争秩序保护的案件

关键词：短视频　AI换脸　算法合成　算法治理　合规经营

【案情简介】

原告陈某实名认证抖音账号“摄影师某某”，其主张权利的作品为“摄影师某某”发布的13段短视频（以下简称原始视频），主要内容为女子身着古装的展示，时长10秒左右。

被告上海某网络科技公司运营抖音小程序“某颜”。“某颜”设置AI生成“一键换脸古风汉服”板块，在“古典汉服”标签下展示诸多女子身着古装的短视频。经对比，其中13段短视频（以下简称涉案视频）与原始视频仅在人物面部五官特征上存在差别，视频场景、镜头、人物造型、动作则基本一致。点击其中一段短视频，视频画面下方显示标签“上传照片”。点击“上传照片”，提示“选择一张人脸制作”，从手机相册中选择一张人物照片上传后，页面弹出标签“看广告免费制作”。点击标签后观看30秒的广告，小程序即进行视频合成，随后生成的视频人脸则更换成所选照片中的人脸。点击“保存到相册”，生成的视频即可保存至手机相册。

原告认为被告上述行为侵害其作品信息网络传播权，请求判令被告下架视频停止侵权、赔礼道歉，并赔偿经济损失及合理开支共计5万元。被告于诉讼中表示已意识到相关行为可能构成侵权，并积极配合整改，包括删除涉案视频、主动履行相关人工智能算法备案手续后重新上架小程序。在此基础上，法院就运用算法技术提供网络服务向被告提出合规建议，被告接受建议并作出合规承诺。鉴于被告上述整改行为及承诺，原告对被告表示谅解，并撤回要求被告下架视频、赔礼道歉的诉讼请求。

【裁判理由及结果】

法院经审理认为，原始视频系古风人像写真类视频，由一系列有伴音的连续画面组成，在内容编排、景别选取、拍摄角度等方面体现了制作者独创性的选择安排，属于受《著作权法》保护的视听作品。涉案视频的内容系通过AI算法将原始视频进行局部替换合成，二者构成实质性相似。被告将原始视频“换脸”后在小程序展示，使小程序用户能够在任意选定的时间和地点浏览或使用原始视频。而用户选定涉案视频自行制作“换脸”视频，本质上系利用被告提供的平台、素材和技术，实现随时以“替换人脸”方式使用、下载原始视频的目的。被告以“AI换脸”为卖点将原始视频用于牟取商业利益，既未经授权许可，又未支付报酬，其行为不属于《著作权法》规定的合理使用情形，侵害了原告作品信息网络传播权。同时，被告作为数字经济行业小微初创民营企业，应诉后能够主动响应法院的合规建议，积极整改并获得权利人一定谅解，其后续合规经营也有利于市场健康发展，该节事实在其责任承担中亦可作为考量因素。鉴于原告主动放弃停止侵害、赔礼道歉之诉请，法院综合原始视频的类型、独创性程度、市场价值、被告使用方式、侵权行为影响等因素，判决被告赔偿原告经济损失及合理维权费用共计7500元。

【典型意义】

近年来，以算法为基础的人工智能技术迅速发展，成为推动新质生产力及数字经济发展的重要力量。本案系生成合成类算法应用场景下的典型纠纷，通过司法裁判明晰了人工智能技术应用边界，平衡兼顾了技术创新发展和权利依法保障之间的冲突。同时，本案聚焦新兴技术创新应用和依法依规治理，积极向相关企业提出人工智能技术应用合规建议，通过依法履职，推动新质生产力的培育和数字经济企业健康发展。

一、算法合成内容未改变原始素材实质及核心表达，与原始素材构成实质性相似

涉案“AI换脸”纠纷系生成合成类算法场景下引发的纠纷。原始视频素材是古风人像写真视频，在内容编排、景别选取、拍摄角度等方面体现了制作者独创性的选择安排，受《著作权法》保护。原始视频发表在先，被告存在接触可能性。被告提供的涉案视频系通过AI算法对原始视频素材进行局部替换合成，不具有独创性。被告未参与内容创作过程，也未将其个性化表达体现在生成的“换脸”视频中，仅以AI技术更换原始视频素材人物面部肖像，保留原始视频素材的实质及核心表达内容，所合成的视频与原始素材构成实质性相似。

二、算法合成“换脸”未获得同意和授权，侵害他人合法权利

“AI换脸”系利用合成算法进行素材加工、内容转化和合成输出，但相关过程触及知识产权或人格权等多种法益，应当注意行为边界，避免侵害他人合法权益。就本案而言，一方面，被告未经著作权人授权将其作品“换脸”后作为素材模板展示；另一方面，被告以盈利为目的，为用户提供平台、素材和技术制作“换脸”视频，使不特定公众能随时实现以“替换人脸”方式使用他人作品的目的。被告既未取得著作权人的授权，又未对生成的侵权结果尽到合理注意义务并采取相应措施，应当承担侵害作品信息网络传播权的责任。此外，司法实践中“AI换脸”还可能侵害他人人格权益，如破坏肖像与主体的同一性，侵害他人肖像权；对“人脸”等生物识别信息未尽到合理安全保障义务，侵害个人信息权益等。因此，利用算法等人工智能技术应当注重多重法益保护，合理合法开展经营和服务活动。

三、依法履职，回应算法治理需求

算法等人工智能技术广泛应用于各领域，正处于不断发展过程中，需坚持促进创新和依法治理相结合，推进技术运用向上向善。实践中，算法服务

引发多元主体利益冲突，各类新型纠纷不断涌现，司法既要通过个案确立裁判规则，应对算法纠纷对传统法律关系带来的挑战，又要积极发挥治理职能，合理运用司法建议等形式引导技术合规利用，弥补现有法律法规与当前算法治理需求之间的空白。本案被告系数字经济行业小微初创民营企业，对算法等人工智能技术应用涉及的政策因素、法律因素及行业发展因素等缺乏全面了解。为帮助其合规经营和稳定发展，法院制发合规建议，提示其强化依法经营意识、积极完善行政手续、注重素材合法性审查、内容生成合成合法性审查、重视安全发展等，被告亦主动响应合规建议，积极作出整改且获得了权利人谅解，实现了一定的治理效果。

【案例索引】

一审：上海市嘉定区人民法院

编写人：上海金融法院　顾　全

上海市嘉定区人民法院　郑　磊　叶　莎

6.App 中的客户信息作为商业秘密的认定

——昆山某汽车销售公司诉周某某、王某某侵害经营秘密纠纷案

体系标签：涉数据形态财产权益及市场竞争秩序保护的案件

关键词：App 软件　客户信息　商业秘密

【案情简介】

出于管理客户信息、跟进销售流程等目的，某汽车公司开发了一款 App 软件，并授权其经销商使用。经销商在寻找客源、对接洽谈后，可以在该 App 软件中上传或创建客户的姓名、手机号码、意向车型、驾照、试驾协议、试驾陪同人、预约时间等客户信息，但经销商之间通常不共享各自创建的客户信息。登录该 App 软件查看客户信息，需输入经销商的销售人员的手机号码及短信验证码。昆山某汽车销售公司、太仓某汽车销售公司均由顾某

某与他人共同设立，均是某汽车公司的经销商，分别经营管理某汽车公司昆山门店、某汽车公司太仓门店。因系关联公司，昆山某汽车销售公司与太仓某汽车销售公司的销售人员可相互查询客户信息，但其他经销商无权查询该两公司的客户信息。周某某、王某某曾一同任职于某汽车公司太仓门店，任职期间均签字确认知悉公司员工手册并承诺遵守客户信息保密规定。后周某某离职，其登录 App 软件的权限被公司关闭。周某某离职后，王某某将其接触的昆山某汽车销售公司在 App 中上传的客户信息告知周某某，周某某通过微信与某汽车公司昆山门店在 App 内创建的客户王某等人取得联系，并进行同品牌汽车的介绍、推销等活动。昆山某汽车销售公司认为周某某、王某某侵犯其商业秘密，故诉至法院请求判令周某某、王某某承担停止侵权、消除影响、赔偿经济损失的民事责任。

【裁判理由及结果】

法院经审理认为，昆山某汽车销售公司在 App 中创建的客户信息，不仅包含客户名称、客户手机号码等一般资料，还包括通过商业谈判、业务跟进获得的客户意向车型、客户预约时间等数据信息。这些信息能够快速准确对接客户进而达成交易，为权利人带来一定的竞争优势，具有现实的商业价值，且不为一般公众或汽车销售领域普遍知悉或容易获得。同时，昆山某汽车销售公司通过员工手册明确了员工对客户信息的保密义务，并对 App 设置了输入手机号码及短信验证码登录等保密措施。因此，昆山某汽车销售公司在 App 创建的客户手机号码、客户意向车型、客户预约时间等数据信息构成商业秘密。王某某将其接触的上述客户信息告知周某某，周某某利用该信息添加客户微信并推销汽车，二人共同实施了侵犯昆山某汽车销售公司商业秘密的行为。据此，法院判决周某某、王某某立即停止侵犯商业秘密的行为、立即清除其控制的商业秘密，并赔偿经济损失及合理开支。

【典型意义】

本案系离职员工利用原任职公司收集的包括客户个人信息的经营信息，构成侵犯商业秘密的典型案件。涉及 App 中数据信息的权属认定、客户信息构成商业秘密的认定以及侵犯商业秘密举证责任分配等问题，对数据信息类商业秘密案件的裁判具有示范意义，有利于保护企业数字经济权益，促进数字经济的持续健康发展。

一、客户信息等经营信息构成商业秘密的认定

客户信息能否作为商业秘密保护在实践中存在认定难点，根据《反不正当竞争法》第9条第4款规定："本法所称的商业秘密，是指不为公众所知悉、具有商业价值并经权利人采取相应保密措施的技术信息、经营信息等商业信息。"本案中，意向车型、客户预约时间等信息可以反映出具体客户的产品需求及要求，并非通过网络查询等手段可以获知的公开信息，不为所属领域相关人员普遍知悉和容易获得。同时，该类客户信息能够为权利人带来一定竞争优势，帮助快速准确对接客户进而达成交易，具有现实的商业价值。作为权利人的昆山某汽车销售公司使用App系统，以密码方式限定涉密信息的知悉范围，且通过员工手册等规章制度的形式，明确了保守商业秘密的义务及范围，为防止信息泄露采取了与其商业价值相适应的保密措施。本案据此认定客户信息属于商业秘密，同时对客户信息的内涵和外延作出拓展，除客户名称、客户手机号码外，客户意向车型、客户预约时间等客户偏好类信息也属于客户信息范畴。

二、商业秘密侵权案件证明责任的适用

根据《反不正当竞争法》第32条第2款规定，商业秘密权利人提供初步证据合理表明商业秘密被侵犯，且提供证据表明涉嫌侵权人有渠道或者机会获取商业秘密且其使用的信息与该商业秘密实质上相同，涉嫌侵权人应当证明其不存在侵犯商业秘密的行为。本案中，权利人提供微信聊天记录、App系统订单情况，能够证明周某某离职之后在App系统被关闭的情况下，仍以某汽车公司业务人员的名义与客户进行沟通推荐、销售，并提供试驾服务，精准对接权利人的意向客户。王某某作为权利人关联企业的工作人员，客观上具有接触并掌握权利人客户信息的便利和机会。周某某、王某某认为其使用的客户信息是通过汽车销售网站推送、熟人推荐、现场添加微信等方

式而获知的，并未提供证据予以证明。本案据此认定周某某、王某某实施了侵害权利人经营秘密的行为。

三、客户信息数据司法保护的路径

权利人收集客户信息等数据需付出一定成本，持有该类数据信息亦可取得竞争优势，但司法实践中并非所有的数据都可适用于商业秘密的保护路径，若客户信息本身不符合商业秘密的构成要件，而他人以不正当方式获取、使用该类数据信息，权利人可以通过《反不正当竞争法》第2条或第12条寻求救济。除此之外，侵权行为人系权利人的前员工或现员工，权利人通过员工手册等规章制度的形式，明确了保守商业秘密的义务及范围，员工在签署合同前提下泄露、使用客户数据信息，通常亦构成违约行为，权利人亦可通过追究违约责任实现权利救济。

【案例索引】

一审：江苏省昆山市人民法院

编写人：江苏省昆山市人民法院　吴晓蕾　王少斌

7. 劳动力市场数字化背景下用工法律关系认定

——刘某某诉某运输公司、某科技公司提供劳务者受害责任纠纷案

体系标签：涉平台经营者法定义务及相关主体权益保护的案件

关键词：平台企业　用工单位　从业人员

【案情简介】

2019年4月起，刘某某为某运输公司提供劳务，有活就干，没活休息。某科技公司是一家通过网络平台提供共享经济综合服务的公司。2020年5月，某运输公司、刘某某通过平台分别与某科技公司签订《共享经济客户服务协议》和《共享经济合作伙伴协议》（以下均简称协议），约定：刘某某是

某科技公司为某运输公司匹配的个体工商业者；刘某某与某科技公司、某运输公司均不构成劳动 / 劳务关系，某科技公司不对刘某某提供劳务所引起的纠纷承担任何法律责任。协议签订后，刘某某提供劳务的地点、内容没有变化，延续了此前由某运输公司进行管理的方式，某科技公司未对刘某某的劳动过程进行管理控制或指定工作任务，仅是根据某运输公司确定的付款明细在扣除服务费用等后将报酬支付给刘某某。2021 年 10 月，刘某某在提供劳务时受伤。刘某某诉至法院，要求某科技公司、某运输公司共同赔偿刘某某提供劳务时受伤所致损失。

【裁判理由及结果】

法院经审理认为，各方之间的法律关系不能仅凭纸面协议即予以确认，特别是实际履行过程中各方权利义务与协议约定不一致时，应当“穿透”协议约定，根据各方之间的实际权利义务内容进行认定。根据现已查明的事实，协议签订后，刘某某仍由某运输公司进行管理，具有一定的人身依附性但较弱；报酬实质由某运输公司支付，具有一定经济从属性。综合考量上述因素，接受劳务一方仍是某运输公司，其与刘某某仍构成劳务关系，故应由某运输公司对刘某某提供劳务时受伤所致合理损失承担赔偿责任。某科技公司与刘某某的协议，约定某科技公司不对刘某某提供劳务所引起的纠纷承担任何法律责任，该约定系不合理免除某科技公司自身责任的格式条款，应依法认定为无效。但根据查明的事实，某科技公司仅是代为支付劳务费用，对刘某某不承担管理职责，双方不构成劳务关系，某科技公司对于刘某某因本次事故受伤也不存在过错，故对刘某某的损失依法不承担赔偿责任。据此，法院判决某运输公司赔偿刘某某各项损失合计 5 万余元，同时驳回刘某某其余诉讼请求。

【典型意义】

本案系劳动力市场数字化背景下用工法律关系认定的典型案例，在依法保护灵活就业和劳动者权益的同时，明确不承担管理责任、对事故发生无过错的互联网平台企业不承担赔偿责任，厘清了互联网平台企业与用工单位依法承担责任的边界，兼顾劳动者权益保护与平台经济和新就业形态发展。

一、劳动力市场数字化背景下的用工特点

数字经济的飞速发展，使得用工单位越来越依托于互联网平台的高效资源整合，创造出更具新颖性和灵活性的新型用工模式。相较于传统用工模式而言，主要有以下几方面特征：第一，用工形式灵活化。与传统的“一人一职”模式相比，多重主体的用工关系模式增多，市场准入门槛和退出机制相对自由。第二，从属性降低。从业人员对于工作时间、工作地点、工作安排具有更高的自主性，但在一定程度上，用工主体或者平台又通过特定的算法逻辑、评价机制等管理手段对从业人员的工作和报酬进行监督和控制，使得这种用工关系又体现出一定的弱从属性。第三，“去劳动关系化”现象明显。数字经济的发展改变了资本控制劳动过程的方式，企业及其合作企业通过注册个体工商户、劳务外包、众包等形式，避免直接与从业人员订立劳动或劳务合同，进而规避用人单位的责任和义务，降低用工成本，使得各方权利义务的认定愈加复杂。

二、用工法律关系认定应采用实质化标准

劳动力市场数字化背景下的用工模式往往借用书面协议“去劳动关系化”，而实践中，互联网平台、用工单位与从业人员之间有可能形成劳动、劳务、承揽、中介等各种不同法律关系。因而，贯彻穿透性审判理念，采用实质化认定标准，准确界定各方法律关系的性质和责任承担，是对从业者权益保护和数字经济发展两者间进行“利益衡平”并进行“双重保护”的关键。

本案协议中约定的“网约工”模式表现为“个人在平台注册为个体工商业者—平台为需要服务的企业匹配适合的个体工商业者—个体为企业提供劳务—平台代为支付个体经营收入”，呈现“平台—个人—企业”三角用工形态。但本案在具体认定各方权利义务关系时，突破形式外观主义，根据各方之间的实际履行情况，综合人身依附性、经济从属性等因素，认定用工单位作为接受劳务一方依法承担责任。同时，对于协议中提供格式条款一方不合理免除或减轻己方责任、加重对方责任、限制对方权利的格式条款，本案依法认定该格式条款无效，并根据实际情况依法认定互联网平台企业不承担赔偿责任，并非仅因互联网平台企业参与协议签订而简单认定平台责任。

三、合理分配用工关系各方权利义务

面对劳动力市场数字化背景下的用工关系，既要关注用工单位的利益诉求和互联网经济发展的实际需要，又要充分考虑对从业人员的权益保障，合理平衡各方权利义务关系。具体而言，首先，应当谨慎应对灵活用工模式在传统行业的泛化。在传统行业用工关系的认定中，应当审慎审查判定各方的法律关系，防止传统行业中劳动、劳务关系被包装为承揽、中介关系导致权利义务失衡。需要注意的是，平台用工模式下，可能加入"算法控制"优势等作为劳动管理及从属性的考量因素。其次，应当建立灵活用工管理制度。平台企业、用人单位要加强风险意识和事故防范能力，为从业人员提供安全有保障的劳动条件，并通过商业意外险等方式为灵活就业者提供更加充分的保障。最后，应当保障灵活就业人员维权途径。平台企业应当承担相应社会责任，建立平台内部矛盾纠纷化解机制，为灵活就业人员的劳务报酬、意外伤害、保险理赔权利主张提供便捷有效的沟通处理方式，并完善行政监督和司法审判救济路径，维护灵活就业人员的合法权益。

【案例索引】

一审：上海市嘉定区人民法院

编写人：上海市嘉定区人民法院　纪学鹏　张　可

8. 订立经纪代理合同的网络主播与合作公司之间劳动关系的审查认定路径

——王某诉上海某传媒公司确认劳动关系纠纷案

体系标签：涉平台经营者法定义务及相关主体权益保护的案件

关键词：网络主播　劳动关系　从属性

【案情简介】

上海某传媒公司在招聘网站上发布招聘主播的招聘信息，并载明工作内

容、薪资范围及底薪、提成等事项。2022 年 3 月 4 日，王某与上海某传媒公司签订《艺人经纪代理合同》，约定：王某委托上海某传媒公司作为其全权经纪代理人，委托代理内容包括各类平台、影视表演、广告表演和广告活动、声乐代理等；上海某传媒公司按照实际代理行为形成的收益收取佣金，并按照直播净利润的 50% 支付费用给王某，王某每月做满 26 天，上海某传媒公司保障王某每月最低收益为 15000 元（为期 3 个月），考勤不合格按提成结算工资，涉及其他收益的，以双方共同商定为准。此后，王某在上海某传媒公司安排下开始在抖音等平台进行直播，上海某传媒公司通过银行转账方式按月向王某支付收益。2023 年 2 月 2 日起，王某因上海某传媒公司未按时发放工资而不再从事主播工作。2023 年 2 月 9 日，王某申请劳动仲裁，要求确认与上海某传媒公司之间存在劳动关系，并要求该公司支付工资、提成差额、回流款等。仲裁委审理后认为双方间无从属性、不符合劳动关系的基本特征，故未支持王某的请求。王某不服裁决，诉至法院，要求确认与上海某传媒公司之间存在劳动关系，并由该公司支付相应期间工资。

【裁判理由及结果】

法院经审理认为，王某在上海某传媒公司提供的直播场地，利用公司提供的设备从事娱乐主播，并因此获取打赏收益，王某的工作内容属于上海某传媒公司的业务组成部分。双方间的收益分配方式以及关于“保底工资”的承诺说明王某无需与上海某传媒公司共担经营风险，且收益分配方式上符合劳动关系中按月支付劳动报酬的特征。此外，直播收益由上海某传媒公司掌控，而相关收益分配的决定权在上海某传媒公司，王某只能被动接受，而无自主权，说明双方具有财产从属性。另，上海某传媒公司对王某的日常行为以“罚款”形式规范，并从工资中扣除，王某服从上海某传媒公司的日常管理，双方之间存在人身依附性。因此，法院审理后认为双方间存在人身依附性、财产从属性，故判决确认王某与上海某传媒公司之间存在劳动关系，并由上海某传媒公司支付王某工资 6 万余元。

【典型意义】

本案系新就业形态劳动争议典型案例，具体涉及订立经纪代理合同的网络主播与合作公司之间是否成立劳动关系的认定。本案从业务组成部分、人身依附性和经济从属性等方面进行判断，综合考虑主播的从业状况、用工单位对主播的管理程度、主播收入分配方式等因素，认定网络主播与合作公司之间存在劳动关系，对于司法实践中同类案件的处理和新就业形态劳动者权益保障具有参考意义。

一、认定劳动关系应当坚持事实优先原则

为支持和规范发展数字经济背景下的新就业形态，人力资源社会保障部发布《新就业形态劳动者休息和劳动报酬权益保障指引》《新就业形态劳动者劳动规则公示指引》等文件，着力满足新就业形态劳动者对公平正义的新期待。法院在审理该类案件时，不能简单适用“外观主义”，因为企业往往会引导劳动者与其签订“经纪代理合同”，而非“劳动合同”。法院应当以事实优先为原则，注意识别有无建立劳动关系的合意，从管理事项和强度、协商空间、劳动成果分配方式等方面准确区分经纪代理合同和劳动合同，根据用工事实来确定用工关系性质，重点审查企业与网络主播之间的权利义务内容，综合认定双方之间法律关系性质。

二、认定劳动关系应当以从属性特征为评判标准

网络主播就业形态与传统就业形态存在明显不同，体现在建立劳动关系的合意不明、用工形式更为灵活、企业管理更为弱化等方面，故网络主播劳动关系的司法认定也是司法实践中的难题。我国现行法律法规未对劳动关系的含义作出明确且唯一的界定，通说认为，从属性是劳动关系的本质属性。虽然在新就业形态下，劳动管理的方式和形式发生相应变化，但劳动关系的本质内涵并无变化，在判断是否存在劳动关系上仍应坚持从属性这一核心判断标准。具体而言，在人身从属性方面，可通过对工作时间、工作地点、直播时长、主播是否受公司规章制度约束、是否进行内部处罚、劳动纪律、奖惩办法等是否适用于劳动者等方面进行判断；在经济从属性方面，从是否有保底收入或约定、收益分配的具体方式、生产资料由谁掌握等方面予以认定，特别是需考量主播与企业之间就收益分配是否可以平等协商确定，即主

播在收益的确定过程中有无自主权。本案亦是根据网络主播与企业之间权利义务的具体内容及实际履行情况予以实质审查，并具体分析双方是否存在人身依附性、财产从属性等特征，从而最终确定双方属于何种法律关系。

三、树立兼顾劳动者权益保护与平台新经济形态发展的司法价值理念

司法价值理念对具体的司法实践活动有着重要的指导作用。网络主播新型用工关系不同于传统劳动关系，给裁判者带来一定程度上的认知挑战，但裁判者应当接纳网络直播特性，及时转变司法价值理念，凝聚司法合力，提升司法能力，促进涉新就业形态劳动争议纠纷的实质性化解。从价值导向来看，基于劳动者的弱者地位，国家通过法律制度的干预来调整劳动关系，适度地对劳动者予以倾斜性保护，但倾斜性保护并不意味着不保护企业合法权益。尤其是在当今数字经济背景下，既要保障传统劳动力市场的稳定，又要在新就业形态的冲击下不断增强劳动力市场的灵活性。因此，在保障网络主播权益的同时，还要考虑促进网络直播等新业态经济持续、健康、稳定发展，实现劳动者权益保护与平台经济良性发展，互促共进。

【案例索引】

一审：上海市嘉定区人民法院

编写人：上海市嘉定区人民法院　周逸敏　董文俭

9. 非法搭建交易平台帮助“空气币”集资的定性

——张某、刘某非法吸收公众存款案

体系标签：涉信息网络犯罪及网络灰黑产业链防治的刑事案件

关键词：空气币　非法虚拟货币平台　非法集资

【案情简介】

2021年1月至5月间，“伍某”（在逃）等人以非法占有为目的，利用

非法虚拟货币交易平台，以投资柬埔寨娱乐城、赌场项目等为名发行“FB”“FGC”“XHB”等“空气币”募集资金。嗣后，上述人员通过招募讲师团队在上海市、浙江省等地召开产品宣讲会等方式，以承诺高额固定回报为诱饵，采用银行转账和USDT（又称泰达币，是一种将加密货币与法定货币美元挂钩的虚拟货币）交易方式，向100余名投资人募集投资款共计人民币（以下币种同）900余万元。

被告人刘某明知“伍某”等人通过上述“空气币”投资吸收公众资金，仍按照要求为其联系被告人张某；张某明知上述交易模式仍为犯罪团伙搭建非法虚拟货币交易平台，设置交易机器人虚增交易量、抬高币价，并提供平台日常维护及升级等服务。2021年10月20日，张某、刘某被民警抓获，到案后均如实供述自己罪行。案发后，张某退出违法所得45万元，刘某退出违法所得35000元。

【裁判理由及结果】

法院经审理后认为，被告人张某、刘某伙同他人，违反国家金融管理法律规定，以公开宣传高额回报等方式，向社会不特定对象吸收资金，扰乱金融秩序，数额巨大，其行为均已构成非法吸收公众存款罪。本案系共同犯罪。张某、刘某在共同犯罪中起次要作用，系从犯，应当减轻处罚；到案后如实供述自己罪行，可以从轻处罚；自愿认罪认罚，可以从宽处理。据此，以非法吸收公众存款罪分别判处被告人张某有期徒刑二年六个月，罚金人民币20万元；判处被告人刘某有期徒刑二年九个月，罚金人民币20万元；犯罪工具及违法所得，予以没收，不足部分，予以追缴。

宣判后，被告人刘某提出上诉。二审法院经审理，驳回上诉，维持原判。

【典型意义】

本案系以虚构项目非法发行虚拟货币为犯罪手段的新型非法吸收公众存款案件。法院通过穿透式分析虚拟货币犯罪的运行模式，依法判定虚拟货币交易平台的设计者、技术人员、居间介绍者的行为性质，严厉打击利用虚拟货币的新型犯罪行为，有效惩治虚拟货币犯罪黑灰产业链，为保障人民群众财产权益、维护金融秩序提供有力司法保障。

一、虚拟货币交易的违法性及存在的隐患

随着区块链技术、数字货币场景应用发展，虚拟货币交易炒作抬头，一些不法分子打着“金融创新”“区块链”的旗号，通过发行所谓的“虚拟资产”“数字资产”等方式吸收资金，具有较强的隐蔽性和迷惑性，不仅极大地扰乱了金融秩序，还容易滋生赌博、诈骗、洗钱等违法犯罪活动。此类活动并非真正基于区块链技术，而是炒作区块链概念行非法集资之实。

相较于数字人民币，虚拟货币存在如下隐患：第一，数字人民币是由中国人民银行（以下简称央行）发行的法定货币，有国家信用背书，具有法偿性。但虚拟货币由私人主体发行、无准备金，可能是虚假数字；虚拟货币关联实体产业有限且可能违法，一旦平台跑路或倒闭，资金灭失风险高。第二，数字人民币与实体货币等值，价值稳定，国家以商品物资价值为基础控制货币量。虚拟货币未必凝结劳动价值，普遍没有实际价值支撑，价格涨幅受市场情绪影响较大，容易成为投机标的，常被炒作抛售。最典型的如“空气币”，没有实体项目或技术支撑，也没有任何价值。“空气币”发行商纯粹靠“高利润”“只涨不跌”“新概念”等营销口号引诱投机者进场，将币抛售给投机者后直接离场。本案中非法交易平台自售的虚拟货币即属于“空气币”，币种唯一背书就是发行币的平台本体，其“价值”取决于发行平台的后台设置，属于虚假资产，无法兑现。为规范虚拟货币交易炒作行为，央行等十部门于2021年发布《关于进一步防范和处置虚拟货币交易炒作风险的通知》指出：虚拟货币相关业务活动属于非法金融活动。

二、“空气币”型非法集资犯罪模式及入罪分析

《最高人民法院关于审理非法集资刑事案件具体应用法律若干问题的解释》第2条第8项增加以虚拟币交易方式非法吸收资金的行为，第7条明确集资诈骗罪“非法占有目的”的认定情形，集资诈骗罪与非法吸收公众存款罪的主要区别在于是否具有非法占有目的，而其共犯与帮助信息网络犯罪活

动罪（以下简称帮信罪）的区分在于主观明知程度，前者对于犯罪行为具有同一的犯意联络，而后者对上游犯罪具有概括的故意。

本案中现有证据可以证实，上游犯罪分子“伍某”等人以虚拟货币为由，以高额收益为诱，通过公开宣传的方式，向不特定社会公众吸收资金，后通过非法手段抽逃、转移资金，构成集资诈骗罪。被告人张某充当的地位类似于第三方外包机构，其负责开发交易所软件，平台设置了币币交易、法币交易、充提币交易、交易机器人、虚增虚拟币等功能，交易机器人、虚增虚拟币客观上确实形成虚假的交易量，吸引客户进行交易，为上游犯罪分子等集资诈骗行为提供了帮助，但没有证据证明其参与上游犯罪的虚假宣传、虚构空气币项目以及吸引资金参与人投资等。且张某不掌握充提币交易权限，对其资金池内的资金并没有控制权。其事后领取了固定开发平台的报酬，没有其他收入分红。张某明知上游犯罪分子通过虚拟货币投资吸收公众资金，为其开发虚拟币交易所提供帮助，存在扰乱社会金融秩序的行为，但现有证据没有能够证实其具有与上游犯罪分子通谋集资诈骗的故意，也没有发现张某从平台中提取了相关的 USDT，对于其非法占有的集资诈骗目的难以证实，故认定其构成非法吸收公众存款罪。被告人刘某明知上游犯罪分子通过虚拟货币投资吸收公众资金，按照上游犯罪分子要求寻找、联系平台开发人员被告人张某，且组建微信群传达技术要求。其作为张某与上游犯罪分子的媒介，对于上游犯罪分子涉及非法集资的事实应该是明知的且参与其中，并非仅实施了单纯的技术帮助行为，故如果认定帮信罪难以完整评价其犯罪行为。基于现有证据难以证明其非法占有的目的，故认定其行为构成非法吸收公众存款罪。

三、多维度、系统化打击虚拟货币交易的黑灰产业链，坚持技术风控、制度监管、法律规制“三管齐下”

当前虚拟货币交易活动会涉及多个层级的主体参与，包括上游开发、组织、策划人员，下游技术人员和接洽、跑分人员，形成一条黑灰产业链。面对新兴技术下的犯罪场景拓展，传统的犯罪认定及审查模式无法适应现实需要。应当立足技术背景、审视前沿领域趋向特性，并根据各主体层级、关系、地位、作用等区分情况依法作出处理。

为打击规模化、产业化的虚拟货币交易产业，进一步防范和处置虚拟货币交易炒作风险，可以技术风控、制度监管、法律规制“三管齐下”：第一，互联网技术、广告平台公司需要加强培训、明晰技术底线，强化技术风控。第二，行政机关可从虚拟货币交易的实现有赖于买卖双方的信息发布和交流入手，采取有效的检测和封堵监管措施，阻断非法虚拟货币相关渠道。第三，强化法律规制，通过追究相关主体的民事、刑事、行政责任，全方位、系统化打击，实现全过程、全链条治理，增强群众风险防范意识，推动形成治理合力，从源头斩断产业链、利益链。

【案例索引】

一审：上海市嘉定区人民法院

二审：上海市第二中级人民法院

编写人：上海市嘉定区人民法院 吴 粲 沈 洋

10. 关于非法利用信息网络罪的判定

——仇某某伪造国家机关证件，梁某、郑某非法利用信息网络案

体系标签： 涉信息网络犯罪及网络灰黑产业链防治的刑事案件

关键词： 伪造国家机关证件 非法利用信息网络设立网站 上游犯罪 共同犯罪

【案情简介】

2020 年至 2021 年间，被告人仇某某通过网络推广等途径，对外声称可代考代办国家应急管理部门颁发的“特种作业操作证”等证件，在获取有办证需求的人员信息后，按 800 元 / 张的价格收费，再通过他人伪造相关证件后交予办证人员，现已查证其中涉及伪造国家机关证件 24 张。

2021 年 3 月起，被告人梁某、郑某明知将被用于违法犯罪活动，仍按照他人要求，假冒中华人民共和国应急管理部名义，设立虚假的“特种作业操作证及安全生产知识和管理能力考核合格信息查询平台”网站并接入互联网。前述部分伪造证件中所预留的验证二维码信息即链接至梁某、郑某二人设立的假冒网站。

【裁判理由及结果】

法院经审理后认为，《刑法修正案（九）》新增了第 287 条之一非法利用信息网络罪。最高人民法院、最高人民检察院发布《关于办理非法利用信息网络、帮助信息网络犯罪活动等刑事案件适用法律若干问题的解释》（以下简称《解释》），其中第 10 条将“假冒国家机关、金融机构名义，设立用于实施违法犯罪活动的网站”的行为认定为《刑法》第 287 条之一第一款规定的“情节严重”，即构成非法利用信息网络罪。本案中，梁某、郑某假冒中华人民共和国应急管理部名义，设立虚假的“特种作业操作证及安全生产知识和管理能力考核合格信息查询平台”网站并接入互联网，为他人犯罪活动提供帮助，应以非法利用信息网络罪定罪。

【典型意义】

本案系上海首例冒用国家机关名义，设立用于假证诈骗犯罪网站的典型信息网络犯罪案件。本案关注非法利用信息网络罪客观行为认定、非法利用信息网络罪与上游犯罪共同犯罪、帮信罪的区分等问题，有助于新型信息网络犯罪行为的判定，从而严厉打击非法利用信息网络犯罪，有效惩治网络犯罪灰黑产业链，警示和防范中立技术应用于网络犯罪，深化信息网络犯罪治理，共同构筑网络犯罪的刑事防线。

一、新增“非法利用信息网络罪”的现实必要性

网络犯罪行为呈现隐蔽性、技术性、跨地域、集团化等特点，信息网络犯罪的事实认定、法律适用等问题成为司法实践中的新难题和新挑战。《刑法修正案（九）》出台之前，根据《刑法》第 287 条的规定，对于利用计算机实施诈骗犯罪行为的，按照诈骗罪追究行为人的刑事责任。《刑法修正案

（九）》新增了第 287 条之一非法利用信息网络罪，其中将“设立用于实施诈骗、传授犯罪方法、制作或者销售违禁物品、管制物品等违法犯罪活动的网站、通讯群组的”规定为非法利用信息网络罪的行为之一。后《解释》第 10 条将“假冒国家机关、金融机构名义，设立用于实施违法犯罪活动的网站”的行为认定为《刑法》第 287 条之一第 1 款规定的“情节严重”，即构成非法利用信息网络罪。该罪从规制网络犯罪实行行为延伸到设立网站、通讯群组、发布信息等网络犯罪的预备行为，有助于预防和打击网络犯罪，深化信息网络犯罪治理。

二、非法利用信息网络罪中客观行为的判定

非法利用信息网络罪的客观行为可概括为两类，即设立行为与发布行为。设立行为的本质在于从无到有，具体指的是从无到有的成立、建立或设置并接入互联网的网站、通讯群组，但排除了利用已有的网站、通讯群组的行为。发布行为的本质在于将违法犯罪信息利用信息网络向不特定多数人进行传播。《解释》第 9 条规定：“利用信息网络提供信息的链接、截屏、二维码、访问账号密码及其他指引访问服务的，应当认定为刑法第二百八十七条之一第一款第二项、第三项规定的‘发布信息’。”该规定扩大了发布行为的方式，将提供指引访问的服务行为也纳入发布行为方式之一。

本案中梁某、郑某设立了所谓的“特种作业操作证及安全生产知识和管理能力考核合格信息查询平台”的网站并接入互联网，网站系冒用国家应急管理部的名义，且被上游犯罪人用于伪造证件的验证，符合非法利用信息网络罪的客观要件。

三、非法利用信息网络罪与他罪的区分

非法利用信息网络罪系为适应惩治信息网络犯罪的需要，将刑法规制前移的结果，故与上游犯罪行为有着一定程度的关联，但非法利用信息网络罪与上游犯罪共同犯罪有着明显区分：第一，非法利用信息网络罪的犯罪行为具有独立性。非法利用信息网络罪系情节犯，只要犯罪行为符合《刑法》及

相关司法解释规定的情节要求，即可依法予以处罚，无须依赖上游犯罪行为进行刑事评价。第二，行为人与上游犯罪不存在同一的犯意联络。非法利用信息网络罪的行为人并不知道上游犯罪的具体行为模式，仅仅是为上游犯罪行为的实施提供条件。在与帮信罪的区分上，其一，行为人是否对上游犯罪行为具有明确的主观明知。帮信罪要求明知他人利用信息网络实施犯罪，而非法利用信息网络罪并没有规定行为人对上游犯罪行为的主观明知。其二，行为手段与信息网络的关联性。非法利用信息网络罪的犯罪行为，依赖网络载体，要求行为人的犯罪行为在“线上”实施；而帮信罪的犯罪行为，可脱离信息网络的限制，在“线下”实施。其三，行为与上游犯罪的依附性。非法利用信息网络罪的设立与发布行为，既可以是行为人为自己实施，也可以是为他人实施，与上游犯罪行为的依附性较弱；而帮信罪的客观行为，从法条设置上看只能是为他人实施违法犯罪提供技术支持或帮助的行为，对上游犯罪的实施依附性较强。

本案中，梁某、郑某与上游假证诈骗犯罪行为人并不存在诈骗的犯意联络，其假冒国家机关名义，设立他人用于实施违法犯罪活动的网站，为线上独立实施的行为，符合非法利用信息网络罪的构成要件。两名被告人的行为区别于帮信罪中的为犯罪提供互联网接入、网络存储、通讯传输等边缘辅助行为，社会危害性更大。法院综合两名被告人的从业经历、犯罪情节、悔罪表现等方面，对其判处了相应的刑罚。

【案例索引】

一审：上海市嘉定区人民法院

编写人：上海市嘉定区人民法院　丁　鹏

上海法院服务保障数字经济发展第二批典型案例暨上海法院数字经济司法研究及实践（嘉定）基地第五批典型案例

1. 网络社交平台禁止用户注销被封禁账号的合法性认定

——夏某某诉上海某信息科技公司侵权责任纠纷案

体系标签：涉个人信息及关联人格权益保护的案件

关键词：网络社交平台　个人信息　被封禁账号　注销

【案情简介】

某平台系上海某信息科技公司（以下简称信息公司）运营的网络社交平台。夏某某系该平台的注册用户，多次在该平台其他用户的笔记下作出涉嫌营销推广金融理财产品的评论。平台以违反《平台社区规范》为由对其账号作出永久封禁处理。夏某某为此多次向平台申诉未果，亦无法自行注销其被封禁账号。

夏某某认为，其作为金融从业者在该平台分享金融知识，未实施违法违规行为。该平台账号关联了其身份信息、职业信息等个人信息，不允许其注销账号的目的是存储其个人信息，侵犯了其个人信息权益。由此，夏某某起诉要求信息公司注销其个人账号、删除其后台个人信息等。

【裁判理由及结果】

法院经审理认为，某平台作为有影响力的网络社交平台，应当加强账号主体资质核验和账号行为管理，并有权对违规账号采取处置措施。国家对从事金融营销宣传活动主体有明确的资质要求，网络平台有权对未通过资质认证从事金融等领域信息发布的自媒体采取禁言、关闭等处置措施。夏某某不具备金融营销宣传主体资质，在他人笔记下回复含有证券交易术语的评论，并以涉及证券公司选择、佣金费率协商等内容的留言发出私信邀请，超出了探讨专业性金融问题的正常范畴，某平台认定夏某某行为违规并作出永久封禁处理并无不妥。

夏某某被永久封禁的账号已被屏蔽处理，账号及与账号关联的个人信息均处于不可访问、检索的状态。某平台对被封禁账号不予注销，并在后台存储个人信息，目的在于防止夏某某以重新注册的方法规避永久封禁，是维护网络社交平台持续健康运行的必要措施。鉴于此，法院对夏某某的诉讼请求均不予支持。

【典型意义】

本案系全国首例用户起诉要求网络社交平台注销被封禁账号的案例。各大网络社交平台对违法违规账号均有相应的处置措施，往往伴随着用户个人信息、财产权益保护等争议，本案裁判积极回应了网络社交平台依法监管用户行为、存储个人信息以防再次注册的合法性认定问题，并对网络社交平台账号管理机制提出完善建议，对个人信息保护和加强网络社交平台规范管理具有借鉴意义。

一、网络社交平台具有监管用户合法使用账号的法定义务

依据《网络安全法》规定，国家网信部门负责统筹协调网络安全工作和相关监督管理工作。依据国家网信办发布的《关于进一步压实网站平台信息内容管理主体责任的意见》《互联网用户账号信息管理规定》之规定，网络平台应有效规制账号行为，对账号信息违法违规的，应依法依约采取限制账号功能、关闭账号、禁止重新注册等处置措施。故此，网络社交平台负有监管用户合法使用账号的法定义务并有权进行封禁等相应的处置。实践中，多数网络社交平台会在用户手册、用户公约等协议中列举用户禁止实施的行为及平台相应的处置措施，提示用户在注册时进行阅看并勾选同意，网络社交平台将其监管措施以平台规则或者合同约定的形式在其与用户间予以明确。

因此，网络社交平台具有双重属性，既是网络服务提供者，与用户之间形成平等主体之间的民事法律关系，又是虚拟空间内的管理者，具有一定的公共属性，承担了依法依约规制账号的监管义务。当然，网络社交平台履行法定义务必须在法律的框架下进行。具体到本案，焦点在于为防止违规账号“转世”而禁止注销账号，这样的处置措施是否符合有关网络数据安全、个人信息保护等相关规定。

二、因法定义务所需禁止用户注销被封禁账号符合法律规定

禁止注销账号的背后，实际上是平台能否储存个人信息之争。平台作为网络数据的接收方，应当依照约定的目的、方式、范围等处理个人信息和重要数据。用户在注册及使用账号时授权同意网络社交平台依法收集、存储其个人信息，平台应当明确告知个人信息的处理规则，并按照约定处理其个人信息。一般情况下，个人信息保存期限到期、用户注销账号或撤回同意，平台应当删除个人信息或者进行匿名化处理。但对于删除、匿名化处理个人信息从技术上难以实现的，网络数据处理者可以保留储存或采取必要的安全措施。除此之外，个人信息的处理，也并非仅仅依授权方可为。《个人信息保护法》列举的个人信息处理者有权处理个人信息的情形中，包括了为履行法定职责或法定义务所必需而处理个人信息等多项例外。本案中，网络社交平台对违法违规账号具有防止其“转世”的监管职责，存储用户个人信息确为履行该职责的技术前提。

目前各网络社交平台对于防止违规账号“转世”，存在不同的处置方法，除禁止注销外，还有设置黑名单等。在审判实践中，此类监管措施是否合法、适当，应当在互联网技术发展的大背景下，从目的正当性、手段必要性、影响最小化三个层面进行动态判断。其一，网络社交平台为禁止违法违规用户重新注册账号的目的，存储用户个人信息以用来和新注册用户的信息进行比对，这是否系为履行其法定监管义务所需。其二，在用户个人信息会随账号注销而一并删除的账号管理模式下，将用户个人信息存储于账号内并禁止该账号被注销，是否系在该平台现阶段技术层面下实现监管目的的必要

手段。其三，在能够实现监管目的的情况下，网络社交平台是否尽可能减小对违法违规用户个人权益的影响，比如仅留存必要限度的个人信息、保持被封禁账号无法被检索的状态等，从而在网络社交平台的监管需要和用户个人信息的最大程度保护之间达到平衡。

三、建议完善用户与账号的二元化管理制度

实践中部分网络社交平台账号具有财产价值，还存在账号内含有其他虚拟财产的情况，其价值可通过用户取得该账号及账号内虚拟财产所投入的成本、账号粉丝数量、账号等级等予以综合考量。网络社交平台账号被封禁后，如果用户无法对其账号进行任何处置，则账号的财产价值无法实现，从而产生经济损失。因此，建议完善账号和用户的二元化管理，即拒绝继续为违法违规用户提供平台服务的同时，依然对其账号财产价值予以尊重，对不同账号采取分层分类管理，以鼓励互联网经济的蓬勃发展。

【案例索引】

一审：上海市黄浦区人民法院

二审：上海市第二中级人民法院

编写人：上海市黄浦区人民法院　李　露　戴逸婷

2. 用户个人信息“共同处理者”及其责任承担认定规则

——欧某某诉某财产保险公司上海分公司、北京某信息技术公司等个人信息保护纠纷案

体系标签：涉个人信息及关联人格权益保护的案件

关键词：个人信息共同处理　个人信息保护　互联网保险

【案情简介】

欧某某经某保险经纪公司介绍，通过北京某信息技术公司（以下简称某

信息公司）运营的网站以在线方式购买某财产保险公司上海分公司（以下简称某保险公司）的保险产品。欧某某在上述网站上填写、提交投保信息，某保险公司确认后将保险单回传给某信息公司。后应监管要求，某信息公司停止互联网保险服务，并由某保险经纪公司承接相关权利义务、提供服务。2022 年 11 月，欧某某通过搜索引擎检索其手机号时，从某信息公司运营的网站获得了包含其敏感个人信息的电子保单。欧某某认为其个人信息被泄露系某保险公司将其个人信息提供给某信息公司。某信息公司不具备经营保险业务的资质却处理欧某某的保险业务，且将其个人信息公布至互联网。某保险经纪公司作为保险中介及收款人，未尽到保护投保人权利与信息安全的义务，故诉请三公司就欧某某遭受的损害共同承担赔偿责任，并将网上信息清理完毕。

【裁判理由及结果】

法院经审理认为，首先，某保险公司在投保过程中对欧某某个人信息的收集及提供具有合理目的，并与订立保险合同的目的直接相关，且与合作方约定用户个人信息保护相关要求，未发现有不当行为。其次，某信息公司系个人信息的直接收集者，泄露欧某某个人信息的链接直接指向该公司运营的网站，且事发后该公司可以通过变更保险单链接阻断检索结果，印证相关信息在其掌控之下，应认定某信息公司为个人信息处理者。现其所处理的欧某某个人信息被泄露，其无证据证明不具有过错，应依法承担赔偿责任。最后，鉴于某保险经纪公司与某信息公司在客观上存在业务合作关系，某保险经纪公司在开展业务过程中引导具有投保需求的用户使用某信息公司运营网站填写信息完成下单操作，两公司对欧某某个人信息的收集及后续使用、传输等具有共同目的。对于用户而言，两公司也具有共同处理个人信息的外观表象。两公司对于“通过合作网站收集用户个人信息”“通过合作网站向某保险公司传输及接收个人信息”有着显著的合意，对其间所涉及的个人信息处理方式亦属于共同决定。某信息公司停止服务时，系由某保险经纪公司承接相关权利义务，印证两公司分工协作、共同决定相关用户个人信息的处理方式。据此，某保险经纪公司系案涉个人信息的共同处理者，应就某信息公司泄露欧某某个人信息的行为依法承担连带责任。

【典型意义】

本案系个人信息“共同处理者”因个人信息泄露而承担连带责任的典型案例，明确互联网投保业务下多个主体参与消费者个人信息处理活动中的各方角色及责任形态，厘清在多个主体分工处理用户个人信息而发生个人信息泄露的情况下，个人信息共同处理者的认定标准和连带责任承担规则。本案确立了具有可操作性的识别标准，对于同类案件的处理具有参考借鉴意义，有利于强化个人信息保护、有效规范个人信息处理行为。

一、个人信息“共同处理者”的辨析

个人信息“共同处理者”的界定应从合作模式、共同目的、对相关事项的合意等方面判断，并应厘清“共同处理”与“共享”及“委托处理”相似概念的界限，对同类案件事实及责任的认定具有参考意义。其一，从主体来看，要构成个人信息“共同处理者”首先以存在两个以上实施个人信息处理行为的主体为前提。其二，多个处理者之间对于个人信息的处理目的和处理方式均为自主决定，且存在意思表示一致或意思联络。其三，“共同处理者”对处理目的和处理方式应当均为共同决定。由于处理目的和处理方式不可分割，如果一个处理者决定处理目的，另一个处理者决定处理方式，那么他们之间就不是“共同处理者”。

“共享”及“委托处理”与“共同处理”的核心区别在于，在“共享”模式下，个人信息处理的参与者均可基于自身处理目的和方式处理个人信息。在“委托处理”情形下，受托处理者没有自身的个人信息处理目的，完全按照委托处理者的指示行为，且在委托事项完成后，受托处理者应将处理的个人信息返还或删除。

二、“共同处理者”的具体判断标准

目前《个人信息保护法》对“共同处理”的规定较为原则，有必要确立具有可操作性的识别标准。识别“共同处理者”的关键环节在于结合具体案件中具有法律意义的事实去理解为什么处理个人信息及如何处理个人信息。根据不同个人信息处理场景的区别因素以及《个人信息保护法》中个人信息"共同处理者"的定义及特征，结合司法实践中存在的业务模式及个人信息流转流程，可以将个人信息"共同处理者"的具体判断标准归纳为以下三点：（1）不同主体间的合作模式是否基于共同原因而对用户个人信息进行收集、使用及传输；（2）不同主体对于用户而言是否存在共同处理个人信息的外观表象；（3）不同主体间是否在个人信息流转方面或权利义务承接方面具有共同决定处理方式的情况。

三、"共同处理者"认定规则的具体适用

在遵循立法本意的前提下，对案件所涉的业务合作模式进行分析有助于具象化地适用"共同处理者"认定规则。用户个人信息"共同处理者"核心认定标准是不同主体共同决定个人信息的处理目的和处理方式，而不要求参与方均直接实施信息处理行为或知晓他者所有行为。存在合作关系的不同主体虽分别对接用户或分工处理信息，但如若处于共同目的统领之下，对用户形成共同处理其个人信息的外观表象，则整体构成个人信息的"共同处理"，应就侵害用户信息权益行为承担连带赔偿责任。

具体到本案所涉整个业务流程，首先，某保险经纪公司与某信息公司存在业务合作关系，引导具有投保需求的欧某某使用某信息公司运营的网站填写信息完成下单操作，可以认定两家公司之间对于用户个人信息的收集及后续使用、传输等系基于共同原因，形成了共同目的并实施了共同行为。其次，并无证据表明某保险经纪公司曾事先向欧某某披露填写信息的系统由某信息公司运营，欧某某作为普通消费者，难以知晓涉案网站与某保险经纪公司的内部关系。再次，由两公司的合作模式及对应的个人信息流转过程可知，业务合作方主体系某保险经纪公司，系统运营及个人信息的传输方系某信息公司，某保险经纪公司和某信息公司对于"通过网站收集用户个人信息""通过网站向某保险公司传输及接收个人信息"有着显著的合意，进而对其间所涉及的个人信息处理方式亦属于共同决定。最后，在某信息公司应

监管要求而停止服务时，由某保险经纪公司承接相关权利义务并对外向用户提供服务，案涉个人信息亦一并由某保险经纪公司负责，也印证两公司共同决定相关用户个人信息的处理方式。

【案例索引】

一审：上海市浦东新区人民法院

二审：上海市第一中级人民法院

编写人：上海市第一中级人民法院　卢　颖　张冰玢

3. 数据处理行为的合理性界定

——某数码公司、某信息公司诉某文化公司、第三人某科技公司侵犯商标权及不正当竞争纠纷案[①]

4. 涉短视频创作复合型互联网侵权行为的认定

——杭州某电商公司诉上海某科技公司著作权权属、侵权纠纷案

体系标签：涉数据形态财产权益及市场竞争秩序保护的案件

关键词：短视频　著作权　不正当竞争　侵权竞合

【案情简介】

原告杭州某电商公司系某视频平台账号的所有人，粉丝量超 100 万，商品销量合计近 90 万件。为介绍宣传“某之谜”品牌美容面罩产品，原告创作并录制了多条短视频在其账号中发布。原告发现，被告上海某科技公司未经许可，为宣传、销售同类面罩产品，擅自使用其已发布短视频中的文案及配音，制成侵权视频发布在被告的某视频平台账号上。原告诉至人民法院

① 该案例同时入选上海法院数字经济司法研究及实践（嘉定）基地第四批典型案例，具体内容参见第 358 页。

称，被告实施的行为（以下简称涉诉行为）分别侵犯了文字作品（短视频文案）、视听作品（某视频平台短视频）的著作权，并主张涉诉行为因导致消费者混淆而构成不正当竞争。故原告要求被告立即停止侵害著作权与不正当竞争的行为、赔礼道歉并赔偿经济损失及合理支出共计 8 万余元。

【裁判理由及结果】

法院经审理认为，首先，原告的短视频文案因其内容重复、生活化，缺乏个性化修辞，认定不构成文字作品。其次，原告的短视频因缺乏摄像技巧和创作者个性化视角，认定不构成视听作品，仅认定为录像制品。被告在涉诉视频中使用原告视频中的录音，并发布在某视频平台，构成对原告作为录像制作者享有的复制权、信息网络传播权的侵犯，应承担停止侵权、赔偿损失的民事责任。最后，原告未能证明其录制的视频在其特定行业具有一定影响力，并具备识别商品来源的作用，且面罩产品的商标应为消费者识别商品来源的主要途径，故人民法院对于原告主张被告涉诉行为构成不正当竞争行为的诉请不予支持。综上，人民法院判令被告赔偿原告经济损失及合理费用合计 12000 元。

【典型意义】

本案系一起典型的商业短视频创作者之间因短视频同质化而引发的著作权纠纷，并涉及与反不正当竞争领域的竞合。本案的裁判积极适应数字经济时代知识产权保护的新挑战，明确了短视频领域中文字作品、视听作品、不正当竞争行为以及相应侵权责任的认定标准，同时确立了著作权保护与反不正当竞争的具体边界。通过对侵权行为的依法界定与裁判，维护短视频行业的创新活力和竞争秩序，为数字经济背景下的商业活动提供了坚实的法律支撑。

一、著作权属性认定的适应性发展

在数字时代，短视频作为一种新兴的媒体形式，其创作、发布和传播方式的演变对著作权制度的适应性和完善性提出了挑战。在短视频领域，具有竞争关系的商业主体之间的抄袭行为不仅侵犯了原创者的著作权，还导致了内容同质化严重，也破坏了公平竞争的营商环境。目前，短视频著作权侵权形式多样且隐蔽，包括但不限于“搬运式”侵权、“剪辑式”侵权、“画中画式”侵权、“微加工式”侵权等类别。这些行为往往不易被直接察觉，尤其是在短视频平台的海量内容中，抄袭行为可能更加隐蔽和分散。

著作权侵权案件的审理思路为：“作品的认定—侵权的认定—是否存在法定抗辩事由。”本案中关于作品的认定，首先，从两个方面来认定产品宣传类短视频文案是否构成文字作品：（1）文案内容，即文字描述是否包含创作者的主观感受、独特表达。（2）商业背景，即文字描述是否为同一行业内对于产品介绍的宣传术语。通过以上两个认定标准，对于涉商业性质的短视频著作权做出了进一步明确。再者，对于视听作品的认定标准，本案依据是否体现创作者的独特视角、是否具有个性化的选择和判断进行判断。

二、短视频的著作权侵权范围认定

在涉短视频著作权侵权案件中，以文字作品为争议焦点的案件数量其实并不多，主要还是以视听作品为争议焦点的居多。在分析侵害视听作品著作权时，通过与录像制品著作权进行比对，能够更为直观、清晰地体现。

视听作品是《著作权法》意义上的作品，其著作权人享有完整的著作权，包括人身权和财产权，如复制权、发行权、信息网络传播权等。而录像制品则通常指对表演或其他形象、影像进行机械录制产生的作品，它们不具备与视听作品相同的独创性，因此不构成《著作权法》意义上的“作品”。录像制作者因其劳动而享有邻接权，通常包括许可他人复制、发行、出租、通过信息网络向公众传播并获得报酬的权利，但这种保护水平通常低于视听作品的著作权保护。

本案中，被告直接“套用”了原告短视频中的录音内容，将其与自行制作的视频合并，并将合并后的视频发布于某视频平台。该行为未经原告授权，侵犯了原告作为录像制作者享有的复制权、信息网络传播权。此外，因录像制作者不享有著作人身权，人民法院对于原告要求被告赔礼道歉的诉请不予支持。

三、产品宣传短视频的不正当竞争行为界定

混淆行为，作为不正当竞争的一种表现形式，其本质在于通过模仿或假冒他人的商业标识，导致或足以导致消费者对商品或服务的来源产生误认，从而扰乱市场秩序，损害其他经营者的合法权益。混淆行为的构成要件包括经营者的主体资格、模仿他人商业标识的客观行为、主观上的故意以及导致或足以导致消费者误认的后果，且被模仿的商业标识需以在相关领域中具有一定影响为前提。

在短视频领域，使用相似文案、制作相似视频、在同一平台宣传并销售同类型产品，是否构成不正当竞争中的混淆行为，本案明确两个认定标准：（1）被仿冒的视频在其行业领域是否具有一定影响；（2）被仿冒的视频与其销售的面罩产品是否已产生关联从而起到识别商品来源的作用。《反不正当竞争法》本身保护的是具有一定影响力的商业标识，这与数字经济中内容的传播力和市场认可度密切相关，而视频与其销售产品之间是否已形成可识别的关联，对于维护网络市场中品牌识别度和消费者权益同样重要。

【案例索引】

一审：上海市青浦区人民法院

编写人：上海市青浦区人民法院　李德耀

5. 互联网不正当竞争中商业道德的司法认定

——某科技公司、某计算机公司诉某网络公司不正当竞争纠纷案

体系标签： 涉数据形态财产权益及市场竞争秩序保护的案件

关键词： 商业代练　商业道德　网络不正当竞争　反不正当竞争

【案情简介】

经过原告某科技公司、某计算机公司推广、运营，《某荣耀》游戏已拥有广泛的玩家群体。《某荣耀》向用户免费提供游戏下载，并通过营造公平

的竞技环境吸引更多用户，提供“皮肤”等增值服务以从中获利。《某荣耀》游戏通过用户协议要求用户实名制登记，不得将游戏账号提供给他人做代练代打等商业性使用。为落实未成年人保护要求，游戏账号严格采用实名制并配有完备的“防沉迷”措施，未成年人仅能在国家新闻出版署规定的时间段内登录游戏。被告某网络公司运营的“代练帮”App以“发单返现金”、设立专区的形式引诱、鼓励包括未成年人在内的用户通过其平台进行商业化、规模化的游戏代练交易并从中获得收益。接单者可以非真实身份登录涉案游戏账号，未成年人亦可接单获得他人的游戏账号，绕开“防沉迷”机制进入游戏并赚取费用。“代练帮”客户端要求接单者均关闭手机定位以避免封号等处罚措施。被诉客户端自2020年初开始运营，至诉讼时已上架多个应用商城，总下载量超过15000次。两原告认为，被诉行为构成不正当竞争，故诉请判令被告某网络公司停止被诉行为、赔偿经济损失及合理开支共450万元。

【裁判理由及结果】

法院经审理认为，被诉商业代练行为造成损害后果：一是破坏了公平竞技的游戏机制，损害用户体验；二是干扰了游戏建立的实名机制及未成年人“防沉迷”机制，损害两原告的商业利益；三是增加了未成年人沉迷网络的风险，侵害社会公共利益。某网络公司将两原告具有竞争性权益的游戏作为获利工具，违反了诚实信用和商业道德。被诉客户端明确要求接单者关闭定位以避免封号等处罚措施，刻意规避原告的游戏监管机制，原告无从通过平台自行予以规制。至此，市场自发的调节机制失灵，法律具有干预的必要。据此，判令被告某网络公司停止涉案不正当竞争行为并赔偿两原告经济损失80万元及为制止侵权行为所支付的合理开支185000元。

【典型意义】

本案系全国首例网络游戏商业代练行为不正当竞争案件。伴随着游戏产业的发展，代练属于长期存在的灰色产业，并从最初的有偿帮助他人通关发展为更为复杂的商业模式，法律风险日益增多。本案裁判对网络游戏这一特定领域的商业道德予以认定，对破坏游戏运营机制的商业代练行为予以规制，并明确《反不正当竞争法》互联网专条兜底条款和原则条款的适用边界。本案对包括未成年人在内的消费者权益保护、互联网产业的公平竞争秩序、游戏产业的健康发展有重要意义。

一、竞争法中的商业道德的特征和含义

《反不正当竞争法》作为调整市场主体竞争行为的法律，将商业道德规定为其原则条款，是诚实信用原则和公序良俗原则在商业社会中的具体体现。在《反不正当竞争法》的价值体现中，商业道德有着根基性的作用：一是作为所有竞争行为的指导原则。《反不正当竞争法》对所有类型化不正当竞争行为的规制都基于其违反商业道德。二是作为个案中行为的判断标准。随着市场环境的不断变化，竞争行为不断演化，《反不正当竞争法》难以对所有类型化不正当竞争行为进行穷尽规定。在法律对具体行为尚无明确规定的情况下，法院应依据商业道德评判行为的正当性。但与其根基性作用不完全匹配的是，商业道德的评判要件未有明确规定，具有较大的自由裁量空间，其适用考验司法智慧。

二、互联网竞争行为商业道德的司法认定和适用

互联网技术的更新、产业的发展，不仅深刻影响社会生活的方方面面，而且导致竞争手段更加多样化，竞争行为的隐蔽性加强，产业之间的竞争利益不断流动和重新分配。互联网商业道德的认定应把握以下标准：第一，坚持利益平衡，维护三元叠加利益。《反不正当竞争法》将损害对象明确为“扰乱市场竞争秩序、损害其他经营者或者消费者合法权益”，确立了竞争行为正当性判断的基本思路为三元目标保护模式。对互联网商业道德的认定和适用也应当与之一致。第二，立足产业特质，注重区分两类边界。在认定互联网商业道德时，需要注意以下两类边界：一是商业道德不同于日常伦理，二是互联网商业道德不同于传统商业道德。第三，参考行业惯例，合理吸收审查要素。特定商业领域普遍遵循和认可的行为规范可以认定为商业道德，法院应当综合考察特定行业规则、商业管理以及行业主管部门、行业协会或

者自律组织制定的从业规范、技术规范、自律公约等。第四，强化证明责任，形成具化商业道德。在商业道德的举证上，主张被诉行为违反商业道德的一方应就何为商业道德承担证明责任。

本案中，就网络游戏领域而言，其商业道德主要涉及以下三个维度：第一，通过禁止出借游戏账号及禁止商业代练保障竞技公平。禁止第三方为游戏玩家以作弊方式获取竞技优势提供便利、维护网络游戏规则公平性应是网络游戏行业公认的商业道德。第二，通过游戏管理机制承担社会责任。如涉案游戏采取用户实名制和未成年人“防沉迷”机制。第三，通过设置数据使用行为边界保障数据清洁性和安全性。随着数据成为一类新的生产要素，数据财产利益和数据安全利益保护的制度需求随之产生。数据的积累和清洁性维护需要投入极高的成本，而对数据清洁性和安全性的破坏成本却很低。如果放任该类行为，会导致经营者无法收回投入成本，进而损害市场秩序。

三、关于互联网专条兜底条款和原则条款的适用边界

根据《反不正当竞争法》第 12 条第 2 款第 4 项规定，经营者不得利用技术手段，通过影响用户选择或者其他方式，实施其他妨碍、破坏其他经营者合法提供的网络产品或者服务正常运行的行为。该条中的“利用技术手段”应指以运用技术的方式实现不正当竞争，该技术手段的运用不正当地影响用户选择或者实质性地破坏、妨碍其他经营者正常提供网络产品或服务的技术运行逻辑，技术手段和行为损害后果之间具有直接因果关系。本案中，涉案行为虽系被告通过运营“代练帮”客户端在互联网中实施，但该客户端仅提供代练交易平台，核心的代练行为系由用户通过人工操作实施，并非利用技术手段实现，故不符合该条款的适用条件。

【案例索引】

一审：上海市浦东新区人民法院

编写人：上海市浦东新区人民法院　袁　田

6. 存在依附关系的平台经营者和服务提供者之间竞争行为正当性的判断

——深圳市某计算机公司、广州某科技公司诉上海某信息科技公司、上海某网络科技公司不正当竞争纠纷案

体系标签：涉数据形态财产权益及市场竞争秩序保护案件

关键词：不正当竞争　数据　平台　流量聚合　利益衡平

【案情简介】

原告深圳市某计算机公司（以下简称某计算机公司）、广州某科技公司（以下简称某科技公司）是某信及某信公众平台的运营人。被告上海某信息科技公司、上海某网络科技公司开发的被诉软件通过在某信公众平台页面新增模块及按钮的方式，为用户提供运行某信公众号所需的文章编辑、网站导航、运营工具、运营周报、文章数据导出、内容分析、超级搜索、热点中心、违规文章信息搜索、图片、文章全网采集等功能，并根据用户要求向用户提供某信公众号发表文章的信息汇总服务。两原告主张被诉软件在某信公众平台实施了“新增模块及按钮”“屏蔽公众号二维码”“提供全网采集图片功能”“抓取公众号文章链接及数据”“提供违规文章信息查询功能”等不正当竞争行为，妨碍、破坏两原告合法提供的网络服务正常运行。故两原告遂诉至法院，请求判令两被告停止侵权、赔偿损失、消除影响。

【裁判理由及结果】

法院经审理认为，其一，两原告是某信公众平台的共同经营者，负责平台建设、维护并为用户提供公众号管理、数据查看、文章编辑及发布等功能，两被告开发的被诉软件则为用户实现、扩展上述功能提供服务和帮助，故被诉软件对竞争带来更为积极的效果，更有利于市场竞争秩序的建立、维护社会公共利益和消费者权益的改善。鉴于被诉软件标识了提供者，所采取的“插入模块及按钮”模式不但能满足用户使用习惯和便利性，且仅是插入链接并不强制目标跳转，故其既不会造成用户的混淆误认，又具有合理理

由，在两原告的容忍范围之内。公众号二维码未被实质屏蔽，不影响相关公众的识别和关注，故“新增模块及按钮”“屏蔽公众号二维码”不构成不正当竞争。其二，被诉软件“提供全网采集图片功能”与两原告的提供本地图片、公共图片库分属不同的功能和服务，两者并存更有利于市场竞争和消费者福利的改善，不会恶意干扰或者破坏两原告提供的网络产品或者服务，故不构成不正当竞争。其三，涉案数据处于公开发布的状态，任何人在不损害两原告已经形成的竞争利益和竞争优势的情况下，可以合法地收集、获取、整理和使用。两被告提供的数据汇聚服务不会替代两原告提供的数据计数、展示服务，反而可以激励两原告提升服务质量及其深度和广度，有利于良性竞争的开展，故“抓取公众号文章链接及数据”“提供违规文章信息查询功能”不构成不正当竞争。综上，法院判决驳回两原告在本案中的全部诉请。

【典型意义】

本案系存在依附关系的互联网平台经营者和服务提供者之间构成正当竞争的典型案例。本案的裁判积极回应了互联网数据新业态出现的突出问题，明确了“保护竞争而非保护竞争者”理念，以平台经营者、入驻商家、服务提供者利益衡平为视角，提出对存在依附关系的平台经营者和服务提供者之间竞争行为正当性的判断标准应以维护公平竞争为基点，维护市场竞争机制，通过判决引导、保持市场的创新活力，统筹兼顾各方利益，充分挖掘数据价值，拓宽数据运用渠道，增强数据要素共享性、普惠性，营造依法规范、共同参与、各取所需、共享红利的互联网竞争发展环境。

一、新类型互联网反不正当竞争纠纷案件审理理念应倾向“保护竞争而非保护竞争者”

《反不正当竞争法》第 2 条第 2 款的规定表明，《反不正当竞争法》重在维护市场竞争机制和社会公共利益，强调对竞争机制的保护优于对具体利益的保护。因此，审理互联网平台反不正当竞争纠纷案件在理念上应倾向于“保护竞争而不是竞争者”。裁判者针对被诉行为，应当对社会公共利益、经营者权益、消费者权益等多元法益进行统筹兼顾，综合考量被诉行为是否打破了市场竞争秩序和损害社会公共利益、对经营者利益损害和消费者权益改善之间的关系以及是否在经营者的合理容忍范围之内。

二、平台流量聚合效应产生因素的厘清

平台流量聚合效应产生因素的厘清有助于对平台经营者权利范围的合理界定。考量平台聚合效应产生的因素时应关注技术创新引领的生活方式改变以及新生活方式引发的市场重构对平台流量聚合效应的贡献。用户多、受众广的综合平台有大量流量聚合，流量聚合效应易吸引大批商家入驻，商家的汇聚则吸引为入驻商家提供各类服务的服务提供者。可见，社会公众参与平台互动才是平台流量聚合效应产生的根本因素，不能将平台入驻商家、服务提供者对平台流量聚合效应的依附简单地认定为“搭平台流量聚合效应便车”的不正当竞争行为，否则会不恰当地扩张平台经营者的权利范围，更易产生限制竞争、排除竞争的情形，不利于平台市场的健康发展和竞争秩序的设立。对存在依附关系的平台经营者和服务提供者之间竞争行为正当性的判断应以维护公平竞争为基点，以促进服务创新为标准。

三、《反不正当竞争法》所保护的数据类型、条件及范围

根据《反不正当竞争法》的立法性质和基本原则，其所保护的数据是具有商业价值或者市场竞争意义的商业数据，且有限定条件和范围。对适用《反不正当竞争法》保护的数据权益，一般需考虑四方面要素：一是请求人是否享有可保护的法益。针对请求人主张保护的数据，主要审查该数据产生的合法性、请求人对于数据形成所付出的贡献、该数据给请求人带来的竞争利益和竞争优势。二是被诉行为是否造成了损害。评估被诉行为对竞争的积极和消极效果，被诉行为是否损害了市场竞争秩序和社会公共利益，对经营者利益损害和消费者权益改善之间的关系；被诉行为对经营者利益的损害是仅属于因正常竞争产生的利益减少，还是侵害了经营者基于数据使用方式已经形成的竞争利益和竞争优势。三是审查被诉行为的具体行为方式是否违反诚实信用原则或者公认的商业道德、是否具有不正当性或者是否具备合理的

理由。四是对公开数据的权益保护，应以充分挖掘数据价值、拓宽数据运用渠道为价值取向，统筹兼顾和综合考量社会公共利益、竞争者利益和消费者权益等多元法益，防止对权利人权利的过度保护导致损害竞争机制、侵害经营者和消费者利益。对已经公开发布的数据，任何人在不损害权利人已经形成的竞争利益和竞争优势的情况下，可以合法地收集、获取、整理和使用，以增强数据要素共享性、普惠性。

【案例索引】

一审：上海市杨浦区人民法院

二审：上海知识产权法院

编写人：上海市第三中级人民法院　何　渊　侯楠竹

7. 电商平台通过争议在线解决机制协助消费者维权的效力认定

——陈某诉某信息技术公司、第三人陈某某网络服务合同纠纷案

体系标签：涉平台经营者法定义务及相关主体权益保护的案件

关键词：争议在线解决机制　协助消费者维权　消费者权益保护

【案情简介】

被告某信息技术公司系某电商平台运营方。原告陈某分别于 2017 年和 2019 年入驻被告平台，开设两家销售锂电池的网店并签署平台合作协议。平台协议及规则对商家售后责任、违约责任、关联关系情形及处理、平台单方判定买卖双方证据效力及争议结果的权利等方面进行了约定。店铺销售的案涉电池均由原告自行购买电芯组装，无生产合格证。后原告两店铺销售的锂电池产品在充电过程中爆炸引起火灾，导致消费者家中财物毁损。某电商平台在消费者向其投诉并提供相关证明材料后，根据具体情况对两家店铺分别采取了扣除店铺资金 6 万元赔付消费者及限制店铺资金提现的措施。原告

认为被告无权对原告与消费者的纠纷进行有拘束力的判断，被告擅自扣划及冻结原告的款项，构成根本违约，故诉至法院诉请解除双方合同、解除资金提现限制并返还扣款。

【裁判理由及结果】

法院经审理认为，首先，被告在平台合作协议中充分履行了提示义务，涉案平台合作协议及平台规则合法有效，对双方均有约束力。遵守平台规则不单是商家对平台的义务，也是对其他商家的义务，更是对消费者的义务。其次，《电子商务法》明确平台作为交易组织者，一方面负有维持交易秩序、维护交易安全的职责，另一方面也拥有制定消费者权益保护、纠纷处理方式及商家违规经营处罚等规则的权利。特别在商家侵害消费者权益的情况下，协助消费者维权既是平台的权利，也是平台的义务。最后，根据《电子商务法》第 38 条、第 61 条及《消费者保护法》第 44 条第 2 款等规定，结合网络消费特点、监管难度及维权需要，平台有必要也有能力将“协助消费者维权”作为其义务之一。当消费者因网络交易中购买或使用的缺陷商品导致其人身、财产遭受了实际损害，在充分考量危险的紧迫性以及协助的必要性后，平台划扣商家店铺或关联店铺资金并以“消费者赔付金”的形式向消费者赔付款项、限制店铺资金提现的行为，应属于“协助消费者维权”的范畴。

本案中，原告销售其自行组装、无合格证明的锂电池，直接造成了包括本案消费者在内的多起火灾事故，并对案涉订单的售后处理及办理赔付等方面均存在懈怠行为。平台在接到消费者投诉后介入纠纷，在商家怠于处理售后投诉及办理赔付时，针对消费者投诉有无凭证、是否紧急等不同情形采取了扣划及冻结商家资金不同等级的处理方式，具有法律及合同依据，该处理方式确有必要且未超过合理限度。原告在相关售后争议及消费者赔付尚未处理完毕之前即请求解除合同及账户限制措施，并返还相应扣款，法院不予支持。

【典型意义】

本案系首例电商平台在商家怠于履行售后义务情况下，通过争议在线解决机制协助消费者维权，及时有效维护消费者权益的案件。本案涉及数字经济案件中常见的涉平台经营者法定义务、消费者权益保护等典型问题，对于同类案件处理和在现行法律框架内有效维护消费者权益、推动平台经济规范健康持续发展具有参考借鉴意义。

一、通过争议在线解决机制协助消费者维权的权利来源

崔建远教授在其主编的《合同法》中提到："新的交易形式逐渐普及，新的合同理念陆续诞生"[①]是现代合同法的基本特征之一，新的交易模式应当顺应当前数字经济、平台经济蓬勃发展的客观需求。海量的互联网交易在促进数字经济蓬勃发展的同时，也催生了大量的互联网纠纷，互联网平台的自治管理权也应运而生，网上纠纷网上解决逐渐成为数字经济和平台经济的交易惯例。

立法实践中，《电子商务法》第 63 条规定电商平台可以建立争议在线解决机制，《电子商务法》第 32 条赋予了电商平台在商品和服务质量保障、消费者权益保护等领域制定交易规则及纠纷解决规则的权利，《电子商务法》第 61 条则直接规定电子商务平台应当协助消费者维护合法权益。此外，电商平台通过与消费者之间的用户协议明确提供争议在线解决服务作为解决消费争议的途径之一，通过与商家的合作协议要求商家接受并配合平台的争议在线解决机制。由此可知，电商平台通过争议在线解决机制协助消费者维权的权利正当性，来源于数字经济发展需要，来自法律规定的职责和合同约定的权利等方面。

二、通过争议在线解决机制协助消费者维权的义务要求

首先，由网络消费与传统线下消费的差异决定。一是网络消费受众范围广泛、跨地域性强，一旦出现商品质量问题，与传统线下消费的局限性相比其影响范围显著扩大；二是互联网销售模式进货来源多、库存不固定等特点加大了市场监管部门的监管难度；三是网店商家与消费者空间上的客观距离

① 崔建远主编：《合同法》（第五版），法律出版社 2010 年版，第 6 页。

及电子证据难以收集及固定等原因加大了消费者面临商品质量问题时的维权成本。其次，由电商平台的地位及能力决定。电商平台具有协助消费者维权的优势，其掌握交易各方历次交易的信息，包括商家的名称、地址、联系方式、被投诉及评价等记录，特别是提现审批权，可以综合评定交易各方的履约能力，保障交易安全完成。最后，《消费者权益保护法》第 44 条第 2 款及《电子商务法》第 38 条等法律规定了平台在未尽审查、协助义务时应当承担连带责任的情况，为避免因疏忽大意或放任不管而与侵权商家一并向消费者承担连带赔偿责任，平台亦应当把积极“协助消费者维权”作为其义务之一。因此，在商家未按法律规定履行法定义务，导致消费者在网络交易中遭受损失且难以得到救济时，由平台承担协助消费者维权的责任具有正当性，协助消费者维权既是平台的权利，也是平台的义务。

三、通过争议在线解决机制协助消费者维权的实践审查

第一，必要性审查。即使是协助消费者维权，平台的处罚权也不能野蛮生长，需界定平台自治管理权的边界。平台在决定是否行使、如何履行“协助消费者维权”的权利义务时，应充分考量危险的紧迫性以及协助的必要性，尤其是在消费者生命健康遭受损害亟需资金治疗等紧迫情形下，赋予平台直接扣划违规商家账户资金并以“消费者赔付金”形式赔付消费者的自治管理权，既可以拓宽遭受侵害的消费者获取救助资金的来源和渠道，又可以倒逼店铺经营者及实际控制人积极主动处理售后事宜，还可以避免消费者诉累，能够最大程度维护消费者的合法权益。第二，合理性审查。判断何种行为可以被认定属于“积极协助”范畴，应当遵循公平合理原则、利益衡平原则、比例原则，主体间权利义务相一致，并适当倾斜保护消费者。本案中，电商平台积极介入调处并综合考虑消费者损害凭证是否齐全、救济程度是否紧迫、商家是否怠于处理等因素，分情形采取扣划赔付或限制提现等措施，可认定是电商平台通过争议在线纠纷解决机制践行《电子商务法》第 61 条的规定，以实际行为协助消费者维权，使消费者的健康和财产损失得以快速弥补兑现。这种分级处理的方式系平台履行“积极受理并处理消费者投

诉”“协助办理退款及售后”等协助消费者维权的具体表现方式，符合《电子商务法》第 61 条的精神，处理措施确有必要且未超过合理限度，既高效维护了消费者权益，也体现了平台治理的谦抑性及合理性。最后，平台基于“协助消费者维权”对违规商家作出的处罚并不具有终局性，商家若不认可平台处理结果仍可以通过诉讼等方式对其权利进行救济。

【案例索引】

一审：上海市长宁区人民法院

二审：上海市第一中级人民法院

编写人：上海市长宁区人民法院　邓　鑫　洪巧缘

8. 数字平台投保模式下保险人提示和明确说明义务的履行标准

——某网络科技公司诉某财产保险公司上海分公司、某财产保险公司责任保险合同纠纷案

体系标签：涉平台经营者法定义务及相关主体权益保护的案件

关键词：平台投保　格式免责条款　提示　明确说明

【案情简介】

某网络科技公司为某外卖平台的配送服务商。平台将骑手参保作为物流服务商入驻平台的准入门槛，并要求保险项目及金额不得低于平台设定的最低标准。平台为此提供线上投保服务，保险方案由平台企业与其选定的某财产保险公司上海分公司（以下简称某保险分公司）协商确定。某网络科技公司首次投保时通过平台在某保险分公司提供的三档雇主责任险日险产品中选择进阶版方案。后续平台将某网络科技公司旗下骑手每日接首单与保单生成自动关联，复用某网络科技公司首次投保的方案。

其后，平台企业与某保险分公司协商确定在进阶版方案中增加第三者物

损赔偿责任限额条款，并通过第三方通讯应用、直播讲解等“一对多”形式，向某网络科技公司等配送服务商说明讲解新增条款，配送服务商可操作改投其他保险方案，但未告知新方案何时在平台上线。平台更新线上保险方案当日，某网络科技公司骑手发生保险事故。次日，平台公告新保险方案上线事宜，并提醒如需调整保险方案，可在平台操作更换方案、重新投保。某保险分公司与某网络科技公司就限额条款的效力发生争议。

【裁判理由及结果】

法院经审理认为，某网络科技公司通过平台自动按日投保，该模式下提示和明确说明义务的履行方式区别于传统“一对一”投保模式。首先，关于实际履行义务的主体。平台投保模式下，保险人和投保人缺乏直接连接的渠道，故新增保险条款的通知及内容解读实际上系由平台企业牵头组织进行。而平台商户同意运营方通过平台公告等方式向其通知与合作相关的所有事宜。故由平台企业经约定途径或平台商户明确可知的其他途径代保险人所为的“一对多”提示和明确说明，其法律效果亦应视同保险人所为。其次，关于履行提示和明确说明义务的方式。平台投保模式下，如保险人或其委托的平台企业，在新增条款纳入日保单前的合理期间内，采用上述“一对多”的方式向投保人提示并说明了免责条款内容，即可认为已尽到上述义务。至于合理期间的判断，有约定的从约定；无约定的则视投保人是否足以在该段期间内进行充分考虑、决策而定。合理期间经过后，如投保人选择继续参与自动投保，则应视为其对新增条款表示同意。本案中，平台企业、某保险分公司以“一对多”模式对新增免责条款进行提示、说明，该种形式并无不当。但平台企业及某保险分公司并未予以某网络科技公司合理时间进行是否继续投保的公司决策，未能尽到提示和明确说明义务，故判决某财产保险公司、某保险分公司全额赔偿。

【典型意义】

本案系平台投保这一保险新业态在兴起过程中因默认复用的日保单中新增了免责条款而引发条款效力纠纷的典型案例。平台投保模式形成强制投保、投保方案制式化、自动投保、复用方案等特点，也使得保险人履行提示和明确说明义务的方式发生了重大变化。本案明确了平台投保模式下审查提示和明确说明义务时应遵循的基本原则及四项具体审查内容，对同类案件的裁判具有借鉴意义，并对保护保险消费者合法权益、促进保险新业态的健康发展具有重要意义。

一、平台投保模式下提示和明确说明义务履行方式变更具有合理性

数字经济大背景下，平台投保作为一种保险新业态快速兴起。不同于传统保险模式下的二元法律关系，平台投保模式下存在投保人—平台企业—保险人的三方关系，并基于平台企业的核心地位，形成“具有三方主体”“平台深度介入投保过程”“强制投保、使用统一承保方案”“首次选择投保方案、后续默认复用原方案”“根据骑手接单情况逐日投保”等新特点，由此每日生成大批量、标准化日保保单。考虑到外卖配送行业固有的外溢性事故风险，而骑手人数众多、工作弹性大，导致行业内保险需求数量多、变化快、承保时间短。平台投保模式的上述特征有利于平台企业控制平台业务引发的外部风险，适配外卖配送行业大批量、灵活投保的实际需求，在实践中具有较强的可操作性。在排除垄断或不正当竞争可能性的前提下，平台投保模式并无违法之处。在此种新业态下，投保人通过数字平台产生海量保险合同，保险人客观上难以就每份合同逐份向投保人履行提示和明确说明义务。法律应当允许相关方借助平台的信息集中及批量传送功能，将新增或变更免责条款的提示和说明义务，通过“一对多”的书面告知、口头讲解方式，使得投保人注意并理解相关条款的内容。

二、准确把握提示和明确说明义务的立法目的，明确基本审查原则

法院应准确理解《保险法》第 17 条的本意，不拘泥于传统的证明方式。根据该条，保险人对格式免责条款应当尽到提示和明确说明义务。其中，“提示”的目的在于使投保人注意到免责条款的存在。“明确说明”则旨在进一步使投保人充分了解免责条款这一足以影响投保意愿的重要事项的真实含义及法律后果，以便决定是否投保。此前司法实践中普遍采用的“条款是否

加粗加黑”、投保人是否“书面签字确认保险人已对免责条款作明确说明，投保人已理解全部内容”等，均系在传统缔约模式下，对如何证明已尽提示和明确说明义务的实践经验总结。但当平台介入投保时，二元主体关系演变成了三方关系、固定期限承保转变为按日承保、“明示缔约”被“默认复用”所代替，司法在进行审查时不应再拘泥于传统履行方式下的证明标准，而应牢牢把握法律规定提示和说明义务的立法目的，审查具体案件中的提示和说明是否足以实现上述目的。

三、审查是否尽到提示和说明义务的四项具体内容

第一，主体审查。平台投保模式存在三方主体，应根据三方间的协议安排，审查平台可否基于其与保险人间的代理、代为履行等法律关系，成为提示和明确说明义务的实际履行人，其履行行为的法律后果是否归于保险人。

第二，方式审查。针对新投保模式下的平台中心架构，审查通过系统通知、群公告、群培训等“一对多”方式进行的提示和明确说明，对于投保人是否具有充分的合同依据。也即，投保人是否通过与平台或保险人签订相关合同，明确同意接受上述方式作为提示和明确说明的途径。如无约定，则应审查该方式是否为投保人确定可知的途径。

第三，内容审查。审查提示和明确说明的内容是否能够使得投保人注意并充分理解免责条款的真实含义及法律后果。

第四，时间审查。在“默认复用”的日保单中新增免责条款时，应当审查是否已在新增条款纳入保单前的合理期限内进行了提示和明确说明。预留期限是为了使得投保人有充分的时间考虑是否接受条款，继续投保。对于“合理”的认定，有约定从约定，无约定则视具体案情加以判断。

【案例索引】

一审：上海市静安区人民法院

二审：上海金融法院

编写人：上海金融法院　童　蕾　刘　蒙

9. 算法推荐的举证规则和平台责任认定

——北京某影业公司诉海南某科技公司、上海某科技公司、广东某科技公司不正当竞争纠纷案

体系标签：涉平台经营者法定义务及相关主体权益保护的案件

关键词：不正当竞争　网络平台　算法推荐　瑕疵取证　证据规则

【案情简介】

原告北京某影业公司制作的动画电影一经上映便收获众多观众的喜爱，斩获高额票房并荣获诸多国内外奖项。此后，原告北京某影业公司发现某款游戏的App图标、游戏名称副标题、游戏简介、游戏宣传视频中使用了上述动画电影中的相关元素，易使用户认为该款游戏是动画电影的授权游戏。而在某手机平台的软件商店中，该款游戏出现在了“游戏—精选”栏目中。北京某影业公司认为，海南某科技公司与上海某科技公司共同开发运营的该款游戏使用了动画电影中的角色形象、电影片段和台词等元素作为宣传素材，具有恶意攀附电影热度的主观故意，易使公众误认为其宣传推广的游戏是该电影的衍生品，该行为构成不正当竞争。广东某科技公司作为某手机平台软件商店的运营者，将该款游戏置于“游戏—精选”栏目进行重点推荐，应视作其共同实施了不正当竞争行为。为此，北京某影业公司向法院起诉，要求三被告停止不正当竞争行为并赔偿其经济损失及合理费用共计50万元。

【裁判理由及结果】

法院经审理认为，涉案电影名称与涉案游戏名称之间虽未达到混淆的近似程度，但涉案游戏版本的副标题使用了涉案电影中的核心词汇、游戏图标使用了电影的经典IP形象、宣传视频中的台词和部分画面与涉案电影存在显著的对应关系。因此，涉案游戏明显存在攀附涉案电影知名度的主观故意，且易使相关公众产生混淆，误认为涉案游戏与涉案电影存在特定联系。综上，制作并发布上述宣传推广内容的行为属于《反不正当竞争法》第6条所规制的不正当竞争行为。综合涉案电影的知名度、被诉行为的性质等因

素，判令涉案游戏的开发者、运营者即海南某科技公司、上海某科技公司赔偿北京某影业公司经济损失及合理开支共计 6 万元。关于平台责任，广东某科技公司通过实验证明该手机平台软件商店中“游戏—精选”栏目的显示内容会随用户检索及浏览记录而发生变化，鉴于北京某影业公司取证时未对手机缓存进行清理，故可认定涉案游戏出现在“游戏—精选”位置系因算法推荐所致具有高度盖然性，网络服务提供者在此情况下不应承担责任，故驳回了针对广东某科技公司的诉讼请求。

【典型意义】

本案系游戏公司使用知名影片热门元素宣传推广并经平台算法推荐为游戏“精选”栏目从而引发纠纷的典型案例。本案明确了搭便车式不正当竞争行为的认定与算法推荐的举证规则，划定了算法推荐网络服务提供者的责任边界，厘清了网络平台算法运用行为的权利义务，对于人工智能时代完善算法治理具有示范意义。

一、搭便车式不正当竞争行为的认定

“注意力经济”时代下，流量成为经营者竞相争夺的竞争资源，游戏更新换代频繁，为了增强用户黏性、吸引新用户加入，一些游戏在宣传推广时热衷于通过“蹭热点”方式吸引流量，将知名影片改编为网络游戏，或使用知名影片中的经典角色形象及元素。《反不正当竞争法》第 6 条第 4 项规定，经营者不得实施其他足以引人误认为是他人商品或者与他人存在特定联系的混淆行为。该规定旨在规制攀附他人商誉和影响力的“搭便车”行为。本案中，涉案电影存在广泛的受众群体，具有极高的知名度和影响力，相关元素可以受到《反不正当竞争法》第 6 条保护，北京某影业公司享有值得保护的竞争利益。涉案游戏副标题使用了电影中的核心词汇；游戏图标中使用了电影中的主角形象；游戏宣传视频中使用了电影中的主角形象和电影经典画面。上述推广内容的综合使用，足以使得相关公众误认为涉案游戏与涉案电影之间存在特定联系，构成《反不正当竞争法》第 6 条第 4 项规制的不正当竞争行为。游戏企业作为内容生产者，应当坚持守正创新，唯有通过持续创新与诚信经营，方能形成长期、稳定的竞争优势。

二、算法推荐的举证规则及电子数据取证环境对待证事实认定的影响

人民法院审理案件时应当在双方当事人之间动态分配举证责任。由于电子数据以及网络证据的无形性、可篡改性等特点，在进行电子证据保全公证时应当对所使用的存储介质进行清洁性检查，如果取证环境或公证过程存在瑕疵，将削弱该证据对待证事实的证明效力。如果对方当事人提供了足以使待证事实陷入真伪不明状态的证据，则对公证取证内容不应予以采信。本案中，公证取证结果显示涉案游戏出现在了某手机平台软件商店的"游戏—精选"栏目中，北京某影业公司认为软件商店运营者对该款游戏进行了重点推荐，故应对涉案不正当竞争行为承担责任。广东某科技公司否认其实施了人为的推荐行为，认为北京某影业公司在取证时未对取证设备的应用商店缓存进行清理，涉案游戏出现在"游戏—精选"位置系因该取证设备曾搜索过涉案游戏，因而平台基于后台算法将该款游戏推荐到了精选位置，平台运营者对此不存在过错。广东某科技公司使用两台同品牌手机对上述取证过程进行了复现操作。测试结果反映在清空缓存后的软件商店中搜索并点击一款此前未出现在"游戏—精选"栏目中的游戏，退出软件商店后再次进入，该游戏会出现在推荐栏位置，可见广东某科技公司运营的软件商店中"游戏—精选"栏目的显示内容会随用户检索及浏览记录而发生变化。鉴于北京某影业公司在取证时未对软件商店缓存内容进行清理，法院认定基于此前对涉案游戏的检索及浏览导致该游戏出现在软件商店的"游戏—精选"位置具有较大可能性。广东某科技公司的举证已使待证事实达到了真伪不明的程度，北京某影业公司未对此进一步作出说明，故法院认定广东某科技公司并未实施人工推荐涉案游戏的行为。

三、基于用户浏览痕迹实施算法推荐行为的责任认定

随着自动化算法技术的广泛应用，网络服务提供者可以在无需人为干预

的情况下，通过分析用户浏览习惯及痕迹，依靠算法设置，从海量信息中选择对用户有用的信息，精准推送到有需求的用户面前，进而提高内容分发效率。《民法典》第1197条规定，网络服务提供者知道或者应当知道网络用户利用其网络服务侵害他人民事权益，未采取必要措施的，与该网络用户承担连带责任。司法实践中对于网络服务提供者利用自动化算法技术进行算法推荐情形下是否承担帮助侵权责任，既要考虑网络服务提供者是否实际推动被诉侵权内容的传播，还要考虑侵权内容是否明显或易于判定、平台的审核技术能力等因素认定平台是否知道或应当知道侵权内容，并结合平台是否采取删除、屏蔽、断开链接等必要措施最终判定。本案中，广东某科技公司作为某手机平台的软件商店运营主体，亦是算法推荐网络服务提供者，其基于算法推荐将用户搜索或浏览过的游戏推荐至“游戏—精选”位置，该推荐行为符合降低内容筛选成本、个性化分发内容的算法推荐目的，广东某科技公司在此过程中不存在过错。据此，法院驳回了北京某影业公司要求广东某科技公司承担责任的诉讼请求。

【案例索引】

一审：上海市嘉定区人民法院

编写人：上海市嘉定区人民法院　张晓莉

10. 专门用于侵入计算机信息系统的程序及提供行为的审查认定

——杨某提供侵入计算机信息系统程序、非法获取计算机信息系统数据案

体系标签：涉信息网络犯罪及网络灰黑产业链防治的案件

关键词：提供侵入、非法控制计算机信息系统程序、工具罪　专门用于侵入计算机信息系统的程序　非法获取计算机信息系统数据

【案情简介】

2020 年 3 月起，被告人杨某在明知“某牛”入库、出库程序系专门用于侵入计算机信息系统的程序，仍通过微信群等方式有偿向彭某、邱某（均另案处理）等人提供，违法所得 40 余万元，彭某等人利用上述程序为他人手机内的“波克捕鱼”等 App 代充值。经司法鉴定，某牛的“入库”程序在未经授权的情况下在运行时控制 App 添加“登录”和“档位列表”，拦截和获取 App 收到的“凭证”数据，干扰了 App 充值系统的正常运行；“出库”程序在未经授权的情况下在运行时控制 App 增加“子账号登录”、删除向“App Store”付款，获取 App 的充值数据和增加 App 内的充值道具（余额），干扰了 App 充值系统的正常运行。2020 年 3 月起，被告人杨某使用“某牛”入库、出库程序，为他人手机内的某召唤游戏等 App 代充值，违法所得 6 万余元。

【裁判理由及结果】

法院经审理认为，被告人杨某明知“某牛”程序系专门用于侵入计算机信息系统的程序而提供给他人，其行为已构成提供侵入计算机信息系统程序罪，且系情节特别严重；杨某又违反国家规定，采用技术手段侵入并非法获取计算机信息系统数据，其行为构成非法获取计算机信息系统数据罪，且系情节特别严重，依法予以数罪并罚。据此，对被告人杨某犯提供侵入计算机信息系统程序罪，判处有期徒刑四年九个月，并处罚金人民币 10 万元；犯非法获取计算机信息系统数据罪，判处有期徒刑三年六个月，并处罚金人民币 2 万元，决定执行有期徒刑八年，并处罚金人民币 12 万元；违法所得依法予以追缴；作案工具依法没收。

【典型意义】

本案系利用非法程序破解 iOS 系统和 App 组成的充值交易系统的犯罪案件。本案涉及计算机信息系统、侵入计算机信息系统中“专门程序”“专门工具”的认定等问题，对于处理同类案件以及有效打击网络黑灰产、保障数字经济市场健康发展具有重要的参考价值和借鉴意义。

一、关于计算机信息系统的认定

2011年8月，最高人民法院、最高人民检察院出台了《关于办理危害计算机信息系统安全刑事案件应用法律若干问题的解释》，对此类案件的法律适用问题作出指引。根据该解释第11条的规定，计算机信息系统是指具备自动处理数据功能的系统，包括计算机、网络设备、通信设备、自动化控制设备等。当前，移动设备和云服务等新型人机交互平台的发展已成常态，具备自动数据处理功能的系统也已超越硬件范畴，成为计算机信息系统的常见类型。可见，计算机信息系统并非静态、孤立的数据终端设备，而是对信息和数据处理、传输的动态有机整体。具体到本案，被告人杨某向他人提供的“某牛”程序，其用途在于为手机内App代充值。而iOS系统和App组成的充值交易系统，以及App自身的充值交易系统，均具有传输、加工等处理信息的功能，均属于计算机信息系统。

二、关于“侵入”行为的理解

“侵入”计算机信息系统是指未经授权或超越授权，利用终端设备非法访问他人的计算机信息系统，以获取、增加、删除、修改计算机信息系统中存储、处理或传输的数据，或取得相关数据权限的行为。简而言之，“侵入”是一种权限获取手段。本案中，计算机信息系统是iOS系统和App应用程序共同组成的充值交易系统。“某牛”的出入库程序对iOS系统的影响实为一种手段，目的在于突破App与iOS系统之间充值验证的技术限制，获取系统权限。“某牛”程序实现其目的所使用的技术手段及操作过程均反映出，其在iOS系统上运行是在未经授权情况下，对手机App与iOS系统之间的“凭证”数据进行拦截和获取，这与法律规定的“侵入”的本意相吻合。

三、关于“专门程序、工具”的综合判断

根据提供侵入、非法控制计算机信息系统的程序、工具罪的罪状表述，这类程序、工具包含两种行为模式。一种对应“提供专门用于侵入、非法控

制计算机信息系统的程序、工具”的行为，另一种对应“明知他人实施侵入、非法控制计算机信息系统的违法犯罪行为而为其提供程序、工具”的行为。从法理上看，前者所称“专门”，实际上是对程序、工具本身用途的非法性的限定，即此类程序、工具专门用于违法犯罪目的。专门工具与其他工具或者中性工具的区分关键在于程序、工具的设计目的，即是否以非法获取数据、非法控制计算机信息系统为目标。本案中，“某牛”程序的主要、核心功能就是监听 App 向 App Store 传输的支付请求，拦截存储支付凭证并于后续在应用 App 中增加支付凭证，为他人代充值。这一行为不仅违背了 App 的运营规则，也严重侵犯了用户的财产安全与隐私权益。从实际用途来看，“某牛”程序具备法益侵害性，符合“专门程序”的认定标准。

四、提供行为与非法获取数据行为的关联性判断

如前所述，被告人杨某明知“某牛”程序系专门用于侵入计算机信息系统的程序而提供给他人，其行为已构成提供侵入计算机信息系统程序罪，且达到情节特别严重的量刑档次。此外，杨某又使用“某牛”入库、出库程序，为他人手机内 App 代充值，即违反国家规定，实施了采用技术手段侵入并非法获取计算机信息系统数据的行为。该行为是否另行评价为非法获取计算机信息系统数据罪，需要考虑两个行为之间是否存在牵连关系，即提供侵入计算机信息系统程序和非法获取计算机信息系统数据两个行为之间是否存在引起与被引起的通常性。本案中，杨某提供“某牛”程序的行为，并不直接参与数据的非法获取过程，而是通过提供程序为接收者提供便利，这与其利用该程序非法获取数据的行为，在时空上相对独立。从行为独立性的角度来看，两行为之间不存在紧密的牵连关系，应分别评价，予以数罪并罚。

【案例索引】

一审：上海市普陀区人民法院

二审：上海市第二中级人民法院

编写人：上海市第二中级人民法院　袁　婷　王　霏

关键词检索